Pearson

| 学 前 教 育 经 典 译 丛 |

早期教育课程：
教与学的发展性基础

[美] 苏·克拉克·沃瑟姆（Sue C.Wortham）/著

北京师范大学学前教育研究所 /组织翻译　梁慧娟 等 /译

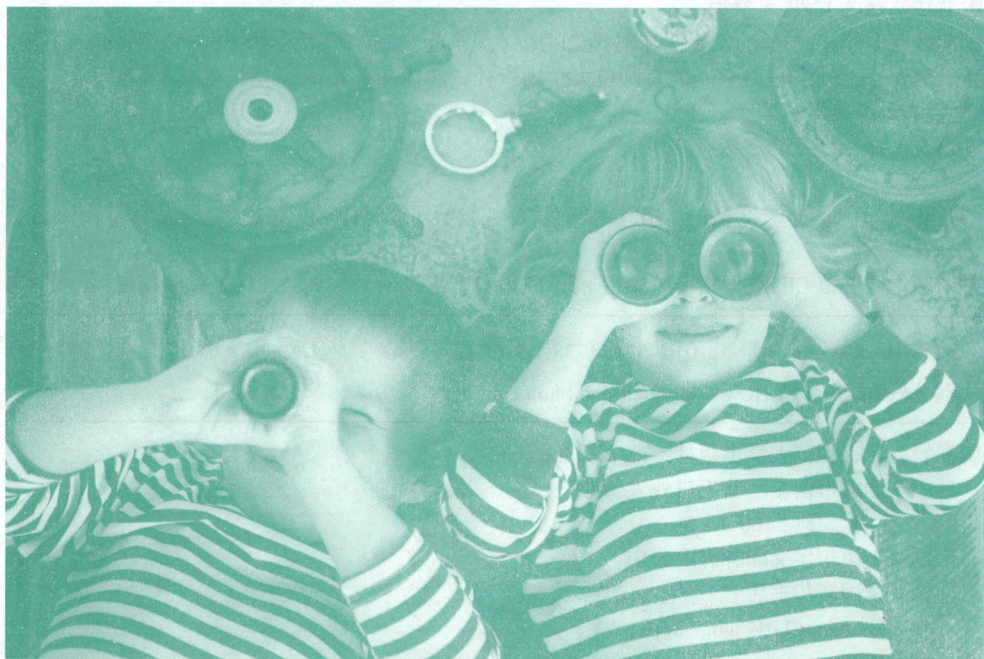

Early Childhood
Curriculum Developmental
Bases for Learning and Teaching
(Fifth Edition)

北京师范大学出版集团
BEIJING NORMAL UNIVERSITY PUBLISHING GROUP
北京师范大学出版社

图书在版编目（CIP）数据

早期教育课程:教与学的发展性基础:第 5 版 /（美）苏·克拉克·沃瑟姆（Sue C. Wortham）著;梁慧娟等译 . —5 版 .—北京: 北京师范大学出版社，2019.9
（学前教育经典译丛）
ISBN 978–7–303–25002–8

I.①早…　II.①苏…　②梁…　III.①学前教育 – 教学研究　IV.① G612

中国版本图书馆 CIP 数据核字（2019）第 173097 号

营 销 中 心 电 话　　010–57654738　57654736
北师大出版社职业教育与教师教育分社　　http://zhijiao.bnup.com

出版发行: 北京师范大学出版社　www.bnupg.com
　　　　　北京市西城区新街口外大街 12 – 3 号
　　　　　邮政编码: 100088
印　　刷: 天津市宝文印务有限公司
经　　销: 全国新华书店
开　　本: 889 mm × 1194 mm　1/16
印　　张: 24.75
字　　数: 519 千字
版　　次: 2019 年 9 月第 1 版
印　　次: 2019 年 9 月第 1 次印刷
定　　价: 85.00 元

策划编辑: 罗佩珍　　　　　责任编辑: 齐 琳　张筱彤
美术编辑: 焦 丽　　　　　　装帧设计: 焦 丽
责任校对: 陈 民　　　　　　责任印制: 陈 涛

版权所有　侵权必究

译者序

课程质量是影响学前教育质量的关键因素。《国家中长期教育改革和发展规划纲要（2010—2020年）》和《国务院关于当前发展学前教育的若干意见》（简称"国十条"）颁布以来，我国学前教育事业进入跨越式发展的新历史阶段。在学前教育事业发展加快的同时，通过高质量的课程实践实现科学保教，是普及高质量学前教育的必然要求。

令人欣慰的是，21世纪以来，尽管国家学前教育事业历经了起伏辗转的发展和深刻的变革，但幼儿园课程改革整体上仍在提升质量的道路上稳步向前。2001年，教育部下发《幼儿园教育指导纲要（试行）》（简称新《纲要》）。这一实为我国幼儿园课程标准的文件，对我国幼儿园教育的宗旨以及在该宗旨指导下的幼儿园课程目标、课程内容、课程组织与实施、课程评价做出了明确规定，为21世纪我国幼儿园课程改革与实践探索指明了方向。在新《纲要》指引下，教师中心、教材中心、课堂中心的课程观念与实践得到根本扭转，"一日生活皆课程""幼儿园以游戏为基本活动""幼儿是主动的学习者"等课程理念得到广泛传播，并在课程实践中积累了不少有益经验。但广大幼儿园教师在课程实践过程中也遇到了相当大的困难，突出表现在未能将新《纲要》中的方向性、框架性指引有效转化为促进幼儿学习与发展的课程实践，存在理论研究者不解"为什么理念被强调了这么多年而实践总没有大的改观"，实践探索者困惑"为什么新理论、新名词满天飞却总难以落地"的现象。

要破解这一难题，显然不能再求助于新《纲要》。作为国家管理幼儿园课程的宏观文件，新《纲要》不可能在课程实践层面为幼儿园教师提供操作性指引，其课程理念与价值观的转化有赖于广大幼儿园教师因地、因时、因儿童制宜地进行实践探索和反思改进。那么，究竟是什么原因导致新《纲要》的科学理念无法有效转化为幼儿园的教育实践呢？反思十几年来的课程改革实践，可能包含以下三方面的原因：一是就课程谈课程，更多关注课程资源的获取与运用，缺乏对本应成为课程设计起点与终极目标的儿童学习与发展的充分关注与研究，导致课程实践最终走上"有教无学"的道路；二是对儿童发展的理解过于狭隘，对儿童发展需要、水平及特点的关注仅仅停留在儿童心理发展的年龄特点与规律上，缺乏对儿童发展个体差异的深入观察与研究，导致以儿童发展为本的课程理念未能得到实质性贯彻；三是在设计和实施基于儿童的课程时仅仅关注儿童发展，缺乏对发展与学习间关系的正确理解以及对儿童学习特点与规律的关注与研究，导致儿童发展与课程设计"两张皮"的现象仍长期存在。

正是基于对上述问题及其原因的正确认识，2012年教育部出台了《3～6岁儿童学习与发展指南》（简称《指南》），期望在新《纲要》所倡导的科学保教理念与幼儿园教育实践之间搭建一座有效的桥梁，通过正确的儿童观、学习与发展观和教育观来引导幼儿园教师和家长科学理解进而有效支持3～6岁儿童的学习与发展，帮助幼儿实现潜能范围内最大限度的发展。《指南》从幼儿学习与发展的角度出发，对新《纲要》中"教育内容与要求"部分的目标做了进一步丰富和发展，并增加了各年龄段儿童学习与发展表现的具体描述，为幼儿园教师的课程实践提供了更为具体的操作指引，有助于进一步解决课程理念与教育实践脱节的问题。

国内幼儿园课程实践探索遭遇的种种问题对高校幼儿园课程教材的编制提出了迫切要求。然而，当前大多数幼儿园课程教材从课程理论入手，对我国幼儿园课程改革的实践关注不足，问题意识不够。这样的教材既无法引导学前教育学生依据科学的课程理念去发现幼儿园课程改革实践中的真问题，也无法对广大幼儿园教师改进课程实践的需求做出有效回应，因此亟须进行幼儿园课程教材的变革。

他山之石，可以攻玉。当我们带着明确的问题，通过自主思考来学习国外经验时，能够避免走上盲目跟风和照搬照抄的歧途。尽管美国早期教育机构的设置与我国有较大差异——我国学前教育机构主要是幼儿园，而美国早期教育机构的类型则包括前幼儿园（prekindergarten 或 Pre-K）、幼儿园（kindergarten）、学前班（preschool）、儿童保育中心（child care center）等，这些不同类型机构所提供的早期教育覆盖学前不同的年龄阶段，但服务也有交叠。其课程对我国理论与实践经验有重要的启发和借鉴意义。

与其他课程教材不同，本书的特色在于，其对早期教育课程的探讨并没有因循课程编制的基本流程，对所包含的课程要素进行平铺式理论阐释，而选择以儿童作为课程设计的起点，从儿童观、儿童发展观和儿童学习观入手，探讨课程视域中的教师角色及课程质量问题；进而在高质量课程的诉求的驱动下，以纵向的儿童早期发展为线索，基于不同年龄阶段儿童的发展特点及学习特点，探讨早期教育各阶段课程的设计、实施与评价问题。在本书作者看来，早期儿童课程中最重要的是如何认识和理解儿童，如何据此定位教师角色，以及如何基于对儿童和教师的认识确立正确的课程质量观。

足见，本书将儿童置于课程的中心，将儿童发展在早期教育课程中的重要作用放在极其显著的位置，将其作为儿童早期教与学的发展性基础。在全书中，"发展性基础"有以下几层含义。

第一，早期发展与学习的主体是儿童。本书强调，以促进儿童发展为起点和归宿的早期教育课程应重新认识现代儿童。从发展的角度看，现代儿童的形象不再是"标准儿童"的唯一形象，而是在身心发展各方面都存在较大差异的多元形象。因此，正如戴维·埃尔金德所宣称的那样，现代教育者更应关注"特别的儿童"而非"典型的儿童"。

第二，以儿童发展为线索探讨适宜课程的设计与开发问题。本书详细介绍了 0～8 岁儿童在认知、身体动作、语言、社会性和情感几方面学习与发展的典型经验，完整呈现了 0～8 岁儿童的学习与发展轨迹，以此作为早期教育课程设计的主线。这一做法很好地体现了课程研究与课程实践"以学定教"的主旨。同时，本书在早期教育课程体系的建构中还充分关注了幼儿园课程的"两头"——婴儿—学步儿课程和幼小衔接课程，以及三个学段的课程（婴儿—学步儿课程、学前班课程及幼小衔接课程）之间的衔接问题，充分体现了"阶段性与连续性相统一"的儿童发展观，有效实现了早期教育课程的一体化。

第三，在课程视域下将儿童发展与儿童学习有机结合。本书综合了儿童学习理论（尤其是以皮亚杰和维果茨基为代表的建构主义学习理论）的主要观点，将其作为儿童早期教与学的发展性基础。但本书对儿童通过建构来实现学习与发展的探讨并没有囿于微观层面的个体建构与社会建构，而是拓展至儿童发展的多层外部系统，强调更宏观、更多维地发挥环境对儿童学习与发展的积极影响。

第四，从政策层面强调课程应对儿童早期的学习与发展予以有效引导。本书从宏观层面探讨了美国相关教育法律和儿童学业成就测验对早期教育课程的影响，它们对于教师应"如何教"提出了各自的期望。同时，本书还探讨了为达到美国联邦教育部和州教育委员会所制定的儿童早期学习标准，教师应采取哪些适宜的教学策略。

虽然本书关于早期教育课程的探讨并非针对我国幼儿园课程改革的现实困惑，但其所传达的以儿童为本、以儿童学习与发展为本的课程思想，以及其内容编排所遵循的逻辑结构，不仅能为我国高校幼儿园课程教材的改革提供极大帮助，也能为我们解决课程理念与课程实践脱节的问题提供有益启发。

本书由我和我的研究生共同完成翻译，具体分工如下：第一章由梁慧娟翻译，第二章由朱晨晓、黄翎翻译，第三章由梁慧娟、高誉欣、黄翎、甘甜翻译，第四章、第五章由高誉欣翻译，第六章、第七章由刘露露翻译，第八章、第九章由陈易萍翻译，第十章、第十一章由章晨茜翻译，第十二章由薛乐琴、宋荣荣翻译，第十三章由甘甜翻译，第十四章由梁慧娟翻译。全书由梁慧娟统稿。

本书编辑罗佩珍、张筱彤老师付出了大量辛劳，在此表示衷心感谢！囿于能力和精力，书中难免存在疏漏，恳请各位同行批评指正。

梁慧娟

前　言

　　《早期教育课程：教与学的发展性基础（第5版）》是为实施0～8岁儿童早期教育的教师们而写，其目的是帮助已经和即将成为早期教育教师的人士更好地理解儿童发展在课程中的重要作用。这里所探讨的课程是为年幼儿童设计的，包括就读于儿童保育中心、私立学校和公立学校早期教育机构的所有儿童。

　　早期教育机构中的0～8岁儿童在身心发展的各方面都存在较大差异。在小学低年级任教的教师尤其感到，要为背景各异、能力有别的儿童提供有助于其发展的学习经验是非常困难的。特别是在今天，儿童被期望以更快的速度达成各项学习目标。

　　在这一版中，我们会更多地探讨美国近年颁布的教育法律和实施的儿童学业成就测验对早期教育课程的影响，它们对于教师应如何教提出了各自的期望。其中，《不让一名儿童掉队法案》（*No Child Left Behind Act of 2001*，NCLB）对当今美国教师和儿童的影响尤其深刻。该版的另一特色是介绍了联邦教育部和州教育委员会制定的语言和数学领域的儿童早期学习标准，并探讨了为达到这些标准应采取的适宜教学策略。

课程的发展性模式

　　不论儿童处于哪个年龄段，教师都必须认识到，儿童发展的性质决定了何种类型的学习经验对其发展有益。同样，理解儿童发展理论在早期教育实践中的重要作用，教师能够受益匪浅。本书所介绍的发展性课程构建于皮亚杰及其他建构主义学者的理论研究成果的基础上。很多重要观点还借鉴了维果茨基的研究成果，包括影响学习的社会因素，以及教师对儿童学习与发展所发挥的支架和支持作用。此外，本书还介绍了布朗芬布伦纳关于家庭和社区在儿童发展中作用的论述，从而对皮亚杰和维果茨基的建构主义观点进行有益补充。

关注儿童在不同发展阶段之间的过渡

　　本书还探讨了搭建桥梁和阶段过渡的问题，为如何搭建理论与实践之间的桥梁提供相关信息和建议，同时还为如何引导儿童由一个发展阶段向下一个发展阶段过渡提出建议，特别是关于如何帮助儿童从学前班向小学低年级过渡的建议。例如，儿童在从前读写能力向读写能力发展的过程中所历经的重要转折以及教师对此需采取的适宜教育策略。

本书内容安排

本书第一章和第二章主要介绍了早期教育课程的相关背景。第一章"多样化人口课程开发中的教师角色转换"探讨了就读于各类型早期教育机构的儿童的多样性，同时还介绍了早期教育课程开发过程中教师角色的变化。第二章"适宜早期教育的历史及理论基础"回顾了儿童早期教育领域的历史传统以及早期教育课程的不同理论流派。

第三章"对高质量早期教育的需求"介绍了美国国家层面为高质量早期教育设定的目标和期望，在探讨了经典理论和现代理论对高质量早期教育的启示之后，还举例说明了国际上享有盛誉的早期教育模式。

本书在第四章"0～8岁儿童的发展特点：对学习的启示"中对早期教育课程的发展性基础做了详细介绍。通过介绍有助于促进0～8岁儿童认知发展、身体发展、语言发展以及社会性和情感发展的典型学习经验，完整呈现了0～8岁儿童的发展轨迹。此外，还介绍了儿童在感知运动阶段、前运算阶段、具体运算阶段的发展特点。

第五、第六两章主要探讨婴儿—学步儿课程。第五章"婴儿—学步儿课程的组织"和第六章"婴儿—学步儿课程:0～2岁"探讨了如何促进婴儿和学步儿的身体发展、认知发展、语言发展和社会性发展，并就开展相应的课程活动提出了具体建议。

接下来的三章探讨的是学前班儿童（3～5岁儿童）的发展需要与课程设计问题。第七章"学前班课程的一种发展性模式"主要介绍了高质量学前班课程发展模式的构成要素，阐释了这一模式的特点及实施策略。第八章"学前班课程:3～5岁儿童的语言和认知发展"介绍了语言和认知发展领域的课程设计，第九章"学前班课程:3～5岁儿童的社会性和身体发展"则介绍了社会性和身体发展领域的课程设计。这三章都探讨了游戏、环境及教师在儿童各领域发展中的作用，并呈现了相关教育活动和主题课程的案例。

第十至第十三章讨论5～8岁儿童的课程设计问题。第十章"面向5～8岁儿童的课程设计"介绍了儿童在5～8岁的发展变化。这一时期儿童正朝着具体运算阶段和早期读写能力形成的方向发展，这对高质量课程的设计与实施提出了要求。此章还介绍了一种年级贯通式小学课程模式。第十一章"幼小衔接课程:5～8岁儿童的语言艺术课程"、第十二章"幼小衔接课程:5～8岁儿童的数学与科学课程"和第十三章"幼小衔接课程:5～8岁儿童的社会研究与体育课程"则都围绕着指引各领域课程内容设计的目标与主题展开。

最后，第十四章"在现实中教学"对早期教育教师的教学生活做了简要介绍。在教学生活中，早期教育教师需要应对和处理早期教育的诸多问题。读者们会看到当今教师亲身体验的一些教学现实。面对秉持不同哲学价值观的各类早期教育模式，教师们努力做出适宜的选择，这些选择通常是基于他们自身所处的专业发展阶段而做出的。当新教师加入为年幼儿童提供高质量早期教育的队伍中，他们会发现机遇和挑战并存。

目　录

第一章　多样化人口课程开发中的教师角色转换　1

简　介　2

　　早期教育机构为哪些儿童服务　2

　　早期教育机构中的儿童具有多样性　3

　　早期教育机构与处境不利儿童　7

早期教育机构环境的复杂特性　13

　　公立学校举办的早期教育机构　14

　　非公立学校举办的早期教育机构　15

　　"提前开端"项目　16

　　儿童保育中心　16

　　日益复杂的学前班　17

早期教育课程开发中的教师角色转换　18

　　多样化人口课程开发中的教师角色　19

　　发动家长参与课程开发工作中的教师角色　20

　　应对课程开发理论与实践间冲突中的教师角色　21

小　结　22

思考题　23

第二章　适宜早期教育的历史及理论基础　25

早期教育的历史溯源　26

　　乡村学校　26

　　美国早期教育的演变　27

　　进步主义时代　29

　　保育学校和幼儿保育运动　30

　　玛利亚·蒙台梭利的影响　31

　　公立学校的城市化　31

　　20世纪五六十年代：变革时期　32

　　20世纪六七十年代的儿童早期干预和补偿项目　35

　　20世纪80年代至21世纪初：早期教育项目的发展和变化　36

儿童发展的理论基础　　36

　　成熟理论　　37

　　精神分析理论　　38

　　心理社会理论　　38

　　行为主义理论　　40

　　社会学习理论　　40

当今早期教育课程实践：历史影响的再讨论　　43

　　早期教育角色的扩展　　44

　　家长对儿童早期学习的兴趣　　44

　　儿童保育服务的扩展　　45

　　公立学校中学前项目的扩展　　46

小　结　　47

思考题　　48

第三章　对高质量早期教育的需求　　51

简　介　　52

经典理论与现代理论如何支持高质量早期教育项目　　52

　　传统心理学理论　　52

　　理论与文化的关联：生态系统理论　　54

　　加德纳的多元智能理论　　55

高质量早期教育的特点　　56

　　儿童发展的基本原则　　57

　　均衡发展课程　　57

　　家长、教师与儿童的关系　　58

　　评估与问责　　58

　　儿童及其家庭的多样性　　58

　　伦理道德和教师关系　　58

高质量的早期教育模式　　60

　　蒙台梭利教学法　　60

　　发展适宜性实践　　62

　　高瞻课程　　67

　　瑞吉欧·艾米莉亚项目　　70

　　项目教学法　　74

高质量早期教育面临的挑战　　77

　　教师培训及培养方面的差异　　77

　　教师工资的差异　　78

　　　　教职工频繁流动的影响　　78

　　　　投资的差异　　79

　　小　结　80

　　思考题　81

第四章　0～8岁儿童的发展特点：对学习的启示　83

　　神经发育：理解脑科学研究带来的启示　84

　　　　神经发育　84

　　　　应激激素与脑发育　84

　　　　早期经验剥夺与脑发育　85

　　出生至2岁：感知运动阶段　85

　　　　认知发展　85

　　　　身体发展　86

　　　　语言发展　86

　　　　社会性—情感发展　86

　　特点与能力：出生至6个月　88

　　特点与能力：6～12个月　89

　　特点与能力：12～18个月　91

　　特点与能力：18～24个月　92

　　婴儿和学步儿的发展：学习的内涵　93

　　2～5岁：前运算阶段　95

　　　　认知发展　95

　　　　身体发展　96

　　　　语言发展　96

　　　　社会性—情感发展　97

　　特点与能力：2～5岁　98

　　学龄前期的发展：对学习的启示　99

　　5～8岁：前运算阶段到具体运算阶段的过渡　107

　　　　认知发展　107

　　　　身体发展　108

　　　　语言发展　109

　　　　社会性—情感发展　110

　　5～8岁儿童的特点与能力：教与学的启示　111

　　　　认知发展　111

　　　　身体发展　111

　　　　社会性—情感发展　112

小　结　112

思考题　113

第五章　婴儿—学步儿课程的组织　115

婴儿—学步儿课程的演进　116

　　20 世纪之前的婴儿和学步儿　116

　　20 世纪的婴儿和学步儿　117

　　21 世纪的婴儿—学步儿项目　120

关于婴儿—学步儿课程设计的思考　123

　　脑科学研究对当代项目的启示　123

　　婴儿—学步儿发展需要的启示　123

　　文化的影响　124

　　家园合作的影响　124

高质量婴儿—学步儿课程模式的特点　125

　　优质保育人员的作用　125

　　环境的作用　126

　　游戏的作用　127

　　常规的作用　130

　　家长的作用　131

　　计划和管理为婴儿—学步儿提供的发展经验　132

　　主题课程在婴儿—学步儿课程中的作用　135

　　评价在婴儿—学步儿课程中的作用　135

小　结　138

思考题　140

第六章　婴儿—学步儿课程：0 ～ 2 岁　141

身体发展课程　142

　　促进婴儿—学步儿身体动作的发展　142

认知发展课程　148

　　促进婴儿—学步儿认知的发展　148

语言发展课程　155

　　促进婴儿—学步儿语言的发展　155

社会性发展课程　161

　　促进婴儿—学步儿社会性的发展　161

表达性艺术课程　165

促进婴儿—学步儿表达性艺术的发展　　165

小　结　169

思考题　169

第七章　学前班课程的一种发展性模式　　171

简　介　172

理论与实践之间的差异　　172

关于学前班课程模式设计的思考　　173

儿童发展的基本原理　　173

均衡发展课程　　174

家长、教师与儿童的关系　　174

评估和问责　　175

儿童及其家庭的多样性　　175

高质量学前班课程发展性模式的特点　　175

发展适宜性实践：运用儿童发展的基本原则　　176

全纳课程　　177

文化回应性课程　　178

整合课程　　178

教师的角色　　178

环境的作用　　179

技术的作用　　180

游戏的作用　　181

日程表的作用　　181

计划与实施教学　　182

理解发展性主题课程　　183

发展性主题课程的作用　　184

设计发展性主题课程单元　　185

实施发展性主题课程　　197

评价在学前班课程中的作用　　198

对儿童发展与学习的评价　　199

对学前班儿童的评价　　199

对学前班课程要素的评价　　200

小　结　201

思考题　202

第八章 学前班课程：3～5岁儿童的语言和认知发展　203

简　介　204

语言发展课程　204

　　学前儿童如何发展语言　204

　　语言的形式　205

　　学前儿童的语言差异　205

制订学前班儿童语言发展计划　208

　　游戏在学前儿童语言和读写能力发展中的作用　208

　　教师在学前儿童语言和读写能力发展中的作用　208

　　家长在学前儿童语言和读写能力发展中的作用　209

　　环境在学前儿童语言和读写能力发展中的作用　209

设计学前班语言发展课程　210

　　提供有助于儿童表达性语言发展的经验　211

　　提供有助于儿童接受性语言发展的经验　212

建构读写能力的发展基础　213

　　解决开展读写能力教学方面的一些问题　213

　　儿童在发展读写能力时需要知道些什么　214

儿童读写能力的培养目标　214

　　书写萌发　216

　　阅读萌发　219

为语言发展存在差异的儿童设计语言课程　222

为有特殊需要儿童设计语言课程　223

认知发展课程　224

　　学前儿童如何形成对概念的认知　224

　　制订学前儿童认知发展计划　225

　　认知发展目标：数学和科学　226

　　教师在学前儿童认知发展中的作用　228

　　环境和游戏在学前儿童认知发展中的作用　229

设计认知发展课程　230

整合课程　236

　　儿童发展与整合课程　236

　　创造力与整合课程　236

　　主题单元作为设计整合课程的聚焦点　237

为有特殊需要儿童设计认知发展课程　239

小　结　240

思考题　241

第九章　学前班课程：3～5岁儿童的社会性和身体发展　243

社会性发展课程　244

理解社会性发展　244

生活变化影响学前儿童社会性发展　244

制订社会性发展计划　247

游戏在学前儿童社会性发展中的作用　250

环境在学前儿童社会性发展中的作用　251

教师在学前儿童社会性发展中的作用　252

设计社会性发展课程　253

设计社会科学课程　255

设计反映学前儿童生活的变化的整合课程　257

身体发展课程　259

了解身体发展　259

制订身体发展计划　260

游戏在学前儿童身体发展中的作用　261

环境在学前儿童身体发展中的作用　261

教师在学前儿童身体发展中的作用　262

身体发展和身体健康：儿童肥胖　263

设计身体发展课程　263

设计促进学前儿童身体发展的整合课程　266

设计促进有特殊需要儿童身体发展的课程　268

小　结　269

思考题　270

第十章　面向5～8岁儿童的课程设计　271

小学低年级阶段儿童发展变化的重要意义　272

身体发展　272

认知发展　273

社会性—情感发展　273

游戏在小学低年级课程中的作用　274

适宜于5～8岁儿童的课程介绍　275

满足儿童持续发展需要的课程介绍　276

为就读于小学低年级的5～8岁儿童设计课程　277

英国幼儿学校的课程模式　277

团队教学　278

混龄分组　278

小学低年级课程的特点　279

发展性课程　279

整合课程　279

系统化教学　280

合作学习小组　280

同伴教学　280

计划与管理教学　281

环境的作用　281

活动室环境创设　281

教师的角色　283

设计主题课程　283

实施主题课程　294

与系统化教学相结合　296

评价在幼儿园和小学低年级课程中的作用　298

在幼儿园和小学低年级开展评价的目的　298

小　结　302

思考题　302

第十一章　幼小衔接课程：5 ～ 8 岁儿童的语言艺术课程　　305

语言艺术课程　306

语言发展的持续过程　306

满足不同儿童的语言需求　307

设计语言发展课程　309

合作学习小组　310

读写能力发展的持续过程　311

5 ～ 8 岁儿童语言艺术课程　312

语言艺术课程组织　319

满足有特殊需要儿童的不同学习需要　323

整合课程　325

小　结　326

思考题　326

第十二章 幼小衔接课程：5 ～ 8 岁儿童的数学与科学课程   329

数学课程   330

数学领域的发展趋势和重要议题   330

设计数学课程   331

科学课程   339

儿童如何学习科学   339

科学领域的发展趋势和重要议题   340

制订科学课程计划   341

科学过程的整合   341

环境的作用   342

教师的角色   343

科学课程的组织   343

设计科学课程   344

整合有助于促进儿童科学学习的各类经验   346

整合课程   347

小 结   348

思考题   348

第十三章 幼小衔接课程：5 ～ 8 岁儿童的社会研究与体育课程   351

社会研究课程   352

5 ～ 8 岁儿童的社会性发展   352

促进社会性持续发展的活动   353

幼儿园和小学的社会研究课程   355

社会研究的目标   355

设计社会研究课程   358

社会研究整合课程   360

体育课程   363

5 ～ 8 岁儿童的身体发展   364

体育课程计划的制订   365

设计体育课程   366

体育整合课程   367

小 结   369

思考题   370

第十四章　在现实中教学　371

贝丝　372

蕾妮　373

约兰德　373

苏珊　373

罗洛和南茜　374

格拉迪斯　374

赫克托　375

洛雷塔　375

洛伊萨　376

参考文献　377

第一章

多样化人口课程开发中的教师角色转换

本章目标

阅读完本章，你将能够：

· 理解在 21 世纪儿童早期教育是如何被赋予新的重任的；

· 描述早期教育项目中儿童是以何种方式表现自身多样性的；

· 解释当今早期教育课程开发中的教师角色。

简　介

21 世纪的这些年对儿童早期教育项目具有重大意义。儿童早期对于幼儿发展及其后期学业成功的重要性已被广泛证实。同样，充分的证据也已证明高质量的早期教育项目能够提供丰富的学习经验，有效促进儿童进入小学后的学业成功（Bowman，Donovan & Burns，2000；Carnegie Corporation of New York，1994，1996；Copple & Cavanaugh，2003）。

美国决策者越来越意识到儿童早期教育的重要意义，也越来越了解它是如何促进美国儿童的学习与发展的。由于 2000 年至 2001 年间美国表现欠佳的学校仍占很大比例，总统乔治·布什致力于积极推动相关立法，以发展面向所有儿童的教育。2001 年 12 月，《不让一名儿童掉队法案》（*No Child Left Behind Act of 2001*，NCLB）正式颁布。另一个法案——《良好开端，聪明成长》（*Good Start，Grow Smart*）——旨在为 "提前开端"（Head Start）项目提供强有力的支持。2001 年 7 月，白宫召开了一次关于儿童早期认知发展的峰会。根据此次峰会的精神，儿童早期 "提前开端" 项目特别小组出版了一个新的指南——《教导我们的幼儿》（*Teaching Our Youngest*）（Grissom，2002）。美国儿童早期教育的新纪元由此拉开了序幕。

2001 年以来颁布的《不让一名儿童掉队法案》及其他相关法律与政策对儿童早期教育产生了即时和深远的影响。关于法律对儿童早期教育的影响，我们将在本章后面的部分和其他章节予以介绍。

本书为从事 0 ～ 8 岁儿童早期教育的教师和准教师而写，它可帮助教师们了解高质量的早期教育。本书的目的之一为描述教师是如何为儿童设计适宜其发展的课程和学习经验的。

本章旨在提供早期教育课程的简介。为达此目的，我们需要对参与早期教育项目的儿童有正确的理解。首先，我们会依据儿童的多样性对他们进行描述。然后，我们将探讨在面对早期教育项目中千差万别的儿童时，教师的角色是如何转换的。我们还将探讨这些早期教育项目是如何做到与众不同的，以及它们在当今世界是如何不断变化以满足儿童及其家庭的各种需求的。之后，我们将讨论在儿童早期教育机构变得日益复杂的背景下，教师的角色是如何转换的。最后，我们将探讨在回应 21 世纪儿童、家庭及社会需求变化的过程中，教师角色是如何不断演进和发展的。在设计课程时，为了给所有儿童提供高质量的早期教育，各类型早期教育机构中的教师都面临诸多新挑战（Kagan & Neuman，1997）。正如社会发展的其他方面，如今教育变革已成为现代化学校发展的规则之一。针对儿童家庭、教育者和社区在持续转型期所面临的各种问题，当今及未来的早期教育课程与教学必须做出有效回应。

在接下来的部分，我们将探究参与早期教育项目儿童的类别。我们将探讨这些儿童的差异以及这些差异所代表的多样性。接着，我们将讨论有学业失败风险的儿童及使其面临风险的一些因素。

早期教育机构为哪些儿童服务

现如今还有可能描绘早期教育机构中 "典型的" 儿童吗？恐怕不太可能了。在 20 世纪 60 年代以前，一个幼儿园班级招收的绝大多数儿童来自背景极其相似的白人中产阶级家庭，他们的父母能够负担得起入园费用。如今，早期教育项目为来自各种类型的家庭和各种不同社区中的所有类别的儿童提供服务。儿童来自不同的种族、族群，可能讲不同的语言，可能生活在不同的文化情境中。换言之，当今参与早期教育项目的儿童是多种多样的。

早期教育机构中的儿童具有多样性

多样性是什么意思？韦氏词典第九版对"多样性"一词的解释为"与众不同的"。多样性始终是学前儿童的发展特点之一。从前，一些儿童被认为是"与众不同的"，指的是他们与班上绝大多数儿童拥有的发展特点相比有所欠缺。于是，"与众不同的"就包含了某种负面的意义。

如今，儿童发展的多样性增加了儿童在早期教育机构中所获经验的丰富性。"与众不同"可以被看作儿童发展的一种积极特质。戴维·埃尔金德（David Elkind，1997）宣称我们正处于教育发展的后现代阶段，在该阶段人们更感兴趣的是"特别的儿童"而非"典型的儿童"。

在班级中，哪些儿童发展差异能够代表多样性呢？在接下来的部分，我们将探讨儿童发展的文化差异、种族差异和语言差异，随后我们会讨论儿童发展的能力差异和家庭环境差异，并分析可能导致儿童出现学习困难和学前班、学校适应困难的因素。

文化差异

每名儿童都是某一文化群体的一员，这种文化群体小到一个家庭、大到一个国家。一种文化中常常包含多种亚文化，美国存在着多元文化和大量亚文化。例如，许多美国公民都属于拉丁文化群体，由于拉丁裔美国人大多来自墨西哥、中美洲、南美洲或波多黎各，因此他们身上都打下了所属地区的文化烙印。

一个人所属的社会群体、所信仰的宗教和所属的种族能够很好地解释他的文化特点。美国的第一批移民来自欧洲，因此美国受到了欧洲文化的深刻影响。然而，在第一批移民到来之前，美国本土文化就已经出现了。

今天就读于美国早期教育机构的儿童代表了世界各地的文化。如果儿童来自于一个世代居住在美国的家庭，他们可能会对美国的主流文化更为熟悉。然而，事实上大部分世居美国的家庭常常既代表了美国的主流文化，也仍然保留着他们祖先的文化。

种族差异

美国儿童来自不同的种族，因此他们的发展呈现出多样化的特点。例如，儿童可能有着非洲人、亚洲人、拉丁美洲人或欧洲人的种族背景；很多儿童拥有一种以上的种族背景，因此表现出一种混合型种族的传承特点。

语言差异

尽管英语是美国的主流语言，但许多儿童的家庭是讲双语的。在早期教育机构中，如果儿童来自亚裔家庭，他们除了讲英语，还可能讲汉语、日语或越南语；同样，儿童在进入早期教育机构时可能讲西班牙语、俄语、波兰语或其他语言。尽管事实上绝大多数美国儿童都讲英语，但仍然有很多儿童

露西·吴

露西·吴今年 6 岁，她的父母在少年时从越南移民到美国。露西的母亲随其家庭到休斯敦，在那里，他们受到了路德教派的资助；露西的父亲的家庭也到休斯敦投靠亲戚，直至他们取得了定居权。露西的母亲和父亲在当地的一所社区学院相遇了，他们共同经营一家小食品杂货店，这家店由露西的祖父开办，位于休斯敦东部一个老旧居民区里的一间出租屋。最近，杂货店由于电路故障失火。由于店里的货品都没有上保险，为还清债务，使家族生意能够重新开始，露西的母亲到当地一家汽车旅馆做清洁工，她的父亲则到一家汽车杂货店做雇员。

露西一家临时与她的外祖父母同住在一个小公寓里，直到他们家能够再次负担得起自己的住房。

会将另一种语言作为他们的第一语言，或者能够讲两种以上的语言。

当前，早期教育机构中的儿童既展现出个体发展的多样性，也反映了其所属群体的发展多样性。在设计课程与教学时，教师必须理解儿童所代表的文化、种族、民族和语言的多样性是如何交织在一起的。在过去的几十年，对上述儿童发展差异的认识不断拓展。涌向全美各地的合法移民和大量未登记在册的劳工已经改变了接受早期教育儿童的人口结构。从前主要服务于英裔美国儿童的早期教育机构，如今已接受来自不同种族、讲不同语言的儿童。由于大量人口迁居于城市地区，入学儿童的类型变得越来越多样化。此外，新移民和难民的涌入也增加了入学儿童的多样性。大量儿童来自中非、加勒比地区、中南半岛、东欧以及其他地区，有些家庭因遭遇国内政治危机、战争和政府领导变动而不得不去别国寻求安全庇护和谋生的机会。早期教育机构中来自上述家庭的儿童常常有独特的文化经验，他们的父母中既有富足的专业人士，也有来自欠发达国家的未受教育者。这些儿童中有一部分是被领养的，和他们的养父母不是同一种族。而且，领养混血儿在美国变得越来越普遍。在未来，教师需要对影响机构中每名儿童的国籍、文化和生活事件有更为全面的了解（Okagaki & Diamond，2003；Wardle，2001）。

移民性质的变化引起了对多样性内涵的重新审视。原先多样性的内涵是与在民族、种族和语言方面存在差异的少数族群联系在一起的（Wang & Aldridge，2007）。现在多样性的内涵发生了一种变化：从更广阔的视角，将多样性视为一块马赛克，在这块多元文化的马赛克中，各类移民在文化认同的进程中保留着他们的个性（Trail，2000）。2000 年的人口普查发现，21 世纪的美国比 20 世纪显现更大的人口差异性。由于持续的移民和族群间的通婚，具有多元文化背景的公民占美国人口的比例更加突出（Singer，2004）。

移民来美国后，美国政府几乎没有为他们提供任何帮助，没有提供语言培训或职业培训。而且在 2001 年"9·11"事件后，美国民众对移民的认可度持续降低。在持续变化的美国，新移民面临着前所未有的挑战（Singer，2004）。

　　近年来，移民进入美国后的居住地发生了变化。在 20 世纪 90 年代，外国人来美国后，很可能在纽约州、加利福尼亚州、新泽西州、伊利诺伊州、得克萨斯州和佛罗里达州定居。到了 21 世纪，移民越来越倾向于在经济欠发达、劳动力流失严重的中西部小镇定居。这里大量的工作机会吸引着移民，尤其是肉类加工业（Asthana，2006；Rubenstein，2004）。他们更喜欢这里较低的生活成本、较低的犯罪率，而且学校的入学机会也没有那么紧缺。人口变化也重塑了城市的人口结构。在全美人口最多的 50 个城市中，35 个城市的非拉丁裔已经成为当地的少数族群。在这些城市，拉丁美洲移民的数量已经超过其他族群。目前拉丁裔美国人的数量已经超过了非洲裔美国人（Asthana，2006；Singer，2004）。

家庭环境差异

　　正如之前提到的，在 20 世纪 60 年代以前，早期教育——尤其是公立学校提供的早期教育——主要为中产阶级家庭的儿童提供服务（Weber，1984）。这些儿童通常来自完整的双亲家庭，母亲是全职太太，将所有的时间和精力都投入家庭中。近几十年来，很多因素都影响着家庭结构的变化。除双亲家庭外，还出现了单亲家庭、重组家庭、混合家庭（此类家庭因多次婚姻或重组而形成，来自两个或两个以上家庭的儿童组合成一个独立的家庭）和未成年父母。

比利和鲍比（Billy and Bobby）

　　比利和鲍比是一对两岁的双胞胎。他们的妈妈叫苏珊，是一名 17 岁的未婚女性。他们住在印第安纳州埃文斯维尔市外祖父母家的地下室里。苏珊白天在一家沃尔玛超市工作，每周有 3 个晚上要去夜校上课。每个月，她都要接受一次来自"对抚养未成年儿童的家庭的援助"（Aid to Families with Dependent Children）组织的审查。白天比利和鲍比待在一个家庭托儿所，晚上妈妈去上夜校时则由外祖父母照顾他们。

　　最近，由于苏珊每周都会出门与新男友约会很长时间，她和她妈妈之间一直冲突不断。苏珊认为，她可能不得不搬出父母的家了。她的新男友没有工作，不打算跟她结婚，也不打算对双胞胎兄弟负责。此外，在每月的例行审查结束前，苏珊还需要找一份工作。比利和鲍比面临着一个不确定的未来。

　　儿童仅与父母中的一方一起生活的原因各异，其中最为普遍的是离婚。尽管在父母离婚后，双方的抚养权可能都会延续，但大多数儿童在大部分时间都与其中的一方生活在一起。如今单身父亲的总量在不断增加，夫妻间平分抚养权的现象也越来越多，兄弟姐妹分别由父亲和母亲来抚养是常见的。现在单身成人已被允许收养儿童，也可以像养父母那样为需要临时家庭的儿童提供照料。此外，当父母不能或不愿意照料他们的孩子时，这些儿童就可能会和祖父母生活在一起。近几十年来，生活在单亲家庭中的儿童数量大幅增长。儿童保护基金的一份报告表明，未来将有 50% 的美国儿童生活在单亲家庭中。

尽管在 20 世纪 70 年代以前，人们的观念是父亲负责养家糊口、母亲负责照顾家庭和养育儿童，但在如今绝大多数美国家庭中这种状况已不复存在。20 世纪 70 年代以后，母亲走出家庭、参与就业的比例急剧上升。1993 年，在已婚并育有 6 岁以下儿童的母亲中，有 59.6% 参与了就业（Children's Defense Fund，1994）。截至 2004 年，在已婚并育有 6 岁以下儿童的母亲中，有 65% 参与了就业。舆论关注的焦点为：在这些职场母亲中，有 63% 育有 3 岁以下的儿童（Education Commission of the States，2003）。

不论职场母亲是单身还是已婚，家庭生活方式的变化都会给家庭成员造成影响。在美国，大部分就业妇女负担一半或更多的家庭经济收入。夫妻双方均工作的家庭面临着时间管理的困难、对高质量儿童保育的担忧以及如何有效平衡工作与家庭的问题。父母双方均工作的儿童，或者跟父母中的一方生活且其照料者要工作的儿童，要面对一系列生活及学习适应方面的挑战，包括每天去提供保育和教育服务的机构上学，在入学前后进行自我照顾，以及承担一些家庭责任（Children's Defense Fund，2001；O'Neil，1991）。

在职父母常常发现，他们很难做到按照教师的要求参加学校举行的家长会。当寻求家庭和工作之间的平衡时，他们必须不断地敦促自己和孩子。这些家长不断学习如何同时完成好本职工作和其他职责。拼车接送孩子上下学、分担放学后的儿童保育职责、安排灵活的工作日程，这些方法都有助于家长更好地满足儿童的各种需求。现在很多学校都提供上学前与放学后的儿童保育服务，同时也提供家长教育技能培训及其他针对在职父母的专门培训和互助小组。如今很多雇主意识到，支持员工在工作时间去学校参加家长会或与教师会面，可使员工最大限度地为雇主的利益服务。

劳尔

劳尔是一名二年级的儿童，住在佛罗里达州奥兰多市的郊区。他的父母都有工作，每天很早就要搭乘通勤车到奥兰多市区上班。当劳尔在学校出现各种问题并拒绝放学后去保育中心时，他的父母开始努力解决这些问题。幸运的是，劳尔的父亲的工作时间安排比较灵活，现在他每天 5:30 上班、15:30 下班，父亲下班时劳尔通常正坐在回家的校车上。到家后，劳尔吃完点心就开始和父亲一起做家庭作业。劳尔的父亲可能并不愿意每天那么早就去上班，但劳尔却从这一改变中受益了。现在劳尔在学校的表现逐渐好转，而且在母亲下班到家、准备全家人的晚饭之前，他还有时间和邻居小伙伴一起在户外玩游戏。

学习需要的差异

每一个进入学校的儿童都是独一无二的个体，他们的已有经验来自家庭和所在的社区，他们在兴趣、学习风格、发展速度和个性品质方面都表现出了独特的个性化特点。这些儿童可能是视觉学习者，在通过听觉通道获取新信息的同时，还需要看见这些新信息；在学习过程中，一些儿童需要一次只针对一个步骤的指令，另一些儿童则更喜欢一次性接收所有指令；一些儿童可能非常害羞，另一些儿童则可能非常自信。作为一个群体，他们有着不同的、与生俱来的学习资质以及智能强项和弱项。这些与生俱来的学习资质、智能强项和弱项可能非常微弱，以致不易察觉；也可能非常极端，以致儿童发展严重受阻。尽管不同儿童的发展存在各种差异，但他们有一个共同的特点，那就是渴望获得学业成功。在早期教育机构中度过的人生头几年对儿童来说是非常重要的，因为在这段时间里，他们逐渐形成自我认知，认识到自己作为一个独立的个体所具有的能力，并认识到自己是某个群体的一员。

很多儿童都具有极高的天资和极强的能力。巨大的学习潜能使他们既学得快，又能独立完成学习任务。他们学习主动性强，求知欲也非常旺盛，他们通过独立学习就能够完成绝大部分的学习任务。对于这些拥有巨大学习潜能的儿童，教师的责任就是为他们设置挑战，帮助他们通过自我努力在自己擅长的领域获取最大的成就，而并非要求他们去完成不擅长的任务。

其他一些儿童也是有能力的，但他们学习的步调偏向于稳健，并非快节奏地学。这些儿童的学业成绩优秀，对班上其他儿童有着稳定的影响。他们有时会遇到一些困难，但能够很容易地克服困难并取得较好的学习成果。

还有一些儿童在入学时就有各种学习困难。这些学习困难包括发育迟缓、智力障碍或者各种类型的身体残疾。这些儿童的个体学习需要常常因其特殊的自身条件而表现出各种类型的独特性。

正如我们在讨论儿童发展差异时提到的，在早期教育机构的教室中，我们能够看到各种类型的儿童发展多样性。多样性一词反映了儿童发展的积极特点，但教师在了解每名儿童的独特发展需要时面临挑战。另外，一些儿童因其生存和发展的条件而面临学习困难的风险。在下面这个部分中，我们将探讨一些可能导致儿童的发展和学习出现困难的因素。

早期教育机构与处境不利儿童

学前儿童的发展具有很强的可塑性，他们能够在一定范围内应对生活中的积极和消极影响。然而，有一些儿童在面对挑战和创伤性事件时会存在较多困难。这些儿童可能陷入发展和学习困难，换言之，由于生活的压力，他们在个人发展和学业成就方面可能会产生消极的结果。

来自离异家庭的儿童

一些来自离异家庭的儿童有可能出现学习困难。这些儿童更有可能成为青少年罪犯，或在学校制造麻烦，或需要心理援助，或存在绝望、孤独、低自尊和低成就感问题。在父母离婚后的头两年里，儿童可能经常被忽视，因为负责照顾他的父（母）亲不得不超负荷工作，将全部精力投入解决生计问题中，并努力应对单亲育儿所需要承担的更多责任（Clarke-Stewart，1989）。一些儿童还需要学着在重组家庭中与继父（母）和继兄弟姐妹相处。另一个对离异家庭儿童有影响的伴生因素是家庭收入的减少，这主要是由离婚导致的家庭经济条件变化造成的。

尽管父母离异不一定给儿童带来长久的影响（Wallerstein，Lewis & Blakeslee，2000），但教师必须对这些儿童正在经历的创伤保持敏感。教师需要通过提供支持，确保这些受到父母离异影响的儿童在学校受到重视，确保学校生活为其提供的经验与其童年早期的日常生活经验是一致的。学校共同体还能够为大量在童年早期经历父母离异的儿童及其家长提供支持（Sammons & Lewis，2003）。

罗伯特和凯茜一家

罗伯特和凯茜组建了一个混合家庭。4 年前，他们分别与自己的配偶离了婚，之后决定结合在一起。罗伯特的孩子——肯尼思和凯蒂——很快就对这个决定表示赞同，他们的妈妈在离婚 1 年后就再婚了，当时正计划再要一个宝宝。父母离婚时，肯尼思 6 岁，凯蒂 4 岁。

凯茜的 3 个孩子却对她的离婚心生怨意。父母离婚时，这 3 个孩子——马修、艾米莉和埃里克——分别 13 岁、11 岁和 10 岁。他们不得不从一个带游泳池和会客室的大房子搬到一个只有一间盥洗室的小房子。凯茜和罗伯特决定等 3 个孩子都接受离婚这一事实和会有一个继父这一决定后再结婚。不幸的是，等了 3 年后，凯茜的大儿子对此仍持排斥态度，凯茜认为再拖下去也不会有什么改观。

罗伯特和凯茜结婚快两年了，他们已经搬到了有着大的家庭娱乐室和 3 间卧室的房子里。埃里克和肯尼思已经成了好伙伴。马修在读高中，热衷于踢足球，看上去他在这个混合家庭里生活得非常舒适，也喜欢这位继父。艾米莉也在读高中，学习成绩非常棒。这一家的 5 个孩子都热爱运动。罗伯特正准备再建造一间卧室供肯尼思和埃里克分享。周末时，男孩们会帮罗伯特的忙。凯茜的孩子们平日与她生活在一起，有时周末会去见他们的父亲。肯尼思和凯蒂平日与母亲生活在一起，周末则跟父亲在一起。因为罗伯特的前妻就住在同一条街相隔几千米的地方，所以肯尼思和凯蒂周末也经常与父亲和凯茜在一起。

青少年父母养育的儿童

青少年父母养育的儿童也常常处于风险之中。这些过早为人父母的青少年通常来自处境不利家庭，还没有准备好去承担养育一名儿童所需的情感、心理和经济方面的责任。

由青少年父母养育的孩子更有可能早产和低体重，更容易在婴儿期夭折。他们更有可能在年纪尚小时发生性行为，也在青少年时期就为人父母。与那些母亲年龄更大的儿童相比，这些儿童的学业成绩通常不佳（Children Trends Data Bank，2003a）。

据记载，青少年怀孕产子率最高的年份是 1991 年（62‰），自那以后青少年怀孕产子率逐渐下降。

1998 年这一比例降至 51.1‰，2004 年降至 41.1‰。1991—2004 年，黑人青少年怀孕产子率下降了近 50%，非拉丁裔白人青少年怀孕产子率下降了 38%，拉丁裔青少年怀孕产子率下降了 22.1%（Martin et al.，2006）。

相比于那些母亲年龄更大的儿童，青少年父母养育的儿童更有可能生活在一个生活水平处于或低于贫困线的单亲家庭中。他们的母亲可能失业，或者从事收入微薄的工作。由于青少年母亲处于压力情境中，儿童可能面临营养不良、居所不佳和缺乏养育的风险。青少年父母养育的儿童在进入学校后，常常需要安全感、营养餐和积极的情感体验，这些往往是他们的父母无法提供的。学校也需要为这些青少年父母提供支持和援助，以帮助他们找到适宜的社会服务、学会帮助自己的孩子。

无家可归儿童

美国人最初注意到不断增多的无家可归人群时，将这一群体描述为从精神病院出来的患有精神疾病的人，当地服务机构没有为他们提供所需的各种援助。有些无家可归的人是滥用药物者、酗酒者，或者是打零工的流浪者。在过去的几十年里，无家可归人群渐渐包括几乎所有由于各种原因失去家庭的人（National Coalition for the Homeless，2002；Rafanello，2004）。1999 年，约有 12% 的无家可归儿童被送进寄养中心；22% 的儿童离开家人，在寄养中心生活或与亲戚一起生活。1999—2000 年，为无家可归者提供收容场所的需求增加了 17%，并在 2001 年进一步增长（National Coalition for the Homeless，2001）。

无家可归的内涵近年来仍在变化。长期以来，贫困家庭倾向于通过向无家可归人群提供居所来获取经济上的回报，通常 3～4 个家庭生活在一起（Bellamy，2003）。无家可归的另一种情况是：儿童和青少年有时会因家庭暴力而离家出走。无家可归的母亲可能会带着一两名儿童在身边，其他无家可归者则通常和亲戚或朋友住在一起。除了贫困，导致妇女无家可归的原因还包括被配偶虐待、药物依赖、文盲及严重抑郁（Nunez，1996；Swick，2004）。超过 90% 的无家可归、低收入母亲曾遭受过性侵犯或其他身体攻击（Bassuk & Friedman，2005）。

无家可归儿童通常营养不良，和其他儿童相比表现出更多的行为问题，学业成绩更差。此外，近 20% 的无家可归儿童无法获得医疗保健服务，将近 50% 的无家可归儿童经历过家庭暴力或来自家人的忽视（Rafanello，2004）。

无家可归儿童通常不得不放弃他们的玩具和其他能够为其提供安全感的东西。对他们来说，入学是件困难的事，因为他们在每个地方的驻留都是暂时的。因此，对大多数无家可归儿童而言，正常入学读书是不可能的，他们经常被不了解其处境的同学嘲笑。如果他们能够有幸入学，教师需要了解他们承受的压力并且保持敏感（Swick，2004）。和其他处境不利儿童一样，无家可归儿童在校期间需要有营养的食物，特别是当收容所提供的食物无法满足这些儿童身体发展的需要时。对一些儿童来说，在学校以外获得食物供给的可能性常常是不稳定的（Rafanello，2004）。

对无家可归儿童的教育问题的最早关注是 1987 年的《麦肯尼—文托无家可归人员救助法案》（*McKinney-Vento Homeless Assistance Act*）。2001 年颁布的《不让一名儿童掉队法案》对《麦肯尼—文托无家可归人员救助法案》进行了修订，它扩充了无家可归儿童的内涵，严禁将无家可归儿童单独编班或单独设校，致力于解决相关的交通和儿童入学分配问题（Education Commission of the States，2003；U.S.

Department of Education，2004）。

美国多个城市已采取积极措施来改善无家可归家庭的居住条件。一些城市已经为无家可归家庭提供了公寓，帮助他们获取就业机会和儿童保育服务。在能够负担得起永久住房之前，这些家庭可以一直住在政府提供的公寓里，例如仁人家园（Habitat for Humanity）这类组织利用志愿者和捐赠资金为低收入家庭建造了不太大的住宅。

面向无家可归儿童的医疗保健服务在美国儿童健康保险项目（State Children's Health Insurance Program，SCHIP）的支持下得到了改善，这是一个由联邦政府资助、各州负责管理的项目。该项目规定了各州要为 19 岁以下儿童提供健康保险，每个州有权制定各自关于资格和服务的指导原则（Longley，2007）。截至 2000 年，美国儿童健康保险项目已使 330 万无家可归儿童受益（U.S. Department of Agriculture–Food and Nutrition Services，2001）。2005 年，从该项目中受益的无家可归儿童已超过 400 万。一些州还投入额外的州财政资金用于扩大美国儿童健康保险项目的受益面；然而，另外一些州却在持续限制或缩小美国儿童健康保险项目的服务范围（Smith，Rousseau & Marks，2006）。

卡珊德拉

卡珊德拉 4 岁，她和父母一起住在离密西西比州纳奇兹市 10 英里远的一个老农场。她的爸爸在附近一个农场工作，但最近农场主把那个农场卖掉了，于是卡珊德拉和两个哥哥、父母一起迁居到了纳奇兹市。现在他们和卡珊德拉的舅妈一起生活，这是个大家庭，加上卡珊德拉的 4 个表亲，一共 10 口人生活在一起。卡珊德拉的很多玩具和衣服都放在房子后面的一个仓库里。

卡珊德拉的妈妈在一家干洗店找到了工作，但她爸爸还在找工作。她的舅妈听说附近"提前开端"项目还有空缺的学位，于是带卡珊德拉去报名。卡珊德拉的哥哥们已经在附近的一所小学就读，但他们感觉自己像个陌生人，所以总找借口不去上学。

生活在其他压力环境中的儿童

很多儿童在有压力的家庭环境中成长，压力环境使他们有可能遭遇发展和学习上的困难。这些压力因素包括滥用药物的父母以及可影响儿童的暴力、忽视或虐待。

在一个成人酗酒成瘾或滥用药物的家庭中长大的儿童是生活在有压力的环境中的。滥用药物或酗酒成瘾的父母更容易虐待或忽视自己的孩子（National Coalition for the Homeless，2001）。

家庭暴力可能发生在任何一种社会经济水平、种族或民族群体中。绝大多数中等或更大规模的群体都有必要对遭受虐待的妇女和儿童提供庇护，为这些家庭暴力的受害者提供安全的避风港。校园暴力同样也对儿童产生了重要影响。1989—1995 年，在学校或在家与学校间的路上感到不安全的儿童的比例呈上升趋势。暴力事件的发生还与青少年持枪有关。如今谋杀已成为 5～14 岁儿童死亡的主要原因之一，仅在 1997 年就有 300 多名儿童死于枪击事件（Children's Defense Fund，2000）。

近年来学校犯罪率呈下降趋势（Kids Health for Parents，2007）。导致犯罪率下降的原因是多方面的。枪击事件的减少是因为学校加强了对儿童储物柜和书包的随机检查，并加强了对人员出入校园的限制。预防校园欺凌的项目和有关冲突解决的项目都已启动。教师和学校管理人员也都接受了更好的关于如何保护学校免受暴力侵扰的培训（Kids Health for Parents，2007；Seattle Post-Intelligencer，2007）。

在教导面对家人忽视或虐待风险的儿童时，学校和教师扮演着特别重要的角色。那些衣着不整或经常穿着脏衣服上学的儿童可能也表现出其他遭受忽视的特征；同样，那些遭受身体、性或精神虐待的儿童可能会有一些反映其所处情境的具体表现，这些表现提醒教师将儿童目前的处境上报当地政府；身上经常有瘀斑、烧伤或其他不正常身体特征的儿童可能遭受了身体虐待。学校需要帮助那些遭受虐待或忽视的儿童，这类儿童可能无法正常参加学习活动。学校必须对这些儿童负责，因为教师是除家长外与儿童联系最频繁、最紧密的成人，最可能有机会对这些儿童实施干预。有迹象表明，在不久的将来，美国被忽视或虐待的儿童数量将持续增加。

教导流动的处境不利儿童

儿童流动通常与社区的多个因素有关，例如家庭负担得起的住房的供给量。对流动的处境不利儿童的关注和相关研究来自各种领域，并不只来自教育领域。

例如，1995 年，费舍尔、希恩和克尔顿经济顾问团队的成员之一，来自马萨诸塞州的罗杰·D. 克尔顿，撰写了一篇揭示高额电费与频繁转学之间关系的文章。根据对马萨诸塞州 813 个低收入家庭的调查，克尔顿发现，对那些被描述为"频繁流动"的群体来说，无法负担的高额电费常常是导致家庭近期频繁迁居的重要因素。克尔顿据此认为，使相对贫困的家庭更容易负担得起电费将减少这类家庭儿童的流动（Jacobson，2003）。

估计每年约有 50 万名儿童遭受家庭虐待，许多相关案例并没有被公开报道。对于这些儿童来说，学校就是天堂，是他们获取安全感的唯一来源（Austin，2000；Santrock，2002）。

有特殊需要儿童

那些学习受到身体和精神状况困扰的儿童经常被描述为有特殊需要儿童。身体缺陷包括听觉障碍、视觉障碍及其他身体障碍。听觉损伤包括轻度损伤和重度损伤，会影响儿童的口语表达和语言发展（Mayer，1996；Moran，1996；Patterson & Wright，1990）。视觉损伤包括可以通过眼镜矫正的近视和远视，也包括更为严重的先天性白内障、青光眼和视神经萎缩，重度的视觉损伤会导致更严重的学习障碍（Silberman，1996）。

一些儿童有严重的智力障碍或情绪障碍。有情绪障碍的儿童的特点是无法听懂教学指令（与身体障碍无关），他们在与同伴相处和展现丰富的情绪变化方面存在困难（Edwards & Simpson，1996）。患有智力障碍的儿童，其学业成绩会因智力障碍程度的差异而受到不同影响。轻度智力障碍儿童通常被描述为可教育的智力落后儿童；中度智力障碍儿童被描述为可训练的智力落后儿童；重度智力障碍儿童通常也存在严重的身体残疾，自出生起就需要全方位的医疗保育和服务（Brown & Yoshida，1996）。

一些儿童表现出与智力障碍无关的各种学习困难。他们在学习和社会交往方面都表现出困难，并且无法对日常教学方法做出反应。有上述表现的儿童通常被称为学习困难儿童，他们还可能表现出多动、感知觉障碍、大脑损伤、阅读困难或神经系统损伤（Graham，Harris，Reid & Kandel，1996）。如今对多动症的流行称谓是注意缺陷障碍（ADD）或注意缺陷多动障碍（ADHD）。

近年来，注意缺陷多动障碍的诊出率显著上升，尤其是男孩的诊出率。1998—2003年，英国被开具哌甲酯处方的儿童数量翻了一番（BBC News，2003）。除了哌甲酯使用量的不断增加引发关注外，对注意缺陷多动障碍的诊断的准确性也引起了广泛关注，尤其是对注意缺陷多动障碍症状的诊断带有较强主观性这一点（Timimi & Taylor，2004）。

有特殊需要儿童可能表现出各种类型的学习困难，而且在学习困难的严重程度上也存在差异。很多有特殊需要儿童可以在普通班级中与其他儿童一起按照统一的教学大纲接受教育。而情况更为严重的儿童需要一些其他服务，包括配备特殊教育专业教师，或者配备具有综合素养的专家，以便为其提供满足个别化需要的治疗或教育（或两类服务兼有）。有特殊需要儿童应尽可能地在普通班级中与那些健康的同伴交往，共同学习。为达成这一目标，业界曾尝试了各种不同的方法。"回归主流"是一种将有特殊需要儿童引入正常班级的做法，将正常班级生活作为其学校生活的一部分。"反回归主流"则是让正常儿童进入有特殊需要儿童的班级学习，作为他们学校生活的一部分。当前特殊教育实践的主要做法是全纳教育，也称融合教育，即所有有特殊需要儿童都进入正常学校，按照统一的教学大纲学习（Odem & Diamond，1998；Udell，Peters & Templeman，1998）。一项为每一名有特殊需要儿童设计的个别化教育项目正在制订中，旨在实现为这类儿童提供所需的特殊服务与助其获得普通班级就读体验之间的平衡（Meyen，1996a；Wang，Reynolds & Walberg，1994—1995）。

玛丽莉

玛丽莉今年5岁，将读幼儿园。她出生时双腿均有残疾。自婴儿期起，她就进入一家康复机构接受长期的康复治疗。现在她已经能够借助步行器行走，并在一条腿上装了支架。玛丽莉现在期待着幼儿园生活。幼儿园距离她家有几个街区，她将和住在附近的好朋友一起入园。玛丽莉的教师非常清楚她的特殊需要，早已做好家访，与玛丽莉和她的父母谈好。玛丽莉看起来几乎没有意识到自己的残疾。她会和朋友一起在户外游戏，而步行器和支架就像她的兄弟一样。她对自己身体的障碍毫无察觉，总以微笑示人。

处境不利儿童可能需要干预项目

有学业风险的儿童需要接受早期干预，以应对那些对其学习能力有消极影响的因素。由于早期干预是消除或降低学业风险的最有效手段，因此早期教育项目——多始于婴儿期——能够有效帮助儿童克服生存环境可能对其学业产生的消极影响（Children's Defense Fund，2001；Taylor，Willits & Lieberman，1990）。

对于有学业风险或有特殊需要儿童来说，早期教育是非常重要的。针对任何一种风险因素或损伤的早期干预都是重要的，它将最大限度地为儿童提供克服、缓解或适应身体残障状况的机会（Niemeyer，Cassidy，Collins & Taylor，1999）。不论儿童是否由于经济、身体或社会方面的原因而处于风险之中，针对这些问题的早期干预都是必要的。如果儿童受到不止一种风险因素的威胁，出现长期的毁灭性的后果的可能性就会大大增加。因此有必要对可能导致儿童陷入各种风险的因素较早地进行抑制或消除，以免它们对儿童发展造成永久性伤害。

美国儿童心理健康基金会（The Child Mental Health Foundations）及其代理机构公布了一系列可能导致儿童面临学业失败的因素（Peth-Pierce，2000，p.5），具体为：出生时低体重及神经系统发育迟缓，其他疾病，不随和的气质或个性（如多动、攻击性行为），家庭结构（如离婚、再婚），缺少母爱，出身于移民家庭，出身于少数族群家庭，家庭经济社会地位低，虐待，母系遗传病史，心理生理疾病指标（如反映脑或其他器官器质性病变的指标，这些器质性病变会限制儿童的认知发展及其他正常能力的发展），人生早期体验到的不安全依恋关系，由母亲以外的其他成人照料（如早期教育机构工作人员），幼儿园和小学一年级班级的特点（如大班容量、较少的家园或家校沟通会议）。

也有一些因素能够有效帮助处境不利儿童避免学业失败（Peth-Pierce，2000，p.8），具体为：与父母双方或离婚后再婚的父母同住，更高的认知发展水平，性格随和，自信，从不同养育者那里获得情感支持，母亲得到更高水平的教育，合作性的父母养育方式（与儿童保持积极的关系），稳定的、井井有条的、可预见的家庭环境，在童年早期接受高质量的日间保育（对于未能建立起与主要养育者之间的安全依恋关系的儿童来说尤为重要），婴儿期与成人建立起安全依恋关系并具有积极人际关系的早期经历，在班里有很多朋友，在幼儿园与教师建立起温暖且开放的师幼关系。

在早期教育机构中就读的儿童多种多样，这一点可以从前面我们对导致儿童发展存在差异的各种因素的描述中看到，也可以从我们对导致儿童面临学习困难风险的各种因素的讨论中看到。为学前儿童提供服务的机构也是多种多样的，但这些不同类型机构之间的整合程度越来越高，下一部分我们将就此详做介绍。

早期教育机构环境的复杂特性

儿童早期教育涵盖了从出生至 8 岁的儿童教育。为这些儿童提供早期保育和教育服务的机构多种多样，准备从事这一年龄段儿童教育的教师可能会因此不知所措。绝大多数达到小学入学年龄的儿童会进入某种性质的小学，包括公立学校、私立学校或教会学校（在家教育即由家长在家对自己的孩子实施教学，是一种新型教育模式，但通过该模式接受教育的儿童仍然只占全部儿童的一小部分）。学前儿童可以进入不同类型的早期教育机构，包括由学校、教会、地方政府、企业和医院设立的早期教育机构。

不同类型的早期教育机构中教师的角色各不相同，工资也存在差异。各类机构对教师职前培训及资格证书的要求也存在很大差异。早期教育机构的资金来源既包括各级政府对学校及各类早期教育机构的公共财政投入，也包括家长所缴费用。从这一角度看，早期教育机构的类型可以划分为公立学校、非公立学校、"提前开端"项目及儿童保育中心。

公立学校举办的早期教育机构

幼儿园

100 多年以前，为了向 6 岁以下儿童提供教育服务，公立学校开始设立幼儿园。几十年来，设立幼儿园的目的在不断发展变化，如今幼儿园已成为公立学校的一部分。在 19 世纪，幼儿园最初主要招收 5 岁儿童，践行福禄贝尔的教育哲学和教学方法。并非所有的州都在公立学校附设幼儿园，但随着在公立学校扩展儿童早期教育服务这一做法持续发展，越来越多的州开始在公立学校附设幼儿园。

在 20 世纪四五十年代，幼儿园主要为中产阶级家庭的儿童提供早期教育服务。然而，自 20 世纪60 年代以来，幼儿园开始为各阶层的儿童提供服务。除此之外，还出现了为面临学业风险的儿童提供早期服务的学前班。新兴的早期教育机构还包括前幼儿园及其他招收 4 岁儿童的机构、双语早期教育机构、为有特殊需要儿童服务的早期教育机构和扩展性保育服务机构。

前幼儿园

前幼儿园在一些州相继设立，主要为语言或认知发展迟缓的 4 岁儿童提供早期保育和教育服务。就读于前幼儿园的儿童大多来自低收入家庭，部分儿童来自非英语家庭。前幼儿园致力于帮助这些儿童为入学后的学业成功做好语言和认知方面的学习经验准备。

截至 2001 年，有 35% 的公立小学设立了前幼儿园，而且招生率越低的小学越倾向于设立前幼儿园。招生率为 50% 及以下的小学中，有 47% 设立了前幼儿园。在校生数较多的学校则更倾向于开办提供特殊教育服务的前幼儿园（Children Trends Data Bank，2003b；National Center for Education Statistics，2003）。

双语及英语作为第二语言的早期教育机构

很多就读于早期教育机构的儿童并不讲英语。在公立小学中，大约有 2200 万儿童的母语不是英语（Genishi，2002）。这些儿童就读于教授双语的早期教育机构或英语作为第二语言的早期教育机构（ESL）。教英语的早期教育机构也指对以英语为第二语言的儿童进行英语教学的机构（ESOL）。既要学习母语也要学习英语的儿童被称为"英语学习者"（ELLs；Lake & Pappamihiel，2003）。

双语早期教育机构同时开展儿童英语教学和母语教学。英语作为第二语言的早期教育机构和对以英语为第二语言的儿童进行英语教学的机构主要使用英语进行语言和其他内容的教学。至于哪一种方法更好或更成功，观点一直未达成一致（Zehr，2004）。然而，加利福尼亚州双语早期教育机构于 1998 年被关闭；在其他州，双语早期教育机构也纷纷被禁止。英语作为第二语言的早期教育机构和对以英语为第二语言的儿童进行英语教学的机构成为许多招收英语学习者的学区青睐的教育实践形式。

为有特殊需要儿童服务的早期教育机构

那些在小学阶段学习落后的儿童可以参加一个由联邦政府资助的名为"第一章"（Chapter I）——之前称为"第一条款"（Title I）——的早期教育机构，以及其他由联邦政府投入设立的早期教育机构。在数学和阅读上表现欠佳的儿童要在常规教学之外接受有针对性的辅导。

有特殊需要儿童也可以在学前班就读。处境不利的学前儿童可以入读由"第一章"基金支持的早期教育机构。儿童在进入为 3 岁有特殊需要儿童提供早期教育服务的机构之前要接受筛选和鉴定，从而接受相应的早期干预。根据为每名儿童制订的个别教育计划（IEP）中的发展目标，特殊教育教师和班级教师需要和其他专家共同致力于最大限度地激发每名儿童的潜能以学习和发展各项技能，弥补他们的身体残疾或心理障碍（Wolery & Wilbers，1994）。

扩展性保育服务机构

为满足家长对校外时间儿童保育的需求，目前很多学校提供上学前和放学后的扩展性保育服务（Education Commission of the States，2003）。这些保育服务的发展和管理可以由学校安排相关人员负责，也可以由社区机构通过与学区合作来负责。家长可以为孩子报名进入这类机构，家长缴纳费用以负担机构运转的花销。

1995—2007 年，面向学龄儿童的保育得以扩展。在接受家庭以外的扩展性保育服务的儿童当中，有 55% 是在公立学校接受的。此外，儿童保育中心、社区组织和个人也提供了扩展性保育服务（Neugebauer，2007）。在参加扩展性保育服务的儿童中，来自低收入家庭的儿童最多，但来自中产阶级家庭和高收入家庭的儿童选择该服务的比例与低收入家庭儿童大致相当（Lawrence & Kraeder，2006）。非拉丁裔黑人儿童接受扩展性保育服务的比例最高（32%），接下来是拉丁裔儿童（23%）、亚太岛民儿童（20%）和非拉丁裔白人儿童（15%）。2007 年，联邦政府对扩展性保育服务的投资逾 66 亿美元，州财政投入为 12 亿美元。有 9 个州的扩展性保育服务的财政投入占州财政的 90%，其中加利福尼亚州的比例最高（Neugebauer，2007）。

非公立学校举办的早期教育机构

教会学校和私立学校通常也设有学前班。学前班招收 3 岁及以上的儿童，按照 3 岁、4 岁和 5 岁分别编班，每天为儿童提供几小时的保教服务。其他机构如托儿学校、母亲外出工作服务机构，则并非每天提供儿童保教服务。学前班服务也可能由当地的社区学院或大学提供，通常被命名为实验学校或儿童发展中心。

"提前开端"项目

"提前开端"项目是一个由公共财政支持的早期教育项目。该项目设立于20世纪60年代，其目的是对处境不利的少数族群和低收入家庭儿童进行早期干预。作为一个综合性项目，它致力于为上述儿童提供满足其教育、营养和社会性需要的各项服务。

"提前开端"项目可以依托公立学校的学区而设立，也可以由社区机构单独设立。近年来，大量儿童通过"提前开端"项目接受早期教育服务，且数量呈不断上升趋势。1993年，已有36%的处境不利儿童接受该项目的服务。在1994财政年度，联邦政府对"提前开端"项目追加5.5亿美元投资，使数以万计的儿童从项目中受益（Children's Defense Fund，1994）。1999年，超过80万名儿童进入"提前开端"项目，占具备入园资格儿童总数的50%（Children's Defense Fund，2000）。

2003年，布什总统宣布当年秋季所有参加"提前开端"项目的儿童都要参加国家标准化技能评估，这使该项目遇到了新的挑战。此项评估将决定哪些"提前开端"项目需要接受更多的指导（McMaken，2003）。这一政策引发了儿童早期教育工作者的高度关注。几十年前，儿童早期发展与教育专家就曾指出，对如此年幼的儿童做评估是非常困难的，而且评估结果也不应被用于做出任何与项目或幼儿有关的决策（Shepard，Kagan & Wurtz，1998）。

国家报告系统（National Reporting System）这一新评估系统如期付诸实施。然而，有300位专家联名上书，质疑该评估系统的评估质量及对学前儿童发展的适宜性。不仅如此，该评估系统仅关注儿童早期认知技能的发展这一点也受到质疑（McMaken，2003；Meisels & Atkins-Burnett，2004；Raver & Zigler，2004）。

除授权应用新评估系统来评估项目质量外，国会也致力于重新对提供额外服务的"提前开端"项目进行授权。这需要"提前开端"项目与州财政支持设立的前幼儿园在教师资格认证方面形成互通，并在其他方面寻求合作（Committee on Education and the Workforce，2003；Jacobson，2003）。国家报告系统（U.S. Department of Health and Human Service，2003）于2003年正式应用，这一有争议的标准参照测验旨在为"提前开端"项目建立问责体系。然而，借助于该评估系统来判断是否应继续资助项目的尝试失败了（U.S. General Accounting Office，2005）。

儿童保育中心

由于职场母亲的数量不断上升，儿童保育中心日益成为美国的一个重要产业。1987年，5岁以下儿童的母亲中有52%参与就业，这一比例在1950年仅为14%。正如之前提到的，截至2004年，6岁以下儿童的母亲中有65%进入了劳动力市场（Education Commission of the States，2004）。正是由于大量母亲忙于工作而她们的孩子需要照料，各种各样的提供儿童保育服务的机构应运而生。

家庭托儿中心的特点是在公民个人家里提供儿童保育服务。举办者通常招收数量较少的儿童，并在提供服务之前根据每天前来的儿童的需求对房舍进行了相应的改造。相比之下，基于中心的儿童保育服务机构则面向更多儿童，这类儿童保育中心通常会按照年龄将入托儿童分组。入托儿童被安排在与其年龄相适应的活动室，活动室根据该年龄儿童的特点，从满足其活动和发展需要出发，配备相应的设施。

儿童保育中心基于各种各样的社区背景设立。商业化的儿童保育中心可能是单一中心，也可能是拥有100多家中心的连锁机构。教会组织可能参与设立儿童保育机构，教会通常以直接资助或租赁设施设备的方式，为个人或集体举办儿童保育机构提供支持。由雇主赞助的儿童保育中心也越来越多（Magid，1989），大型公司或企业常自行出资建设自己的儿童保育中心，或者与现有儿童保育中心合作，为其雇员子女提供早期保育服务。另一种选择是多家企业——如处于同一工业园区的多家企业——共同出资设立儿童保育中心，以为这些企业职工的子女提供服务（O'Neil & Foster，2000）。医院通常为职工子女提供儿童保育方面的设施设备，同时也为社区内长期患病的儿童提供服务。

随着雇员数量的减少，由雇主赞助的儿童保育中心不一定会持续提供服务。对家长来说，地点的便利性是他们考虑的主要因素。联邦财政支持的儿童保育服务则主要面向低收入家庭，并帮助父母获取就业培训或就业机会，这样他们就可以赚取工资，而不再依赖政府的福利救济。1993年，儿童保育和发展整体补助金获得通过，对低收入家庭父母获取高质量的儿童保育服务发挥了积极作用（Children's Defense Fund，1994）。面向婴幼儿的保育服务主要由儿童保育中心提供，此外早期教育机构也提供儿童保育服务。

自1996年福利改革法案通过以来，为贫困家庭提供儿童保育服务的重要性日益凸显。该法案的目的是帮助妇女从福利依赖中解脱出来，走进职场。"对贫困家庭的临时援助"项目（The Temporary Assistance for Needy Families，TANF）于1997年生效，其目的是扩展儿童保育服务，使广大低收入家庭尤其是依赖福利救济生活的妇女更容易获取这类服务（U.S. General Accounting Office，2003）。有一项研究关注了儿童所获保育服务的稳定性与接受"对贫困家庭的临时援助"项目援助的母亲的就业稳定性之间的关系，并于2005年发布了研究报告。该报告的议题之一为：是不稳定的儿童保育影响妇女就业，还是不稳定的妇女就业影响儿童保育。各种不同的研究都发现其中一个影响另一个。然而，还有很多其他因素同时影响着儿童保育的稳定性和母亲就业的稳定性，研究者无法确定是否其中一方面的结果导致另一方面的结果（Miller，2005）。

国家儿童保育资源与转送机构协会（National Association of Child Care Resource and Referral Agencies，NACCRRA）在2007年开展了一项关于儿童保育服务标准的研究。根据各州的达标情况以及州政府对儿童保育机构监督的有效性，各州被划分为不同的等级。保育服务达标情况和监督有效性的综合表现排在前十位的州是：伊利诺伊州、纽约州、马里兰州、华盛顿州、俄克拉荷马州、密歇根州、北达科他州、田纳西州、明尼苏达州和佛蒙特州（National Association of Child Care Resource and Referral Agencies，2007）。

日益复杂的学前班

显然，想要以清晰的分类来描述美国儿童早期教育机构体系是很困难的。事实上，随着时间的推移，儿童早期教育机构已通过不断调整和提供额外的服务来满足儿童家庭不断变化的需求。公立学校现在已经接收前幼儿园儿童，同时也提供儿童保育服务；儿童保育中心也在增强其教育服务；

私立学校也在扩展服务，纳入儿童保育服务。儿童早期保育和教育服务正日益综合化，各项服务要素都无法再单独发挥效用（Bowman et al.，2000）。在所有机构中，教育服务和保育服务都必须是充分的。

越来越多的儿童选择在公立学校附设的早期教育机构中接受保育和教育服务。1999 年，全美约有100 万前幼儿园毕业的儿童进入公立学校（Clifford，Early & Hills，1999）。1998—1999 年，42 个州为72.5 万名前幼儿园毕业的儿童提供了公立早期教育服务（Schulman，Blank & Ewen，1999）。前幼儿园包括志愿性前幼儿园、特殊教育前幼儿园、"提前开端"项目、"平等开端"项目。截至 2000 年，联邦"第一章"基金已为 26 万名处境不利儿童进入前幼儿园提供了财政资助（Hinkle，2000）。

对儿童早期教育机构的主要担忧在于不同机构之间的质量差异。由于投入不足、教师工资偏低（该因素导致了居高不下的教师离职率）、管理不善和缺乏协调的培训机制，很多机构无法保证早期教育的基本质量（Kagan & Neuman，1997）。儿童早期教育工作者的工资水平在 2007 年前出现极为缓慢的上涨：2004—2007 年，中心主管的工资上涨了 10%，主导教师和助理教师的工资上涨了 8%（Exchange Every Day，2007）。各方致力于缩小各类机构之间的质量差异。2000 年质量创新运动（The Quality 2000 Initiative）的成果是出版了《承诺之年：美国儿童的综合学习策略》（*Years of Promise*：*A Comprehensive Learning Strategy for America's Children*）（Carnegie Corporation of New York，1996）。美国联邦教育部也发起了一个类似的项目，其成果是出版了决策咨询报告《渴望学习：教育我们的幼儿》[①]（*Eager to Learn*：*Educating Our Preschoolers*）（Bowman et al.，2000）。这两项成果都对儿童早期教育机构的改进提出了诸多建议，包括机构质量、儿童发展、课程、家长参与、评价、教师专业发展、教师资格、机构审批以及各州独立制定的机构发展标准。

由于儿童早期教育机构的类型多种多样，同一社区、不同社区及全美不同地区的儿童早期教育机构之间均存在差异，早期教育教师的工作环境也各不相同。不同机构的教师如何设计、实施课程和教学取决于他们自身独一无二的专业背景和经验，以及为适应机构的要求而形成的个性化教学风格。有求职需求的早期教育教师想了解社区内可能的工作机会；即将入职的教师则需要了解早期教育机构所奉行的教育哲学及采用的教学模式，以寻求合适的课程模式或自行开发课程。很多教师感觉自己没有选择的余地，不得不接受任何可得的工作机会。如果教师是不得已接受工作的，而这个工作机会并不适合该教师，该教师就会努力改善这种状况，或尝试寻找别的机构的更好职位。另外，教师可能有机会加入某个教师团队，与团队一起共同致力于调整所在机构的教育项目与课程，使之更适宜于儿童发展。而且在很多州，一些早期教育机构多年来一直致力于提供更加适宜儿童发展的高质量服务，有幸就职于这些机构的教师可以从同事身上获益颇多。

早期教育课程开发中的教师角色转换

毋庸置疑，未来的早期教育教师要面对诸多挑战。可以认为早期教育机构中的儿童来自背景相同的家庭的日子已经一去不复返，可以依据某些商业化早期教育项目来设计早期教育课程与教学的日子

---

① 该书中文版（书名为《渴望学习》）已于 2005 年由南京师范大学出版社出版（译者注）。

也已经一去不复返。商业化早期教育项目通常是由偏远地区的某位专家开发的。在对儿童实施保育和教育时，教师再也不能只关注教学了。未来的教师应基于儿童发展的多样性来制定相应的早期教育课程，他们应认识和欣赏儿童发展的差异，并吸引家长参与早期教育。他们面临的主要挑战是学习如何设计适合所有儿童的课程，以满足他们的发展、学习兴趣和独一无二的发展需要。高质量的早期教育课程应致力于设计一套动态的、以儿童为中心的课程体系，该课程体系应能回应班级里儿童发展的多样化需求。

多样化人口课程开发中的教师角色

为学前儿童创设的每一间活动室都应是独特的。不论儿童发展的背景是怎样的，即使他们的处境看上去相似，他们的家庭也千差万别。这些家庭有着不同的家规、仪式和惯例。如果儿童所属的种族和文化群体之间存在较大的差异，他们在发展上的差异则更加显著。教师在设计课程时应充分考虑儿童之间存在的差异。

"光明开端"项目（Bright Beginnings）和"为4岁儿童做更多"项目

"光明开端"项目倡议致力于为儿童创设丰富的早期阅读环境。该项目已经为北卡罗来纳州夏洛特—梅克伦堡学区的137个项目点的3000名儿童提供了服务。"光明开端"项目还设立了16个以社区为依托的项目点，包括日托中心、半日制学前班及由"聪明开端"项目（Smart Start）资助的"提前开端"项目中心。

"为4岁儿童做更多"项目是一个由州政府资助设立的志愿性前幼儿园项目，该项目主要为北卡罗来纳州的处境不利儿童提供早期保教服务。这两个项目大致相同，但在准入要求上存在着差异。"光明开端"项目根据学业需求表现并经过正规的筛选程序来选拔儿童进入项目，"为4岁儿童做更多"项目则主要根据家庭收入水平、家庭规模和现有入学情况来招生。

"光明开端"项目已经显现出对儿童发展的积极影响。1999—2000学年末的幼儿园评估考核发现，接受该项目服务的儿童比未进入该项目的儿童表现出更高的发展水平，前者在发展上表现出显著的、可持续的积极变化。

多元文化课程

当前，因为认识到儿童发展具有多样性，早期教育中的多元文化课程（multicultural curriculum）成为一个重点。多元文化课程的关注点之一是研究世界上不同类型的文化，例如，一个社会研究课程可能包括对非洲文化、爱斯基摩文化或南美国家文化的研究。在这里，多元文化课程具体指能够满足儿童在早期教育阶段各项发展需要的课程。

在某间特定的活动室里，多元文化课程反映了班上儿童所显现的不同文化表征（Diaz-Soto，1999）。学习的主题包含了这些主题在儿童家庭中的独特反映。例如，如果近期早期教育课程的主题是食物，不同家庭的食谱就会成为活动室多元文化环境的一部分。多元文化课程对班上每一名儿童所代表的文化都表示欣赏，这些儿童在这个特定人生时期成了彼此的学习伙伴（Au & Kawakami，1991）。

这种多元文化课程模式强调将儿童按所属文化群体进行分类。当我们教导儿童要尊重处境不利、身有残疾或不讲英语的群体时，这种多元文化主义视角下的群体分类观点则隐含着权力的意味。

到了 21 世纪，早期教育机构中的文化复杂性日益凸显。儿童不再是某一个文化群体的代表，而是受到多种文化影响、成长于不同环境中、存在发展差异的个体。每一名儿童都带有各自的文化、语言及生活背景，若将儿童视为某一特定文化群体的代表，则无法看出这一点（Hyun，2007）。如今，任何一个多元文化课程模式都必须对儿童个体的文化历史持支持态度，他们的文化历史同样也反映了其作为个体的学习成长与变化。课程需要将大量的文化身份纳入考虑范围，儿童的文化身份既受到家庭独特文化背景的影响，也受到广泛社会文化背景的影响。当前的多元文化课程与教学方法对教师提出了挑战，要求教师更好地理解自身的文化背景及班上每一名儿童的个体文化身份（Hyun，2007）。

为来自不同家庭环境的儿童设计的课程

本章前面的部分已经讨论过儿童生活的家庭环境有复杂的多样性。进入早期教育机构的儿童可能来自各种类型的居住环境和各种结构的家庭，他们的父母从事不同的职业或处于失业状态。一些儿童的家庭有安全健康的生活方式，而另一些儿童则可能在家中体验到多种原因造成的压力。尽管来自各类社会经济背景家庭的儿童都可能在家中体验到压力，但那些贫困儿童更有可能受到多重压力源的影响。早期教育教师应敏锐地觉察和判断所设计的课程在多大程度上满足了这些贫困儿童的发展需要，并在必要时给予持续的支持。在适应不同儿童家庭环境的差异方面，社会性发展课程特别重要。

为有特殊需要儿童设计的课程

尽管公立学校最有可能接收有特殊需要儿童进入学前班或小学一年级，为其提供保教服务，但其他类型的儿童早期保育或教育机构也会向残疾儿童或其他类型的有特殊需要儿童提供服务。早期教育教师不仅要清楚地知道活动室需做出什么样的调整，以帮助有特殊需要儿童适应环境，而且在为儿童设计和准备新的学习经验时，必须考虑如何纳入这些儿童的特殊学习需要。患有注意缺陷多动障碍的儿童可能在小组活动（而不是集体活动）中表现更佳；对于视力受损的儿童，需要将视觉类学习活动调整为允许他们用最擅长的方式去探究环境的活动。每一名有特殊需要儿童都有其发展的长项和发现的需要，这些影响了教师和其他儿童为他们提供帮助的方式。

发动家长参与课程开发工作中的教师角色

正如本章前面所探讨的，各种各样的因素导致了家庭生活方式和家庭结构的变化，其中很多变化已让诸多家庭陷入压力中。早期教育教师必须对儿童带到学校的反映其家庭所处压力情境的发展需要具有更强的洞察力和敏感性。教师要了解并发动家长及其他家庭成员参与早期教育机构的工作（Carnegie Corporation of New York，1996）。家庭生活方式的变化要求有不同类型的早期教育机构满足不同家庭对早期教育的个别化需求，而这些个别化需求的满足离不开早期教育机构与儿童家庭的密切合作（Bowman et al.，2000；Hinkle，2000）。

发动家长参与早期教育机构的工作还有其他一些更为重要的原因。近几十年里大量针对学前儿童的干预研究发现，家长参与是高质量早期教育项目不可或缺的重要因素。绝大多数学前儿童家长都有自己的工作，他们需要了解自己作为父母应如何帮助儿童。而且在理解自己对儿童获得学习与发展的成功的重要作用方面，他们也需要专业人士的帮助（Boyer，1989）。家长可能需要养育技能方面的培训，当自己或儿童遇到问题时，可能需要有人帮助他们寻求必要的援助。教师、其他早期教育工作者与儿童家长之间建立起一种支持性的伙伴关系，对于持续推进高质量的早期教育项目、更好地服务儿童来说至关重要（Carnegie Corporation of New York，1996；Kagan & Neuman，1997）。

家长也可以对学校做出特别重要的贡献。除了在有限的时间里协助教师和其他教职工的工作外，家长还能对学校课程的发展提出有价值的建议。家长可以作为具有丰富学习经验的重要资源，与教师、儿童分享他们的兴趣和技能。他们能够在组织材料和其他教学资源方面为教师提供帮助。而且在帮助教师为儿童设计最佳的课程与教学时，家长可以让教师了解他们自己的兴趣和他们为孩子的学习与发展制定的目标（McCormick，1990）。

应对课程开发理论与实践间冲突中的教师角色

在21世纪，早期教育教师面临着许多新的挑战。当今早期教育正朝着综合化的方向发展，日益成为一个相互交织的教育体系。在该体系中，教育者寻求发展高质量早期教育的途径，以满足广大儿童家长不断变化的教育需求。发展高质量早期教育是一项复杂的任务，教师不仅必须为所有类型的儿童设计课程，而且必须了解有关发展高质量早期教育模式的研究成果，以及早期教育项目设计中理论与实践之间的关系。

关于幼儿学习和发展的研究成果与对早期教育有影响的法律和政策之间产生了冲突。《不让一名儿童掉队法案》于2001年获准通过，该法案要求各州在2003年前制定出台早期教育质量标准和用以检验标准达成程度的测验（Internet Education Exchange，n.d.；U.S. Department of Education，2001）。然而，各州在检验早期教育服务标准达成情况的测验上发生了分歧，每个州都有权制定自己的标准和测验。各州制定了不同的早期教育质量标准并依据这些标准实施管理，以减少质量欠佳学校的数量。

对测验工具和持续不断测试的另一个关注是测验违背了最佳保教实践所倡导的基本理念。尽管《不让一名儿童掉队法案》并未允许对前幼儿园进行测试，但是新的"提前开端"项目政策和国家报告系统均要求运用标准化测验对4～5岁儿童的发展状况进行测试（Meisels & Atkins-Burnett，2004；Raver & Zigler，2004）。此外，虽然《不让一名儿童掉队法案》并未要求三年级以下的学龄儿童接受测试，但幼儿园和小学课程仍然受到了问责式教育政策的影响（Hyun，2003）。早期教育课程也受到了影响，学区被要求必须设立面向K–3儿童的科学的基于研究的早期阅读项目（Education Week on the Web，2003）。关于这一话题我们将在第八至第十一章做进一步探讨。

2007年，按计划《不让一名儿童掉队法案》需要被重新授权。尽管该法案在一些地区确实取得了积极成效，但仍然存在着资金投入不足、难以对作为英语学习者的儿童进行学业成就评价、测试实施过程存在州际差异等问题（Wallis & Steptoe，2007）。一项正在起草的新法案聚焦于采用多元评估的方法来评价儿童发展，为评估结果欠佳的学校提供改进建议，并制定防止高质量教师流失的规则（Hoff，2007；Hoff & Keller，2007）。

早期教育教师一直在努力理解这些相互矛盾的评估方法的内涵，并致力于解决这些评估方法带来的一系列问题。本书的目的在于帮助在职教师和准教师理解那些影响儿童早期教育项目的因素。本书还希望帮助教师和准教师对目前评估带来的诸多问题进行分类，并帮助他们在专业知识与专业能力方面获得发展，以开发出高质量的早期教育项目。

🦉 小　结

在理解学前儿童给早期教育带来的挑战和机遇方面，我们才刚刚起步。我们都是美国国民，但我们出身于不同的民族，我们代表着不同的文化、群体、种族和语言。进入早期教育机构的儿童来自不同的家庭，这些家庭同样代表了不同的经济发展水平，有的家庭是贫困的，有的家庭是富足的。这些儿童的学习潜能受到他们与生俱来的智力潜能的影响，同时也受到家庭环境中积极和消极条件的影响。他们参与早期教育机构中各种活动的能力会受到身体缺陷的影响。那些在参与早期教育机构的各种学习活动时受到自身或家庭条件阻碍的儿童通常被称为处境不利儿童。一些儿童在他们的生活中受到很多风险因素的影响，这些风险因素会导致他们在后续学业学习中遭遇更多困难。

由于0～8岁这一人生早期阶段对儿童学习与发展潜能的激发和培养来说至关重要，早期教育在减轻或消除风险因素的消极影响方面能发挥重大作用。各种各样的早期教育机构设立在公立学校、私立机构、社区机构中，这些机构提供服务以减轻风险因素对学前儿童和小学低年级儿童的消极影响。

越来越多的学前儿童——包括婴儿——在其父母上班时需要接受工作日的保教服务。由于这一需求不断增长，各种类型的早期教育机构——家庭托儿中心、营利性儿童保育中心、教会学校、公立学校——提供了儿童早期保育服务，以满足这些家庭的需求。学龄儿童在上学前和放学后也可能需要扩展性保育服务，除非他们的父母能够放弃工作，重归家庭。随着早期教育机构数量的增加以及为适应广大学前儿童家庭需求而不断调整的服务，儿童早期保育机构与儿童早期教育机构之间的差别在逐渐缩小。

在这些不同的机构中，教师所服务儿童的年龄是大致相同的。尽管儿童早期教育机构最初设立时的目的各不相同，但如今它们所提供的服务和教育逐渐趋同，这主要是因为它们都定位于满足当代学前儿童家庭的需求。在所有类型的儿童早期教育机构中，教师和保育人员都想了解哪些因素对班上的儿童有积极或消极影响，想了解他们在帮助儿童持续学习和发展、最大限度发挥其潜能中应扮演什么样的角色。

本章我们探讨了导致儿童发展存在差异的各种影响因素。读者可能会形成这样一种印象：几乎每一名儿童在人生早期都会存在这样那样的问题。然而事实并非如此。大多数儿童都来自稳定、幸福的家庭且身心健康。有些儿童即使遭遇了父母离异、家庭收入下降或疾病，他们也没有任何遭受困扰的表现。同样，并非所有来自低收入家庭的儿童都会因家庭环境而学习表现欠佳。另一种错误的印象是：进入早期教育机构的绝大多数儿童都像家庭情景喜剧中的儿童那样身心成熟、适应良好。对于那些准备成为和已经成为早期教育教师或保育人员的人来说，在制订教育计划和设计课程时，充分了解儿童的家庭生活环境并对其变化保持敏感是非常重要的。在应对影响每一名儿童学习与发展的复杂因素时，早期教育教师面临着诸多挑战和机遇。

未来早期教育教师将扮演更为多样、复杂的角色，而且他们还需要与儿童家长、其他服务于儿童和对儿童学习与发展有影响的人建立合作伙伴关系。他们要开发一套早期教育课程，以满足儿童在身体、社会性和情感、认知发展和学习方面的需要。不论就职于何种早期教育机构，未来他们的核心任务都在于培养"完整儿童"。

🔍 思考题

1. 为什么早期教育教师需要在儿童进入机构之前就对他们有所了解？

2. 教师能够从儿童及其家长那里获得哪些有价值的信息以帮助他们设计课程？

3. 为什么早期教育教师需要了解那些影响学前儿童入学后学业成功的风险性因素？

4. 设计早期教育课程时应考虑的儿童发展的文化差异和种族差异分别指什么？

5. 受社会和经济因素的影响，学前儿童的家庭环境正在发生变化。这些变化是什么？它们对学前儿童发展有什么影响？

6. 为什么母亲为青少年的儿童在其童年早期可能会遭遇不止一种使其面临高风险的情况？

7. 现代生活方式是如何给不同类型、不同收入水平的家庭带来压力的？

8. 为什么无家可归儿童的数量在不断增加？无家可归对学前儿童有哪些影响？

9. 不适宜的成人生活方式是如何对学前儿童造成负面影响的？

10. 为什么学前儿童最易受到美国社会日益增加的暴力事件的影响？

11. 儿童早期教育项目，尤其是那些有益于处于学业风险中的儿童或有特殊需要儿童发展的早期教育项目是怎样的？

12. 为什么公立学校要将服务扩展至学前阶段？

13. 为什么为0～8岁儿童提供服务的教师需要坚持不懈地学习有关早期教育课程开发的知识？

14. 为什么与学前儿童家长持续沟通是早期教育教师必须要做的工作？

15. 21世纪早期教育领域是如何充满挑战又让人振奋不已的？

第二章

适宜早期教育的历史及
理论基础

本章目标

阅读完本章，你将能够：

· 描述不同类型早期教育项目的历史基础；

· 解释 6 种儿童发展理论，并能对它们进行比较；

· 讨论现在的早期教育项目是如何反映儿童早期教育的历史及根源的。

第一章探讨了就读于各类早期教育机构的儿童的多样性，其中谈到了不同类型的早期教育项目满足了不同幼儿群体的需求。这些不同类型的早期教育项目是一笔丰富的遗产，反映了该领域学术领军人物的贡献，同时也代表了致力于探究儿童学习与发展本质的学者的努力。

在本章中，我们将回顾历史，探究学术专家、理论动态和教育改革运动对早期教育的深刻影响。在接下来的几部分中，我们首先调查探寻早期教育的历史根源，然后我们梳理为特定人口群体幼儿服务的早期教育项目的历史。这项任务是艰巨的，因为公立学校、儿童保育机构、私立学前班、为处境不利儿童服务的项目以及为有特殊需要儿童服务的项目的历史发展相互交叠，且其影响也存在相似之处。美国早期教育的历史可以被比喻为一块由很多线织成的布，每一类早期教育项目都是这块布的重要组成部分，都是由一些交织的线构成的。之后本章探讨了整个早期教育领域的历史根源，并在此基础上分别对两类早期教育项目的历史演进进行了追踪，一类项目是为处境不利儿童提供服务的，另一类项目是为有特殊需要儿童提供服务的。

早期教育的历史溯源

美国在独立后的很多年里，都没有为小学高年级儿童设置的学校，更别提为年纪更小的儿童设置的学校了。在独立战争之前，殖民者将教育发展的重点放在专科学校上，随后重心移至学院，其目的在于帮助年轻人做好进入大学的准备。哈佛大学建于1636年，随后出现了威廉与玛丽学院、普林斯顿大学等学校，之后大批中学开始设立。但在当时，所有早期教育机构都只面向白人男童（Snyder，1972）。

更年幼的儿童在家庭中接受教育。贫困家庭儿童主要接受学徒式训练，以便开办工厂、矿场或农场，或在这些地方打工。直至19世纪南北战争后，美国的公立学校系统才发展成为所有人提供教育的机构。

圣母院是殖民地时期最早出现的为儿童提供早期教育的机构，一些家长付费将孩子送到未婚或者丧偶的妇女家中接受教育，儿童在那里接受读写方面的训练，《圣经》是常见的教学资源。女孩还会接受一些持家技能的训练，而男孩还要学习农场劳作方面的技能（Bonn，1976）。

乡村学校

19世纪美国乡村学校设立，主要为大量涌入西部和南部的新移民提供教育。根据农作时间，乡村学校一般只在冬天上课，因为那时的天气不适合户外农作活动。经过1784年、1785年和1787年的修订，《西北条例》[①]（Northwest Ordinance）规定公共土地可用于举办公立学校。下至3岁儿童，上至青春期后期的青年，都在只有一间教室的校舍里共同接受教育。在工作和天气允许的情况下，那些没有接受过教育的农场工人和其他成人也可以来学校接受教育。在19世纪末，美国开始城市化，学区开始合

---

① 《西北条例》是在18世纪末"西进运动"大规模兴起之际，美国政府和国会就有关西部政治体制、政权组织形式等问题制定的系列法令和条例中最重要的条例之一。它正式规定了西部由领地向州转变的法律程序和条件，为美国西部各州加入联邦奠定了法律基础（译者注）。

并，这种一室学校逐渐被取缔，乡村学校逐渐不再招收 6 岁以下的儿童（Gulliford，1984）。

一室学校（one-room school）中的早期教育

在 19 世纪中期，一个学年被分为两个学期。夏季学期一般将近 5 个月，从 5 月到 8 月或 9 月。冬季学期根据各州种植和收获的时间而有所不同，一般开始于 11 月收获之后，持续到 5 月初春天播种之前。1900 年之后，学年被统一为持续 9 个月的学期，从 9 月到来年的 5 月。

学生的年龄也有很大不同。美国南北战争之前，农村地区的儿童一般在 3 岁或 4 岁的时候被家长送到学校。一方面是因为家长不想让儿童总待在屋子里，另一方面是因为家长认为学校是家庭的延伸，因此是适合儿童的。在俄亥俄州，1845—1864 年，3 岁或 4 岁的儿童开始学习拼写。年纪稍大的男孩和女孩照看他们的弟弟妹妹。4 岁儿童通过观察教室里的其他学生的行为来学习基本技能（Gulliford，1984，p.47）。

美国早期教育的演变

历史上美国早期教育主要受 18 世纪欧洲的影响。在中世纪，儿童并不像现在一样拥有童年，很小就开始在父母身边为了生存必需的食物和衣物而工作。直到卢梭写了《爱弥儿》（Emile），儿童发展期才被看作人生中一个独立的发展阶段。卢梭崇尚自然，提出儿童享有拥有童年的权利，其理念对当时的教育产生了极大的影响。卢梭认为应通过一种自然的方式来教育幼儿，使幼儿不受干扰和限制地成长。

瑞士教育家裴斯泰洛齐被认为是第一位早期教育家。受卢梭关于儿童和童年的看法的影响，裴斯泰洛齐建立了专门招收贫困儿童和孤儿的学校（Braun & Edwards，1972）。

随后出现了德国教育家福禄贝尔，其思想受到裴斯泰洛齐的影响。他经常去拜访裴斯泰洛齐在伊韦尔东的学校。尽管他没有很清楚地理解裴斯泰洛齐想要达到的教育目的，但他发展出了自己的关于幼儿应怎样学习的哲学，并根据自己的想法建立了第一所为学前儿童提供系统化课程的学校。福禄贝尔创建了幼儿园（kindergarten），也被称为"儿童花园"（child garden）。之所以如此命名，是因为他相信对儿童来说他的学校更像是花园而不是校舍。他认为，学前儿童每天应有一部分时间用来游戏，其他的时间应用在由教师主导的课程上，这种课程建立在福禄贝尔所称的"恩物"（gifts）和"作业"（occupations）上。儿童通过操作恩物获得现实感，而作业可以训练儿童的眼、手和脑。例如，有一些恩物是色彩明亮的纱制软球，有一种作业是用纸条进行编织（Braun & Edwards，1972）。

在美国，幼儿园运动标志着第一个专为 6 岁以下儿童设计的项目被引进。这项引进工作是由福禄贝尔的学生卡尔·舒茨女士完成的，她于 1855 年在自己位于威斯康星州沃特敦的家中创办了一所幼儿园（Snyder，1972）。美国第一批幼儿园都是私立的，且只招收那些父母能够付得起学费的幼儿。但随着幼儿园运动越来越普遍，面向贫困儿童的幼儿园也普遍在社会服务中心、教堂及其他可供幼儿园开办的地方建立（Weber，1969）。

　　幼儿园很快变成了公立学校的附属部分。1873 年，在威廉·T. 哈里斯教士和幼儿园运动的领导者之一苏珊·布洛的努力下，第一所公立学校幼儿园在圣路易斯公立学校建立。渐渐地，因为越来越多的幼儿园被公立学校系统纳入，私立幼儿园和慈善幼儿园停办。当儿童研究运动的参与者和坚称福禄贝尔教学法不能有丝毫改变的传统主义者发生冲突时，幼儿园项目自身发生了转变。心理学新兴领域的领军人物和 1890 年以后兴起的儿童研究运动的领导者都带来了新的有关儿童发展与教育目的的研究成果，这些新的研究成果促使教师重新思考应如何对幼儿实施教育（Braun & Edwards，1972；Weber，1969）。

　　尽管 20 世纪的早期教育历史反映了美国本土心理学家和教育学家的贡献，但欧洲的影响仍发挥作用。卢梭认为，儿童是有能力的自主学习者，教师则是儿童主动学习的促进者。卢梭对儿童发展阶段和学习的论述及其儿童观为后来的早期教育方法提供了启示。

　　裴斯泰洛齐进一步强调了父母在儿童学习中的重要作用。他致力于促进儿童的心理、生理及智力发展。他培训年龄较大的儿童去教年龄较小的儿童，并教他们在指导自己的同伴时如何灵活地运用不同的教学策略。裴斯泰洛齐提出并实践了直接教学、示范、先行组织者等教学策略，这些策略受到当代众多理论和教学法的重视（Williams，1999）。

　　事实上，20 世纪美国很多教学法和教育创新运动都受到了欧洲学者的影响，如 18—19 世纪的裴斯泰洛齐、福禄贝尔、卢梭等，还有 20 世纪的皮亚杰、维果茨基等。此外，很多关于儿童应如何被对待的价值观和信念对美国的儿童观有着长远的影响，一直影响着美国社会为儿童发出的倡议。

苏珊·布洛以及幼儿园运动的变化

　　幼儿园运动在美国和加拿大十分盛行。随着幼儿园教师数量增长，他们每年都会召开一次会议，作为国家教育协会会议的一部分。1892 年，在纽约州的萨拉托加斯普林斯市成立了一个独立的组织：国际幼儿园联盟（International Kindergarten Union，IKU）。该联盟后来更名为国际儿童教育协会（Association for Childhood Education International，ACEI）。在这个独立组织成立之初，福禄贝尔教学法被成员普遍接受，但儿童研究运动的倡导者开始在国际幼儿园联盟会议上质问传统主义者。苏珊·布洛是坚持在美国幼儿园实行福禄贝尔教学法的福禄贝尔支持者之一。1898 年，坚持不同观点的与会者之间发生了极为激烈的争论。根据会议记录，苏珊·布洛是最受欢迎的发言者，当时的报道记载道："苏珊·E. 布洛小姐受到了今天最热烈的欢迎……她已经做好破解那些新流行的'进步主义'概念的准备，为捍卫福禄贝尔教学法的传统，她对这些新概念进行了猛烈抨击……她信仰传统的内省方法。她嘲笑那些披着哲学外衣的数学测量的荒谬，并宣称在哲学心理学的影响下，对幼儿的实验将成为教师们的竞赛……她并不反对关注儿童发展的个体特点，但强调这必须以了解儿童发展的一般特点为基础，同时也应以共同的人性为基础。对儿童发展的关注不应仅建立在对个体特点的了解上，只有跳出这一狭隘的儿童发展观才有可能为儿童提供良好的教育。布洛小姐做出的重点突出的批判让大会震撼，得到了经久不息的掌声。"（Philadelphia Inquirer, January 13, 1898, quoted in Snyder, 1972, pp.70-71）

进步主义时代

20世纪二三十年代被认为是进步主义时代的一部分，在这一时期，教育领军人物和心理学家通过对儿童的研究为学前和小学提供教学方法。19世纪的早期公立学校强调的是读、写和运算技能，使用的方法多为死记硬背。新的教育领军人物如约翰·杜威、爱丽斯·坦普尔、帕蒂·史密斯·希尔、弗兰西斯·帕克、威廉·赫德·克伯屈指出，为儿童所设的学校应更加以儿童为中心、更加有意义。约翰·杜威提出，教室应是一个微型社会，在这里，幼儿可以接受与他们生活的社会相关联的有目的的学习。进步主义教育家所提出的儿童中心课程包括像成人一样为生活进行活动和准备。儿童通过学习获得责任感，教师带领儿童计划教学。

帕蒂·史密斯·希尔为幼儿园留下的遗产

如果说苏珊·布洛是坚定跟随福禄贝尔教学法的传统主义者，那么从进步主义时代到20世纪60年代的民权时代，帕蒂·史密斯·希尔则在幼儿园模式发展中占有一席之地。她是哥伦比亚大学教育学院的教授并任教多年，受到杜威的教育哲学和桑代克关于测量和学习的兴趣和研究的影响。

在教育学院任职时，她追求着自己的兴趣，通过研究教室内的儿童来使幼儿园教育得到提升。与此同时，哥伦比亚大学引导了美国的教师培训，希尔作为幼儿园教育领域的主要带头人被人们熟知。她在幼儿园课程和项目方面发表的论文十分广泛，对幼儿园教师的影响也持续了很长时间。如果说福禄贝尔是幼儿园之父，那么希尔就是美国的进步主义幼儿园之母（Snyder, 1972）。

阿诺德·格塞尔是儿童研究运动中颇具影响力的领军人物之一，他师从斯坦利·霍尔，并在大学的研究中心开展了儿童研究。格塞尔在耶鲁大学开展了关于儿童的大量研究，并首次在常模数据的基础上对不同年龄阶段儿童的发展进行了描述。他的儿童发展理论被称为成熟理论，该理论坚信，儿童犹如含苞待放的花蕾，当其生理发展达到一定的成熟度后，他们就为学习做好了准备（Gesell & Ilg，1946）。在 20 世纪 30 年代至 50 年代，格塞尔的影响是十分巨大的。在这几十年中，成熟理论是影响公立学校组织与课程变革的主要因素之一。

尽管格塞尔的儿童发展理论为了解不同年龄阶段的儿童可以学什么和做什么提供了非常有价值的信息，但其研究仍存在一些不足。其积极的一面在于，课程开发者可以根据格塞尔的儿童发展常模数据来为小学生设计按年级划分的课程；其消极的一面则在于，它会使人们对儿童学习抱有不现实的期望，尤其是忽略儿童发展的个体差异。原本用来测试个体发展情况的格塞尔入学准备测验（Ilg & Ames，1972）也被用来判定幼儿是否为进入小学一年级做好了准备，这个测验并不适合用来预测幼儿入学后是否会获得学业成功（Shepard & Graue，1993）。本章将在后面的部分对格塞尔的成果做进一步讨论。

格塞尔儿童发展标准的本质

格塞尔主要致力于构建儿童发展与学习行为的标准，以建立儿童发展标准为直接目的。在提到耶鲁诊所时他这样写道："主要的研究在于构建一张关于儿童行为发展标准的表格。"

没有人追问这样一个重要问题：人类要推行规范的实质是什么。在耶鲁诊所，被研究的儿童都是智力高于平均水平甚至极度聪明的儿童，且来自生活条件较好或社会经济地位较高的家庭。实际上，格塞尔所研究的儿童均来自学术界人士家庭（Weber，1970，pp.14-15）。

保育学校和幼儿保育运动

在 19 世纪早期，其他一些因素也影响着早期教育的发展。保育学校运动起源于英格兰，而后发展至美国，其开创者是麦克米伦姐妹。在英国，保育学校的建立是儿童研究运动的一部分，这些学校旨在改善来自英国贫困家庭的儿童的健康和营养状况，它们与在英国发展起来的日间保育机构类似，后来逐渐成了儿童保育项目的一部分。

儿童保育运动要追溯到 19 世纪中期。由于各类项目服务的交叠，早些年的儿童保育机构无法从其他早期教育项目中独立出来。那些关注移民儿童、贫困儿童和被忽视儿童的慈善、宗教和组织机构被称作"幼儿救助者"，因为它们开展了一系列项目来救助贫困儿童。这些项目提供家长培训、运动场的儿童发展指导、托儿学校和日托服务，通常和幼儿园在同一个建筑中。儿童往往每天参与不止一个项目（Cremin，1988）。

在 20 世纪 30 年代，慈善学校数量锐减；与之形成对比，儿童保育运动此时正如火如荼，因为当时正处于经济大萧条时期，贫困家庭不得不外出谋生，因此需要一个地方来安置自己的孩子。随着第二次世界大战爆发，妇女在战争的影响下开始工作，对儿童保育的需求日益迫切（Wortham，2002）。

关于儿童保育的更广泛的观点

全职妈妈的"永动机传奇"不再适用于当时的现实，正如我们如今的情况，当时的一些做法可以被称为我们现在应对这一问题的方法的前身。例如，殖民地学徒是一种数量庞大的男童保育形式，也是男性作为养育者的一种鲜为人知的传统形式。这是寄养的一种早期形式，被寄养的通常是那些家庭无力养育的贫困儿童。

在种植园，如果奴隶的孩子太小，还没办法在田里劳动，他们就会在早晨被集中到一起接受保育，有点类似于如今为职场母亲提供的日托服务。在家族养育传统的影响下，富裕家庭的白人儿童除了接受自己妈妈的养育，还有至少一位妇女与其母亲分担保育职责，在其生活中发挥重要作用。

玛利亚·蒙台梭利的影响

玛利亚·蒙台梭利博士是意大利早期教育的领军人物，在美国也是颇具影响力的教育家。蒙台梭利是意大利第一位获得医学学位的女性。1907年，她受邀在罗马的一个贫民窟创办了一所学校。蒙台梭利主张对儿童的感官进行训练，并为来自低收入家庭的学前儿童所设计的课程包括发展触觉、视觉、听觉等感官的活动。她要求所设计的教具有教学性和自我纠正性，并且在重复使用时要有趣且有教育意义。尽管蒙台梭利教学法在20世纪20年代第一次被引入美国时并没有得到很好的接受，但在1950年后被私立学校和教区学校广泛采用。随后，她设计的感官训练材料常被特殊教育教师用来促进有特殊需要儿童的学习（Braun & Edwards，1972）。

公立学校的城市化

1900年之后，公立学校的城市化带来了一些新的变化。小学区开始合并，城市学校变得更大，分年级设置的学校开始出现。虽然乡村学校拥有可以教授任何水平儿童的教师，但合并后的学校和分年级设置的学校按儿童的年龄或年级实施教育。随着标准化、商业化的年级制小学课程出现，教师开始接受分年级教学的培训，其目的在于使儿童能够完成特定年级的学习任务。

自早些年幼儿园成为小学的一部分开始，幼儿园教师和小学教师在教育哲学和教学方法上就一直存在差异。他们所接受的培训的目的不同，为满足学生需要而采取的教学方法也不同。传统上，幼儿园教师培训一开始以福禄贝尔教学法为主要内容，后来转变为以了解和理解儿童发展为主要内容。而由教师学校和师范学院承担的小学教师培训，则把重点放在教学方法上。这种不同一直持续到近几十年，因为大学和学院一直为幼儿发展和公立小学教师培训设立不同的项目。幼儿园教师持续承担双重身份，因此他们接受了两个层级的教育（Granucci，1990）。

20 世纪五六十年代：变革时期

20 世纪五六十年代新出现了一批心理学家和教育学家，他们研究的重点为儿童早期对未来发展和学习的重要性。本杰明·布鲁姆、让·皮亚杰、J. 麦克维科尔·亨特和杰罗姆·布鲁纳就是这一时期研究儿童早期在其发展中的意义的佼佼者。布鲁姆发现人生的头 5 年是个体发展最迅速的时期，并且对后面的发展起着最重要的作用。他认为，不注重学前这几年的发展会对认知和情感的发展产生很严重的影响。皮亚杰也认为儿童早期经验获得的不同会使其智力发展存在差异，并指出儿童通过与环境的积极互动来建构知识，是主动的学习者，其认知发展由低级阶段向高级阶段迈进，并依靠所处发展阶段所决定的理解能力来对信息做出回应（McCarthy & Houston，1980；Santrock，2002）。亨特支持皮亚杰关于早期经验的重要作用的观点，质疑固定智力理论，并指出早期经验对智力发展的重要性；若儿童在人生早期获得并积累与环境进行高质量互动的经验，成年后则有可能获得更高水平的智力。

布鲁纳也关注认知的发展。和皮亚杰一样，他认为在儿童智力发展的过程中存在着一些过渡期。在布鲁纳看来，儿童最初使用视觉图像来表征知识，或者说"图像表征"，而较少使用"符号表征"。在维果茨基的影响下，布鲁纳认为文化对儿童认知的影响处于中心地位，而学校正是为学生学习而设立的一种文化环境。他强调语言在调控学习方面发挥着重要作用，这一观点与维果茨基强调语言在认知发展中的重要性再次不谋而合。

20 世纪 60 年代，一系列致力于促进不利环境中幼儿的学习的联邦干预项目从新的视角强调了儿童早期的重要性。"提前开端"项目，"后续追踪"项目，"家庭开端"项目，为移民家庭儿童和双语儿童提供资助的项目，为有特殊需要儿童提供服务的项目，等等，都包含了一些科学研究的要素。它们将教育的实验性探究与儿童早期学习理论、早期教育课程和教学的创新方法结合起来。尽管早期关于"提前开端"项目对儿童长远智力发展影响的评估结果并不令人满意，但对该项目的追踪性研究发现，与未参加该项目的同龄人相比，参加"提前开端"项目的儿童获得了更积极的发展（Berrueta-Clement，Schweinhart，Barrett，Epstein & Weikart，1984）。这些项目在 20 世纪 60 年代开发的一系列教材和教学方法，在 70 年代被应用于各类早期教育项目，特别是在公立学校中。联邦项目资助学区为 4 岁左右的移民儿童创设课程，使更年幼的儿童也可以享受公立学校的服务。那些有可能无法在小学取得良好学业成就的学前儿童，包括残疾儿童和其他有特殊需要儿童，也享受到了早期干预和补偿项目的服务。

随着冷战的开始和苏联"伴侣号"人造地球卫星（世界第一颗人造地球卫星）的成功发射，小学教育政策和课程制定者也开始对国际教育变革做出反应。为提升公立教育质量，数学和科学课程成为改革的重点。同时，为处境不利儿童提供支持的联邦资金也对教师提出了新的期望，要求教师满足儿童发展的个体需求。20 世纪 70 年代，众多教学创新成果进入学校，以探索新的教育模式和教学策略。其中相当一部分教学创新成果受到了联邦财政投入的支持，开放教室、个别指导教育和基于能力的教学就是在小学实行的教学创新成果的体现。开放教室以英国教育系统的开放教育概念为基础，其教学以儿童为中心，教师扮演着儿童学习与发展的促进者的角色，小学教室中设置了多个学习中心。此外一批无围墙的新学校建立起来，在那里，来自多个班级的教师和儿童可以一起学习。个别指导教育是对学生实施个别化教学指导的过程，即由一组教师根据学生个体的学习与发展速度计划并实施教学活动。尽管没有要求，但这组教师通常在一种开放的环境中工作。基于能力的教学是学习步调个性化的一种形式。它以具体的学习目标为基础，根据学生掌握学习目标的顺序来安排课程进程。

尽管公立学校引进的信息、课程模式及教学材料均来自联邦财政支持的早期教育项目，但为 6 岁以下儿童和小学生所设立的各种项目在教育哲学和方法论上依然存在差异，这些差异对处理 20 世纪八九十年代学校改革中所出现的问题产生了一定的影响。

为处境不利人口服务的早期教育项目的演变

前文对早期教育发展历史的探讨，阐明了 20 世纪六七十年代开展的干预项目是如何满足公立学校学业失败儿童的特殊需求的。处境不利包括贫穷家庭的儿童、母语非英语的儿童和有特殊需要儿童。联邦资助项目旨在为处境不利儿童提供补偿性和干预性项目。补偿性项目是公立学校常规教学的补充，该项目为处境不利儿童提供额外的教育帮助。干预性项目则是为有特殊需要儿童或者有残疾风险的儿童所设计的，该项目不论在过去还是现在都旨在对幼儿的发展产生影响。20 世纪 60 年代的一系列法案最初是为了资助一些项目以满足因处境不利而可能出现学习困难的婴幼儿的需要，第五章将会介绍基于这些法案的婴儿和学步儿项目。在 20 世纪 60 年代之前，满足这些处境不利儿童需求的努力极少并十分受限。

对于处境不利儿童能否获得教育成功的担忧出现得比较晚。通过早些年在教育上的努力，人们发现贫困家庭的儿童需要有人给予他们支持。因此，慈善家们为那些未满入学年龄的贫困儿童开展了一些项目。直到义务教育法律最终出台实行，加上 1938 年通过的《公平劳动标准法》，那些让贫困儿童在危险的环境中工作的行为才终止。此外，在 20 世纪 50 年代之前，很少有人关注来自贫穷家庭、少数民族的儿童和来自中产阶级家庭的同龄人在学业成就上的差异。

非洲裔美国儿童所接受的教育

来自少数族群的幼儿可能会因为贫穷出现学业危机，而且他们还可能会更加不幸，因为他们参与的教育的质量比同龄白种人的差。在民权运动废除种族隔离前，非洲裔美国儿童和许多拉丁裔儿童上的是种族隔离学校。

在独立战争之前，在美国北部和南部都有非洲裔幼儿可以上的学校。独立战争后直到南北战争，教导非洲裔美国儿童是被法律禁止的（Farmer，1976）。南北战争后，南部的白种人仍反对为非洲裔美国儿童开设学校。在 20 世纪早期，种族隔离学校被合法化，直到第二次世界大战之后，这些落后的种族隔离学校的条件才有所改善。

拉丁裔儿童所接受的教育

在 20 世纪 60 年代之前，来自拉丁裔家庭的儿童也遭受着与非洲裔儿童同样的待遇，上的是种族隔离的落后学校。尽管他们所接受的种族隔离教育并没有被合法化，但他们所上的社区学校里都是来自墨西哥的美国幼儿。这些学校获得的资金更少。

美国原住民儿童所接受的教育

美国原住民儿童上的也是单独设立的学校，他们的学校由美国政府管辖。在 19 世纪时，保留地的一室学校由传教士管理。远离保留地的寄宿学校在 19 世纪末建立起来，这些学校的儿童被强迫远离自己的家乡、文化，取一个不同的名字，穿着不同的服装，以适应美国的主流生活（Snapper，1976）。

大萧条和战争时期的少数民族教育

20 世纪三四十年代对少数民族儿童来说是一个非常困难的时期。在大萧条时期，被撕毁的条约使美国原住民家庭陷入经济困境，广大原住民儿童的生活陷入贫困。但积极的是，联邦政府改变了政策，不再尝试将美国原住民儿童整合到美国社会中，并关注语言、艺术和文化遗产的保护。然而，美国原住民儿童依然就读于种族隔离学校，在 20 世纪六七十年代的民权运动前，很少有人关注提升原住民儿童所接受的教育的质量。

第二次世界大战期间，居住在西海岸的日裔美国儿童被遣至战俘收容所，因为政府害怕他们会在战争中帮助日本。有将近 11.2 万名日裔美国人搬迁，15 岁以下的儿童超过了 3 万人。那时没有让这些儿童上学的计划，尽管在 1942 年建了一些学校，但它们只是临时的替代品，没有家具、材料、供给品和教材，也几乎没有合格的教师（Wishon & Spangler，1990）。

在大萧条和战争时期，拉丁裔家庭成了流动的工人，从美国的一个地区迁移到另一个需要种植和收获农作物的地区。他们文化水平低且语言沟通困难，这种流动劳动的生活减少了幼儿接受教育的机会。他们的居住条件差，儿童一直在农田里跟在父母身边工作。尽管第二次世界大战后流动劳动力家庭的居住条件和教育有所改善，但问题仍然存在。20 世纪 40 年代以后，机械化农业的发展也减少了他们的工作机会（Wortham，2002）。

为有特殊需要儿童提供的早期教育项目

对于有特殊需要儿童教育项目的努力远早于对处境不利儿童的。1898 年，在美国教育协会（National Education Association）大会上，亚历山大·格兰汉姆·贝尔提出要在公立学校中开展面向有特殊需要儿童的项目。事实上，最早的项目是在独立机构中开展的。一位名叫托马斯·加劳德特的教师在 1817 年参观了法国巴黎的一所为聋人开设的学校后，在康涅狄格州西哈特福德创办了美国聋人保护所。1826 年，在约翰·D. 费舍博士成功劝说马萨诸塞州立法机关提供资金后，新英格兰盲人保护所在波士顿成立。之后，在 1871 年，一所为有严重听力障碍的儿童创办的日间学校在波士顿成立。1896年，罗得岛州普罗维登斯增加了一个接收智力迟缓儿童的班级。4 年后，芝加哥成立了一所专为身体残疾儿童开设的学校。

一位名叫伊丽莎白·法雷尔的公立学校教师在纽约发起了第一个为有特殊需要儿童开设的公立学校项目，她演示了应如何根据儿童的特殊需要来教授这些作为个体的儿童。她组建了一个没有级别的班级，之后又发起了为更小儿童开设的班级。1922 年，她创办了有特殊需要儿童理事会（Gross &

Gross，1976）。

　　早期为有特殊需要儿童提供服务的工作主要在寄宿学校开展。随着对这些有特殊需要儿童的潜力有更多的了解，机构中的项目也出现了一些不足。不断提高的对有特殊需要儿童的期望加上不断增加的对寄宿学校中欺凌和忽略的担忧，说明有特殊需要儿童应从更高质量的教育中受益。在 20 世纪六七十年代，少数民族儿童遭受着非法的不平等的种族歧视，有特殊需要儿童也被纳入了为所有儿童提供平等教育的范围中（Cremin，1988）。在这 20 年里，面向有特殊需要儿童的项目包括干预项目和补偿项目。

20 世纪六七十年代的儿童早期干预和补偿项目

　　随着民权运动的开展，为了提升处境不利的儿童所接受的学校教育，各方做出了许多努力。在早期教育领域，"提前开端"项目作为一个夏季项目于 1965 年开始，并很快发展成一个全年的项目。它包括为儿童提供适当的学习经验、健康保育、餐食以及父母教育。后来又增加了一个流动人口项目，为那些父母每年都要跟随玉米丰收走遍美国的幼儿提供服务；还有一个"家庭起步计划"，这是将早期教育和家长参与延伸到家里的一个项目；此外还有一些有着相似目的的不同类别的其他项目（McCarthy & Houston，1980）。

　　幼儿园和小学项目会受移民项目等补偿项目影响。1974 年《双语教学法案》明确规定，学校必须为那些非英语儿童开设特殊的语言项目。1965 年的《初中等教育法案》也规定，学校要帮助贫穷家庭的儿童。

　　在那些服务于儿童个体发展需要的项目获得资助并得以实施的同时，社会上也出现了对于给儿童贴标签并把他们安排进一些特别项目的担忧。对于补偿教育，人们担心补充性的指导代替了常规教学，而不是作为特别的帮助。同时也有一种对于让儿童进入特殊教育项目的担心——很大一部分儿童之所以被划入了特殊教育项目，不是因为他们被确诊为有特殊需要，而是因为他们在常规班级中遇到了困难。由于在判定幼儿是否需要特殊教育服务时存在偏差，很大一部分非洲裔幼儿和拉丁裔幼儿被划分到了特殊教育项目。简·墨瑟和克里斯汀·斯利特研究并报道了那些被困于特殊教育项目的贫穷家庭和少数民族幼儿，这种现象如今依旧存在（King，Chipman & Cruz-Janzen，1994）。

　　越来越多的研究证实，不宜将有特殊需要儿童隔离或孤立于正常儿童之外进行教育。如果能和同伴一起接受教育，他们将获得更好的发展。正是对上述观点的确信促成了 1975 年美国《对所有残障儿童的教育法案》（PL 92-142）的颁行。这一法案要求残障儿童应尽可能被纳入主流，要求学校对每个有个别需求的儿童进行筛选、诊断和计划（Deiner，1993）。最近，全纳教育被发起，在特殊教育人员的支持下，有特殊需要儿童被分配到正常儿童的教室。

　　从 20 世纪六七十年代开始，为了给处于儿童早期的儿童提供补偿和干预服务，有许多早期教育项目开展、推广并逐年改善。对这些项目的研究表明，它们为儿童带来了很多积极的影响。古拉尔尼克（Guralnick，1989）指出，0 ～ 3 岁的早期干预项目可能会带来积极的影响；汉森和林奇（Hansen & Lynch，1989）在他们的研究中指出，早期干预可能对小学学习障碍有所补救，或者预防中学学习障碍的发生。

"提前开端"项目和儿童早期特殊教育项目的相关研究都显现出了它们的有效性。一项研究发现，参与"提前开端"项目的儿童的发展水平有可能提升（Lazar & Darlington，1982），参与早期教育项目的幼儿对特殊教育的需求似乎有所降低（Barnett & Escobar，1990；Schweinhart，Barnes & Weikart，1985）。在今天，学前儿童和小学生可以参与"提前开端"项目、前幼儿园、幼儿园、儿童早期特殊教育项目、移民双语项目等。对这些项目的追踪性评估推动着政策修订和实践发展，以更有效地提高处境不利儿童的发展水平。

20 世纪 80 年代至 21 世纪初：早期教育项目的发展和变化

1975 年后的一段时期内，教育领域经受着教育资金削减的严峻考验。一开始人们是乐观的，联邦为教育项目提供资金，期望能够减少贫穷的影响。但面对学校失败的现实，失望开始滋长。尽管如此，早期保育和教育领域仍经历了发展和变化。多种类型的早期教育服务项目在扩展，它们提供的服务有很多是交叠的。此时期儿童保育包括为军人家庭儿童提供的保育服务，也包括由保姆在家提供的、类似家庭日托中心的保育服务（Wortham，2002）。

尽管为公立小学干预和补偿项目提供的资金有所减少，儿童早期干预服务依然在扩展。研究显示，儿童早期干预取得了一系列积极成果，这些成果促进了一些早期教育项目的扩张，如"提前开端"项目、儿童早期双语项目、有特殊需要儿童干预项目。

小学教育的一些变化对早期教育项目造成了一些影响。"回归基础"运动也给早期教育工作者带来了巨大压力，他们不得不在课程与教学中采用更学术化的方法，而无法聚焦于儿童的发展。新的早期教育项目模式的发展与家庭和社会提升幼儿学业成就标准的期望做着激烈斗争，斗争所取得的一个积极成果是为儿童保育项目设置的学业成就标准降低。

科技开始在早期教育项目中发挥作用。1980—2000 年，为幼儿开发软件的项目迅速地发展和进步。到 2000 年，所有类型的早期教育教室，不论是公立的还是私立的，都开始使用电脑。

从 20 世纪 80 年代后期到 21 世纪的学校改革运动逐渐强调开始于小学的标准化测验。《不让一名儿童掉队法案》的实施和"提前开端"项目的国家报告系统影响着课程和教学思想，同时也导致了对幼儿进行测试的负面影响。

有一些人对 21 世纪的早期教育项目的持续发展进行了预测：科技将持续不断地变革和传播，教师将继续改进自己的教学方法，将电脑纳入教学。

全球化的议题将渗透学校课程。从早期教育项目开始，儿童会经历全球经济的变化、人口增长对环境污染的影响、保护环境、保障生活质量等全球性问题。对全球变暖及其影响的担忧将成为早期教育工作者和小学教育工作者特别感兴趣的问题。

儿童发展的理论基础

随着儿童研究领域的不断进步，心理学家和哲学家发展出了关于儿童怎样成长和学习的各种理论，这些理论均涉及儿童发展的本质以及所带来的影响。尽管其中的一些观点在 20 世纪 50 年代就已经非常重要了，但其他的观点是儿童研究运动的成果，或者与儿童研究运动的成果相一致。

每种理论都采用了一种不同的方式去促进儿童的发展，但各理论观点之间的冲突给早期教育项目带来了诸多难题，使其无法设计出一种最适宜于学前儿童发展的教学模式。成熟理论关注的是儿童身体和智力的发展；精神分析和社会心理学理论关注的是儿童的社会性和情感的发展或人格的发展；行为主义和社会学习理论关注的是智力和人格的发展；认知发展理论关注的是智力的发展以及它是如何影响儿童的认知和社会成长的。每一种理论都与儿童的发展和学习有关，然而，没有一种理论能为发展的所有方面提供一个完整的解释。更重要的是，这些多种多样的理论对父母、照料者和教师理解儿童的发展和学习产生了显著影响。

成熟理论

早期的儿童观察研究致力于理解儿童的发展。这一观点受美国心理学家霍尔的影响，他写过一篇题为《儿童思维的内容》（*The Contents of Children's Minds*）（1883）的文章。此后，许多研究者都围绕儿童观察和婴幼儿的持续发展做了更为丰富而深入的研究。霍尔的学生阿诺德·格塞尔因构建了幼儿行为发生发展的年龄标准而著名，正如本章前面所描述的那样。格塞尔是一位内科医生，在耶鲁大学的儿童发展临床医疗所进行他的研究工作。他收集关于儿童成熟影响因素的数据，并基于他的成熟理论解释了儿童的发展和学习。格塞尔相信一些技能如步行、谈话和阅读的出现是每名儿童的生物时间表的结果，生物意义上的阅读是儿童学习能力中占据主导地位的因素，并非任何经验的影响（Weber，1984）。格塞尔制定的标准——或者说达到某一成就的平均年龄——使得他在 20 世纪 20 年代至 40 年代非常具有影响力。

格塞尔根据儿童实际年龄所制定的发展标准与 20 世纪头 10 年小学城市化的进程一致。随着有混龄班级的一室学校逐渐被分年级设置的联合学校取代，课程变得越来越集中。格塞尔描述了儿童在各个实际年龄所达到的成熟水平以及为后续学习所做的准备，这些描述为早期教育课程设计者编制各个年级的课程提供了有益启示。另外，格塞尔研究出的一些关于儿童成长的普遍准则直到今天仍然很重要，比如他讲道，儿童的成长从头开始然后到尾部（从头至尾），并且从身体的主干到末端——手和腿（由近端到远端）。

尽管格塞尔对早期教育这一领域做出了重要贡献，但他的儿童发展标准数据可能并不适用于当今儿童的多样化发展。而后来的皮亚杰认知发展理论比实际年龄理论更好地描述了个人的认知发展。此外，成熟理论也未能有效关注环境在认知发展中的作用。

尽管如此，成熟理论对早期教育实践的影响仍在继续。令人遗憾的是，很多学校仍然通过评价儿童的"准备度"来决定其应留在幼儿园还是应上小学一年级。这一做法所秉持的理念为一些儿童已经做好了入学准备，而另一些儿童尚未达到入学所需的成熟水平（National Association of Early Childhood Specialists in State Departments of Education，2000）。

茱莲尼

　　茱莲尼今年 6 岁，她是家里的第五个孩子，她的爸爸和妈妈都在一个蔬菜罐头工厂工作。今年她父母的工作十分不稳定，他们的家庭有时候必须要靠社会福利维持生活，直到她的父母被重新雇佣。茱莲尼由一个邻居照顾，这个邻居也在照顾其他附近的儿童，但她并没有执照，并且她照顾的儿童的数量也变化得十分频繁；她给儿童提供玩具，并且在外面放置一架秋千，这架秋千原本是她给自己的孩子购买的；儿童一天的大部分时间都在通过电视机娱乐。

　　当茱莲尼进入学校后，她要通过预备考试来接受评估。另外，一位教师还与茱莲尼谈话并让她参与一些活动，这位教师发现茱莲尼并不认识字母表且语言能力十分有限。两位一年级的教师很关注茱莲尼应该被安置在幼儿园还是一年级，但她们并没有达成统一意见。其中一位教师认为茱莲尼进入幼儿园是一个正确的选择，她认为茱莲尼并没有做好进入一年级的准备。而另一位教师反对，她指出茱莲尼的不足是因为缺乏经验，而不是因为不适合与同龄人一起学习，并强调让茱莲尼去幼儿园会使她落后于同龄人一年。这是没准备好的问题还是缺乏机会的问题？应将茱莲尼安置到幼儿园，还是安排在一年级并为她提供一个促进发展和学习的环境呢？

精神分析理论

　　奥地利内科医生西格蒙德·弗洛伊德在 20 世纪早期调查了社会和人格发展。弗洛伊德认为性能量是影响儿童行为的内驱力，且儿童的进步要通过一系列性心理阶段。弗洛伊德在他的精神分析理论中提出，个体发展由本我、自我、超我这三部分人格组成，并且这三部分控制了儿童先天的驱动力以释放其性能，释放的渠道是口唇的满足、温暖、爱、愉悦的身体感觉和身体废物的消除。如果儿童的本能没有被家长低估或高估，儿童将通过口唇期、肛门期、性器期、潜伏期和生殖期这几个阶段自然而然地获得发展（Morrison，1988；Santrock，2002）。

心理社会理论

　　爱利克·埃里克森是弗洛伊德的学生，他在弗洛伊德研究的基础上发展形成了心理社会理论。埃里克森提出，儿童的个性发展很大程度上是由家庭和学校的社会环境决定的，并且个人与环境的相互作用会在 8 个人生阶段创造人格。

　　埃里克森认为，个人在每个发展阶段的适应能力决定了其人格发展，在每个阶段解决矛盾的方式决定了个人发展的方向。个人在每个阶段都需要积极解决当前阶段的生活危机，以确保能够顺利地进入下个阶段。在儿童早期阶段，儿童的发展会历经"信任—不信任""自主——害羞和怀疑""主动—内疾""勤奋—自卑"这些阶段。心理社会理论帮助家长和教师理解幼儿的情感和社会需求，以及成人怎样在儿童的发展中提供支持以产生积极的结果。表2-1列出了埃里克森提出的儿童心理社会发展阶段，并描述了影响儿童在每个阶段的问题解决方式的重要成人行为。

表 2-1　埃里克森的儿童早期社会心理发展阶段论

阶段	年龄	发展特点
1. 信任—不信任	出生至 18 个月	在这一时期，如果婴儿的需要能够得到成人充满爱和信任的回应，其信任感将获得发展。如果成人不能满足婴儿的需要，则不信任感就会形成。
2. 自主—害羞和怀疑	18 个月至 3 岁半	在这一时期，如果儿童被看作独立的个体，被允许探索和发展自我意识，则其自主性会获得发展。如果家长在训练儿童大小便时过于严厉，而且缺乏耐心，儿童就会产生怀疑，并感到害羞。
3. 主动—内疚	3 岁半至 6 岁	在这一时期，儿童的生理和心理能力都获得发展。如果儿童的主动探究行为得到鼓励，家长能够对儿童的社会戏剧游戏和富有想象力的想法予以肯定，则儿童的主动性将获得发展。如果家长对儿童的主动探究行为加以限制甚至惩罚，儿童就会产生内疚感。
4. 勤奋—自卑	6 岁至 12 岁	在这一时期，在学校取得的学业成就变得非常重要。如果成人帮助儿童寻求学习和成就奖励，儿童就会更加勤奋。如果儿童在学习中体验不到成就感，他们就会产生自卑感。

活跃过度是注意缺陷多动障碍，还是情感发展的一个因素？

　　一群幼儿园和小学教师在讨论他们班上的儿童。这是学校开学的第一个月，教师比较他们关于儿童的笔记。有一些儿童活跃过度，还有一些儿童对学校的规章制度适应得很差。一位教师认为学校每年都有比上一年多的患有注意缺陷多动障碍的儿童，并且需要哌甲酯来使他们在教室里正常地待着。她的内心很疑惑：是什么让越来越多的学校儿童无法正常听课？

　　其他教师指出，还会有其他一些因素影响着这些儿童。一些儿童来自虐待事件频繁发生的家庭，还有一些儿童来自单亲家庭，或者和祖父母生活在一起，因为父母不能照顾他们。药品滥用在社区中十分普遍，酗酒也一样。这些儿童的情感状态是值得考虑的。

　　校长要求教师反思他们所理解的幼儿的情感需求。他们的情感需求有没有可能表现为课堂参与上的无能？抑或是药物导致了这些儿童的坐立不安和不当行为？

行为主义理论

行为主义理论起源于巴甫洛夫的研究。巴甫洛夫是一位俄国的生理学家，他认为动物会通过刺激习得对新环境做出机体反应。巴甫洛夫关于狗的食物性条件反射的研究是条件反射的经典实验。狗吃食物时会分泌唾液，这是非条件反射。在每次给狗喂食之前先摇铃，本来铃声对狗来说是无意义的，但当铃声和食物多次结合之后，仅仅摇铃而不呈现食物时狗也有唾液分泌。这样，原本无意义的铃声变成了条件刺激物，即成为引起条件反射的刺激物，从而形成条件反射（Santrock，2002）。

之后的行为主义学家应用这个"刺激—反应"理论研究儿童和他们的发展。对当前的行为主义学家来说，成长和发展中的最关键因素是环境和学习的机会。学习是持续不断的，是环境中奖赏系统的结果，它与年龄和发展阶段并不相关。行为的方向是通过对学习环境和个人经验的控制塑造出来的（Morrison，1988）。

借助斯金纳的成果，行为主义理论被应用于家庭教育和学校教育中。斯金纳认为，如果成人创设的学习环境能够支持儿童的学习，并且成人能够为儿童的学习行为设定合理的目标，儿童就会在环境的影响和目标的引导下习得适宜的学习行为。成人对正确行为的奖励将会加强或使儿童更加适应这个行为。根据斯金纳的研究，因为所有行为都能被学习，行为是可以被塑造或者改变的。行为改变的策略是基于强化的。当合适的行为得到奖励时，这个行为就得到了正强化，更有可能被重复。惩罚被用来阻止不良行为的发生。然而，惩罚对不良行为的影响只是暂时的，并且不应被经常使用。家长和教师已经发现正强化在管理行为方面尤其有用：对幼儿表现出来的适宜行为大加赞赏，远比不经意地强化某个成人希望幼儿停止的行为更有效。例如，如果家长为了阻止两个上学前班的孩子打架而在杂货店给他们买了玩具，他会发现下一次带孩子购物时他还会面临同样的问题，孩子们的不当行为会再次出现，他已经知道家长会为了阻止他们的不当行为而给予"奖励"。同样，如果教师在某名幼儿干扰其他孩子听故事时将其抱起，这一行为——对这名幼儿的关注——强化了他干扰别人的不当行为。父母和教师认为，对于不良行为只要有可能就最好忽视，而对于正确的行为则要通过积极的强化来加强。

社会学习理论

行为理论学家已经扩展了对学习本质的认识，认为学习还应包括模仿学习和观察学习。社会学习理论学家阿尔伯特·班杜拉认为许多行为是不能通过塑造来学习的，而要通过个人对环境的反应和理解去形成（Bandura & Walters，1963）。相同的刺激或者环境会依据个人对该事件的理解而引起不同反应。口头的指令加上个人在社会环境中的自我观察，会影响个人的期待、能力和其他会影响他反应的内在品质。因此，当一名儿童观察到其他儿童正因为一个不合适的行为而受到惩罚，他就可以从中学会不进行这种不合适的行为；同样地，这名儿童也会通过模仿其他正在进行正确行为的儿童而学习到新的行为。

特里和胡里奥

　　特里和胡里奥正在为3岁儿童设置的操作区玩游戏。胡里奥无法用绳子穿起带颜色的大珠子。一位教师观察到了胡里奥的困难，并且走过来向他展示怎样抓住这根绳子，然后把珠子推到绳子的另一端。特里正在拼一个拼图，他看到了教师向胡里奥展示怎样穿珠子。他把拼图放到一边，然后拿起另一根绳子，一心一意地观看了胡里奥穿珠子的整个过程后，他尝试着把珠子穿到绳子上。在几次失败后，特里最终穿起一颗珠子并将它推到了绳子的另一端。他现在正尝试仿照胡里奥穿在绳子上的彩色珠子的样式。

认知发展理论 / 建构主义

皮亚杰

　　皮亚杰的认知发展理论中关于发展的观点对我们理解儿童如何获取和使用知识产生了非常主要的影响。皮亚杰的研究工作扩展了我们对认知发展的理解，他通过对儿童认知发展的研究发现，儿童在不同的年龄阶段有不同的理解水平。更重要的是，根据认知发展理论，儿童在发展中扮演着主动积极的角色。这一观点与成熟理论不同，成熟理论认为生理上的准备控制了学习的能力；与行为主义理论也存在差异，行为主义理论认为环境塑造行为和学习。认知发展理论认为，儿童通过与环境的相互作用以及对经验的认知组织来获得智力的发展。该理论强调，在学习过程中儿童的思考也在不断推进，当持续积累的经验足以使其获得对所学内容的理解时，儿童就逐渐实现了对知识的内部建构。

　　皮亚杰认为，儿童在认知发展方面要经历有固定顺序的阶段。在每个阶段内，信息的数量和获得知识的质量都会上升。

　　皮亚杰认为，知识是可获得的，并且会随时间发生变化，这通常发生于儿童通过同化或通过合并和顺应把新信息带入现有的知识结构中，我们称这个知识结构为图式。图式是表现行为和动作的有组织的心理结构。对婴儿来说，图式是非常具体的，而对年龄大一点的儿童来说，图式就变得更加复杂和抽象了。通过同化和顺应的步骤，儿童不仅获取了新的知识，也重组了已有的知识。儿童在建构着自己的知识体系，因此，皮亚杰的理论也被称为建构主义理论。当儿童随着发展阶段不断进步，组织和构造知识的认知风格会改变。儿童的思考方式和思考品质在每个阶段都是不同的。

　　在儿童早期阶段，儿童从感知运动阶段发展到前运算阶段。感知运动阶段是从出生到18个月这一时期，婴儿通过身体动作和感知作用于环境，从而获取信息。在前运算阶段的发展中，一个里程碑式的能力是使用符号思维。儿童会使用符号，用一个物体代表另一个物体。之后，儿童能在一个更加抽象的水平上运用该手法。在这个阶段，儿童被其知觉控制。例如，一个幼儿可能会认为云是有生命的，因为它在天空中飘动。

根据认知发展理论学家的观点，当儿童从前运算阶段进入具体运算阶段时，儿童早期生活就结束了。在具体运算阶段，儿童开始具有逻辑思维并且学会使用符号，如学会阅读中的符号使用（Weber，1984）。表 2–2 描述了感知运动阶段、前运算阶段和具体运算阶段的发展。

表 2–2   皮亚杰的儿童认知发展阶段论

阶段	年龄	描述
感知运动阶段	出生到 18 个月	在这一阶段，儿童通过身体运动来获取知识，通过整合感觉经验和动作反应来建构对外部事物的理解。
前运算阶段	2 至 7 岁	在这一阶段，儿童通过符号行为（如说话）来获取和表征知识。他们能够运用符号思维，但还停留在直觉水平。儿童对外部事物的理解受其感知觉的控制。
具体运算阶段	7 至 11 岁	在这一阶段，儿童能够通过符号表征合乎逻辑地获取知识，他们能够对发生的具体事件展开合乎逻辑的推理。当具体物体出现或事件发生时，儿童已经能够运用逻辑思维代替直觉行动思维来进行思考。

皮亚杰的研究可能是在帮助我们理解儿童智力发育方面最有影响力的研究，但还存在一些细节上的疑问：一些认知技巧出现得比皮亚杰描述的早；另外，一些证据表明，在非西方文化中一些技巧的出现时间是不同的；还有一些担忧集中在一些个体永远无法到达形式运算阶段（Rogoff & Chavajay，1995）。

维果茨基

维果茨基是一位俄国心理学家，其研究被称作维果茨基法。维果茨基也是公认的建构主义学者，他跟皮亚杰一样，认为儿童能够主动建构知识。他在 38 岁时因结核病去世了，但在去世前他的著作已经大量发表。他的著作《思维与语言》（*Thought and Language*）在 1962 年被翻译成英文引入美国，美国的心理学家开始了解他的研究。

皮亚杰认为儿童建构知识是在与环境的相互作用中进行的，而维果茨基认为社会的相互游戏在学习中起了十分重要的作用。对维果茨基而言，身体的和社会的相互游戏对儿童的发展来说十分必要。成人作为社会的中介在其中起着重要的作用，而且教师必须要确定儿童实际上理解的是什么。社会环境包括儿童的家庭、学校、社区、文化——所有儿童能接触的社会环境。文化差异影响儿童思考的方式，个体的家庭结构也会产生影响。维果茨基将儿童环境的内涵进一步扩展，涵盖了儿童文化和个人历史两方面。儿童通过在社会环境中分享心理进程、和他人分享经验来学习。儿童首先通过和他人分享活动来学习，紧接着再分享个人经历（Vygotsky，1978）。

但与皮亚杰相对立的是，维果茨基认为学习引导着发展。皮亚杰认为儿童的思维水平和发展阶段控制着心理能力，而维果茨基认为学习一定要优先于儿童的发展，儿童的发展水平要被考虑到，但学习的积累能够促进儿童的发展。

维果茨基通过最近发展区理论（Zone of Proximal Development，ZPD）使学习和发展之间的关系更加概念化。他认为发展是行为上的连续统一体。行为的发展有两个水平，一是儿童的现有水平，二是儿童可能的发展水平，两者之间的差距就是最近发展区。最近发展区展现了儿童在别人帮助下的表现和独立完成的表现之间的连续性，帮助下的表现包括在成人或者同龄人的帮助下所能达到的发展水平。教师通过直接或间接的方式帮助儿童获取独立行为。当儿童在其现有的独立发展水平上取得了进步，这个最近发展区就会向一个更高的区域发展（Bodrova & Leong，1996）。而教师帮助儿童并支持其学习和发展的行为被称为脚手架。教师会提供指导、环境材料和其他经验来支持儿童，使儿童能够获得能力，然后继续获得新的能力（Berk & Winsler，1995）。

当今早期教育课程实践：历史影响的再讨论

早期教育领域的发展反映了该领域的历史。从卢梭和裴斯泰洛齐开始，加上之后几个时期的影响，早期教育领域得到了维持与改进，形成如今好的方面（Lanser & McDonnell，1991）。尽管私立幼儿园、蒙台梭利学校的课程实践可能与公立学校、儿童照料中心的十分不同，早期教育包含了所有为这个领域做出贡献的程序性方法。早期教育课程实践的历史可以被视为一种积累。早期教育项目中的教师更倾向于采取一种博采众长的方式，运用一些方法和材料去指导儿童，而这些方法和材料可以反映早期教育历史的诸多积极影响。

公立学校的课程实践历史可以被描述成钟摆状态。在不同的时期，教学实践会反映出当时的走向，而其中的一些走向是完全不同的。早期公立学校强调阅读、写作和数学技能，强调死记硬背地学习。之后，约翰·杜威的影响引起了一种以儿童为中心的教学方式（Dewey，1899）。儿童为他们自己的学习负责，教师让儿童参与制订教学计划。这一改革趋向被称作进步主义教育，并且在 20 世纪三四十年代在各级公立学校教育中得到普及。

20 世纪六七十年代是学校教育革新和实验盛行的时期，因为教育家试图提高多样化儿童的教育成绩。联邦政府为早期干预与补偿教育项目提供资金，以帮助那些可能出现学习困难的儿童提高学业成就水平。

到了 20 世纪 80 年代，钟摆又摆向了更为传统的教育方法。由于联邦资金的缺位以及国民经济发展水平和学习能力倾向测验（Scholastic Aptitude Test）成绩的下降，一项新的教育改革运动——"回归基础"（Back to Basics）运动——在国家层面获得认可。州和学区实施了各种不同的改革措施，包括采用更加严格的学业标准，消除社会宣传的负面影响，增加留级，并且强调通过标准化测验来评价关于基本技能教学的成效，通过这些做法来解决由松懈的教学方式及严谨课程的缺乏所导致的一些问题。在一些州，根据州政府规定的课程目标实施整班教学（而非基于学生的个体差异实施个别化教学）的做法逐渐普及。

在 20 世纪八九十年代，人们的兴趣转移到了全日制幼儿园，这种转移主要出于教授基本技能以使儿童更好地准备入学与标准化考试的考虑。此时，扩大幼儿园并使用更加正式的课程是为了提高儿童的学业成就水平。早期教育专家对这种做法的反对十分强烈。他们宣称，那些主张学业成就水平能够被加速提高的人并未理解儿童的认知发展是如何影响其学习的。针对于此，发展适宜性课程运动出现了。这个被广泛讨论、使用的术语——发展适宜性实践（Developmentally Appropriate Practices，DAP）——是由全美幼教协会（National Association for the Education of Young Children）在一份专题报告和系列出版物中提出的（NAEYC；Bredekamp，1987）。

在发展适宜性实践于 20 世纪 90 年代获得认可和普及的同时，它也因过度专注白人中产阶级家庭的儿童而遭到挑战。随着对文化和种族差异的认识在早期教育项目中变得越来越普及，发展适宜性实践因不能回应所有儿童而受到质疑。并且残障儿童进入常规学校所引发的全纳问题带来了关于使用发展适宜性实践的新冲突（Williams，1999）。

到了 20 世纪末，这些问题发展成早期教育课程的新模式。这项运动的领导者被称为早期教育概念的重新定义者，他们十分关心游戏在课程中的作用、课程在满足不同背景和多样化能力的儿童的需求时出现的不公平现象以及儿童进入早期教育机构渠道的缺乏（Mallory & New，1994；Williams，1999）。

在 20 世纪 90 年代后半叶，全美幼教协会修改了它对发展适宜性实践的立场声明和指导意见（Bredekamp & Copple，1997）。即使这项修正消除了一些担忧，但仍有许多工作要做，以确保所有儿童都能受到一种既具有发展性又具有个体适宜性的早期教育。

早期教育角色的扩展

到了 21 世纪，早期教育领域的注意力主要放在了儿童早期的重要性上，这种关注来自不同方面。有一个积极的结果——这种再次兴起的关注增加了获得资金和改善项目的可能性。

大量证据表明，高质量的早期教育项目对贫困儿童的发展有长远、积极的影响，这引起了公众对学前班项目的新兴趣。与此同时，一种担忧也再次引起重视——许多儿童并不能在小学达到一个令人满意的水平。人们认为高质量的早期教育项目能够为儿童提供更优质的入学准备。然而，根据《不让一名儿童掉队法案》对小学教育的问责要求，入学时的标准化测验不断增加，并已延伸到"提前开端"项目中。在 2003 年，布什总统要求用一个新的标准化测验来评估"提前开端"项目的成果质量。这个考试关注阅读和数学能力，强调一种新的学业学习方式，这种方式与发展适宜性教育和建构主义的学习方式大不相同（Meisels & Atkins-Burnett，2004；Raver & Zigler，2004）。

家长对儿童早期学习的兴趣

父母对儿童学前阶段的学习机会变得越来越有兴趣。父母认识到儿童早期阶段对孩子的学业成就水平非常重要。越来越多的父母购买关于养育儿童和儿童发展方面的书籍，以了解他们应提供给孩子何种经验。一些父母对儿童养育课程有很大的兴趣。富裕的家长通常会给他们的孩子报名参加身体发展课程、游泳课程以及广告宣称的可以提高婴儿和学步儿生长和学习水平的项目。报名参加这些课程是不是一个明智的选择是另一个问题（Elkind，1987），这些课程的兴起确实表明了家长对在儿童早期阶段提供好的经验存在很大的兴趣。

随着越来越多的父母不得不或者自愿地在白天将他们的孩子安置在儿童保育中心，家长的关注点延伸至保育中心提供的教育项目上（Gullo，1990；Kagan，1989）。尽管儿童保育曾被认为是为穷人家庭提供的服务，以使贫困的妈妈可以找工作，但当今不管贫穷还是富裕的父母都在为他们的婴儿和学前儿童寻找高质量的照料项目。家长想要有所选择，他们对照料项目的需求也不同。他们希望儿童保育中心提供的服务是负担得起的、方便的、容易选择的，同时也希望儿童保育服务能够和他们的价值观和儿童养育实践相照应。

父亲的爱

在美国，普遍的父亲身份文化建构——尤其在 20 世纪 70 年代之前——有两种。第一种宣称父亲是不起作用的，通常也是不称职的，而且从生物学的角度来说，他们可能是不适合从事儿童养育工作的；第二种认为父亲对儿童发展的影响是不重要的，或者只起到次要和间接的作用。因为研究者将这些文化信念内化成他们自己的个人信念，所以直到 20 世纪末，父亲这一角色从本质上来说一直被主流的行为科学忽视。然而，在 20 世纪 70 年代到 90 年代，对父亲这一角色和他们对儿童的爱对儿童发展所产生的影响的认识有了进步。这些影响产生的实际效应使人们更加关注一个事实，即父亲的爱有时候能解释儿童某些成就的差异，而且这部分是独立且特殊的，超过母亲的爱对儿童产生的影响。事实上，最近有几个研究表明，在消除了母亲的爱的影响后，父亲的爱是儿童某些特定成果产生的唯一有意义的预测指标（Rohner，1998，p.158）。

儿童保育服务的扩展

儿童保育服务的提供者越来越意识到儿童保育服务质量的重要性。"日间保育"这一名称很快被抛弃，因为儿童保育中心想要成为为幼儿提供优质早期教育项目的机构。"丰富""学校""发现"或者"创造"这类术语不断出现在儿童保育中心的名字中。保育中心的相关人员意识到，家长寻找保育中心时，方便并不是他们唯一优先考虑的。他们同时也追求整洁度、工作人员的素质、为儿童提供的材料的质量以及儿童进行学习活动的类型。

因为有越来越多的儿童需要接受照料，儿童保育产业不断扩张。事实上，需要接受照料的儿童的数量已经远远超过能获得服务的儿童的数量。到 1999 年，大约有 1300 万 6 岁以下儿童每天由父母以外的人照顾一段时间（Children's Defense Fund，2000；McMullen，1999）。

除了儿童保育的可获得性，另一个主要的担忧就是儿童保育项目的质量。大量的研究证明，有质量的保育是非常重要的，尤其对来自低收入家庭的儿童来说。研究已经证实，儿童在学前接受有质量的儿童保育，将会对他们之后的学业成绩产生长远的有益影响，并且儿童也会从有质量的课后项目中受益（Children's Defense Fund，2000；Frank Porter Graham Child Development Center，1999）。

不幸的是，绝大多数课程质量达不到要求甚至很差，一些课程甚至会危及儿童的健康发展（Carnegie Corporation of New York，1994；Galinsky，Howes，Kantos & Shinn，1994）。另外，高质量的儿童保育的费用超过了许多家庭的承受范围。因为家长负担不起高质量的儿童保育服务，普通家庭或者中等收入家庭不得不将他们的孩子送进稍微便宜一些但质量差一些的儿童服务中心。

联邦政府在 20 世纪 90 年代逐渐意识到了扩充保育中心、提高保育中心品质的必要性。在 1991 年，"儿童保育和发展整体补助金"获美国国会的批准和资助，联邦财政为各州提供一笔新的资金，用于为低收入家庭儿童提供保育服务（Children's Defense Fund，1991）。2000 年联邦预算中提供给儿童保育和发展的持续资金支持达到了 18.2 亿美元，但社会服务固定拨款——州用来支持儿童保育发展的资金——从 19 亿美元缩减到了 17.75 亿美元（Children's Defense Fund，2000）。

公立学校是一个不断扩大的为儿童提供课前和课后保育的资源。海姆斯（Hymes，1990）的报告称，在 1989 年，美国有 17% 的公立学区提供一些形式的儿童保育，或者允许儿童保育群体使用学校场地进行儿童保育。在 1999 年，170 万儿童参加了各种不同形式的课后项目，其中包括公立学校项目、社区中心项目、教会项目和儿童保育中心项目。

儿童保育是美国早期教育项目的一部分。当保育机构不断增强自己是儿童教育领域的一部分这一意识时，许多机构便持续致力于提高它们的项目质量，以维持其在该领域受尊重的地位。证明这个趋势的一个证据是儿童保育中心不断寻求通过全美幼教协会获得国家认证。美国教育部在使儿童参加保育项目并提高其质量方面制定了更多全球性目标，这些反映在美国国会关于儿童早期保育的研究报告《渴望学习：教育我们的幼儿》中（Bowman，Donoban & Burns，2000）。所有学前项目包括儿童保育项目的目标，都是提高早期教育的质量。

公立学校中学前项目的扩展

近几年来，公立学校不断扩展它们的学前儿童早期干预项目，其中一个主要方面是为可能在小学出现学业困难的 4 岁儿童提供前幼儿园服务。在 1979 年，只有 7 个州给早期教育项目拨款；但到了 1989 年，已经有 31 个州为州发起的项目拨款；在 1999 年，只有 9 个州没有州发起前幼儿园项目，而剩下的 41 个州有总计 58 个早期教育项目（Children's Defense Fund，2000）。

联邦资金对早期教育项目和早期干预项目的资助都有所扩展。1988 年颁布的《小学和中学进步法案》（Elementary and Secondary School Improvement Act）对"第一章"基金组织重新授权，让其成立了"平等开端"（Even Start）项目，这是一个家长—儿童联合的教育项目。"平等开端"项目的目的是提高成人的识字能力，并提供 1～7 岁的儿童早期教育。另外，"第一章"基金组织还扩大了它的移民项目，使得移民项目涵盖 3～4 岁的儿童。

面向有特殊需要儿童的服务在 20 世纪 70 年代由联邦法案 PL94-142 启动，并在 20 世纪 80 年代由联邦法案 PL99-457 扩展，为婴儿和学步儿以及他们的家庭提供服务（Kagan，1989）。《残疾人法案》（Individuals with Disabilities Act）赋予了每个身患残疾的儿童权利，使他们能在约束最少的学习环境中获得一席之地，能在公立学校接受合适的、免费的教育。这个法案要求提供给 6 岁以下的儿童学前项目，公立学校和"提前开端"项目改进了学前项目，使其包含有特殊需要儿童。

学前有特殊需要儿童项目在联邦法案 PL99-457 中又有了新的扩展，它批准了两个新计划：联邦学前项目和早期干预项目。在这个新法案下，州如果想要获得联邦资金的支持，就必须证明他们会满足所有有特殊需要儿童的早期保育和教育需求。联邦学前项目也将享有早期保育和教育权利的群体范围扩展到了 3～5 岁有特殊需要儿童。尽管在这些法案的保护下有特殊需要儿童可以选择多种类型的机构来接受早期保育和教育服务，学区所提供的多数服务还是在学前教室里的。

1990 年通过的《美国残疾人法案》（*Americans with Disabilities Act*，ADA）以及联邦法案 PL94–142 的修正案对美国有特殊需要儿童教育有额外影响。在《美国残疾人法案》的影响下，所有的早期教育项目都必须为有特殊需要儿童提供服务。为儿童提供的设施、住处及户外的游戏环境一定要经过适宜的设计、建造和改建，能够满足有特殊需要儿童的需求。这些法律所累积的效果增强了有特殊需要儿童的公民权利，并且使幼儿园和学龄项目实现对儿童的全纳。早期教育项目必须实现全纳教育，在"每名儿童的需求都能被满足"这个目标下，所有儿童都能在早期教育机构中共同学习（Wolery & Wilbers，1994）。

随着早期教育领域持续延伸和扩大，早期教育项目开始不断重叠和合并。越来越明显的是，给早期教育项目贴标签的传统已经过时了，一种包含了各种课程类型的复杂的早期教育的新概念出现（Kagan & Rivers，1991）。《不让一名儿童掉队法案》加强了这个趋势，它要求"提前开端"项目与公立学校基础教育项目相互配合（Committee on Education and the Workforce，2003；Jacobson，2003）。早期教育项目在能更大范围地发挥作用之前，必须解决自己内部的问题，尤其是服务于 4～8 岁儿童的项目。处于这一年龄阶段的儿童受到大量关注，尤其是就读于公立学校的，因为当前的指导实践和升级留级政策对他们有不利影响。在下一章，我们将研究这些问题以及这些问题是如何影响儿童、教师和家长的。

小 结

早期教育有丰富多彩的历史。当今的早期教育项目具有多样性，并且彼此之间有着历史关联。在每个历史时期中，早期教育课堂都会受那个时期的社会、经济和政治趋势的影响。另外，小学和初中教育的走向也对早期教育项目有一定的影响。

每个历史时期都有思想家和领导者引领着那个时期的走向。早期教育的根源可以追溯到卢梭、裴斯泰洛齐和福禄贝尔，他们的影响来到美国，但在美国的殖民地时期以及独立之初没能建立起领导地位。当美国稳定下来，人口流向西部，在每个教育层级内有影响力的无疑都是美国人。当公立学校建立起来并不断发展提高，幼儿园和学前班相继成了公立教育的一部分。同时，幼儿保育成了早期教育的一个领域。在 20 世纪到来之前，针对有特殊需要儿童的教育项目就被发起了。而针对处境不利的学习困难儿童的教育项目直到第二次世界大战后的公民权利运动中才被发起。早期教育对所有幼儿来说并不是同等质量的，非洲裔儿童和拉丁裔儿童在 1960 年之前上的是与白人隔离的学校，美国原住民儿童在第二次世界大战之前接受的是传教士在一个独立系统中进行的教育。

早期教育在循环和潮流中不断发展，这些发展时期回应了心理学家的研究、儿童研究成果和政府立法方面的成果。在 20 世纪 30 年代的经济大萧条时期，联邦资金对当时托儿所的发展产生了一定的影响。在 20 世纪 40 年代，儿童保育服务主要提供给在战争期间需要工作的母亲。在 20 世纪六七十年代，联邦政府的补偿和干预项目帮助了由于残疾和环境因素而处于困境中的儿童。之后，"回归基础"运动使人们重拾教导中的学术方法，而这遭到了早期教育领域的反对，因为人们对早期教育项目的关注是其是否适宜于幼儿的发展。

当今的早期教育项目反映了当前的潮流和影响。当越来越多的母亲进入职场，儿童保育就成了一个日益繁荣的领域。公立学校为6岁以下儿童开办了一系列早期教育项目，以满足不同文化和语言背景、不同能力以及不同认知和语言发展水平的儿童的发展需要。学校还尝试提供更多的教室来促进幼儿的学习与发展，帮助他们为获取小学和中学的学业成功做更好的准备。

和早些年一样，当今早期教育课程的设置受各种理论和教育引导者的综合影响。心理学理论在20世纪50年代兴起并不断繁荣，这个趋势形成了当今的课程设置。皮亚杰、布鲁姆、斯金纳、埃里克森、亨特、维果茨基以及其他一些名字都是儿童早期教育工作者耳熟能详的。将理论应用于实践依赖于课程计划的目的、被服务儿童的需要以及被要求的指导方式。

对所有项目来说，最重要的关注点就是要提供有质量的教育经验。当前的一个关注点为课程项目是否适合儿童的发展水平。发展适宜性课程质量指标已在早期教育领域被广泛采纳。适宜幼儿的早期教育项目实施的影响和问题的历史根源将在第三章进行讨论。

🔍 思考题

1. 在1900年前，3岁以下的儿童也被纳入课程设置的服务对象。描述这些课程的设置，并且描述它们是怎样把婴幼儿纳入以及如何服务的。

2. 一室学校提供何种形式的教育？何种指导方式是主导的？

3. 为什么一室学校关闭了？当国家不断现代化，学校教育也变得越来越中心化后，应发展哪种类型的课程和教学模式呢？

4. 在1900年前，谁是影响早期教育的领导者？他们的贡献是什么？

5. 为什么幼儿园变成了公立学校系统的一部分？幼儿园教师与小学教师的相互作用如何影响幼儿园课程项目？

6. 1900—1950年的儿童研究运动和进步主义教育运动给教育改革指明了方向。这两场运动是如何影响早期教育的？

7. 从什么时候开始学前儿童被分成不同群体进行照料？是怎样照料的？为什么在最近10年这一做法继续扩展？

8. 解释一下干预项目和补偿项目的区别。这两类项目的目的是什么？项目的服务对象是谁？

9. "提前开端"项目是如何应用理论专家的研究成果的？早期教育项目是如何从"提前开端"项目的模式中获益的？

10. 为什么20世纪六七十年代被视为教育的创新期？这一时期的贡献有哪些？

11. 有可能因发展迟缓而陷入学习与发展困境的儿童有哪些？描述一下为处境不利儿童提供早期教育服务的项目。

12. 在我们试图理解公民权利运动为何包含小学教育改革时，历史上少数族群儿童的教育可以为我们提供哪些提示？公民权利运动过程中针对少数族群儿童的教育是如何影响当今早期教育的？

13. 我们从格塞尔那里获得了哪些有益启示？他的成熟理论有哪些局限？

14. 为什么教师关注幼儿的情感发展与关注他们的认知发展一样重要？不同理论学家在这些发展领域的观点对我们有什么启发？

15. 皮亚杰和维果茨基在认识和理解建构主义的学习方式方面有哪些贡献？在儿童如何发展和学习这一问题上，他们的观点有哪些相同与不同之处？

第三章

对高质量早期教育的需求

本章目标

阅读完本章，你将能够：

- 探讨为什么让所有早期教育机构达到同一质量水平是非常困难的；
- 描述为什么师资培养是影响能否有效实施高质量教育的重要因素；
- 解释高质量早期教育的 5 个主要特点；
- 理解儿童学习与发展理论是如何为高质量早期教育提供支持的；
- 探讨和比较至少 3 个高质量早期教育的案例。

简 介

在第二章我们探讨的一个主要话题是儿童可获得的各种类型的早期教育项目，同时还讨论了这些不同类型早期教育项目的发展趋势——服务的交叠与融合。例如，当今很多"提前开端"项目设在公立学校中，公立学校为职业父母提供上学前和放学后的儿童保育服务的做法正日益普及。本章的目的在于进一步探讨儿童早期教育作为一项综合服务的观念。在这项综合服务中，所有为学前儿童提供服务的各类机构都相互关联，且秉持相同的早期教育质量观。此外，我们还将探讨高质量早期教育的特点以及几种具备这些特点的早期教育模式。然而，构建各类早期教育机构的质量标准还面临着诸多问题。如果这些问题得不到有效解决，则有关早期教育质量的话题就无从谈起。

经典理论与现代理论如何支持高质量早期教育项目

在第二章，我们已经了解了很多有关儿童学习与发展的理论，现在我们要探讨这些儿童发展理论在组织高质量早期教育项目中扮演的角色。为达到这一目的，我们需要构建一个包含经典理论和现代理论的综合性儿童发展理论体系。那么，在构建高质量早期教育体系时我们的理论基础是什么？我们如何建构一个能够包含当今早期教育项目中儿童发展多样性的理论基础？首先，我们需要回顾一下第二章讨论到的传统儿童心理发展理论所扮演的角色。然后，我们需要考虑其他符合需求且有助于构建一个更为兼收并蓄、综合全面的早期教育体系的儿童心理发展理论模式，以增进我们对学前儿童学习与发展的理解。我们想要以一种更为广阔的视角来理解儿童的学习与发展，即超越美国学界对儿童发展的典型认知，试图整合不同儿童发展理论的观点。

传统心理学理论

成熟理论

这里的讨论基于学前儿童的发展而展开，因此，了解格塞尔的成熟理论及儿童发展标准就相当重要了。在第二章，我们讨论了在儿童早期一系列发展性行为随时间推移而逐渐显现的重大意义，以及格塞尔所描述的儿童获得这些行为的平均年龄。早期教育工作者应理解儿童按生理年龄发展的本质（Gesell & Ilg，1946）。但格塞尔所描述的儿童发展标准是针对某个特定群体儿童的，而文化因素和社会经济因素会影响学前儿童发展的过程与结果。例如，对就读于意大利瑞吉欧·艾米莉亚项目的儿童的研究发现，学前儿童能够从事长时间的项目活动，并在活动中表现出很强的专注力。这一发现与美国的传统认识相反，一直以来美国学界都认为学前儿童注意力的持续时间较短，教师组织和安排活动时必须经常变换。同样，日本的学前班会有目的地控制投放于活动的材料数量来引导幼儿的合作行为。这一做法与西方长期以来的观点不同，西方认为学前儿童的自我中心会导致他们无法关注同伴的兴趣，也会影响他们与同伴合作进行游戏的能力（New，1993，1994）。尽管格塞尔的很多观点已被新的理论取代，但不可否认的是，他及其他儿童研究运动的研究者是最早致力于构建学前儿童心理发展标准的一批学者。

认知发展阶段论

皮亚杰关于儿童发展与学习的观点可以用于修正格塞尔的生物学理论，格塞尔的理论无法解释儿童早期经验对其发展的影响。在皮亚杰看来，儿童的认知发展不仅基于年龄的增长，而且集中体现于儿童通过主动探究认识外部客观世界。根据皮亚杰的观点，我们可以理解儿童的思维风格会随着个体在各认知发展阶段的成熟与发展而变化。儿童与外部客观世界的主动互动引起了其知识建构能力的发展。我们从皮亚杰理论中获得的认识是：儿童发展是以儿童为中心的，早期经验的本质对儿童发展有重要影响。因此，我们在运用皮亚杰的认知发展阶段论来描述儿童的学习过程时会发现，这一过程强调以儿童为中心。

皮亚杰的儿童认知发展阶段论并不讨论文化背景和社会因素对儿童发展的影响。维果茨基认为，儿童对知识的建构受其过去和当前社会性互动的影响，是一种社会调节的建构活动。他进一步指出，一些知识是儿童通过自发学习获得的，而另一些知识则必须在学校通过教学而获得。而且，在学校的知识获取依赖于教师在儿童学习中扮演的角色。教师应采取各种策略来帮助儿童实现对知识的有效建构（Bodrova & Leong，1996）。

心理社会理论

一种关于儿童发展的包容性模式将儿童的情感发展纳入。借助于埃里克森的心理社会理论，我们能够理解儿童社会性和情感发展历经的各个阶段。同时，借助于埃里克森所描述的儿童在各个阶段对积极任务与消极任务间冲突的应对，我们可以理解儿童在社会性和情感发展方面是如何变得互不相同的。目前早期教育机构中儿童在情感发展方面表现出来的巨大差异可以通过埃里克森的观点做出部分解释。

行为主义理论

我们的全纳发展模式是如何辨别有特殊需要儿童在发展上的差异的呢？面对与格塞尔和皮亚杰所描述的儿童发展标准相去甚远的儿童，我们应如何运用现有儿童发展理论？例如，那些因智力障碍而无法自然而然地获得各类概念和各项发展技能的儿童需要通过教师的教学和反复的练习与强化来学习。同样，身体存在残疾的儿童无法正常探究其周围的物质环境，他们可能没有机会去体验自己的身体是如何适应周围空间的，也无法获得儿童发展标准中描绘的与其年龄相适应的各项动作技能，他们可能需要借助有针对性的环境创设与活动设计才能获得那些正常儿童可以独立获得的知识。一名有身体残疾的学步儿不可能和健康的小伙伴们一样以各种不同的方式去探索活动室，他几乎不可能获得钻在桌子下面或爬到沙发上面的经验。因此，如果要发展有特殊需要儿童的空间知觉，那么成人就必须做出有针对性的活动安排，以帮助他们获得这方面的经验。

那些存在发展缺陷的儿童常常很难主导自己的学习，但他们同样也需要由教师和保育员为其设计和提供以儿童为中心的课程。成人必须在设计与实施教育活动的过程中扮演指导者的角色，以引导和帮助儿童获得各项技能和各类概念。

通过上面的例子我们可以发现，在这个全纳的儿童发展模式中，行为主义心理学发挥着作用。此外，面向正常儿童、儿童中心导向的活动室可能倾向于采用行为主义的管理策略。尽管教师们都希望通过调动儿童的内在动机来培养适宜行为，但事实上，想到形成适宜的班级行为准则，行为主义的策略在管理儿童行为方面是一个有效的起点。

理论与文化的关联：生态系统理论

一个全纳的儿童发展理论体系必须包含对文化因素影响学前儿童发展的讨论。我们必须从更为广阔的视角来看早期环境对学前儿童学习与发展的影响，理解儿童的生存环境是千差万别的。每名儿童所体验到的环境都受到多种因素的影响。我们关于儿童发展和知识重构的陈旧认识必须被拓展，我们应充分考虑儿童学习与发展环境存在的差异。更重要的是，在设计儿童中心导向的课程时，我们关于高质量儿童早期教育的定义必须关注儿童文化背景的差异。

对发展适宜性早期教育实践的倡导进一步丰富了早期教育课程的内涵，即强调年龄适宜性和个体适宜性，更重要的是文化与儿童学习的相关性。维果茨基理论的前提即社会背景是影响儿童学习的关键因素，这一认识超越了关于什么是适宜于学前儿童发展课程的一般假定。儿童所处的社会背景包含以下几方面（Bodrova & Leong，1996，p.9）：即时互动水平，即在某一时刻与儿童互动的个体或群体；结构层级，包括影响儿童发展的各种社会结构，如家庭和学校；一般性文化或社会水平，包括某个社会的各种一般特点，如所使用的社交语言、数制及对科学技术的运用。

布朗芬布伦纳认为，人的发展离不开家庭、学校、社区以及州和中央政府的影响（1979，1986，1995）。他强调从社会文化的视角来看儿童发展，认为多种多样的社会生态系统构成了影响儿童发展的外部系统。儿童位于该系统的中心，四周是一个个不断扩大的同心圆，代表影响儿童发展的各层级系统，包括微观系统、中间系统、外层系统和宏观系统（见图 3-1）。儿童发展首先受到微观系统的影响。微观系统包括儿童所处的小家庭、大家庭以及直接环境中的游戏伙伴。在美国，儿童保育服务可能被归于影响儿童发展的微观系统中，这是因为许多母亲进入劳动力市场，白天她们不得不把年纪尚幼的孩子送入保育机构。

随着与外部生态系统互动范围的扩展，儿童不断向前发展，且发展环境也超越了家庭，走向更广阔的空间。在下一个更为广阔的影响范围——中间系统里，儿童的互动对象扩展到社区、学校和宗教组织，其中最直接的互动环境是儿童所在的社区。

更大的社会共同体和地区构成了影响儿童发展的外层系统。在图 3-1 中，儿童父母的工作场所、社区里的休闲设施、本地工厂及社会服务都属于此层级的影响系统。最后，在宏观系统中，儿童发展受更大范围社会的影响。当前，一个国家的社会观念和信仰也影响着儿童的发展。

将生态系统理论应用于不同国家和不同文化时，多样性便产生了。图 3-1 所呈现的生态系统主要适用于西方发达国家，这种多样性反映了儿童所居住地区的差异（如城市、郊区或农村），也反映了儿童及其家庭能够获取的资源类型的差异。这种多样性对于探索影响发展中国家——而不是西方发达国家——儿童发展的社会文化因素来说至关重要。

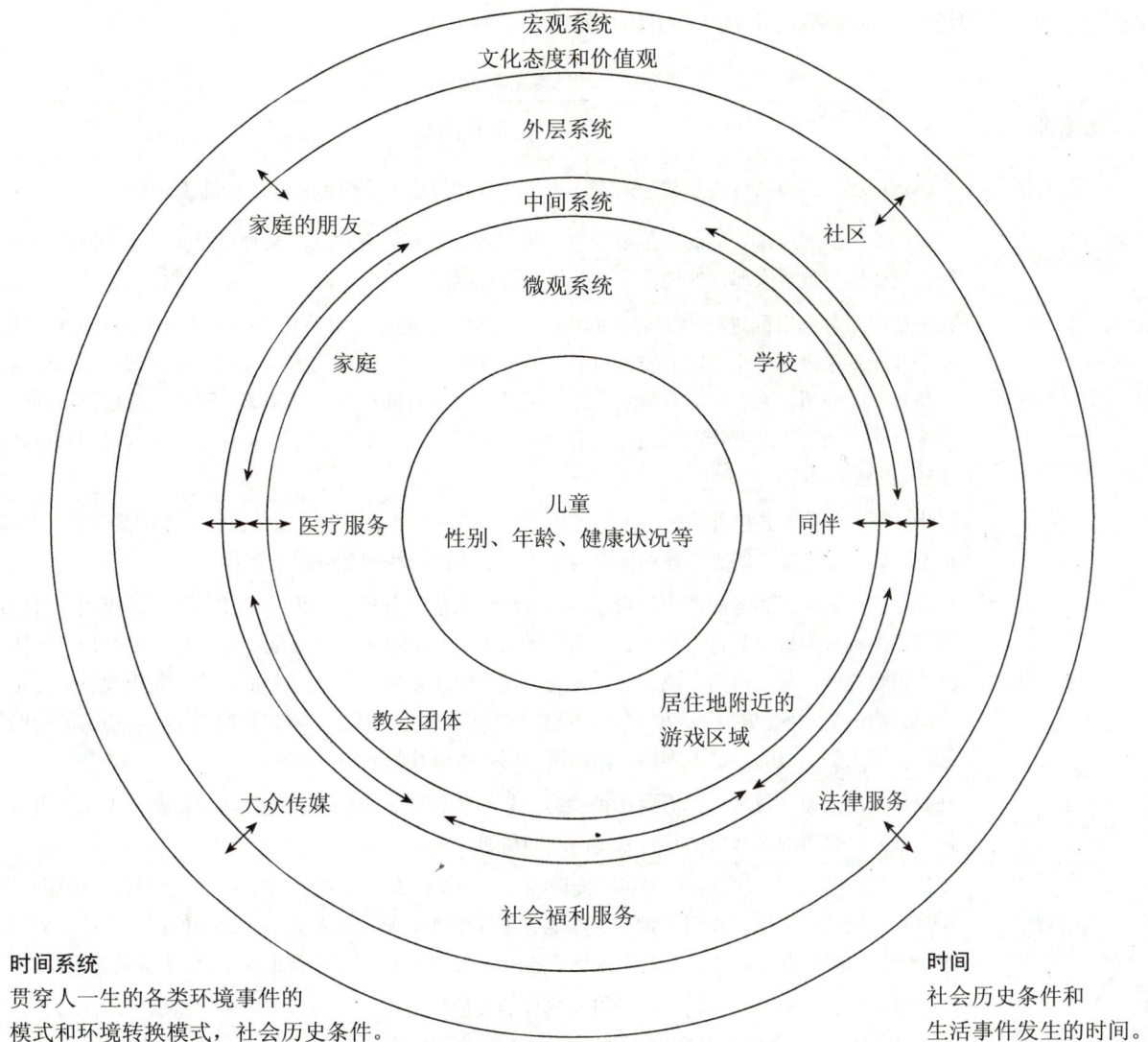

图 3-1 布朗芬布伦纳的生态系统理论

加德纳的多元智能理论

除了前面讨论的影响儿童发展的社会文化因素，还有一方面因素应被纳入全纳的儿童发展理论体系。加德纳（H. Gardner，1983）将人的智能分为七种类型：言语智能、数理逻辑智能、空间智能、身体运动智能、人际智能、内省智能和音乐智能，后来他又增加了第八种智能——自然观察智能（Checkley，1997）。加德纳认为，儿童有着不同的智能强项，并且指出环境因素会影响儿童各项智能的发展。八种智能中的每种智能都可能由于儿童的脑损伤而受到影响。如果在儿童早期对有音乐天赋的儿童加以有效的引导和帮助，能够促进其音乐智能的发展。加德纳还进一步指出，不论是哪一种智能的发展，家长都在儿童早期智能发展中扮演着非常重要的角色。

加德纳认为，对于教师来说，非常认真地了解儿童发展的个体差异是极为重要的。教师能够很好地引导学前儿童思考。对儿童智能的理解应与关注理解的早期教育课程相联系，这样儿童就可以将其所学应用于新的情境。加德纳对于八种智能的描述见表 3-1。

表 3-1　加德纳的多元智能

智能种类	智能描述
言语智能	个体运用语言，包括母语及其他语言，来表达自己想法和理解他人的一种能力。
数理逻辑智能	具有高水平数理逻辑智能的人能够以科学家和逻辑学家的方式理解某种因果关系中所隐含的基本原则，或能够像数学家那样处理数字、数量和进行运算。
空间智能	在头脑中对外部空间进行内部表征的能力。借助这一能力，水手和飞行员在巨大的空间世界航行，棋手和雕刻家表现一个有限的空间世界。空间智能可以应用于艺术领域和科学领域。如果你的空间智能是智能强项，而且你非常喜欢艺术，那么你很有可能成为一名画家、雕刻家或建筑设计师，而不太可能成为音乐家或作家。同样，有些特定的科学领域如解剖学或拓扑学，特别强调从业者应具备较强的空间智能。
身体运动智能	运用全身或身体的某些部位——手、手指、胳膊——来解决问题、制作物品或生产某种产品的能力。最常见的例子就是人们进行各种体育运动或艺术表演，特别是舞蹈或演戏。
音乐智能	以音乐的方式进行思考的能力。具备音乐智能的人能够分辨、认识和记住各种音乐模式，可能还能够创作出各种模式。具备很强的音乐智能的人不是仅能够轻而易举地记住音乐，而是他们无法从头脑中消除音乐，对于他们来说，音乐无处不在。现在有些人会说："是的，音乐很重要，但它是一种天赋，而不是一种智能。"我说："好，我们就叫它天赋。"但若这样，我们就不得不将"聪明的"一词从关于人类能力的讨论中删掉。你知道，莫扎特极其聪明！
人际智能	理解他人的能力。每个人都需要这种能力，它对于教师、医生、售货员或政治家来说尤为重要。任何与别人打交道的人都离不开对人际沟通的精通。
内省智能	个体对自我的理解，知道自己是谁、能做什么、想做什么，遇事会如何应对，会避免去做哪些事情，更喜欢去做哪些事情。我们常常被那些能够更好地理解他人的人吸引，因为他们不会那么容易地把事情弄糟。他们很清楚自己能做什么及不能做什么。而且，当需要帮助时，他们很清楚应去哪里求助。
自然观察智能	鉴别各种生物（植物、动物）以及对自然界的其他特点（云、岩石结构）保持敏感的能力。在我们人类从猎人、采集者向农夫进化的过程中，这种能力的价值是显而易见的。对于植物学家和厨师来说，该能力仍然是他们应具备的核心能力。我还推断，消费者群体中绝大多数人的自然观察智能都有待开发，这一智能应被充分调动，以鉴别汽车、运动鞋、化妆品及其他类似东西的质量。那些看重模式识别能力的科学领域也非常重视研究者的自然观察智能。

　　加德纳的多元智能理论还启示我们，教育应培养完整的儿童。儿童若要获得全面发展，就应获取美术、认知、身体动作、社会性发展等方面的学习经验。在本章的下一部分，我们将介绍儿童早期教育的一些教学法和课程模式，它们整合了除经典理论和现代理论以外的高质量课程要素。

高质量早期教育的特点

　　高质量早期教育的特点与一些要素息息相关：儿童发展的基本原则，均衡发展课程，家长、教师与儿童的关系，评估与问责，儿童及其家庭的多样性，伦理道德和教师关系。我们将在这里讨论高质量早期教育的以上要素。

儿童发展的基本原则

高质量早期教育的特点之一是理解并应用有关学前儿童学习与发展的研究成果。为儿童设计的课程和学习经验必须遵循儿童发展的基本原则。教师不仅要运用有关学前儿童身体发展和认知发展变化的知识，而且要借助相关持续研究的成果如脑科学的研究成果，来设计课程服务（Bowman，1999）。

对儿童发展的理解还包括对儿童发展在个体、文化及环境方面存在的差异的认识。儿童的发展速度各不相同，而且儿童的个性差异和所属文化的期望也会影响儿童发展的风格。高质量早期教育关注儿童发展的变化，并努力为每一名儿童提供符合其发展需要的各种学习机会。

爱德华多

爱德华多是一名小学二年级的学生。他无法正常阅读，口语词汇量也非常有限。刚上幼儿园时，爱德华多参加了一次语言测试，测试结果显示他的优势语言是西班牙语。于是他被安排在一个双语班，这个班级开展教学时使用西班牙语。爱德华多在幼儿园和小学一年级时并未在学习上取得什么进步。当与同伴、教师交谈时，他用的是英语。

他的老师桑切斯先生感到很困惑，不知道该如何帮助爱德华多。爱德华多会不会是因为在幼儿园期间被误贴上了西班牙语是其母语的标签而出现学习困难？学前班是不是无法满足他的发展需要？还是说爱德华多语言和认知发展迟缓，必须接受特殊教育？为他设计的课程应是什么样的呢？

均衡发展课程

高质量早期教育应为儿童提供全面发展所需的各领域的学习经验，课程应致力于培养完整儿童。为帮助儿童实现均衡发展，课程内容应包括阅读、数学、科学、健康、音乐、美术和戏剧。除了拓展儿童对外部世界的理解，均衡发展课程还应致力于儿童各项发展技能的培养。儿童需要充分的学习机会，从而以各种有意义的方式来自主建构知识、应用知识。在准备撰写《渴望学习：教育我们的幼儿》一书的过程中，儿童早期教育委员会指出，早期教育课程开发应包含以下要素（Bowman，Donovan & Burns，2000，p.8）。

第一，如果教师能够激发儿童的学习兴趣，考虑儿童的已有经验，那么教师的教学和儿童的学习都将是最有效的。

第二，在帮助儿童获取信息、促进其各项技能发展的同时，也要重视各领域关键经验的掌握（例如早期阅读领域表象系统的建立、计数与分数的差异、自然界的因果关系）。

第三，元认知能力的发展使儿童以更审慎的方式从事学习活动。鼓励儿童反思、预测、质疑和假设的课程能够促进儿童进行主动、有效的学习（例如，再加上二等于几？故事后来发生了什么？它会沉下去还是浮上来？）。

均衡发展课程提倡使用各种类型的教学策略。在课程中，儿童有机会发起学习活动，教师也有机会发起教学活动，且儿童有机会向同伴和环境学习。

家长、教师与儿童的关系

高质量早期教育提倡并支持教师与家长、儿童及社区建立积极的关系。如果学校或中心与儿童家庭能够定期沟通，教师和家长就有可能在儿童早期教育问题上进行有效的合作。早期教育机构能够为儿童家长提供支持，帮助他们提供高质量的家庭教育；反之，家长也能为早期教育机构提供关于儿童发展的有价值信息，并为教师提供必要的协助。早期教育机构应通过提供资源和学习机会来为家长更好地服务。儿童家长和社区应被视为儿童早期教育的平等参与者，他们同样有权参与早期教育机构的管理（Bowman，1999；Kagan & Neuman，1997）。

评估与问责

高质量早期教育在评估学前儿童发展问题上非常谨慎。对于早期教育机构来说，将儿童发展与机构发展视为一个整体进而对双方的发展成果进行测量是非常重要的。如何开展这项评估工作是个重要问题。早期教育机构管理者需要设立清晰的发展目标，需要根据评估和问责的要求以及儿童个体和群体的发展需要来确定保教工作的预期结果。然而，适宜于所有学前儿童发展的有效教学策略是很难开发的。

由于 6 岁以下儿童的发展非常迅速且具有分散性和不均衡性，因此，评估结果——尤其是采用标准化测验所获得的评估结果——无法真实反映学前儿童的学习情况，而且对标准化测验的普遍不满与表现性评价质量的不确定性对早期教育机构提出了挑战。高质量早期教育采用各种各样的评估方法来促进儿童发展和改进课程设计，包括对教师设计的评估、儿童观察以及出于某些具体目标而审慎使用的标准化测验（Bowman et al.，2000；Kagan & Neuman，1997；Wortham，2008a）。

儿童及其家庭的多样性

高质量早期教育为儿童及其家长提供表达自身文化价值观与实践的机会，同时也为他们提供了解其他文化的机会。它致力于帮助儿童理解文化的同一性与多样性，儿童需要运用自身文化的相关知识来主动获取关于新的文化范式的信息。当儿童及其家庭想要成为保育中心、学校或社区的主流文化的一部分时，这一点显得尤为重要。他们需要借助已有经验来获取新的知识和技能（Bowman，1999；Kagan & Neuman，1997）。

伦理道德和教师关系

一个高质量的早期教育项目拥有一群理解并运用符合伦理的行为方式与儿童、家庭、同事及社区相处、交流的教育者。早期教育教师在做很多日常决定时，都需要在道德和伦理的两难境地中深思熟虑（Kidder，1995），当对这些问题做出决定时，教师必须考虑他们解决问题的方式中的伦理道德。

教师对儿童负有道德责任。当发生的问题涉及儿童时，教师必须要考察一下儿童所参与的整个环境，然后找出对某个儿童个体和整个儿童群体来说最适宜的解决方案（Freeman & Brown，1996）。

教师也对整个班级的家长负有道德责任，其中一项道德责任就是建立家庭和学校之间的合作以增强儿童的幸福感。有关家庭的问题应以一种公正、保密、专业的态度被提出（Freeman & Brown，1996；Rodd & Clyde，1991）。事实上，符合伦理道德的行为法则是早期教育和保育专业的一部分。家庭和社会必须对早期教育工作者有信心，相信早期教育工作者能够履行他们的责任（Freeman & Feeney，2006）。

高质量早期教育项目中的教师应对他们的同事表示尊重。当与专业行为相关的问题产生时，教师应小心谨慎（Feeney & Sysko，1986）。一个会顾及保密性、有道德的教师不会讨论同事的私人问题或者儿童和家庭的隐私。

最后，一个高质量的早期教育项目会将伦理道德延伸至社区中的责任和关系。是否违背公共政策，是否向公共机构报告可能的儿童忽视与虐待，是否就伤害儿童的问题与社区组织交涉，这些都是早期教育工作者需做出的决定（Feeney & Sysko，1986；Freeman & Feeney，2006；Rodd & Clyde，1991）。

当地的早期教育机构、公立学校系统和其他教育项目可能会有一套伦理法则。州教育机构可能会要求一个教师在获得资格证书之前就接受一套州的伦理法则。在早期教育领域，全美幼教协会有一份《道德行为守则和承诺声明》（Feeney & Kipnis，1998），这套准则是基于重要价值的基础之上的。《道德和早期教育者》（Feeney & Freeman，1999）一书由全美幼教协会出版，该书介绍了早期教育工作者在伦理道德上面对的公共议题和所处的情境，建议面对这些议题和情境的早期教育工作者利用该书，应对

重要观念

早期儿童保育和教育中的道德行为准则基于我们对一些重要观念的承诺，这些观念深深植根于早期教育领域发展的历史。早期教育教师需做出以下承诺。

（1）将儿童期视为人一生中独一无二且极具价值的阶段。

（2）在掌握儿童发展知识的基础上与儿童相处。

（3）欣赏并支持儿童与其家庭之间的紧密联系。

（4）认识到儿童应得的最好理解，应尊重其家庭、文化、社区和社会背景，为其学习与发展提供支持。

（5）尊重每个个体（儿童、儿童的家庭成员、同事）的尊严、观念和独特性。

（6）帮助儿童和成人在基于信任、尊重和积极关注的人际关系中最大限度地发挥自身潜能。

自身在伦理道德和公平正义方面遇到的难题。

2003 年，全美幼教协会对上述道德行为法则做了一个补充。这个补充主要关注评分、平衡多重责任、获得专业资格、确保项目质量、监督实习项目和确保劳动力多样性等问题（Freeman，Feeney & Moravcik，2003）。国际儿童教育协会在 2005 年认可了全美幼教协会的伦理道德法则，扩大了专业伦理道德的交流（Freeman & Feeney，2006）。尽管如此，早期教育和保育领域仍然在达到专业所期待的伦理道德标准上面临许多挑战。

高质量的早期教育模式

古典及现代的发展和学习理论如何影响当今的高质量早期教育模式？这些模式的开发是如何将高质量早期教育项目概念化的呢？这个部分将会介绍四个高质量的早期教育模式。有几个项目发源于美国：高瞻课程、项目教学、全美幼教协会的发展适宜性实践项目。瑞吉欧·艾米莉亚项目起源于意大利的瑞吉欧·艾米莉亚，目前在美国和其他国家被广泛应用。蒙台梭利教学法是意大利另外一种早期教育模式，最初应用于意大利贫民窟的儿童。高瞻课程的首次使用是在 20 世纪 60 年代，其对贫困地区的儿童教育进行干预，并且有长期的追踪研究可以证明其在处境不利儿童问题上获得的成功。瑞吉欧·艾米莉亚项目、项目教学、发展适宜性实践项目是为所有幼儿设计的。瑞吉欧·艾米莉亚项目服务于学前儿童，高瞻课程、项目教学和发展适宜性实践项目服务于学前儿童和小学阶段的儿童。本章我们首先给大家介绍其中最早的教学模式——蒙台梭利教学法。

蒙台梭利教学法

早期教育中的蒙台梭利教学法出现在 20 世纪。玛利亚·蒙台梭利是第一位获得罗马大学医学博士学位的女性，她为贫困儿童和有特殊需要儿童建立了儿童之家学校，为他们提供学习场所。她受卢梭、洛克、伊塔尔和塞金的影响比较大，赞成卢梭提出的自由对儿童而言是十分重要的以及将教室作为一个社区的观点，从伊塔尔和塞金那儿学习了早期经验、指令和感觉学习的意义。伊塔尔和塞金是评估幼儿方面的开创者，尤其是在有特殊需要儿童方面。蒙台梭利发展的感官学习材料体现了伊塔尔和塞金评价儿童的具体活动方式。和皮亚杰一样，蒙台梭利的儿童发展理论也属于建构主义学派，她描述了发展的阶段以及学习的几个敏感期。和皮亚杰、维果茨基一样，蒙台梭利认为学习本质上是积极主动的，教师应在儿童的学习过程中起着引导者的作用（Chattin–McNichols，1992）。

蒙台梭利教学法的历史

1907 年，蒙台梭利在罗马的圣罗伦斯区创建了她的第一所实验学校，不久后又有两所儿童之家相继设立，来自各国的大量参观者不断涌入。意大利蒙台梭利学校的建立与当时美国在儿童发展和学前班项目方面的兴趣不谋而合。在这一时期，美国设立了幼儿园和保育学校，当时美国发表的一些文章比较了美国幼儿园和蒙台梭利学校的区别。在 1911 年 10 月，第一所蒙台梭利学校在美国纽约州的柏油村开办。与在意大利开办的学校不同，美国的蒙台梭利学校主要服务于家境良好的儿童。美国蒙台梭利运动自一开始就服务于条件较好的家庭，并且更多地关注学业水平。学校以各种不同的方式践行蒙台梭利的观点，而不是将蒙台梭利的观点完全照搬（Chattin–McNichols，1992；Orem，1966）。

美国第一次蒙台梭利运动在1925年宣告失败。美国的早期教育领导者抛弃了蒙台梭利教学法，因为它与那个时期的美国早期教育产生了冲突。然而，到了20世纪50年代，又出现了第二次"蒙台梭利潮"，私人教育项目尤其是天主教学校又对在早期教育课堂中使用蒙台梭利教学法产生了兴趣。在"提前开端"项目最初的阶段，蒙台梭利教学法是该项目教学法中的一个，以为家庭状况不好的儿童提供高质量的教育。

如今公立学校与私立学校中都出现了许多蒙台梭利教室，与20世纪初第一批蒙台梭利学校一样，它们对原始蒙台梭利教学法进行了多种改进。因为并没有针对蒙台梭利项目的规定，项目的质量和项目的类型差异较大。美国也有多种多样的蒙台梭利学校协会，许多是追随着美国蒙台梭利运动的步伐开办的。许多学校坚持最原始的欧洲教学模式，然而也有一部分学校与蒙台梭利的观点和模式已几乎没有相似之处。从积极的一面来看，许多蒙台梭利教室运用电脑和其他当代科技，这些现代设备与传统的蒙台梭利材料共同发挥作用，以刺激儿童学习的欲望。

对蒙台梭利教学法的理解

蒙台梭利认为有计划的准备、练习、实践和重复一些因素对儿童的学习十分重要。她认为儿童需要通过许多涉及有趣教学材料操作的手工活动与现实世界产生联系。她就实验性发展材料的数量与质量进行了细致规定，材料包含了内置的"错误控制"，使得自我纠错成为可能，并且能够让儿童在更多时间里按照自己的节奏独立工作。此外，教师也可以比较自由地给予儿童所需要的课程（Orem，1966，p.14）。

蒙台梭利课程表被分成了运动教育、感官教育、语言或智力教育。教室被设计成准备完备的环境，为儿童提供谨慎安排与建构的材料，并且在这个环境中由教师给予儿童自我选择材料并独立工作的机会。

运动教育

蒙台梭利教室的设计意图是让儿童在一天中能够很自由地运动。通过许多感官材料和练习区域中的运动，小肌肉运动技能发展起来。课程的所有组成要素——感官的、数学的、语言的和练习的生活——关注运用小肌肉运动技能和秩序感来实现的具体目标和教育活动。在日常生活练习课程中，儿童学习擦桌子、倒东西、扫地、擦鞋等工作，这些任务的完成都涉及儿童大肌肉、小肌肉运动技能的运用。蒙台梭利的运动教育策略包括每日生活中最基本的运动、自我照顾、家务、手工劳动、体操锻炼和律动练习。

感官教育

动手操作的材料和说教的材料都可用来进行感官教育。感官课程包括许多套材料，它们通过各式各样的媒介来促进幼儿的排列、分类和保持能力。这些材料是根据难度排列的，以错误控制能力为基本目标。除了有一系列大小和高度各异的圆柱体外，感官材料还包括方块塔、宽阔的阶梯、长条棍、彩色小片、二项式或三项式积木及有建构意义的三角形（Chattin-McNichols，1992）。

语言或智力教育

感官材料是智力教育的一部分，反之亦然。当与儿童进行谈话时，教师要注意自己的发音须准确。同样地，在使用概念或者材料的课程中，当进一步介绍怎么操作使用有教育性质的材料时，教师要持续使用描述物体状态的词语，如大、小、厚、薄。一堂由三部分组成的课程能展示教师是如何使用连贯的语言来引导儿童的。在第一部分，教师要展示并命名一个概念或者材料；在第二部分，教师会让儿童"展示给我"或者"给我"正在学习的材料；在第三部分，儿童会被询问他们正在学习的材料的名称。例如，当儿童学习了"大"和"小"的概念后，教师可能会先说："这是一个小球。"接着，教师可能会说："给我展示一下这个小球。"最后，教师可能会询问儿童这个物体的名称（小球）。

书写阅读的活动和材料也是按照难度等级精心排列的。写作准备包括发展小肌肉运动技能的训练；与此同时，引入练习以发展对字母及其组合的视动理解；最后引入关于单词组成的训练，包括辨认出字母在单词中的发音，并且写出被介绍的单词。用于阅读和写作的材料包括字母表、可移动的用于拼写的字母以及纸和笔等书写材料。在儿童熟悉字母表且可以独立地背诵和拼写单词后，阅读和书写任务就会慢慢延伸到写句子和阅读简单的书籍（Orem，1996）。

关于蒙台梭利教学法的争议

自 20 世纪初蒙台梭利运动开始，社会上就一直存在着对蒙台梭利教学法的争论。尽管蒙台梭利教授想让儿童独立地学习，成为一个能自我引导的学习者，但批评者认为蒙台梭利教学项目中的儿童不能成功地在群体中与他人交流，也不能正确地遵循教师的指示。社会上也一直存在着一种担心，即强调有结构的材料可能对儿童的创造力有所损害。然而，已证实的是，周密的结构和可操作性强的材料对因心理障碍或其他残疾而发展和学习迟缓的儿童尤为有效。蒙台梭利教学法也对处在皮亚杰所描述的早期发展阶段的儿童有益。许多当代的蒙台梭利学校引入了创造性艺术、音乐活动以及更多的团体活动。研究蒙台梭利教学法的早期教育工作者可以追踪蒙台梭利教学法对最近出现的早期教育模式所产生的诸多影响，对这些模式本章在接下来的部分将予以介绍。同样地，对那些需要课堂有较强结构和可预测性的儿童来说，蒙台梭利教学法可为其提升自制力和完成任务提供途径。

发展适宜性实践

发展适宜性实践是一个开展适宜早期教育实践的理论架构，而非具体的课程，它针对的是早期教育项目中的幼儿。发展适宜性实践在 20 世纪七八十年代发展为对学校改革运动的消极结果的回应。

发展适宜性实践的历史

20 世纪 70 年代末至 80 年代，教育改革横扫美国社会。人们主要担心的是美国儿童不能取得他们的对手——日本和欧洲国家的儿童——所取得的学业成就。

公立学校的改革举措是从初级中学开始的。毕业学分不断增加，评分标准越来越严格，个别州还制定了能力测试政策，以提升儿童的学业成绩、提高儿童的学习水平。随着改革运动的不断扩展，相同的政策扩展到小学阶段。各州的教育行政部门制定了一套统一的课程标准供所有学校执行，这套课程标准包括为每个年级设定的教学目标体系。对每名儿童学习能力的评价是通过标准化测验进行的，并有对州内各个学区的儿童学业水平情况的比较。学业成就的标准被提高了，教师要教授更加复杂的学习内容以努力提高儿童的学业水平。

当学业改革政策触及早期教育课堂时，幼儿学习的发展性本质与教育改革下的实践产生了冲突。社会对幼儿园和一年级儿童的学业能力的要求越来越高（Shepard & Smith，1988），这种实践被称为"下推"（Day，1988）。当各州优先关注测试成绩时，课程表和教学则被更改以确保儿童在考试中做得更好（Bredekamp & Shepard，1989）。

增加的课程内容和测验对幼儿产生了消极影响。未能在一年级取得好成绩的儿童所占比例不断增加，因而解决这个问题的举措被提出：把儿童安排在过渡教室，不允许他们入学，或把他们留在幼儿园。在实施教学时，教师并没有采用与发展水平相适应的教学策略，因此学校应对这些儿童的学业失败负责（Bredekamp & Shepard，1989）。这些实践被贴上了"不适宜实践"的标签（Bredekamp & Rosegrant，1989；Nason，1991；Shepard & Smith，1990）。

发展适宜性实践最初的发展

对早期教育领域的"回归基础"运动的成果并非没有争议。在 20 世纪 80 年代，全美幼教协会开始注重有关发展适宜性教学与测验的议题。一系列描述发展适宜性教学的意见书由专业机构发行，相关的文章频繁在协会主办的期刊《幼儿》上发表。在 1987 年，《从出生到 8 岁儿童的早期教育项目服务：发展适宜性实践》（*Developmentally Appropriate Practice in Early Childhood Programs Serving Children from Birth Through Age 8*）（Bredekamp，1987）出版。它提出了从出生到 8 岁所有年龄段的适宜性儿童训练的指标，并且得到了全美数学教师委员会、全美基础教育联合会、全美州教育部门联合会的支持。之后，一份关于适宜性课程内容和评价的指导意见书（National Association for the Education of Young Children & National Association of Early Childhood Specialists in State Departments of Education，1991）得到了 10 个国家和区域性组织的签字认可和支持。国际儿童教育联合会出版了《从学前班到小学的发展连续体》（*Developmental Continuity Across Preschool and Primary Grades*）一书（Scully，Seefeldt & Barbour，2003），这本书可提供给学龄前和小学教师在早期教育阶段进行适宜性指导的补充信息。

发展适宜性实践指南

《3 ～ 8 岁儿童早期教育项目适宜性课程内容与评价指南》（*Guidelines for Appropriate Curriculum Content and Assessment in Programs Serving Children Ages 3 Through 8*）（National Association for the Education of Young Children & National Association of Early Childhood Specialists in State Departments of Education，1991）的发表是为了回应 20 世纪 80 年代不断蔓延的学校改革运动。尽管主要的国际组织纷纷发表立场声明并呼吁开展课程改革，但公布发展适宜性实践指南的两个国际组织认为，这些努力并不能真正

实现小学低年级课程与评价实践的变革。更早出版的《从出生到 8 岁儿童的早期教育项目服务：发展适宜性实践》的目的是提供更清晰的指导，告诉我们如何教导儿童，就应该教什么和怎样评价儿童的发展和学习提供帮助。

这份指南的理论基础主要为皮亚杰、埃里克森和维果茨基的理论。皮亚杰将知识描述为物理的、数理逻辑的和社会习俗的。数理逻辑知识是由儿童心理进行建构的，物理知识是用来观察这个现实世界的，社会习俗知识是与社会传统习俗相关的。维果茨基对自发获得的概念和在学校学习到的概念进行了区分。自发获得的概念是儿童通过自己的直接经验获得的，它与皮亚杰所描述的获得知识的方式类似。相反地，儿童在学校学习概念时要从教师那儿获得指导和帮助，而且和同龄人一起学习的整个社会环境在儿童学习中起到了重要作用（Bodrova & Leong，1996）。因此指南提出儿童应从环境和成人那里建构他们的学习。学习在儿童和成人之间是交互式的，教师和儿童互相进行指导。发展适宜性实践指南的理论基础引出了以下关于交互式学习和教学的假设。

· 当儿童的物质需求被满足且他们获得心理安全感时，儿童的学习效果最好。

· 儿童自主建构知识。

· 儿童通过和成人及其他儿童的社会交往进行学习。

· 儿童的学习有一个循环的周期，从意识的产生与发展到进行探索再到问询，最终到达利用阶段。

· 儿童通过游戏学习。

· 儿童的兴趣和"需要了解"的动力激发了他们的学习。

· 人类的发展具有个人的独特性（National Association for the Education of Young Children & National Association of Early Childhood Specialists in State Departments of Education，1991，pp.25–27）。

1992 年，全美幼教协会出版了《发挥潜能：适宜幼儿的早期教育课程与评价》（*Reaching Potentials：Appropriate Curriculum and Assessment for Young Children*）（Bredekamp & Rosegrant，1992），之后又出版了《发挥潜能：转变早期教育课程与评价》（*Reaching Potentials：Transforming Early Childhood Curriculum and Assessment*）（Bredekamp & Rosegrant，1995）。前一本书深入阐述了适宜的早期教育课程和评价，介绍了一种转换的课程，提到了要满足能力、文化和语言都不相同的儿童的需要。后一本书进一步阐述了转换课程的内容范围。通过这些出版物，全美幼教协会进一步解释、厘清了发展适宜性课程的问题。尽管出版了这两个补充资料，人们对发展适宜性课程的疑问和担心仍然在增加。

尽管早期教育领域似乎对发展适宜性实践有了广泛的接纳，但发展适宜性实践能在多大程度上得以有效实施这一问题却存在一些疑问，即便那些坚信并亲自应用发展适宜性实践的群体也抱有同样的疑问。还有一些人质疑发展适宜性实践是否对所有幼儿都具有适宜性，尤其是对那些拥有不同文化背景的儿童及有特殊需要儿童。在由发展适宜性实践发起者起草的立场声明中，一些关于如何理解与应用发展适宜性实践的观点遭到了批评。全美幼教协会回应了这些关注和批评，并在后来的出版物中修正了一些关于发展适宜性实践的讨论。

阿琳·彭尼贝克

　　阿琳·彭尼贝克是一所大型郊区学校的幼儿园教师，照顾中产家庭子女。她从事早期教育工作已经 15 年了，并且一直都为自己能紧跟早期教育领域的潮流而自豪。她参加当地的研讨会和大型会议，并且在从学校获得的杂志上寻求合适的教育观点。

　　阿琳谈论发展适宜性课程时表示，她现在十分担心，因为她认为一年级和二年级的教师太关注学业成绩，以致不能理解学生的发展需要。当阿琳被问道能否让一个大学生来到她的班级完成实习任务的时候，她十分爽快地答应了。校长推荐阿琳，因为她采用发展适宜性课程。因此，当这个大学生抱怨阿琳对她学生的学业期待时，大学的监管者十分困惑。在阿琳的班级中进行观察时，这个监管者注意到儿童花大量的早间时间抄写字母或者做数学书上的练习题。阿琳十分自豪地指出她的学习中心设备完备并且组织良好，然而它们主要作为给那些及时完成学习任务的儿童的奖励。这个监管者打算和阿琳进行讨论，来判断她对发展适宜性课程的理解。

对发展适宜性实践的修正

　　显然，发展适宜性实践的开发者敏锐地注意到学术界对这一高质量早期教育模式自身局限性的关注与讨论。在《发挥潜能：适宜幼儿的早期教育课程与评价》一书中，不同作者都提出了发展适宜性课程对指导全体幼儿的适用性问题。鲍曼（Bowman，2009）讨论了少数族群儿童的特点以及如何使课程既有发展适宜性又有文化适宜性。德曼—斯帕克斯（Derman-Sparks，1992）以鲍曼对少数族群儿童发展需要的理解为基础，阐述了反偏见的多元文化课程是怎样满足少数族群儿童的发展需要的。希尔斯（Hills，1992）讨论了可行的幼儿评价策略，以及如何使真实性评价及表现评价能够对不同语言、文化和能力的儿童都发挥作用。沃尔夫（Wolfe，1992）讨论了如何使双语教育帮助语言上有差异的幼儿实现他们的潜能发展。

　　早期教育教师和早期特殊教育教师在许多项目上合作，让有缺陷的儿童和没有缺陷的同龄人一起学习。通过全纳教育，两类教师能够合并在课堂上对待两种儿童的方式。这种适应角色和责任变化的调整表明，在倡导发展适宜性实践时，必须不断修正并扩大这种模式提供给多元背景儿童的服务。最近应对挑战的一项工作就是出版了由全美幼教协会、特殊儿童委员会下属的早期儿童分委会和全美教师专业标准委员会共同开发的《早期教育专业人员培训指南》（简称《指南》）（*Guidelines for Preparation of Early Childhood Professionals*）（National Association for the Education of Young Children，1996）。《指南》中有一章专门论述了儿童早期特殊教育教师的专业培训问题。然而，不同文化背景、语言背景的早期教育教师的任职资格问题却没有被涉及。

　　全美幼教协会在 1987 年《从出生到 8 岁儿童的早期教育项目服务：发展适宜性实践》的基础上

进行了修订，出版了《早期教育项目中的发展适宜性实践》(*Developmentally Appropriate Practice in Early Childhood Programs*)(Bredekamp & Copple，1997)。在这一新版本中，之前关于发展适宜性实践的诸多担忧与讨论都得到了回应。该书还讨论了当时美国早期教育项目所处的环境，即参与项目的儿童呈现多样化，对早期教育服务的需求日益复杂化和综合化。新版本从更广阔的视角理解如何促进适宜的幼儿发展，并以此为基础探讨了发展适宜性实践的多种方法。同时，它更强调早期教育对儿童个体发展需要的适宜性，而非对年龄发展需要的适宜性。相同地，更多注意力聚焦于教师的专业决定，而不是在教室里什么是适宜的教育，什么是不适宜的教育。

在21世纪，全美幼教协会不断地表达发展适宜性课程的变化。发展适宜性课程和其他早期教育项目模式的研究者在20世纪七八十年代面临着同样的问题，这些问题促使发展适宜性课程发展。当时改革运动已经被旨在提高儿童成就和加强成绩责任制的策略取代。2001年《不让一名儿童掉队法案》的内容包括提高对儿童学业成就的期待，并提出增加标准化测验。如何继续实施早期教育发展适宜性实践并使之符合《不让一名儿童掉队法案》的要求，是当前关注的焦点。

理解发展适宜性实践的教学方法

许多因素影响着早期教育项目的质量，包括但不限于有关儿童学习与发展的知识在多大程度上被应用于项目的实践。发展适宜性实践的专业人士至少基于以下三条重要信息或知识来做出关于儿童健康和教育的决定，从而开展发展适宜性实践。

第一，我们所了解的儿童学习与发展——与人类年龄相关的特点——能够使我们对一定年龄范围内的活动、材料和互动进行预测，或者预测经验是否安全、健康、有趣、可完成或者有挑战性。

第二，我们所了解的团体内每名儿童的优点、兴趣和需要能够让我们进行调整，并负责任地去对待不可避免的个体变化和差异。

第三，儿童所处于的社会和文化背景知识能够使我们确保对参与课程的儿童及其家庭来说，在课程中学习到的经验是有意义的，是与他们息息相关的，并且是表示尊敬的（Bredekamp & Copple，1997，pp.8–9）。

以上内容摘自全美幼教协会1997年修订出版的《早期教育项目中的发展适宜性实践》中的立场声明文件，它反映了全美幼教协会在重新界定发展适宜性实践应如何满足所有儿童发展需要时所采用的拓展式教学法。该教学法的内容之一是明确教师在早期教育课程和教学实践中应扮演领导者角色，即为儿童设计适宜于其个体发展的课程，这个过程是教师领导与儿童参与有意义的课程的协同互动。

按照这种方法，有意义的课程具有以下几个特征：基于儿童如何学习并考虑整个学习周期；回归儿童作为一个整体这一概念，并重新定义"以儿童为中心"；通过整合经验，提供深度的理解并促进概念发展；基于儿童的需要和兴趣，具有个体适宜性；源于学科的知识基础，具有智慧的完整性；是互动教学的结果（Bredekamp & Rosegrant，1992，p.32）。

课程是基于一个学习周期的，在这个周期中，儿童去认知、探究和质疑，然后应用新的信息。这是一个学习过程，从简单的发现层次开始，然后持续深入和复杂化，直到儿童能够使用和应用信息。图3–2解释了学习周期中层层递进的教学过程。

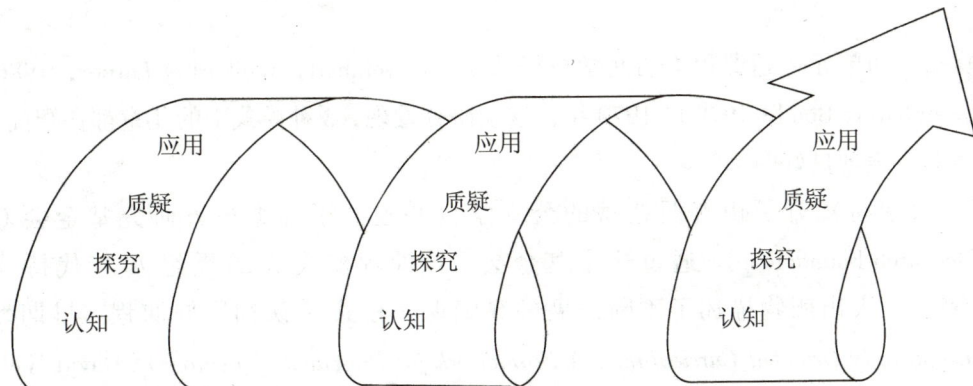

图 3-2 学习周期

意义学习发生于整合课程。该课程模式以儿童发展的综合性为基础，被其开发者称为转换课程。整合课程包括技能发展以及为儿童自发的兴趣和主动活动提供的机会。教师的作用在于：通过扮演一系列连续性角色，根据儿童发展的个体需要及兴趣制订课程计划。其教学的连续性体现为：通过支持的中介行为，实现非指导性教学转变为以教师指导为主的指导性教学（如示范和直接教学）。根据发展适宜性实践教学方法的目的，教学是教师协调和精心安排的，有助于儿童积极参与学习（Bredekamp & Copple，1997）。图 3-3 阐释了教学的连续性。

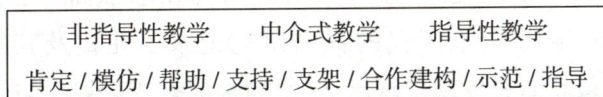

图 3-3 教学的连续性

1997 年的立场声明文件强调，全美幼教协会不尝试描述一个特定的课程，而提供一个发展适宜性课程发展框架。这一立场声明文件收集了许多课程专家对早期教育课程模式的意见，包括高瞻项目、瑞吉欧·艾米莉亚项目和项目教学法的开发人员。接下来我们将介绍这些模式。

高瞻课程

高瞻课程的历史

高瞻课程始于认知取向课程（Weikart，Rogers，Adcock & McClelland，1971），该模式的最初目的是为密歇根州伊普西兰蒂贫困社区的处境不利儿童提供服务。该模式的开发者大卫·韦卡特关注了伊普西兰蒂的公立学校中贫困社区高中学生的失败率。韦卡特得出结论，导致学业成就低的原因是小学阶段的出勤率低。

虽然伊普西兰蒂的公立学校没有计划针对这个问题设立一个项目，但韦卡特及其同事决定制订一个干预计划，帮助 3 ~ 4 岁的儿童为进入小学做好准备。最初的项目是佩里学前教育项目。在干预计划开始时，韦卡特开展了一项研究，将干预项目中儿童的进步与未参加该项目的同一社区的儿童的进步进行比较。

1967 年，第二个研究项目——幼儿园课程示范项目启动。这个研究项目比较了 3 种不同的课程模式，这些模式是不断发展的"提前开端"项目的一部分：认知取向课程（高瞻课程模式）、语言培训课程

（直接教学模式）和单元主题课程（幼儿学校模式）（Schweinhart，Weikart & Larner，1986；Weikart，Epstein，Schweinhart & Bond，1978）。1970年，这项研究发现，3种模式中的儿童都在智商测验和后期的学业成绩测验中表现良好。

1970年，韦卡特离开了伊普西兰蒂的公立学校并建立了高瞻教育研究基金会（High Scope Educational Research Foundation）。通过这个基金会，该课程模式从20世纪70年代持续发展到现在。这些年来，三大出版物描述了不断发展的高瞻课程模式：《认知取向课程：早期教育者的框架》（*The Cognitively Oriented Curriculum : A Framework for Preschool Educators*）（David Weikart，Linda Rogers，Carolyn Adcock & Donna McClelland，1997）；《活动中的幼儿》（*Young Children in Action*）（Mary Hohmann，Bernard Banet & David Weikart，1979）;《学前班和儿童保育中心的儿童主动学习实践》（*Active Learning Practices for Preschool and Childcare Programs*）（Mary Hohmann & David Weikart，1995）。高瞻教育研究基金会还制作了电影、录像带、小册子和其他支持性材料。此外，基金会还解决了如何将高瞻课程模式应用到小学教育及家庭教育中的问题。

高瞻课程的目标在这些年里有所拓展。正如1995年《学前班和儿童保育中心的儿童主动学习实践》的标题所述，该模式现在旨在面向多元背景和文化的孩子。高瞻课程服务于有特殊需要儿童和所有社会经济水平家庭中的儿童。此外，该模式还适用于拉丁美洲、大洋洲以及欧洲的儿童（Hohmann et al.，1979）。

对该模式在20世纪60年代至90年代的纵向研究记录了儿童及其家庭的收益（Schweinhart，Barnes & Weikart，1993）。最新研究发现，现已27岁的学前教育计划参与者中曾被拘留的人数较少，较多人有较高收入并且拥有自己的家庭；与没有参与学前教育计划的同龄人相比，参与者中拥有初高中毕业证书或普通教育发展证书的占比更大（Hohmann & Weikart，1995）。

克里斯托弗

万圣节前一天，克里斯托弗正在多功能活动室里。该活动室为5～7岁儿童提供服务。克里斯托弗6岁，有唐氏综合征。克里斯托弗所在的班级采用的是高瞻项目的教学法，学校专门为他配备了一名专业助教。

在万圣节前一天，教师读了一个关于女巫讨厌万圣节的故事，这是一个有关节日的班级课程的一部分。克里斯托弗坐在教师前面的地板上，他专心地听着故事，并注视着教师展示的图片。讲完故事后，教师解释了接下来的活动，让儿童有机会描述故事的开始、过程、结尾。儿童结伴完成任务，克里斯托弗和一个同伴给从图书中复印下来的图片排序。他们给专业助教口述故事的部分内容，专业助教记录他们的陈述。克里斯托弗和他的同伴是唯一运用图片的一组，但是似乎没有儿童意识到他们的活动有什么不同。克里斯托弗的同伴巧妙地给予了他帮助，并展现出她完全接受了与克里斯托弗合作时所扮演的角色。

高瞻课程的发展

高瞻课程的开发者在制订课程发展计划时确立了以下 3 条标准（Hohmann & Weikart，1995，p.4）。

第一，关于教与学的清晰理论必须指导课程发展的过程。

第二，课程理论和实践必须支持每个幼儿的潜能发展，通过不断提供主动学习的机会来发展个人的天赋和能力。

第三，在课程发展中，教师、研究者和管理者必须结为合作伙伴，确保理论与实践都得到考虑。

高瞻课程最初使用的理论来自皮亚杰和很多解读、转化皮亚杰成果的理论家。亨特的研究一开始聚焦于发展的最初阶段。作为课程模式演变的初始框架，课程原则包括以下几方面。

其一，主动学习——通过主动学习、直接或间接的经验及反思获得意义理解，幼儿构建起帮助他们了解自己世界的知识。

其二，关键经验——创造地、持续地与人、材料和观念进行互动，促进儿童的心理、情感、社会和身体的成长。

其三，"计划—工作—回想"过程——佩里学前教育项目的教师留出时间，让儿童自己规划游戏活动、实施活动并反思活动。

其四，家长部分——通过家访，教师提供给家长关于儿童学习和发展的观点，而不直接去"教"儿童或者家长。

运用这些最基础的因素，高瞻课程经过 40 年的发展，形成了如今的模式。接下来我们将研究高瞻课程更多的细节。

认识高瞻课程

主动学习和关键经验构成了高瞻课程的核心。此外，主动学习有 4 个支持因素：成人幼儿互动、学习环境、一日生活常规、评价。

成人幼儿互动

在高瞻早期教育课程中，成人扮演的是支持性角色。成人利用积极的互动策略，例如与幼儿共同控制情境，支持幼儿游戏，关注幼儿的优势，以及与幼儿建立真正的关系。此外，他们运用鼓励和问题解决的方式来处理每天活动室里的情况。

学习环境

在该模式中，环境扮演着重要的角色。环境被设置成活动区以支持儿童的兴趣。环境提供的活动包括角色扮演、沙水游戏、语言艺术体验、计数和分类的数学活动以及建造、攀爬和舞蹈等体育活动。教师有责任选择适宜的材料，有组织地向儿童提供这些材料，并提供存储空间。

一日生活常规

一日生活常规也是支持主动学习的因素。高瞻课程的计划者认为连贯的生活是非常重要的，之前描述的"计划—工作—回想"过程是高瞻课程一日生活常规的早期结构形式。在此过程中，儿童在选择和开展自己的学习活动之前会先做计划；活动结束后，他们会回顾自己已经完成的任务。成人通过小组活动和大组活动来参与儿童的集体经验。这些活动是基于儿童的经验和建构课程的关键经验的。大组活动时间多用于音乐律动、项目活动、故事重演和小组讨论。

评价

高瞻教育研究基金会在不断研发课程的基础上制定了一个评价模式，将观察作为了解儿童发展与学习的重要工具。评价包括以团队的形式进行每日轶事记录和日常计划会议，以与儿童进行互动并观察儿童。高瞻课程儿童观察记录（Children Observation Record，COR）（High Scope Educational Research Foundation，2003）用于记录和报告儿童的进步。

可以用一个学习车轮来描述高瞻课程。主动学习是车轮的中心，中心是由四部分来支持的。图3-4直观地呈现了高瞻课程模式。

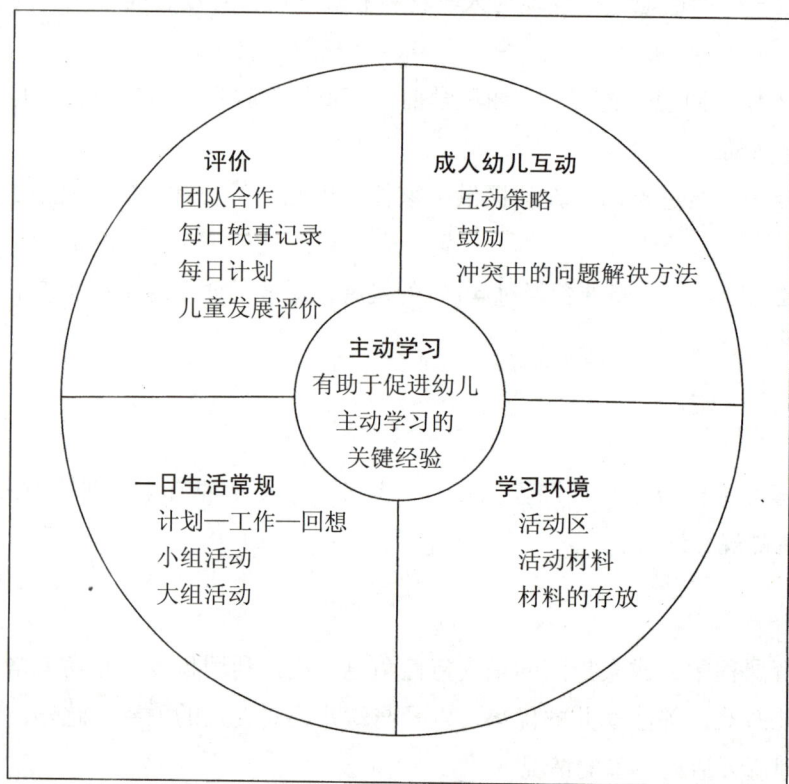

图3-4　高瞻课程的学习车轮

瑞吉欧·艾米莉亚项目

如果说高瞻项目是基于主动学习的，那么瑞吉欧·艾米莉亚项目反映的则是主动教育。两种模式都以皮亚杰的将认知发展作为一个持续适应环境的过程的理论为基础（Staley，1998，p.21）。尽管瑞吉欧·艾米莉亚项目发源于意大利，但他们所采用的建构主义教育方法与影响当代美国早期教育模式的理论相一致。

瑞吉欧·艾米莉亚项目的历史

瑞吉欧·艾米莉亚项目可被简洁描述为一个让每名儿童的智力、情感、社会和道德潜能得到认真培育和指导的幼儿学校集合。它主要的教育工具为长期的、有趣的项目，这些项目在美丽、健康、充满爱的环境里开展（Gardner，1996，p.x）。

意大利的幼儿保育和教育有着悠久的历史，从 19 世纪开始，当时提供幼儿保育和教育的是婴儿和学前儿童慈善和宗教中心。1867 年以后，福禄贝尔的幼儿园及 20 世纪初的进步主义教育者开始产生影响。20 世纪上半叶，学前教育由教会控制。直到第二次世界大战结束，市政体系下的家长学校才建立起来（Edwards，Gandini & Forman，1996）。

20 世纪 50 年代，意大利的教育者受到了进步主义教育家杜威和来自法国的瑟勒斯坦·佛勒内的影响。在博洛尼亚，布鲁诺·加里被邀请来指导城市学校系统。在博洛尼亚建立的进步主义教育制度中，加里为意大利新兴的幼儿计划提供了指导。加里认为要解放童年的能量和能力，促进幼儿在各个领域的和谐发展，包括沟通、社会性、情感、批判性和科学思想（Edwards et al.，1996，p.16）。

瑞吉欧·艾米莉亚学校模式的发展是在 1945 年第二次世界大战结束后立即启动的。在接下来的几个月里，洛利斯·马拉古齐和当地家长在这个资源匮乏、饱受战争蹂躏的国家建立了第一所学校。第一栋房子是由家长利用被炸房屋的砖块建造而成的。从这些最初的尝试与努力开始，瑞吉欧·艾米莉亚学校体系逐步建立。在最初几年，教育者和家长基于教师设计的项目来发展学校教育。在马拉古齐访问瑞士日内瓦的卢梭研究所后，这些学校开始体现出皮亚杰的理论和幼儿认知发展的管理。

在与教会就如何管理学校持续斗争了多年后，1967 年，所有由家长管理的学校都开始由瑞吉欧·艾米莉亚市政当局管理。1972 年，瑞吉欧·艾米莉亚小镇议会通过了针对家长管理的学校的一套规章制度，这些规章制度的出台是瑞吉欧·艾米莉亚项目发展史上的一块里程碑，意味着瑞吉欧·艾米莉亚教育模式在创立 10 年后终获认可。然而教会依然挑战着城市学校，在持续 5 个月的公开辩论和校内交流后，瑞吉欧·艾米莉亚学校的方向和控制问题都解决了（Malaguzzi，1996）。

在过去的几十年里，瑞吉欧·艾米莉亚学校不断改进和发展。该模式受到当代理论家的影响，包括布朗芬布伦纳、维果茨基、埃里克森、加德纳和布鲁纳。该模式已获得国际认可，来自世界各地的访问者前来体验和了解这种早期教育模式。

瑞吉欧·艾米莉亚模式的发展

瑞吉欧·艾米莉亚模式最初以皮亚杰的认知发展阶段论为理论基础，儿童思想品质的发展对创设将儿童视为主动学习者的学校有所帮助。然而当瑞吉欧·艾米莉亚的教育者深入研究了皮亚杰的建构主义观点后，他们对皮亚杰的教育方法产生担忧。他们发现，皮亚杰理论对儿童发展的认识是割裂的，且低估了成人在促进儿童认知发展中的作用。他们也十分担心社会性互动与儿童的认知、情感、道德判断的发展之间是割裂的。因此，除了理解和借鉴皮亚杰的理论，瑞吉欧·艾米莉亚模式的开发者还整合了维果茨基的观点。他们对维果茨基理论如何解释儿童在形成观念和制订行动计划时的思维和语言的协作机制特别感兴趣。此外，他们对维果茨基所提出的最近发展区也很感兴趣，即幼儿当前所处的发展水平与其潜能发挥后所能达到的更高发展水平之间的距离。这两位学者的理论及此前提过的其他学者的贡献推动了瑞吉欧·艾米莉亚模式的发展（Malaguzzi，1996）。

瑞吉欧·艾米莉亚项目的理论基础注重解释儿童是如何学习的。瑞吉欧·艾米莉亚学校使用"主动学习"一词来声明其所秉持的儿童学习观。该词源自皮亚杰，被用来描述儿童认知发展的过程是儿童不断适应环境的过程。瑞吉欧·艾米莉亚学校鼓励运动、相互依赖与互动，因此马拉古齐认为这是一所友好的学校，这所学校非常重视儿童主动学习过程中教师、家长与儿童的关系。

了解瑞吉欧·艾米莉亚模式

瑞吉欧·艾米莉亚模式奉行以下 8 条教育原则。

第一，儿童是主体。儿童是坚强且有能力的。所有的儿童都有各自的准备，有潜力、好奇心和兴趣，并对建构学习以及与环境中的任何事物进行交流感兴趣。儿童、教师和家长被认为是教育过程中的三个主体（Gandini，1996）。

第二，儿童是合作者。教育在关注儿童时必须将其与其他儿童、家庭、教师和社区联系起来，而不是将每名儿童孤立起来（Gandini，1993）。小组活动是重要的，它基于社会建构主义模式，主张通过与同龄人、成人、世界中的事物和符号的互动形成自己的想法（Lewin，1995）。

第三，儿童是沟通者。瑞吉欧·艾米莉亚项目通过系统地关注象征性表现，包括文字、动作、绘画、涂色、建造、雕塑、影子游戏、拼贴、戏剧和音乐等方式，来促进儿童的智力发展，从而引导儿童获得令人惊讶的沟通能力、象征性技能和创造力（Edwards et al.，1996）。儿童有权利使用多种材料，去发现和传达他们所知道的、理解的、好奇的、有疑问的、感觉到的和想象的。通过这种方式，他们用自己的自然"语言"使思维变得可见。受过视觉艺术方面培训的教师与每所学校的儿童和教师密切合作，使儿童能够探索多种材料，并使用多种语言，以使他们的学习变得可见。

第四，环境是第三位教师。空间的设计和使用能够促成相遇、交流与构建关系（Gandini，1993）。学校的所有空间设计、组织及其中的设备和材料都要美观，并且有一个基本的顺序（Lewin，1995）。每个空间里的每个角落都有其特殊性和目的性，具有一定的参与和交流潜力，被儿童和成人重视和喜爱。

第五，教师是合作者、培养者和指导者。教师促进儿童探究主题，开展短期和长期项目，指导连接性经验、开放式发现和问题解决（Edwards et al.，1996）。为知道如何规划和推进工作，教师要密切关注儿童、倾听儿童。教师提出问题，发现儿童的想法、假设和理论，并提供发现和学习的环境（Gandini，1993）。

第六，教师是研究者。教师结对工作，并与其他所有教学和工作人员保持强有力的合作关系。他们不断地讨论、解释自己的工作和儿童的表现。这些交流提供持续的训练并不断丰富理论。教师将自己视为研究人员，为自己同儿童一起工作准备材料，儿童同样也被教师视为研究者。教师团队可得到为一组学校服务的教学法顾问教师的进一步支持（Gandini，1993）。

第七，档案袋被用于沟通。对儿童和与之合作的成人的想法的呈现，应给予认真思考和关注。教师对学习目的和儿童学习过程的评论、对儿童口语（例如言语和对话）的记录，活动的照片，以及儿童通过多种媒介表达的思想，共同组成精心设计的展板或书，以呈现儿童在学校的学习过程。这种档案袋可服务于多种目的，它让父母了解自己孩子的经验；让教师更好地了解儿童，评估自己的工作，并与其他教育者交流想法。档案袋还记录了学校的历史以及儿童和教师在学习过程中获得的乐趣

（Gandini，1993）。

第八，家长是合作者。父母的参与被认为是必不可少的，并且有许多形式。家长积极参与儿童的学习经历有助于确保学校中所有儿童的福利。家庭给学校带来的思想和技能，特别是父母与教师之间的思想交流，有利于开发新的教学方式。教师不将家庭的参与视为威胁，而视为合作的内在要素及不同智慧的融合（Spaggiari，1996）。

为贯彻这些原则，我们将从环境、教师角色、儿童角色、课程和评价这几个方面对瑞吉欧·艾米莉亚模式进行讨论。

环境

瑞吉欧·艾米莉亚学校被设计为鼓励社会性与认知发展的环境。物质环境能够促进儿童、教师与家长之间的互动。

甘迪尼（Gandini，1996）将戴安娜学校作为瑞吉欧·艾米莉亚学校设计的一个例子。一个主要的公共空间（一个广场）被目的不同的区域环绕，并向广场开放。一个重要的空间是制作室，被称为作坊或工作室，用于项目活动以及儿童探究新的或熟悉的材料和工具。此外，每个年龄段都有一个大活动室，并附有一个迷你工作室。

玻璃被广泛运用于室内空间的连接，并创设从室内到室外环境的连续性。另外也有一些空间让儿童可以独自度过时光。环境的设计是为了促进儿童对材料的积极探究以及对项目和主题的学习。

教师角色

在瑞吉欧·艾米莉亚课堂中有艺术资源教师、顾问教师和班级教师三种成人角色。每种教师都与儿童、家长、社区和其他教师进行互动。

具有艺术背景的艺术资源教师在艺术工作室与儿童一起工作，他们一起绘图、涂色、捏黏土，或者使用其他材料和方法。艺术资源教师帮助儿童描述、交流他们在项目教学中的学习情况。艺术资源教师也经常和顾问教师、班级教师交流艺术工作室的日常，这能够帮助其他教师理解儿童的艺术工作以及他们是如何学习的（Vecchi，1996）。

顾问教师承担多种责任。他们扮演重要角色，和家长、参观者以及班级教师沟通协调，让教师接触理论和实践方面的新进展。顾问教师是教师进行校内和校际想法交流的促进者，与班级教师一起为专业发展确定新的主题和活动。更重要的是，顾问教师能够帮助增进教师和家长之间的关系，组织与家长共同设计、创建课程项目的会议（Filippini，1996）。

班级教师与儿童一起工作，更关注儿童的学习，而不是儿童学习的指导者。教师和儿童之间是平等的关系，这体现在学习的推进、使用的材料和方法以及新想法的探究上。在促进儿童学习方面，班级教师是艺术资源教师的搭档，他们交换关于如何通过材料推动儿童学习的观点（Cadwell，1997）。

儿童角色

儿童大部分学习时间用于项目学习，他们运用艺术材料去描绘自己对事物的理解以及他们是如何创造性地建构知识的，这些描绘和交流被称为儿童的语言。凯茨（Katz，1996）认为瑞吉欧·艾米莉亚的儿童与美国儿童相比，在交流想法、理解、感受和观察方面更早地采用多样化的表现形式。

除了项目教学，儿童还参与各种类型的自发游戏、积木游戏、戏剧表演游戏和户外游戏，还有一些儿童在自由游戏时间参加艺术活动。儿童在一天中花大量的时间与同伴和成人进行互动和交往。

课程

瑞吉欧·艾米莉亚课程被描述为自发产生的课程。教师并不事先设计教育目标和学习活动，相反，他们先了解儿童的天赋、需求和兴趣等个体特点。此外，教师在每周的工作会议中分享各自教学计划中儿童的信息（Katz，1996）。

制订课程计划时，教师设计总体的教育目标，他们基于对儿童已有的了解假设可能发生的情况。教师会考虑儿童、教师、家长、社区和文化之间的关系，在了解儿童的背景和兴趣后，开始确定课程的主题和项目。教师与儿童和其他成人互动的过程、教师的观察、儿童工作的档案以及与教职工、家长、儿童等参与者之间的讨论，都会被用于持续的课程计划和完善。儿童在计划课程和开展评估的过程中是平等的参与者。项目可以始于某个建议、儿童的某个观点或者某个重要的活动（Rinaldi，1996）。

评价

记录儿童学习的档案已在前面被多次提及。项目或主题的成果都能反映在儿童的艺术作品中。此外，教职工之间以及教师与儿童之间不断发展的讨论也提供了对课程和儿童的成就进行持续评价的依据。班级教师和艺术资源教师坚持记录日常轶事，记录下儿童所做的事情以及指导儿童做出进一步尝试的步骤，将儿童的学习成果张贴在学校的墙上并附上相关的讨论和书面信息。这是一种对学生进展的评价，也是儿童和教师的自我评价。

瑞吉欧·艾米莉亚教育模式吸引了来自许多国家的教育者。在过去的 10 年里，美国的教育体系借鉴了这种教育模式。由于意大利教育家还没有对瑞吉欧·艾米莉亚教育模式进行纵向评价，美国在借鉴这一教育模式时比较缓慢和谨慎，而且十分关注瑞吉欧·艾米莉亚教育项目在新环境中运用的差异性（Cadwell，1997；Forman，Lee，Wrisley & Langley，1996；Gillespie，2000；Lee Keenan & Nimmo，1996；New，1996；Staley，1998）。

项目教学法

项目教学法与瑞吉欧·艾米莉亚的项目教学有诸多相似之处，它们都将项目作为儿童学习的焦点，并且能够有效调动儿童参与课程主题的积极性。然而，项目教学法是在瑞吉欧·艾米莉亚项目之外发展的。不过项目教学法的研发者承认他们受到了近些年瑞吉欧·艾米莉亚项目教学的影响，而且项目教学法也借鉴了瑞吉欧·艾米莉亚课程模式中的建立儿童学习档案袋的做法。

项目教学法的发展历史

项目教学法的发起者以他们在英国和美国的有关早期儿童的工作为基础，加上和其他国家同行互动的经验，建立发展起他们的方法。他们的方法起源于美国进步主义时期杜威和克伯屈所提倡的项目教学法（Stewart，1986）。他们也参考了艾萨克斯对儿童工作的描述（Isaacs，1966）。在 20 世纪七八十年代盛行的开放教育和英国的婴儿学校也对项目教学法产生了影响（Helm & Katz，2001；Katz

& Chard，1989）。

根据发起者莉莲·凯茨和西尔维娅·查德的介绍，她们设计项目教学法的动机源于幼儿园中无目标活动的优势。她们认为将项目教学法作为环境，能够促使儿童的头脑具有参与性、挑战性和丰富性（Katz & Chard，1989，p.xi）。她们相信，基于不同的学校偏好，项目课程能够成为整体课程的一部分。

解释项目教学法的第一本出版物是《激发儿童的思维：项目教学法》（*Engaging Children's Minds：The Project Approach*）（Katz & Chard，1989）。因为作者与教师一起在教室中工作，他们关于运用项目教学法的观点在持续地进化。1992年，查德制定出一个帮助教师学习如何实施项目教学法的指南，即《项目教学法：教师实践指南》（*The Project Approach：A Practical Guide for Teachers*）（Chard，1992），随后还出版了一套配套的教师培训课程教材——《项目教学法：教师实践课程》（*The Project Approach：A Practical Course for Teachers*）（Chard，1994a）。《项目教学法：教师实践指南（第二版）》（*The Project Approach：A Second Practical Guide for Teachers*）（Chard，1994b）在1994年顺利面世。

教师和管理者担心入学准备不足的处境不利儿童需要的并不是项目学习，而是正规的学术训练。为了回应他们的担忧，解释这个问题的著作陆续出版。《年幼的探究者：儿童早期的项目教学法》（*Young Investigators：The Project Approach in the Early Years*）（Helm & Katz，2001）和《激发儿童的思维：项目教学法（第二版）》（*Engaging Children's Minds：The Project Approach，2nd ed.*）（Katz & Chard，2000）讨论了更多新近问题，并且吸收了瑞吉欧·艾米莉亚教育体系中的思想。

项目教学法的发展

凯茨和查德采取了与全美幼教协会在解释发展适宜性实践时相似的方法。与全美幼教协会一样，凯茨和查德提出了很多她们认为会对早期儿童造成危害的练习。她们检验了这些并未完全关注早期儿童兴趣的活动，例如使用日程表和练习簿进行纸笔练习。她们将早期儿童的知识内容获得、性格和思维习惯进行了对比。

对正式的学习指导的一种担忧是其与探究性学习和直接经验的获得相对立。项目教学法的一个优点是其提供的学习经验有助于儿童发展社会性和沟通能力。更为重要的是，人们更期望获得幽默、慷慨、乐于助人等优秀的个性品质和持续的思维习惯，而不是爱争吵、冷漠、贪婪等消极的个性品质（Katz & Chard，1989）。凯茨和查德例举的一项研究表明，如果过度强调学业导向课程中的熟练技能表现，可能会危及优秀学习品质的形成（Dweck，1986）；同时她们提出学业导向的课程不能使所有的儿童成功（Katz & Chard，1989，p.38）。

凯茨和查德没有将她们的方法直接建立在理论基础上，她们也关注了课程实践研究。通过此种研究，她们基于儿童学习与发展的各方面确立了项目教学法，其中包括学习过程中互动的作用、非正式活动的价值和多样化的教学方法。

互动的作用

社会性互动可提升学习效果并促进社会性发展，这意味着早期儿童应和其他儿童一起参与活跃的、富有表现力的学习过程。早期儿童在与新的观点和想法进行互动时会产生思维参与性活动，这种互动应是以他们的亲身经历和真实的环境为基础的。

非正式活动的价值

人们认为更多非正式的学习情境可使儿童更充分地表达他们对事物的理解，从而使教师能了解儿童的理解。教育者应将非正式和正式的学习情境进行平衡，使儿童取得合适的学习进展，这种学习进展包括儿童评估自己工作的能力和更好地理解自身取得的进步的能力。对于课程而言，非正式的学习方法包括自发性游戏和项目工作（Katz & Chard，1989）。

多样化的教学方法

研究者建议，如果想要儿童发展一种学习的品质，教师就需要采用多样的教学方法。他们认为不同的教学策略会促使多样化的儿童更好地学习。此外，儿童的年龄越小，教师采用的教学方法应越多样化。

凯茨和查德相信项目教学法能够提升她们所描述的积极发展和学习质量。她们将项目教学法的优点总结如下："项目教学重视知识、技能、学习品质和感觉的获得。它提供的学习情境包含有丰富背景和内容的互动与对话，这些互动与对话与儿童所熟悉的问题有关。项目教学能够为不同能力水平的儿童提供活动，这有助于他们的生活和小组的工作。项目中的合作也提供了运用并增强实用社会性技能的情境和活动。由于项目的主题是从儿童的兴趣和熟悉的环境中获得的，儿童所获得的知识具有真正的文化关联性。最后的一个重要之处是，我们提倡项目教学法，也是因为它能够为教师提供持续的挑战，有助于增强教师工作的趣味性和职业满意度。"（Katz & Chard，1989，p.49）

理解项目教学法

"项目就是对一个值得进一步学习的话题所进行的彻底调查。调查经常由班级中某个小组内的儿童承担，或者由整个班级承担，偶尔会由个别儿童承担。项目的关键特点是所开展的调查关注于解决儿童、教师或师幼互动时提出的问题。"（Katz，1994，p.1）

从表面看，上述对项目的描述与瑞吉欧·艾米莉亚学校所倡导的教师和儿童都参与项目的理念极为相似。第一个主要的区别是，在项目教学法中，教师通常负有主要责任；而在瑞吉欧·艾米莉亚的项目教学中，教师扮演的是合作者的角色。第二个主要区别是项目教学法具有更明显的组织性。项目教学法有组织的结构可以在项目的三个阶段中讨论（Chard，1994b；Helm & Katz，2001）。

课程：项目的三个阶段

项目教学法的第一阶段是有目的地选择一个项目。当教师、儿童或教师和儿童一起确定好一个主题后，计划项目的工作启动。教师通过设计一个教师计划网络图来初步思考开展项目的方法，有时这个过程包括绘制一个主题网络图或课程网络图。这个过程使教师能够评估主题和研究是否有价值，并确定可被用于发展主题的资源。如果确定主题可行，教师和儿童将一起探究他们当前对主题的理解及可学习的关于主题的新信息。这同时也是一个网络图形成的过程。

在准备好可用于探究主题的空间后，第二阶段就开始了。审查网络图是第二阶段的第一步，选择主题调查的地点，并且思考还有哪些教师和家长可以帮助主题调查的实施。如果调查需要特定的技能，教师会在调查开始前介绍并练习这些技能。调查始于一次现场参观，在和教师互动时儿童被鼓励进行仔细观察和主动提问。他们将对现场进行素描和绘画作为调查的一部分，儿童也可以记录他们在现场发现的信息。在现场参观之后，儿童讨论这次参观，或者提出现场参观中出现的疑问。照片和录像等材料和资源也是讨论的一部分。儿童回忆他们通过书写、绘画、建构游戏、舞蹈和戏剧表演等方式所习得的知识。这时，教师和儿童也许会重新审视主题网络图，或者重构已有的网络图，从而评估他们的项目进展并确定项目的新问题和新方向。

作为项目的结尾，项目的第三阶段有其特定的目的，大家会计划一个分享项目成果的活动。结束活动陈列了儿童的工作，家长、其他班级的儿童和教师可能也会参与结束活动。项目的成就记录包括儿童的档案袋、项目成果、教师的观察、儿童的自我反省和记录项目主题的书面叙述等。查德（1994a）认为这三个阶段具有 5 个特点——小组讨论、现场工作、回忆、调查和陈列。这些特点与追踪项目发展的过程是相似的。

评价

除了通过结束活动来结束项目工作，研究者建议将档案记录作为评价儿童、教师和课程的方法。项目教学法所采用的档案记录比瑞吉欧·艾米莉亚的更为具体、多样。项目教学法在记录儿童的学习过程时主要采取了 5 种策略：档案袋、个人或小组成果、观察记录、儿童的自我反思和对儿童所获学习经验的描述。每种类型的评价都有助于理解儿童的进步和兴趣，对项目的进展和可能的变化进行评估，与家长和其他人分享儿童的工作。

赫尔姆和凯茨（Helm & Katz，2001）解释了档案记录的方式适合于项目教学法的原因。首先，档案记录作为教师在项目进程中的指南具有很高的价值。其次，档案记录也能够提供儿童在各个领域发展的证据，并且为教师提供一个组织观察和记录儿童发展进程的框架。再次，档案记录证明了儿童如何活跃地参与活动和学习相关材料，表明了学习是儿童和成人之间互动的过程。最后，档案记录能够展示出在项目工作中融合学习经验可以为儿童的学习提供更广阔的视野。

高质量早期教育面临的挑战

在美国和其他国家都有许多高质量早期教育项目的案例，本章所描述的仅是一些对美国来说可行的例子。然而，美国早期教育项目的质量总体上存在巨大的差异。在接下来的各节中，我们将关注那些使项目难以达到预期质量水平的问题以及影响因素。

教师培训及培养方面的差异

不同类型的早期教育项目对教师培养的要求存在巨大差异，这些差异受州与州之间不同政策的影响。早期教育项目有不同的历史，这使它们对教师培养的期望与方法也各不相同。

公立学校的早期教育项目要求教师持有相关专业的大学文凭，且必须经过州教育部门的认证。幼儿园或小学教师为了获取认证而需完成的课程量与种类在各州是不同的。对于前幼儿园项目，并不是所有的州都采用了与幼儿园相同的政策。

在儿童保育项目中，对于教师培养的要求遵循了儿童保育执照批准处的政策，儿童保育执照批准处属于州公共事业部。一些州对初级职位并没有设定培养要求（Smith，2007）。联邦"提前开端"项目由儿童青年及家庭管理部和"提前开端"项目办公室管理，它们曾经规定，想在"提前开端"项目中心教学的人必须拥有儿童发展协会的资格证。儿童发展协会的培养机会同样提供给儿童保育项目的教师。

1998 年，联邦对"提前开端"项目的重新授权提出要求：到 2003 年，所有项目中心须有一半教师有专科学位（Administration on Children，Youth and Families，1998）。到 2006 年，有关要求所有"提前开端"项目的教师和公立前幼儿园项目教师持有四年制大学文凭的立法被纳入考虑范围（Barnett，Hudstedt，Robin & Schulman，2005）。

随着早期教育项目需要更多有文凭的教师，一个主要的挑战是如何让有潜力的教师可以进入大学或学院以获取文凭。有一个问题是，那些拥有儿童发展协会资格证或社区大学专科文凭的教师该如何进入四年制的文凭项目。两年制和四年制的院校必须合作制订课程计划，使它们可以被转为文凭项目，否则不同级别间的训练连接是很难实现的。

国家儿童保育资源与转送机构协会为协调培训做出了积极努力，为未接受过培训的教师提供了培训，并在帮助儿童保育教师获取儿童发展大专证书、认证及学分方面发挥着主导作用（Smith，2007）。

教师工资的差异

教师在早期教育项目中所获得的工资对项目质量有着直接的影响。正如前面所提到的那样，不同项目的教师所接受的培训水平不同，也可能有教师在入职前未接受过任何培训。教师工资的差异与其培训及培养水平有着直接的联系。

对教师受教育水平要求最高的公立学校可能向早期教育教师支付最高水平的工资。那些对教师职前培养水平有着较高要求的项目很可能会提供给教师较充足的薪水，这也就意味着这些教师更有可能留在教学岗位上并提升他们的教学能力。

雇佣受教育水平较低的教师的项目支付给教师的工资相对较低。这些教师很可能不会在中心持续工作，也可能不会去积累教学经验以成为一名学识渊博的教师。对教师所接受培训的水平的新要求使原本就存在于各项目之间的教师工资差异状况恶化。越来越多的早期教育项目对教师的培训水平提出更高要求，但工资待遇的上涨并不总能紧随其后。在儿童保育中心、"提前开端"项目及一些私人项目中，教师无法获得与更高培训要求相匹配的工资。因此，很多非公立学校项目的教师发现他们在没有获得足够待遇的情况下还要接受更多的培训。

教职工频繁流动的影响

低待遇导致了较高的教职工流动率，儿童保育项目的教职工流动率比小学要高很多。多种因素导致了教师的流动率过高，较低的待遇、较大的工作压力、缺少培训机会以及管理支持不足都会导致教职工情绪低落并离开早期儿童保育领域。当低培训水平的教师占大多数时，那些拥有很好培训经历的教师也会想要寻找儿童保育领域外的更高待遇的工作（Hale-Jinks，Knopf & Kemple，2006）。

高流动率对儿童保育中心、儿童及家长都不利。当教职工流动率很高时，追求高质量的早期教育就是很难的事情。儿童和家长同样未能幸免，他们失去了由同一个教师教导的一致性和可靠性，而且要经常调整。

保育中心也尝试降低人员流动率，一些保育中心的领导尝试培养教师对保育中心团体的忠诚并且帮助教师形成承诺感（Klickner，Riley & Roach，2005）。也有人通过增加沟通，让教师与他们想要的教育工作进行匹配，并支持新教职工的发展与成长，从而增加管理上的支持。

增加工资及培训机会可以降低教师流动率。当前为努力减少可能导致教师离职的因素，许多措施被付诸实践。有些项目申请了贷款、竞争性财政补助及学徒项目资金。密苏里州设计并实施了一个学徒项目来培训新入职教师，且帮助所有教师通过密苏里州教师职业发展阶梯实现专业成长（Hansen & Gable，2007）。儿童保育者贷款免除示范性项目鼓励教师在入职前通过培训取得准学士和学士学位。加利福尼亚州保育计划通过每年提供 500～6000 美元的津贴来鼓励基于个人教育目标的在职培训（Hale-Jinks，Knopf & Kemple，2006）。

投资的差异

儿童保育项目质量面对的最后一个挑战就是投资水平的差异。早期教育项目可用的资金种类和项目种类一样具有多样性，一些儿童保育中心的经费来自于家长缴费，另一些儿童保育中心则可获得企业或其他社会组织以补贴家长缴费的形式提供的资助。作为离职母亲的福利，贫困家庭临时救助项目为其提供儿童保育方面的资助（U.S. General Accounting Office，2003）。"提前开端"项目由联邦政府提供资助，当该项目设立在公立学校时，学区应为项目提供资金支持。

让学校拥有已获取学位的教师和让家长能够负担得起儿童保育服务是否有可能同时实现？

尽管早期教育领域努力提升教师的培训水平，但现实情况可能是更高的薪资会对儿童保育项目产生消极影响。更高的薪资意味着家庭需要支付更多的费用，而很多家庭难以负担高昂的费用。

"显然，如果所有招收 5 岁及以下儿童的早期教育中心都按以上标准开办和运行，这也许会提升中心的专业水准，但保育费也会大幅增长，除富裕家庭和接受公共财政资助的家庭外，其他家庭均难以承担。但如果将上述标准的适用范围仅限定为公立学校设立的前幼儿园项目的话，则有可能形成一个美国早期教育的'双轨制'体系：一轨是以公共财政投入为主的由公立学校设立的为 4～5 岁儿童提供服务的早期教育项目；另一轨是受很少公共财政支持的由私人、非营利性组织和营利性组织举办的为婴儿和学步儿提供服务的早期教育项目。"（Neugebauer，October 2007）。

尽管已有各种努力来确保所有早期教育机构都能够提供高质量早期教育，且许多阻碍实现高质量早期教育项目的问题也正在被解决，但还需要做很多工作。并不是所有的机构都受到充分的资助，也不是所有的教师都接受了适宜的培训、获得了充足的薪资。儿童早期教育领域的不同要素正在被有机地整合，以便将不同项目之间的差异缩到最小。然而，要达成这一目标还需若干年的不懈努力。

🦉 小 结

本章开篇阐明，高质量早期教育项目对儿童成为成功的学习者至关重要。在21世纪的头10年里，研究者为阐述如何实现高质量的早期教育付出了诸多努力。为实现高质量早期教育，研究者的共识之一是要提高教师培训和资格准入的标准。由于各州和各类早期教育项目对教师教育和培训的要求差异很大，因此提高教师培训和资格准入标准的目标难以实现。

高质量早期教育项目具有一些特点。遵循儿童发展的原则是确保早期教育高质量的基础，且兼顾儿童所有领域发展的均衡课程；家长和学校的关系以及家长、教师和儿童之间的良性互动十分重要；高质量早期教育项目应对评估和问责有清晰的规划；评估包括对儿童发展的评估、对教师课程计划和师幼互动的评估、对项目发展的评估。理解和处理儿童及其家庭的多样性也非常重要；项目的设计应基于本班儿童的发展需要、兴趣和背景；多样化的影响因素包括种族、文化、语言和家庭的价值观。

经典的和当代的理论形成了当今的高质量早期教育项目。格塞尔的成熟理论、皮亚杰的认知发展理论、埃里克森的社会心理理论和斯金纳的行为主义理论中关于儿童发展和学习的观点，在过去的几十年中为早期教育项目提供了重要理论基础。更广泛的关于发展和学习的观点受到了维果茨基的建构主义理论及文化在学习中的角色理论影响。布朗芬布伦纳理论中有关儿童的家庭、社区和环境中的其他因素的观点也对项目产生了影响。加德纳的多元智力理论让人们更进一步地了解儿童的个体差异及其天赋、兴趣和能力。

我们介绍了一些早期教育模式，反映了本章所讨论的高质量早期教育的特点。所有项目的共同点为它们将理论与实践相融合视为关键。发起项目的原因各不相同，但项目间却互相影响。

发展适宜性实践为早期教育提供了适宜性实践的指导方针，但并不提倡特定的课程。这个项目起源于美国，目的是应对学校越来越重视儿童早期学业成就的情况。项目教学法也有与之相似的发展目的，而且它在英国和美国都产生了影响。

高瞻课程具有更长的发展历史，20世纪60年代高瞻课程的概念就被提出。经过几十年的发展，它不断改善和扩充。高瞻课程的开发反映了皮亚杰的思想和建构主义的观点，课程内容扩充至婴儿和学步儿及小学阶段。许多国家都采用了高瞻课程模式，它不断为教育者提供将儿童的自发学习与项目进行融合的指导方针。

瑞吉欧·艾米莉亚教育体系起源于意大利瑞吉欧·艾米莉亚小镇的社区中。这个项目能够追溯到第二次世界大战时期，第二次世界大战结束后家长团体运作的学校兴起，它受到了皮亚杰、维果茨基、布朗芬布伦纳和其他心理学家与教育学家的影响。瑞吉欧·艾米莉亚学校采用项目教学，大量运用艺术媒介活动，课程走向依据儿童的兴趣发展。瑞吉欧·艾米莉亚教育体系仅涵盖幼儿园阶段，家长积极参与并提供有力支持，每年吸引来自世界各地的访客参观，访客将想法借鉴到他们自己的项目中。

在第四章中我们将会看到儿童从出生到小学阶段的发展历程。回顾了儿童认知、社会性和情感以及身体领域的发展后，我们将会在后面的章节中讨论儿童早期不同发展阶段的课程模式。教师实施优质项目的案例也反映了本章提到的理论和模式对早期教育的影响。

🔍 思考题

1. 为什么不同类型的早期教育项目的质量存在差异？描述造成这些差异的原因。

2. 资金来源的差异对提升项目质量来说有多重要？描述说明。

3. 早期教育项目的质量由什么决定？描述高质量早期教育项目的特点。

4. 家长对早期教育项目来说有多重要？你认为家长应怎样参与早期教育项目？

5. 儿童多样性意味着什么？解释儿童多样性在教室中的几种表现。

6. 在早期儿童教育项目中，理论是如何影响项目的？不同理论关于儿童发展和学习的观点都会对班级造成影响吗？解释这种影响是如何产生的的。

7. 解释发展适宜性实践的含义。美国为什么开发发展适宜性实践项目？

8. 为什么在过去10年里发展适宜性实践项目被修正？讨论引起修正的三个问题。

9. 为什么开发了高瞻课程？

10. 描述高瞻课程的四项原则。

11. 高瞻课程中的"主动学习"和瑞吉欧·艾米莉亚课程模式中的"主动教育"有哪些相似之处？

12. 何时以及为什么开发了瑞吉欧·艾米莉亚课程模式？

13. 解释瑞吉欧·艾米莉亚课程模式8项原则中儿童角色的重要性。

14. 瑞吉欧·艾米莉亚课程模式中的档案袋指什么？如何运用档案袋？

15. 比较瑞吉欧·艾米莉亚学校和项目教学的课程。

16. 为什么理解项目的本质是实施项目教学法的关键？

第四章

0～8岁儿童的发展特点：对学习的启示

本章目标

阅读完本章，你将能够：

· 描述婴儿和学步儿的发展特点与能力；

· 描述2～5岁儿童的发展特点与能力；

· 描述5～8岁儿童发展的过渡性特点；

· 探讨各年龄段儿童各方面能力的发展特点如何为理解儿童早期学习与教学提供启示。

　　20 世纪的研究关注婴儿和幼儿是如何学习与发展的。儿童研究运动兴起于 19 世纪末 20 世纪初，在此期间出现了对儿童身体发展、社会性发展、情绪发展、认知发展和语言发展等方面感兴趣的研究者。美国各类高等教育机构中的研究者积累了大量关于儿童发展的研究成果，这些成果的研发工作在进入 21 世纪后仍在继续，著名的脑科学研究即为其中一例。研究者对儿童的发展及影响其发展和成长的因素的兴趣并没有减弱，现有研究工作建立在先前所积累的研究成果的基础上。儿童发展与成长环境的不断变化催生了关于社会和经济因素如何影响儿童早期发展的研究需求。

　　本章描述了从出生到 8 岁儿童的发展特点，还解释了发展阶段是如何影响儿童的学习方式的。前几章提到的各个理论流派的观点将在本章加以应用，以解释不同阶段儿童的发展特点。发育正常儿童的发展特点与发育超常或有特殊需要儿童的发展特点不同。还须切记的是，由于社会经济地位不同，儿童的发展也存在较大差异。在本章中，我们从神经发育和脑科学研究的启示谈起，这方面的研究成果为我们理解儿童的全面发展提供了许多新的视角。

神经发育：理解脑科学研究带来的启示

　　早期教育工作者在几十年前就已经认识到儿童早期学习与发展的重要性。实际上脑科学研究可追溯到公元前 1700 年时的古埃及王朝（Wasserman，2007）。始于 20 世纪 60 年代的脑发育研究推动了"提前开端"项目的设立，该项目以促进贫困儿童的认知和社会性发展为目的（Gallagher，2005；Ramey & Ramey，2004）。自那时起，脑科学研究一直在提供诸多关于脑发育的方式和影响发育的因素等信息。脑成像技术现在被普遍运用于回答关于脑的某些问题（Wasserman，2007）。

神经发育

　　神经细胞是脑的基本元素。通过轴突和树突，信息在神经元之间传递。神经发育是这些关键元素不断生长的结果。

　　在生命的头两年里，大脑会产生多于实际所需的突触，两岁幼儿突触的数量已经与成人的水平相当（Frost，Wortham & Reifel；Gallagher，2005）。此外，神经发育包括脑半球的专门化。左脑与右脑都是专门化了的，左脑专注于情感、语言发展和参与新体验，而右脑则处理消极、紧张的情绪以及发挥创造力。在 3 岁前右脑比左脑发展得更多（Schore，2001）。影响脑发育的两个因素分别是应激激素和早期经验剥夺。

应激激素与脑发育

　　应激激素帮助管理儿童对环境的反应。皮质醇激素帮助身体应对充满压力及挑战的事件。皮质醇帮助大脑调节压力并解决问题。然而，长期的压力会对自我调节行为和记忆造成伤害。研究表明，从家庭到学校的环境转换及日常生活的变化都是学前儿童压力的来源（Gallagher，2005）。

早期经验剥夺与脑发育

20世纪60年代"提前开端"项目的一项研究表明，高质量的早期教育项目能有效促进儿童发展，尤其是儿童的认知发展。反之，在童年早期，适宜营养、健康及学习经验的缺乏则会对神经细胞发育与建立突触连接产生消极影响。早期经验决定了哪些神经细胞参与儿童的发展。父母的忽视、有压力的生活环境、营养不良以及缺少适宜的学习和发展机会都会对脑发育产生消极影响。

那么脑科学研究有哪些优点呢？关于脑发育的研究拓展了我们对理想早期家庭环境如何促进儿童发展的理解。同样地，高质量的早期教育项目促进了幼儿园儿童和小学生的持续发展。丰富的探究机会、与环境的互动都有助于脑的发育。20世纪后半期开展的有关儿童早期发展的研究被脑科学研究成果证实。我们必须注意一个关于儿童玩具和学习活动的教育主张：玩具与活动能够促进儿童的脑发育。此外，我们应继续致力于为儿童提供充分的经验，以促进他们在童年早期及以后的学习与发展。这些丰富的早期经验对贫困儿童两岁前的发展尤为重要，因为在这一时期神经细胞的发育最为活跃（Bruer，1999；O'Donnell，1999）。

出生至2岁：感知运动阶段

这部分提供了儿童2岁前的发展信息，将儿童发展分为认知、身体、语言以及社会性与情感发展来进行讨论。

认知发展

皮亚杰（1963）认为儿童认知发展的第一阶段是感知运动阶段，因为婴儿在此阶段通过他们的感官和肢体动作来探究和认识他们的世界。婴儿借助于感知运动等先天反射活动来建构对外部世界的认识与理解。感知运动图式帮助婴儿获得互动的新方法。随着婴儿不断学习各种反射行为，他们的行为变得越来越复杂、越来越可预见。

在感知运动阶段，婴儿经历了6个发展亚阶段。第一亚阶段为反射阶段。之后反射活动逐渐被第二亚阶段的自发活动代替，第二亚阶段被称为初级循环反应阶段。在第三亚阶段，也就是二级循环反应阶段，婴儿增加了对人与事物的回应，能发起活动而且发展了客体永久性。第四亚阶段包括了对二级循环反应的协调，婴儿活跃地搜寻隐藏的事物，还能够理解简单词语的意思。1岁到1岁半时，也就是第五亚阶段，三级循环反应开始了。学步儿花时间实验物体，并且开始理解空间、时间和因果关系。在最后一个亚阶段，符号表征出现。此时学步儿可以在脑中凭借符号模仿行为来表征物体（Berk，2001）。感知运动可以被分阶段描述为以下内容。

反射（出生到1个月）：新生儿主要利用反射学习。

初级循环反应（1～4个月）：婴儿重复令其愉快的行为，并能够协调反射动作。

二级循环反应（4～10个月）：婴儿通过偶发性动作探究和动作重复来发展新能力（如偶然碰到

婴儿床上的会动的玩具，然后有意识地重复这个动作）。在此过程中，儿童逐渐理解了因果关系。

对二级循环反应的协调（10～12个月）：儿童能够运用图式或已习得的行为应对新情况，获得客体永恒性（明白物体是独立存在的）。

三级循环反应（12～18个月）：儿童体验到了因果关系，重复动作以达成多种目的（如重复从高椅上扔玩具）。

符号表征（18～24个月）：儿童开始在行动前思考，可以用想象来表征物体和行为（如假装用杯子喝水）。

婴儿最初使用的是吸吮和抓握等反射动作。当能够协调反射行为时，婴儿开始有意识地抓紧和拾起物体。在获得客体永久性后，婴儿可以记住行为并定位物体。婴儿知道自己可以引起事件的发生，并且能够对体验过的事件及物体进行持续的心理想象（Berk，2001；Lawton，1988；Scully，Seefeldt & Barbour，2003）。

身体发展

2岁前，婴儿和学步儿的身体比在其他童年时期成长和发育得更快。在1岁时，他们的体重达到了出生时的3倍，还获得了包括爬行、站立及行走等技能。在1～2岁，他们练习并增强移动技能。动作发展是从中间向四周（从身体中心到手指）、从头至尾（从身体顶部到腿）的发展。5个月大时，他们可以够到和抓住一个玩具。通过生理成熟以及身体活动的刺激和机会，小肌肉动作和大肌肉动作的发展可得到控制。

大约在7个月大时，牙齿开始发育；在3岁时，乳牙已经全部长出。直到2岁半或3岁时，婴儿才能控制膀胱和肠道。与女孩相比，男孩有可能更晚实现对膀胱和肠道的控制。

语言发展

在0～2岁，婴儿与学步儿从前语言表达发展为能够使用简单的句子。从最初几个月的哭泣和喔啊声发展为五六个月大时的牙牙学语。含有语调变化的牙牙学语大约持续到10个月大，之后婴儿就能说出真正的单词了。婴儿在多种类型的有意义交流中使用的词语或单字是逐渐增加的，大约18个月大时，他们能够结合两三个语调进行表达。通过电报式语言，学步儿借助于声调的变化和词汇的不同组合来表达更为复杂的想法。这些词汇迅速地成为他们词汇量的一部分。

社会性—情感发展

在婴儿期，婴儿与父母或其他照料者之间的情感纽带被称为依恋。积极的依恋关系对婴儿与学步儿的社会性—情感发展是至关重要的。家长的行为和儿童的性格都会影响儿童发展，不适当的家长行为会造成焦虑抗拒型和焦虑回避型的依恋（Connell & Goldsmith，1982）。焦虑抗拒型儿童很谨慎地对待陌生人及新环境，与母亲分离时会表现出困难。相反，焦虑回避型儿童与母亲分离时没有困难，在陌生人面前也不会展现出对母亲的偏爱，还可能忽视母亲。例如，在婴儿期被虐待过的或者其需求被忽视的学步儿会表现出紧张的依恋关系，他们在保育中心时经常紧张不安；当日常生活或照料者有变化时，他们就会很害怕；被忽视的婴儿没有在父母那里获得回应，而被虐待的婴儿遭受了父母严厉与消极的对待（Georg & Main，1979；Wallach & Caulfield，1998）。拥有过紧张依恋关系的儿童更可能出现情感发育迟缓，包括情感依赖、情感侵略、情感迟钝及情感过度活跃。在学龄前有焦虑型依恋关系的儿童更有可能变成恃强凌弱者或者被欺侮者。

气质指个体在情绪发展上的各种差异，它会促使个体形成在一段时间内稳定的个性。婴儿出生时，他们的气质只是一种情绪和回应的模式。婴儿的气质类型主要可分为三种。易养型儿童有明显的积极情绪，并且是冷静、可预测的。相反，难养型儿童会表现出很多消极情绪，容易分心且不可预测。慢热型儿童刚开始对新事件的反应是消极的，但一段时间后即可适应。慢热型儿童并没有展现出难养型儿童那样的消极情绪，但相比易养型儿童需要更长时间去适应（Chess & Thomas，1977）。

2 岁前的社会性发展包括同伴间社交信号的发展。学步儿的社交类型与其依恋史有关，有安全依恋史的学步儿与同伴的关系更加积极。亲社会行为、移情和对他人感觉的理解大约在 12 个月大时开始出现，此时儿童能回应他人的痛苦。12 个月大时他们会表现出自己的痛苦，到 18 个月大时他们可以尝试安慰一个痛苦的同伴。那些由父母养育并且父母能给予回应的儿童更有可能回应他人的痛苦（Berk，2001；Puckett & Black，2005）。

感知运动阶段是身体、语言和社会性发展十分迅速的阶段之一。接下来的内容讨论了婴儿和学步儿的发展，并列出了相关的检核表以描述每个年龄段的发展里程碑和行为特点。"特点与能力"部分描述了每个年龄段儿童相同的特质，此外也描述了儿童的个体差异。这些章节帮助没有与儿童相处经验的人们了解每个年龄段儿童真实的表现。此外，读者可以知道儿童被期望的行为和能力。另外需牢记，对任何年龄段的描述都只是概括性的。每名儿童都是独特的，其发展都有着个性化的时间表。

下面将讨论 0—5 岁儿童发展的年龄特点。同时还将介绍"沃瑟姆婴儿和学步儿发展检核表"（Wortham Developmental Checklists for Infants and Toddlers）和"弗罗斯特—沃瑟姆学前儿童发展检核表"（Frost-Wortham Developmental Checklists for the Preschool Years）。这些儿童发展检核表能够帮助照料者、父母和教师更深刻地理解不同年龄儿童在身体、社会性和情感以及认知发展上的一般特点，也许能够帮助判定儿童是否拥有该年龄段的普遍行为。同样，父母、教师和照料者也能够凭借这些检核表对引导儿童参加合适的活动提出建议。这些检核表可以用于幼儿环境的布置，或者让家长记录儿童每个里程碑式的发展成就和在幼儿园时期所掌握的检核表中的能力。检核表中应设计有格子，这些格子可用来追踪儿童的发展过程。记录的信息也许是不同的，这取决于运用检核表的背景。记录进程的标签也可能是变化的，以反映使用者所期望的记录特点。例如，婴儿和学步儿发展检核表有记录儿童掌握能力日期的格子，而没有记录观察日期的格子；学前儿童发展检核表有记录相关活动或课程何时进行的格子。

检核表也应适用于有特殊需要儿童，联邦法案 PL99-457 扩大了从婴儿期开始的幼儿免费适宜性教育的保障范围，在婴儿和学步儿项目中设立了对有特殊需要婴儿和学步儿的干预。针对有特殊需要儿童的干预计划包含了各种特征的检核表，它们适用于为这类儿童实施的个别化教育计划（Individualized Education Plan，IEP）。相比于智力正常的儿童，智力发育迟缓的儿童在认知发展进程中更晚进入各个阶段。不过，智力发育迟缓的儿童的教师也可以使用检核表去识别生理年龄与心理年龄不符的儿童的发展需要。肢体残疾儿童可能也在发展各种运动技能，只不过其技能仅达到更年幼的正常儿童所能达到的一般发展水平。教师可以对检核表进行调整，将儿童发挥潜能后能够达到的身体发展目标纳入。因为每名有特殊需要儿童都是不同的，教师和专家需要判定儿童的潜能并使检核表适合儿童个体的发展。

特点与能力：出生至 6 个月

　　新生儿总被看作是无助的。在生命最初的几周，婴儿似乎仅在睡觉、进食和哭泣。母亲和其他成人必须照料婴儿，满足其需求。然而，除了生理上的无助，新生儿能够在他们的生活中与家庭成员和其他人发展关系。婴儿能够看见人脸并且听到声音，他们通过扭头或者安静地倾听来回应听到的声音。

　　新生儿通过哭泣、使用面部表情和肢体动作与他人交流自己的需求。之后，他们开始用微笑、轻声低语和咯咯的笑声来吸引重要他人的注意，通过把头转开、打哈欠、哭泣或者烦躁等来示意自己退出当前互动的需求。

　　婴儿有着各种各样的性格。从生命最初的几周开始，婴儿就有了独特的个性。有些婴儿喜欢被托举或者拥抱，然而有些婴儿对这些行为并没有反应。每个婴儿都有其自身的生存方式。婴儿的性格可以被分为 3 种：易养型、慢热型和难养型（Thomas，Chess & Birch，1970）。每一种类型的婴儿有着不同的个性和性格特点，这些会影响他们的情绪、反应能力和活动水平。婴儿的个性可以影响其与成人的互动行为。成人根据婴儿的个性做出积极或消极的反应，这反过来可能给婴儿造成困难。父母和照料者可通过辨识个性的差异来积极、适当地改变他们的回应方式，以发挥对婴儿和学步儿个性发展的积极作用。对被判定为难养型的儿童来说，这种作用更加明显（Berk，2001；Soderman，1985）。

　　表 4–1 是从出生到 6 个月婴儿发展特点的检核表。没有两个婴儿是以同样的速度发展的，每个婴儿发展的时间线都是独特的。

表 4–1　沃瑟姆发展检核表：婴儿和学步儿（出生至 6 个月）

年龄：出生至 6 个月	日期	日期	日期
身体—认知发展			
1. 坐在成人肩膀上时能抬头			
2. 被放在成人肚子上时能抬头或转头			
3. 眼睛跟随移动的人或物体			
4. 看悬浮的物体			
5. 抓或抱一个人或物体几秒			
6. 积极地移动胳膊和腿			
7. 在支撑下坐着			
8. 伸手抓摇晃的玩具			
9. 翻身			

续表

年龄：出生至6个月	日期	日期	日期
10. 盯着物体和逼真的图片看			
11. 在够东西时运用手眼协调			
12. 听到铃声或拨浪鼓声时转头			
13. 玩自己的手和脚			
14. 将物体放进嘴巴里			
社会性—情感发展			
1. 专心地看一个成人			
2. 调整身体以适应成人抱他的方式			
3. 对谈话、微笑和触摸做出回应			
4. 被抱起来后变得安静			
5. 当某人和他玩的时候停止哭泣			
6. 愉快、不愉快、渴望和满意的时候发出声音			
7. 想要获得奶瓶、关注或拥抱的时候哭泣			
8. 通过视觉或听觉知道熟悉的人或事物			
9. 咯咯笑或者大笑			

亨特

亨特有着慢热型的性格。当还是一个小婴儿时，亨特非常严肃，他不轻易微笑，并且在自己所处的环境中学习他人。亨特的父母都是专业人员，爸爸是房地产管理者，妈妈是会计。亨特整天和一名保姆在一起。现在马上要到亨特的1岁生日了，他的身体非常灵敏，热衷于探索，并且明显超过了同龄儿童的平均水平。

特点与能力：6～12个月

在人生的第二个6个月里，婴儿经历的是整个生命周期中最重要的生长发育期之一。在生理发展方面，婴儿学会了坐、爬和站，还有可能学会了走路。小肌肉动作的发展允许儿童探究和操作玩具及其他物品，通过把它们放在口中或者其他动作，婴儿能够学习到物体的物理特性。在练习摇摆双手和膝盖、拍手等动作技能时，他们对自己的身体非常感兴趣。他们也许会开始自己进食，并且模仿其他家庭成员的身体动作。

　　婴儿喜欢增加与他人的社会交往，使用牙牙学语、微笑和做一些像挥手的手势来发起和响应社会交往。婴儿也用手势和音调来交流欲求和需要。另外，婴儿获得了对他人所使用的语言和语调的理解，并且能够对简单的指令做出回应，特别是"不"。随着 1 岁生日的临近，他们也许能够使用一些简单的词语。

　　社会性和情感发展中的一个重要阶段是基于记忆的发展程度的。婴儿开始能辨认出陌生人并做出消极反应。婴儿也对与母亲和其他家庭成员分离形成了新的意识，当分离发生时他们会焦躁和哭泣。一段时间后，婴儿也许会对社会交往更有选择性，并且在进入新的环境时更加警惕。

　　表 4-2 是适用于 6 ～ 12 个月大婴儿的发展检核表，列举了在人生的第二个半年里婴儿取得的身体、认知以及社会性和情感的发展。

表 4-2　沃瑟姆发展检核表：婴儿和学步儿（6 ～ 12 个月）

年龄：6 ～ 12 个月	日期	日期	日期
身体—认知发展			
1.独自坐着			
2.将物体从一只手换到另一只手			
3.用杯子喝水			
4.用大拇指和食指拾起小物体			
5.发现藏起来的玩具			
6.看图画书			
7.拿两个玩具			
8.模仿语音			
9.从一个地方爬到另一个地方			
10.独自保持坐姿			
11.扶着时能站立			
12.扶着时能走路			
13.将物体扔或放进一个容器中			
14.操作物体			
15.说出单独的词，如"爸爸""妈妈"			
16.模仿动作			
17.用杯、勺或手指尝试自己进食			
社会性—情感发展			
1.表现出对人、物体和地方的喜欢和不喜欢			
2.和镜子里的映像玩			
3.明白"不"的含义			
4.对一个新的人的出现做出回应			
5.欢乐、愉快地尖叫			
6.与家长分离时表现出焦虑			
7.喜欢与他人玩游戏			
8.用动作或姿势去交流（如伸出胳膊以求拥抱）			

特点与能力：12～18个月

对于学步儿来说，1岁生日后的几个月是一段令人激动的发展时期。新能力的获得使儿童不仅能在没有帮助的情况下到处走，还能用语言与他人进行交流。学步儿从婴儿期的依赖中解放出来，这一时期学步儿练习和掌握的新能力可以用旺盛来形容。

学习走路使学步儿能真正地移动。到18个月大时，他们不仅能很好地走路，不再以蹒跚的脚步停在原地，还能学会爬楼梯和扔球。小肌肉动作的发展能够使学步儿更加熟练地自己进食，并且学会穿脱衣服等一些新技能。

尽管在交流需求时学步儿仍然会使用手势，不过语言的出现使他们能够用单词与他人进行口语交流。学步儿能说出的语言远不及他们能理解的多，但他们能叫出环境中事物的名称，并能用单词去发起和回应与成人的交流。

动作技能帮助儿童应用认知发展中的新技能。学步儿利用自身的可移动性和灵活性拓展对环境中事物的探究和操作。学步儿通过有玩具的活跃游戏和活动来扩大他对世界和在游戏活动中所感知到的事物的理解。语言和动作技能提升了儿童的社会性和情感发展。当学步儿需要或想要一些东西时，他能使用词语而不是哭泣来表达。学步儿可以更自由地发起与他人的社会交往，还能够通过推进或撤出等行为表现来控制互动时间的长短。

表4-3描述了学步儿在1岁至1岁半之间的发展。随着发展特点变得愈加复杂，对儿童发展的描述可以分为不同的类别。该年龄段的身体和认知发展可以分为动作发展、语言发展和认知发展。

表4-3　沃瑟姆发展检核表：婴儿和学步儿（12～18个月）

年龄：12～18个月	日期	日期	日期
身体—认知发展			
动作发展			
1. 扔球			
2. 搭两块积木的塔			
3. 很好地走路			
4. 倒退走路			
5.（困难地）上楼梯			
6.（困难地）换衣服			
7. 脱鞋和袜子			
8. 在很少的帮助下使用勺子			
9. 翻书页			
10. 在无帮助下用茶杯或玻璃杯饮水，有一些漏洒			
11. 胡乱涂鸦			
语言发展			
1. 说出1个单词（也许再添加两三个单词）			
2. 按要求指身体部位			

续表

年龄：12 ～ 18 个月	日期	日期	日期
3. 模仿单词			
4. 对单个请求做出回应			
5. 至少说出 5 个物体的名称			
认知发展			
1. 追踪和找回不在视野范围内的某个玩具			
2. 把物体放进容器并从中取出			
3. 用熟悉的物体玩角色扮演游戏			
4. 认出镜子中的自己并与之互动			
5. 解决简单的拼图或搭建问题			
社会性—情感发展			
1. 与保育人员在游戏中合作			
2. 为他人提供物体			
3. 独自游戏或与他人平行游戏			
4. 帮助完成简单的任务			
5. 在活动中更长时间地保持兴趣			
6. 看着交谈中的发言者			
7. 携带、拥抱玩具			

凯特琳

16 个月大的凯特琳外表上像一个小天使，但行为上却并不是这样。在她会走之前，她就总在摆动和扭动。她对婴儿玩具并不感兴趣，而且对其他事物也只有短暂的兴趣。现在凯特琳可以走路和爬了，一切都变得那么危险。她要到所有能到的地方去。她是一个快乐的学步儿，但也是她的父母的恼怒源。凯特琳完全会走路了，但她的父母却不愿意带她去餐馆或者其他公共场所，这限制了她的活动。她挑战着这些对她的限制，她不愿意坐在儿童椅上，并且倔强地无视所有试图控制她的行为。她维持注意力的时间仍旧很短，但持续的活动填满了她忙碌的一天。

特点与能力：18 ～ 24 个月

在 18 ～ 24 个月大时，学步儿好像有用之不竭的精力，各项新能力的发展持续进行而且十分迅速。

短短数周，他们的动作、语言、认知学习和社会性发展都产生了诸多变化。幼儿的新能力发展是在多个领域同时进行的。

年龄稍大的学步儿喜欢动手动脚，或者"停不下来"，他们可以跑、爬，并且能在穿衣服和洗漱时施展一些自理技能。幼儿可以熟练地自己进食而且充满激情地参与各种身体活动。

随着语言的加速发展，幼儿能够通过使用单词来理解事物，说话时能够连贯运用的单词数增加。这时的角色扮演或假装游戏包括学步儿口头描述游戏中的自己在做什么。尽管学步儿使用同样的词汇表达许多不同的观点，但更多的单词能被正确地使用。

玩具和解决问题等活动对有能力的学步儿具有吸引力，他们能够利用过去的经验去学习新的经验。学步儿学着去解决简单的问题，并发展对颜色、形状和数字等概念的认识。

社会意识的发展使学步儿喜爱参与团体活动。尽管他们刚开始在与其他儿童的共同游戏中进行互动，但是他们已经意识到了他人的存在，并增加着和同伴及成人的互动。

学步儿是热切的、兴趣盎然的、有挑战性的、快速的、忙碌的，而且是充满能量的。这一切对成人来说却是筋疲力尽的。学步儿在探索和尝试新本领时需要成人持续地监护，在这个年龄段意外事故极有可能发生，他们正经历着成长和学习的一个高峰期。表4-4列出了幼儿在18～24个月大时的特点，并描述了学步儿的持续发展。

婴儿和学步儿的发展：学习的内涵

在儿童处于生命的前两年时，成人作为监护人有机会用一个激动人心的开端来促进其成长和发展。婴儿曾被认为是无助的，然而现在他们被描述为有能力和才能的。韦泽认为新生儿能选择回应或忽略某些刺激，在面对致使疼痛的外部因素时撤回身体，或者以整个身体的移动来反映其体验到的内部压力。怀特和沃茨认为，生命中的第10个月至第18个月是基础能力发展的一个关键期。

如果父母、教师和照料者能够理解儿童在生命中的头几年是如何成长和发展的，他们就能更好地担任儿童能力和学习的促进者。尽管早期婴儿总哭泣，并且需要被喂食，在成人帮助下才能换衣服和打嗝，但他们同样能够用轻轻的叫声来吸引成人的注意，能够用自己的肢体表达自我，还喜欢与他人进行社会互动。学步儿既忙碌又活跃，他们是喧闹的，并对一切事物都充满兴趣。

在身体发展期间，动作和感知觉技能需要得到促进。动作技能包括跑、跳、双脚交替上楼梯和操作建构类玩具等。成人需要提供机会和活动来鼓励婴儿运用大肌肉动作和小肌肉动作技能。婴儿通过听、尝、视、嗅、触五种感觉来了解世界。成人应为婴儿提供运用各种感官进行探究的活动和机会，使其成为婴儿日常生活经验的一部分。

儿童在认知和语言发展中通过探索和接触新经验来习得新观念。在语言发展的过程中，儿童逐渐能够交流和表达自我。成人需要有计划地为儿童提供机会，让他们探索玩具、自然、家庭与学校环境、书籍和其他项目，这些项目能够丰富儿童对世界的理解，并且增加接受和表达的词汇量。

社会性发展包括情绪的发展、对恐惧的管理和自我意识的发展。由于儿童处于信任与怀疑相矛盾的阶段，成人能够通过为幼儿提供一个可靠而稳定的环境去增强儿童积极的态度和自信心。幼儿需要

表 4-4 沃瑟姆发展检核表：婴儿与学步儿（18 ～ 24 个月）

年龄：18 ～ 24 个月	日期	日期	日期
身体—认知发展			
动作发展			
1. 洗并擦干手			
2. 将 3 个或 4 个积木搭成塔			
3. 向前踢球			
4. 过肩投球			
5. 上楼梯			
6. 跑步			
7. 捶打和揉搓泥土			
8. 跳跃			
9. 换衣服			
10. 用茶杯或玻璃杯饮水			
11. 使用勺子			
12. 爬家具，玩游乐设备			
语言发展			
1. 将两三个单词结合起来			
2. 听从 2 ～ 3 个指令			
3. 为图片命名			
4. 在无提示的情况下模仿成人讲话			
5. 假装打电话			
6. 正确使用至少 15 个不同的单词			
认知发展			
1. 展示玩具的正确功能			
2. 拼 2 片或 3 片拼图			
3. 将正确的形状放在形状盒子中			
4. 玩家务管理类玩具			
5. 辨认出照片中的自己			
6. 匹配相似颜色的物体			
7. 匹配相似形状的物体			
8. 理解"再多一个"			
9. 将玩具放回原处			
社会性—情感发展			
1. 使用单词让别人知道自己的需求或表达感受			
2. 按要求把玩具放在一边			
3. 与成人或其他儿童进行情感互动			
4. 与成人或其他儿童一起唱歌			
5. 在探索新事物时表现出极大的兴趣			

在日常生活中体验稳定和安全，这会帮助他们成为探索者和发现者。关于成人如何促进婴儿和学步儿的发展与学习的其他信息，我们将在第五章和第六章中讨论。

科比

科比是凯特琳的哥哥，今年4岁。他具有易养型儿童的特点。他很讨人喜欢，并且能够根据日常生活、照料者和玩伴的变化调整自己。他对于活动和衣服的选择已经有了自己的想法。当还是学步儿时他就更愿意打扮得像爸爸一样，而且经常玩一顶帽子。

最近科比第一次体验了足球队活动。在赛季末他终于明白了不能在下半场比赛中躺在场地上。作为父母双方家庭的第一个孙辈，科比在足球赛中往往有一个大家庭为其助阵。现在科比参加了由当地一所小学设立的学前教育项目。

2～5岁：前运算阶段

在18个月到2岁，学步儿进入前运算阶段。年龄稍大些，到了2～3岁，学步儿要经历一个从婴儿期到学前期的过渡期。到2岁半时，学步儿的发展更接近学前期的3岁幼儿而非2岁的学步儿。

认知发展

已发展到前运算阶段的儿童进入了一个思维的新时期，他们开始使用符号和象征。他们能够在脑海中描绘物体和活动。然而，他们只关注表象，并容易被自己的感知觉控制。他们一次只能聚焦于人或物的一个特征，并且以自我为中心来看待事物。

前运算阶段包含符号功能的亚阶段。这一阶段在2～4岁时发生，心理符号使儿童在头脑里描绘未出现的事情。已经获得符号功能的儿童用艺术方式特别是乱涂乱画去表现他们环境中的事物，如房子、大树、花朵和人群等。符号还可以使他们参与角色扮演游戏。

这一亚阶段的自我中心主义会导致儿童无法区分自己的观点和其他儿童或成人的观点。在游戏中，儿童假定他的想法和观点已与其他儿童共享，儿童可能很难认同其他儿童与自己不同的观点或情绪。

处于符号功能亚阶段的儿童还相信无生命的物体是活着的，而且会活动。因此，他们有可能产生如"天空中的云朵在自主移动"的想法。他们也许还相信一块石头或一棵树可以自己活动或者引发一些事情。

在4～7岁，前运算儿童进入直觉思维亚阶段，开始最原始的推理。儿童的思维过程从符号思维转变为直觉或内化思维。儿童可以将物体组织为简单的组合，但不能以一致的方式分类。例如，儿童可能一开始是通过某一种颜色来组织物体的排列，后来却变成用另一种颜色，或者变为用形状和大小来排列。这种最初的组织系统是由中心性导致的。儿童只能聚焦于一个特点或属性，不能同时思考两个属性。因此当尝试组织一组物体时，儿童可能会从关注一个属性转变为关注另一个属性。一旦儿童能够跨越中心性思考，具体运算阶段的思维特点就出现了，例如分类和按顺序排列（Berk，2001；Santrock，2002）。

约翰·弗拉维尔研究认知发展多年（Flavell，2000），他对学前儿童如何理解各种心理体验尤其感兴趣。他的研究发现，学前儿童对思维和反思的理解是非常有限的。例如，4 岁儿童认为思维就是同时调用各方面的想法进行思考。同样，他们也无法意识到自己头脑中正在发生的思维活动（Flavell & Hartman，2004；Lillard & Currenton，1999）。尽管学前儿童获得了心理体验的基本知识，但对于他们来说还有很多东西需要学。2～5 岁的儿童需要充足的探究机会，父母和照料者可以通过带他们在居住地附近游玩和远足来为其提供认知经验。学前儿童也可以从书籍、图片和具体材料中受益，将这些材料和他们头脑里的概念联系起来。有丰富材料支持的各项活动和与成人的沟通交流，为学前儿童处理和内化外部信息的思维过程提供了有效支持。

身体发展

当儿童从学步儿期向学前期过渡时，他们的外表渐渐不再圆乎乎的，随着变高变瘦，他们的身体变得更加匀称。随着身体发育的速度放缓，每年他们的体重约增加 1.36 千克，身高约增长 6.35 厘米。

这一阶段的儿童在爬、跑、跳方面变得敏捷。之后，当他们能够更好地协调和控制动作时，就可以掌握单脚跳、跳跃、快速前进等技能了。他们习得扔和抓球的技巧，而且能够双脚交替上下楼梯。

学前儿童能够掌握更多手和手指的小肌肉动作，运用这些动作进行绘画、切割、涂色和黏合。他们可以穿脱一些衣物，喜欢用自己正在发展的小肌肉动作使自己变得更独立。

室内和室外活动环境可以为练习动作技能提供机会。3 岁的儿童可以用方块搭塔并拼简单的拼图。他们在室外持续活动，骑自行车，在建筑物中上下移动，学习荡秋千，以及玩捉迷藏时在地上跑。儿童间的争夺会在游戏中发生，特别是在男孩之间（DiPietro，1981）；而女孩似乎更喜欢涂写、拼图这种使用小肌肉动作技能的活动。在户外游戏时，男孩比女孩更活跃，而且会占据更大的空间。女孩似乎更愿意在室内使用小肌肉动作技能进行手工或艺术活动（Frost，1992；Johnson，Christie & Yawkey，1999；Wortham，2008d）。

成人应在日常生活中为大肌肉动作技能提供室内和室外的锻炼机会，以促进儿童的身体发展。此外，成人应为大肌肉动作的练习提供空间和器材，并参与游戏和活动，这将增加儿童对新技能的兴趣和尝试。很多操作类玩具可吸引学前儿童参与小肌肉动作活动。成人需要选择积木、小的建构类玩具和艺术媒体吸引早期儿童使用小肌肉动作技能。儿童也许会在初次使用剪刀和蜡笔时遇到困难，家长应在活动中提供支持和鼓励，使儿童享受整个过程。

语言发展

2 岁以后，儿童不再局限于电报式语言，他们能够使用更长和更完整的句子。他们学习了构词的形态学规则，这一点可以被他们对名词的单复数形式、所有格以及动词结尾的使用证实。他们在使用规则时也会出现错误，如过度泛化（他们可能在使用过去式时运用不恰当的动词结尾）。

在使用语法或造句时，儿童学习用正确的单词顺序进行提问。当他们扩充了自己的词汇和口语表达时，句子就会变得更复杂。他们逐渐学会使用否定句（Brown，1973）。

大约在3岁时，儿童开始理解和使用谈话的规则。他们能够谈论自己不在现场的事情，因此，他们能够用语言玩假装游戏或谈论想象的人或事物。随着亲社会意识的发展，4岁儿童可以理解他人在谈话中表达的感觉和需求。他们也能够根据不同的听众，如更年幼的儿童、同辈或成人，来改变聊天方式（Gleason，1988）。

儿童对词义的理解持续发展。年幼的学前儿童利用环境背景理解新词的含义。儿童在2 ~ 3岁开始运用方位词，例如"在……之上"或"在……之下"，但对其他方位词的理解和使用则需要更长时间，例如"在……旁边"和"在……之间"。1 ~ 5岁时，儿童平均每天学习5个单词；在5岁之后，新词义的获得速度加快（McDevitt & Ormrod，2004）。

书写和阅读的发展，或者说读写能力的发展，也是2 ~ 5岁儿童发展的重要领域。婴儿和学步儿期是读写能力发展的重要时期。当家长和其他照料者与儿童一起读书、讲故事、看图画时，其读写能力会得到促进。父母介绍食物产品的标签，指出为什么要列购物清单，或者解释他们如何在通讯录中查找电话号码，这些都有助于发展儿童对读写作用的理解（Pressly，2001）。

在口头语言发展的基础上，通过书籍和环境中的文字，学前儿童开始习得识字的策略。当父母和教师与儿童谈论其感兴趣的或者新的事情时，儿童能获得新的体验和信息，它们帮助儿童习得基础的概念和以后在读写时可使用的语言。通过这些经历，儿童逐渐理解图书中的文字而不仅是图画所表达的含义。他们开始辨认文字，而且明白了单词之间空格的意义，还知道了单独的字母组合在一起可以构成单词（Fields & Spangler，2000）。

社会性—情感发展

2 ~ 5岁时，幼儿逐渐学会如何成为社会团体中的一员。这几年的主要任务就是社交。社交的过程受父母养育的类型、与兄弟姐妹和同辈的关系、家庭和环境条件等的影响。为了成功地成为社会团体中的一员，幼儿必须学习做出适当的行为。他们必须了解父母希望他们有怎样的行为，如何和兄弟姐妹进行互动，如何成功地与朋友游戏。一个主要的成就是幼儿在合作、分享和帮助他人时获得亲社会行为（Doescher & Sugawara，1989）。另一种儿童被期待获得的行为是尊重他人。尽管社会和电视有负面影响，幼儿生活环境中的成人可以帮助他们获得恰当的社会行为，例如通过示范和加强对他人的关心来向幼儿展示尊敬他人的行为（O'Brien，1991）。

家庭教养方式会影响儿童如何学会自控和满足父母的期望。教养方式可能是专制型、权威型和宽容型（Baumrind，1971）。专制型父母以严格的要求限制儿童，并且期望儿童跟随自己的方向。权威型父母除了对儿童进行限制和控制外，还鼓励他们变得独立。宽容型父母是放任的或冷漠的（Maccoby & Martin，1983），宽容放任型父母几乎不控制儿童，但会参与儿童的生活，而宽容冷漠型父母并不参与儿童的生活。不论是哪种类型的教养方式，父母行为的一致性和不一致性都会影响儿童的社会和情绪发展。在漫长的获得自律的过程中，儿童需要可靠的指导方针。如果家长和教师在指导儿童习得自律行为的过程中表现出冷漠或犹豫，那么儿童可能感到困惑，这会导致其出现不恰当的行为。

父母或其他成人能够用多种方法教给儿童社会技能。引导或纠正行为的方式包括教导、归纳推理、强化和惩罚等。在儿童长期的社会发展中，这些教养策略会造成积极或消极的结果。如果与儿童交流时采取积极的指导方针，父母和教师则聚焦于教给儿童恰当的行为，而不是禁止不恰当的行为（Clewett，1988）。

2 岁时，稍大的学步儿学会在游戏中与同伴互动，他们由独自游戏或在其他儿童旁进行平行游戏，转变为在活动中逐渐提高与其他儿童互动的频率和水平。同伴是重要的社交资源，他们帮助儿童学习如何适应家庭以外的集体。幼儿通过试验和犯错去学习如何成功且广泛地参与社会性游戏。他们发现在尝试获得游戏小组的接纳时，将玩具和大家一起分享比将玩具藏起来更容易成功。合作与分享被认为是成功的社会性行为，父母和教师能够通过讨论幼儿的行为和塑造恰当的同伴关系去帮助幼儿获得成功的社会性行为。

在学前期，儿童接受的社会影响既有积极的也有消极的。儿童会习得攻击性行为，也会发展亲社会行为。生活中各种各样的影响使儿童形成他们社会化的特点。变化着的社会作用会影响儿童最终形成的社会化类型。他们正处于埃里克森所形容的"自主—害羞和怀疑"阶段，儿童正处于发现自己将会成为什么样的人的过程中，他们开始了对良心的追求。儿童的主动和热情会引发家长的奖励或惩罚，家长回应儿童在自立和自控方面的尝试的方式会影响儿童能否顺利解决这一阶段"自主—害羞和怀疑"的危机。如果家长能够有效地限制或鼓励儿童的好奇心，儿童将会对自己是否具备自我控制能力建立起积极的认知。如果家长和教师采取惩罚和控制，儿童可能会怀疑他们获得独立的能力（Clewett，1988；Soderman，1985）。电视、变化的家庭类型、儿童保育质量和学校等环境因素会影响儿童，使他们积极或消极地社会化。

斯坦利·格林斯潘提出情感是智力的基础。婴儿和学步儿通过与生活中重要成人建立情感关系，可以获得协调社交关系的能力。

儿童体验关键情感互动的方式是不同的，这取决于他们的神经系统如何回应身体的感受。一些儿童可以很轻松地处理这些互动，另外一些儿童却做不到。通过理解儿童的发展水平和个体差异，成人可以帮助儿童调节情绪状态，使其智力和情感获得健康发展（Greenspan，1997）。

格林斯潘认为大脑使用双重编码储存经验，一种是对经验的物理特性（语言和智力）进行编码，另一种是对情感语境进行编码，儿童使用情感、思维和语言来加工和组织经验（Cowee，2004；Greenspan，n.d.）。

特点与能力：2 ～ 5 岁

当儿童成长到学前期时，他们发展的步伐变得更加个性化。在前运算阶段，儿童在一个领域的发展可能比在另一个领域更迅速。发展的变化更依赖于儿童的个体成熟程度和经验，而不是实际年龄。在讨论 3 岁儿童发展适宜性实践的项目时，博德坎普将学龄前期发展的连续统一体描述为：在 2 岁半时，很多儿童表现出 3 岁儿童的技能和行为，因此，2 岁半到 3 岁半之间的儿童在发展中经常很相似，而且还有一些 3 岁半的儿童表现出来 4 岁儿童的特点（Bredekamp，1987）。

为适应儿童发展的连续性，表 4–5、表 4–6、表 4–7 描述了儿童在 3 个水平上的发展表现，而不只描述该年龄儿童发展的一般水平。这些检核表是对"弗罗斯特—沃瑟姆学前儿童发展检核表"（Wortham，1984）的改编，其最初是基于发展类别组织的。在这部分，检核表以发展的水平排列，集合了每个水平的发展类别。"水平 V"中的语言和阅读发展技能被修正了，以反映出阅读和写作的新途径。

检核表中的条目包括每个水平的成就和行为的特点，但它们并不试图包含全部特点。例如，在概念发展领域，检核表描述了某一个水平的儿童学习到的典型概念，但还有许多概念可以被加进来。

与婴儿和学步儿发展检核表相比，这些检核表描述了更多的发展类别，认知发展被具体化。概念发展被具体分为了识别、区分和分类技能。

语言发展在"水平 III"和"水平 IV"中为口头语言，在"水平 V"中则被分为了语言和词汇、口语理解、早期阅读和写作。

社会性和情感发展反映在社会游戏和社会化中，也反映在表演游戏中的社会互动持续的复杂性中。

身体发展被描述为动作发展，分别用大肌肉动作活动和小肌肉动作活动来描述大肌肉动作和小肌肉动作技能。

学龄前期的发展：对学习的启示

2～5 岁的稍大学步儿和学前儿童经历了发展上的巨大进步。在发展的每个方面他们都是主动的学习者，他们需要持续稳定的经历以帮助自己增强萌发的社会、认知、身体和语言能力；对大肌肉动作和小肌肉动作的控制增强，这使他们变得更为独立；他们需要室内和室外游戏活动，这将增加他们的练习并促进他们对动作技能的喜爱。

实地考察、自然环境的探索、使用真实材料的实验和发现以及在音乐和戏剧等艺术媒体中的创造和表达机会，都可以培育学前儿童的好奇心。阅读书籍、讲故事和其他文学经历将会激起儿童对书写自己的故事以及阅读他人写的故事的兴趣。

学前儿童通过与家庭成员互动和与同伴游戏来学习社会技能。社会互动的结果是儿童能够学会自我控制，并且和家人及朋友分享，互相帮助，一起游戏，成功地解决问题。儿童在能够促进积极社会关系的环境中学习社交技能，例如在家里、托儿所和学校。儿童需要时间和家庭成员、其他儿童一起游戏，在这个过程中，模仿、讨论和得到鼓励将帮助儿童学习使用积极的而非消极的社会行为。成人为儿童提供促进其在社交及其他领域中学习和发展的个人支持和环境支持。关于教师如何促进学前儿童发展和学习的更多细节，第七章至第九章将会讨论。

表 4-5　弗罗斯特—沃瑟姆发展检核表：水平 III

	初识	进步	掌握
概念发展			
识别、辨别和分类技能			
1. 分辨两种气味			
2. 表达出气味是"不同的"			
3. 辨认声音并能表达它们是"不同的"			
4. 口头辨认声音			
5. 应要求指出不同的食物			
6. 辨别物体形状的区别（圆、正方形、三角形）			
7. 辨别物体尺寸的区别（大—小，长—短）			
8. 通过重量将物体分类（重—轻）			
9. 通过高度将物体分类（高—矮）			
数学：数量和问题解决			
1. 用简单的器械操作和实验			
2. 通过死记硬背从 1 数到 5			
3. 用材料创新地设计形状			
4. 使用建构材料达到多重目的			
5. 从不同的视觉角度感知物体			
语言发展			
口头语言			
1. 说出明了的语言			
2. 辨认和说出相同的物体			
3. 正确回应有关教室位置的简单指令			
4. 使用由 4～5 个单词组成的句子			
5. 通过提问获取与解决问题相关的信息			
表演游戏			
1. 模仿成人（过家家、开商店等游戏）			
2. 在游戏中表达受挫情绪			
3. 创造假想的玩伴			
4. 参与家庭卫生打扫			
5. 在一张大纸上画象征性的图画			
6. 用积木搭简单的建筑			
7. 用交通玩具、人物玩具和动物玩具使积木游戏更丰富多彩			
8. 把任何物体想象为想要的物体（符号功能）			
社会性游戏和社会化			
1. 参与独立游戏			
2. 参与平行游戏			
3. 短暂地和同伴游戏			
4. 辨识他人的需要			
5. 表现出对他人的同情心			
6. 参与一个 10～15 分钟的活动			
7. 唱简单的歌			

续表

	初识	进步	掌握
动作发展			
大肌肉动作			
1. 用双手将球抱在胸口			
2. 骑三轮脚踏车			
3. 在没有帮助下双脚跳几次			
4. 准确地把球扔出约 1.5 米远			
5. 爬上滑梯并从滑梯上滑下来			
6. 扶着扶手双脚交替地攀登			
7. 短暂地用一只脚站立并保持平衡			
8. 推装东西的推车			
9. 自由跑步，可能出现一点摇晃或摔倒			
10. 将 9 块或 10 块积木搭成塔			
小肌肉动作			
1. 将小钉子钉在小板子上			
2. 用整只手握住画笔或铅笔			
3. 用勺子吃饭			
4. 扣在自己的衣服上的大扣子			
5. 在无帮助下穿上外套			
6. 轻松地穿珠			
7. 准确地敲打玩具			
8. 拼 3 或 4 片拼图			

表 4-6　弗罗斯特—沃瑟姆发展检核表：水平Ⅳ

	初识	进步	掌握
概念发展			
识别、辨别和分类技能			
1. 应要求指出基本的形状（圆形、正方形、长方形、三角形）			
2. 说出基本形状的名称			
（1）圆形			
（2）正方形			
（3）长方形			
（4）三角形			
3. 用语言表达出味道			
4. 识别基本的颜色（红、黄、蓝）			
5. 识别两三个物体之间的相同和不同（形状、尺寸、颜色）			
6. 辨别不同（相反的）			
（1）声音（强—弱）			
（2）数量（满—空）			
7. 识别空间关系			
（1）远—近			

续表

	初识	进步	掌握
（2）里—外			
（3）前—后			
（4）高—低			
8. 识别和区分时间关系			
（1）在……之前—在……之后			
（2）比……早—比……晚			
9. 识别和区分动作			
（1）跑			
（2）走			
（3）跳			
10. 通过一种以上的性质将物体分类			
11. 进行简单的颠倒重复操作			
（1）堆叠—推倒—重新堆叠			
（2）排列—打乱—重新排列			
12. 按条件分类			
（1）热—冷			
（2）潮湿—干燥			
13. 识别和区分价值观			
（1）正确—错误			
（2）好—坏			
（3）漂亮—丑陋			
（4）快乐—悲伤			
数学：数量和问题解决			
1. 通过死记硬背从 1 数到 10			
2. 通过 5 证明数的概念			
3. 给 1 到 5 排序			
4. 理解最先和最后的概念			
5. 识别			
（1）1 美分			
（2）5 美分			
（3）10 美分			
6. 比较尺寸的不同（更高—更矮，更长—更短，更窄—更宽）			
7. 学会一一对应			
语言发展			
口头语言			
1. 使用简单的方位词，例如"在……之上"和"在……之下"			
2. 使用简单的动作词，例如"跑"和"走"			
3. 使用完整的句子			
4. 为特定目的使用语言（方向、信息）			
5. 口头表达日常活动（"我们现在去外面玩。"）			
6. 使用平均 5 个单词的句子			

	初识	进步	掌握
7. 跟读简单的句子			
8. 重复童谣			
表演游戏			
1. 在家政中心玩角色扮演游戏			
2. 扮演一些成人的职业角色			
3. 参与熟悉故事的戏剧表演			
4. 在自编对话中使用木偶			
5. 区分现实和伪装			
6. 假装玩偶是真人			
7. 建构可辨认的形象（绘画、泥塑等形式）			
8. 参与手指游戏			
社会性游戏和社会化			
1. 有准备地离开母亲			
2. 与其他儿童随意交谈			
3. 与成人随意交谈			
4. 与同辈游戏			
5. 在课堂日常活动中合作			
6. 会轮流和分享			
7. 用完材料后归还			
8. 照看个人物品			
9. 尊重他人的财产			
10. 参加 15～20 分钟的活动			
11. 参与团体一起活动			
12. 与集体一起唱歌			
13. 对赞扬和批评是敏感的			
动作发展			
大肌肉动作			
1. 一只脚站立能保持平衡			
2. 直线前进和后退			
3. 走平衡木			
4. 在无支持下双脚交替上台阶			
5. 爬儿童攀登架			
6. 犹豫地跳绳			
7. 扔、抓、弹一个大球			
8. 垂直和水平地堆方块			
9. 创造可辨认的方块建筑			
10. 有速度和技巧地骑三轮脚踏车			
小肌肉动作			
1. 捣碎和卷泥巴			
2. 将 5 片拼图拼在一起			
3. 用小钉板设计图形			

	初识	进步	掌握
4. 用剪刀犹豫地剪纸张、粘贴纸张			
5. 正确使用叉子吃饭			
6. 一只手拿杯子			
7. 将外套挂在衣架或挂钩上			
8. 使用大蜡笔或画笔			
9. 犹豫地扣纽扣和拉拉链			

表 4-7　弗罗斯特—沃瑟姆发展检核表：水平 Ⅴ

	初识	进步	掌握
概念发展 　识别、辨别和分类技能 　1. 识别空间关系 （1）顶部—底部 （2）超过—低于 　2. 识别和区分价值关系 喜欢—不喜欢 　3. 识别和区分时间关系 （1）早晨—中午—晚上 （2）今天—明天 （3）昨天—今天 　4. 口头表达气味 　5. 识别颜色（绿色、橙色、紫色、棕色、黑色、白色） 　6. 识别物体的简单性质（颜色、形状、尺寸） 　7. 通过亮度给颜色分类（暗—亮，比……暗—比……亮） 　8. 给食物分类（水果、蔬菜、肉类） 　9. 给味道分类（甜、酸、咸） 　10. 通过质地给物体的表面分类（光滑的、粗糙的、柔软的、坚硬的） 　11. 通过形状识别同类物体（圆形、矩形、三角形、椭圆形、正方形） 　12. 按照尺寸给物体排列顺序 　13. 通过功能分类 （1）食物——吃 （2）交通工具——乘 　数学：数量和问题解决 　1. 从 1 数到 50 　2. 解释 1 到 10 的概念 　3. 按顺序排列 1 到 10 　4. 写出 1 到 10 　5. 识别成对的相似物体（鞋、袜子、手套、耳环） 　6. 将物体按照相同的数量分组			

	初识	进步	掌握
7. 比较不相等的集合（比……多—比……少）			
8. 合计两个小组的总数			
9. 使用从第 1 到第 3 的序数概念			
10. 识别			
（1）1 美分			
（2）5 美分			
（3）10 美分			
（4）15 美分			
11. 比较与独立物体的距离（高度、宽度）			
12. 比较不同容器的容积			
13. 能够以小时说出时间			
语言发展			
口头语言			
1. 能够用正确的句子交流想法、感受和情绪			
2. 在非正式的对话中以正确形式使用更多单词			
3. 表示地点和方位时使用正确的介词			
4. 正确使用人称代词			
5. 解释简单机器的功能			
6. 使用语言去获得想要的			
7. 能够遵从包含 3 部分的指令			
8. 学习字母的发音和名称			
阅读准备			
语言和词汇			
1. 听并且跟随口头指令			
2. 识别单词的概念			
3. 识别字母的概念			
4. 为图画书创编一个故事			
口语理解			
1. 查找画面中的元素（最高的、最大的等）			
2. 以正确顺序复述听到的故事			
3. 重组图片，形成正确的故事顺序			
4. 回答回忆故事的问题			
5. 将自身经验与某个故事做类比			
6. 对故事中的活动做出价值判断			
早期阅读和写作			
1. 讲述经历过的故事			
2. 像成人一样从左到右阅读			
3. 在经验图表中辨认出重复出现的单词			
4. 为经历过的故事取个题目			
5. 用自创的拼写写故事			
6. 能够"读"熟悉的故事书			

续表

	初识	进步	掌握
表演游戏			
1. 在家政中心或者其他中心进行多种角色的扮演游戏			
2. 在运动场进行角色游戏			
3. 扮演各种各样的成人职业角色			
4. 辨认图片所代表的真正的事物			
5. 参与大量的创造性活动：手指游戏、节奏乐队、陶土游戏、画画、户外游戏、家务、唱歌等			
6. 在木工桌上创作并且描述物体			
7. 创造艺术品并描述它们			
8. 寻找更好的搭建方法			
9. 搭建复杂的积木			
社会性游戏和社会化			
1. 完成自发的项目			
2. 在有限的监管下进行工作和游戏			
3. 参与互动游戏			
4. 当同伴说话时认真听			
5. 跟随多样的、延迟的指示			
6. 承担特殊的责任（如喂养动物）			
7. 听取成人的建议			
8. 享受与成人的交谈			
9. 对不同的事情保持注意力			
动作发展			
大肌肉动作			
1. 扔并接住一个小球			
2. 弹起并接住一个小球			
3. 左右脚跳			
4. 跳绳			
5. 单足跳			
6. 创造组装玩具和搭建积木			
7. 有技巧地使用锤子和锯子			
8. 在平衡木上保持平衡地前后走			
9. 左右脚交替下楼梯			
小肌肉动作			
1. 剪和张贴有创造性的图案			
2. 创造不同的小钉板图案			
3. 按按钮，拉拉链，系鞋带			
4. 用泥土创造出可辨认的物品			
5. 独自上厕所			
6. 独自用刀叉吃东西			
7. 独自穿衣和脱衣			
8. 握住并使用不同大小的铅笔、蜡笔和刷子			
9. 梳头			
10. 完成 12 片的拼图			

伊丽莎白和迈尔斯

　　伊丽莎白和迈尔斯是姐弟，伊丽莎白8岁了，迈尔斯快5岁了。他们的母亲是拉丁裔，父亲是盎格鲁人。他们和父母都说英语，尽管他们听外祖父母和其他家庭成员讲西班牙语。他们的父亲是一名平面设计师，母亲是一名牙医助理。他们还是小婴儿的时候就在托儿所。现在伊丽莎白在上二年级，迈尔斯明年秋天上幼儿园。

　　伊丽莎白有一点害羞而且渴望取悦别人，她参加了舞蹈课和小童子军。教师发现她是一个肯合作且勤奋的学生。她喜欢芭比娃娃、图书和艺术活动，喜欢通过描述自己创作的画去试验自己的写作和拼写新技能。

　　迈尔斯和他的朋友玩一些嬉闹的户外游戏。他居住的地方有很多与他年龄相近的男孩，他们在夜晚和周末花很多时间一起游戏。带轮的玩具和其他小道具促进了"超级英雄"和其他幻想主题游戏的进行，他们在街区房屋院落中穿梭进行游戏。他喜欢玩小型汽车，并且能使自己在室内忙碌一段时间。如果严格限制他的行为，他就很容易管理。

5～8岁：前运算阶段到具体运算阶段的过渡

　　5～8岁这一年龄段被描述为过渡期，因为幼儿要经历各种类型的转变。通过上学，儿童经历了从家里、托儿所或幼儿园到公立或私立小学的过渡。如果学校为4～5岁儿童开设了学前班，儿童就要经历从学前班到小学的过渡。

　　儿童也进行了发展上的过渡。尽管此时的儿童处于童年早期的后几年，他们也逐渐从前运算转变为具体运算，但同龄儿童在同一时期的发展是不均衡的。

　　在幼儿园和小学的过渡期，美国学校的历史传统与幼儿心理发展理论相矛盾。传统的美国学校是以实际年龄来组织的。遵循格塞尔对不同年龄标准的描述，20世纪30年代至50年代的教育者和课程开发者补充了对小学阶段6～8岁儿童能力的指导。延续至今的以实际年龄为标准的组织方式期望所有儿童和其他同龄人一样，准备好学习并使用相似的课程和任务。正如第一章所提到的，作为对学校改革的一种回应，课程的难度在持续增加，且没有考虑儿童个体的发展特点，这使得儿童所面临的学业成功问题变得更为复杂。课程在适应个体发展特点时缺乏灵活性，导致小学阶段尤其是小学一年级的教师和儿童遇到困难。理解5～8岁的发展本质和学习含义特别重要。

认知发展

　　5～8岁的儿童从前运算阶段进入具体运算阶段。当今有些研究者并不同意皮亚杰的具体运算发生在 7 岁的观点，他们指出儿童能够更早地获得守恒性。同样地，幼儿是逐渐获得具体运算概念的，而不是皮亚杰所认为的同步发展（Beilin，1989）。儿童从前运算进入具体运算的时间和方式存在很大的个体差异。有些儿童有可能 4 岁时就开始，但它是一个循序渐进的过程，儿童的具体运算出现的特点是不同的（Santrock，2002）。

随着儿童进入具体运算阶段，他们的思维品质发生改变。他们不再通过感知觉评估当前情况，开始使用逻辑和心理运算理解他们的经验。这一思维的进步提升了儿童的记忆力，增加了每个任务的持续时间。

获得守恒概念是标志具体运算阶段儿童发展成就的核心特点。守恒活动包括数字、质量、长度、体积和其他量的守恒，儿童能知道物体外表的转变不会改变这一物体的量。经典的守恒任务包括经常被用来做例子的液体守恒：儿童明白当盛液体的容器的宽度和高度发生改变时，液体的总量不会改变。再如，儿童懂得将一系列物体重新排列后物体的数量不会改变。

儿童运用特定思维技巧的逻辑思维能力使他们获得进行心理思维和解决问题的能力。然而，儿童仍为自己所熟悉的或者能看到的事物所限。他们还不能像成人那样思考或解决问题（Bredekamp，1987；Bredekamp & Copple，1997）。

依据对心理体验的理解，学龄儿童对思维的本质有了更好的理解。不再像学前儿童相信思维能在多个方向同时进行，他们认为心理思维是有选择性的和集中的，他们也认识到当个体有意识时思维和想法是一个接一个出现的，一个想法可以被另一个心理经验引发。而且他们认识到两个个体在经历相同的事情时会产生不同的心理体验（Flavell & Hartman，2004）。

具体运算阶段的儿童能够运用心理策略去获得新信息。他们可以通过复述将信息储存在记忆中。他们能够与自己的想法进行互动，思考自己的想法，这被称为元认知，这种认知策略可以使儿童通过规划策略去编笑话或玩游戏（Berk，2001；Santrock，2002）。不论儿童思维技巧的复杂程度如何，学习信息的过程保持不变。儿童通过信息的积极参与来重建知识，新信息的获得不是通过机械记忆，而是通过个别化的学习过程和学习步调来切身体验并修正已理解的内容。

身体发展

随着儿童离开幼儿园进入小学，他们的身体生长比学前期更缓慢。肌肉重量增加，平均每年增加 2.27 ～ 3.18 千克；躯干和腿生长得比头部更迅速，腿变得更长，躯干变得更苗条；肌张力得到改善，男孩通常比女孩更加强壮。

儿童在 6 岁时失去他们的第一颗牙齿，在 11 岁或 12 岁时有了自己的恒牙。他们的脸型变得更细长，头的上部、脸颊和下巴变得更加均衡。

在小学期间，儿童增强了他们的大肌肉动作和小肌肉动作技能。他们获得对自己身体的更好的控制力，并有更长的注意力持续时间。书写技能通过富有表现力的艺术活动和读写萌发机会获得。大肌肉动作技能通过运动、游戏和其他身体活动获得。儿童需要保护活跃，如果被长期要求坐着，他们会感到疲倦。如果儿童有大量进行小肌肉动作和大肌肉动作的机会，他们动作发展的进步就是稳定且可预测的。他们需要奔跑、跳跃、骑车、打棒球等体育活动和使用平衡木等的体操运动。对小肌肉动作而言，他们需要丰富的艺术经验，包括绘画、玩黏土、剪纸和在游戏中使用操作性材料等（Berk，2001；Santrock，2002）。

语言发展

5～8岁儿童语言发展的进程与动作发展进程相似。这一时期，儿童对其在学前班阶段习得的语言进行提炼和拓展。他们已经掌握了语法和语义的基础，学习了如何构造句子和如何使用单词表达含义，然而他们仍然对一些单词的含义和用法感到困惑。元认知思维的发展使他们开始思考语言本身，换句话说，儿童已成为具有元语言意识的个体。这使他们喜欢笑话和谜语，以及语言模棱两可的用法，例如使用听起来相似的单词，或者能够以不同方式理解句子（Berk，2001）。

口头语言的发展能够在多个语种中发生，美国持续不断的移民和共存的多样文化使许多第一语言不是英语的儿童进入学校，服务这些儿童的学校必须提供方便他们学习英语的服务。第二语言习得的主要理论认为幼儿是以学习第一语言的方式去学习英语的，所以听到和使用英语的机会很重要。儿童需要听其他儿童模仿的和成人说的英语，以使自己逐渐像使用第一语言一样使用英语词汇和英语句式结构（Abramson，Seda & Johnson，1990；Quintero & Huerta-Macias，1990）。

这些练习对英语学习者来说应是可获得的，不论他们接受的是双语项目还是以英语为第二语言的项目的服务。

据说教育实践的探索常存在"钟摆现象"，这一现象也出现在阅读和写作教学的初期。20世纪六七十年代的幼儿园教师关注如何帮助儿童为一年级的阅读做好准备。阅读准备活动包括对字母的名称、读音及将字母组合成单词进行集中教学。其他准备技能包括定向练习、匹配字母及单词、匹配单词和图片。

在20世纪八九十年代，以建构主义理论为基础的读写萌发和全语言教育实践得以广泛应用。早期阅读专家和儿童发展专家详尽论述了儿童学习阅读和书写的过程与习得语言的过程相同。儿童通过创编故事逐渐学会书写。他们的书写能力从创造性拼写发展到更精确和准确的书写（Fields & Spangler，2000；Morrow，2000）。儿童早期阅读能力的发展遵循了与书写能力发展相同的模式，儿童主要从他们读过多次的、非常熟悉的图书中获得阅读理解能力和词汇认知能力的发展。而且儿童早期读写能力的发展是通过与环境中读写信息的有效互动来实现的。此外，阅读和书写是同时出现的，不应分开教学（Sulzby，1985；Teale，1986）。

随着21世纪的临近，对有效阅读教学的关心引起了国会的行动。1997年，与联邦教育部部长磋商后，美国儿童健康与人类发展研究院成立了全美阅读研究小组，该小组对儿童早期阅读领域的相关文献进行了评析，确认了儿童早期阅读教学的最有效方法（National Reading Panel，2000）。小组对选择的有关字母（音素意识和语音规则）、阅读流利性、阅读理解和计算机技术的研究进行了综述，发现这些研究有力支持了一个观点，即有目的地且系统地教儿童运用音素显著提升了儿童的阅读和书写能力（National Reading Panel，2000，p.2），幼儿园到六年级有阅读困难的儿童能从中获益。

全美阅读研究小组发现有引导的朗读对发展语言流利性很重要。儿童应对家长、教师和其他儿童大声朗读，也应学习使用各种提升记忆信息的技巧和提问与总结的技巧。最后，小组报告提到在技术运用方面缺少得出可靠结论的研究。虽然如此，他们仍然暗示使用电脑进行文字信息处理也许会帮助儿童进行阅读和书写（National Institute of Child Health and Human Development，2002）。

依据全美阅读研究小组的报告，钟摆从全语言策略摆到了声学、词汇发展、阅读理解技能和阅读流利性的专项指导。这一趋势的持续影响表现为读写萌发和全语言教学在学前期后的阅读学习中不那么重要了。有一个遗留问题是，学前班的平衡阅读指导项目是否应为儿童提供自己对读写学习进行建构的机会（Neuman & Roskos，2005）。

普雷斯利不同意全美阅读研究小组的观点（Pressley，2001）。尽管他认同报告中描述的各类阅读技能的重要性，但他觉得大量的与有效初步阅读指导相关的科学证据被忽视了。他认为小组忽视了关于家庭指导和电视节目（如《芝麻街》）影响的研究发现，以及有关社区辅导资源和全语言指导元素的研究发现。而且他认为有效的读写指导是教学技巧、整体文学和书写经验的平衡和整合。最后，普雷斯利主张在成功的初步阅读指导中并没有单独的快速的方法，也无法买到可以保证阅读成就的改良方案。各类现存的阅读干预项目提供了一些提升儿童读写能力的科学支持。总而言之，普雷斯利认为儿童要成为成功的阅读者，需要的不只是阅读和理解技能的指导。得克萨斯州阅读倡议中的初步阅读指导回应了这一观点（Texas Education Agency，2002），其指导手册包含广泛的阅读机会，如听故事、每天大声朗读书籍，并且将接触环境中的图片作为平衡阅读项目的一部分。

社会性—情感发展

对 5 ～ 8 岁的儿童来说，初进入学校的过渡期和遇到的新角色是非常重要的。尽管离开家到保育和学前机构的学前儿童的数量在上升，初进入小学仍然是一个重要的社会性—情感的过渡期。

这个年龄段的儿童进入了埃里克森所说的"勤奋—自卑"阶段，成就和社会接纳成为儿童生活中的重要部分。如果儿童感到成功并觉得努力获得成就是值得的，那么就会形成勤奋感。相反，如果儿童感到失败和不受欢迎，不能取得成功，那么就形成了自卑感。

儿童的社会性发展受其社会角色的能力的影响。他们能意识到他人的想法、感受和态度，此外，他们能更好地意识到并考虑他人如何看待自己。儿童积极或消极的自我形象受到他们是否在社会互动中获得成功的影响（Hartup，1983）。

对社会接纳的感知也会影响儿童的自我形象。已经建立起友谊的儿童比不受欢迎的儿童更易发展出积极的社交策略。后者的自尊心更低，在学校的成就更少，而且更有可能在小学高年级具有反社会性、破坏性和消极情绪，除非采取有效干预措施改变他们的行为和观点（Asher & Williams，1987）。

儿童刚进入学校时的学业成功经验对其积极的自尊和勤奋感的发展尤为关键。一年级的学业成功至关重要，因为这是儿童决定是否将自己视为有能力且成功的学习者的第一阶段。一年级儿童能否获得学业成功的反馈，对他们是否相信自己能够在学校取得成功有重要影响。

入读何种类型的学校是影响儿童对自己的能力形成积极或消极认识的重要因素（Bredekamp，1987；Bredekamp & Copple，1997）。在这一过渡期，学校如果能够识别儿童发展的正常变化及他们在语言、动作、社会性发展方面的正常差异，就能有效安排、组织幼儿园和小学低年级课程，以最大限度地激发儿童的发展潜能，确保儿童获得成功并建构积极的自我形象。如果学校各年级的课程是固定的,且在小学低年级由标准化测验的成绩决定课程和指导,那这所学校可能有更多接收消极反馈的儿童,并发展出消极的自我形象和自卑感（McDevitt & Ormrod，2004）。

5～8岁儿童的特点与能力：教与学的启示

5～8岁儿童的发展与之前相比较为缓慢，在这几年里发展特点也逐渐形成。发展特点的获得横跨了儿童早期与儿童中期。由于儿童里程碑式的发展逐渐地、连续地完成，儿童发展检核表不再适用于记录儿童发展。5～8岁儿童发展特点和能力的获得可被视为儿童早期后几年的逐步发展。

因为5～8岁儿童正处于正规学校教育的低年级，所以讨论学校教育如何应用儿童发展特点是有帮助的。因此，本部分关注家长和教育者应如何回应发展而不是忽视发展。发展范畴中的特点、能力及对学习、课程和指导的启示将被再次讨论。

认知发展

尽管这一时期儿童思维由前运算阶段向具体运算阶段过渡，儿童仍没有准备好开展抽象的学习活动。他们在使用单词和数字符号时，依然需要真实的事物以集中他们的思考或者作为参照点。尽管已经可以运用思维技能在心理上处理观点和想法，他们在学习过程中仍然需要具体的材料和经验。

在这些年，学习是知识重建的延续。经验是用来促进知识建构的方法。儿童需要很多机会去进行概念的互动，需要使用他们正在发展的思维技能去识别和解决与新信息相关的问题。

正在形成的社交技能使儿童能理解和欣赏他人的想法和观点，所以，在这一时期儿童能够参与小组学习。通过小组活动和小组合作讨论，儿童可以利用同伴的想法和观点扩大自身的理解，同时他们也通过学习中的小组参与发展他们的语言和社交技能。

身体发展

5～8岁儿童获得了更好的控制大肌肉动作和小肌肉动作的能力。他们的注意力持续更长时间，而且可以在学习活动中保持兴趣。然而，新的身体能力并不意味着儿童可以长时间地坐着参与被动的小肌肉动作。

身体活动对5～8岁儿童来说是必要的。他们需要大量的户外游戏时间来发展大肌肉动作技能，包括有组织的和无组织的游戏。应通过开展室内和室外体育活动为儿童提供发展和享受新的身体运动能力的机会。因为小学阶段的儿童长时间坐着后会产生疲劳，所以他们需要在教室里活动。

此外，根据他们作为活跃学习者的认知风格，他们要与具体的例子互动，这样才能使有意义的学习发生。因此认知学习同样需要身体活动。通过亲身实践、中心式活动进行的身体互动应成为获得新概念或已有概念的持续经验的一部分。作为学习过程的一部分，儿童需要运用操作性材料积极地参与自发项目和课程。

社会性—情感发展

在 5～8 岁，社交能力是一个主要的成就，此时没能发展社交能力的儿童日后更有可能产生严重的社会性和情绪问题。社交能力的发展也是积极自我形象发展的一个主要因素。

因为成人和学校环境是影响社交和学习能力的主要因素，在指导儿童积极获得成就感与能力方面，教师有很重要的责任。教师可以对儿童采用直接或间接的策略，帮助儿童争取社会认同和积极的社会互动。

教师也要能灵活地构建课堂经验，促进儿童获得勤奋感而不是自卑感。学龄期儿童能够评估自己在学习方面的努力，如果他们在小学低年级获得成功，他们就会变得自主且发展出勤奋感；如果他们在努力学习的过程中频繁遭遇失败，他们的自尊心就会受到影响，并且形成失败者的感觉。理解了 5～8 岁儿童学习发展的含义后，教师要组织儿童力所能及的学习经验以使儿童成功地学习。应精心设计活动促进儿童学习的积极动机，并促使儿童相信自己可以成功。

儿童也在发展着对良心和行为道德准则的理解能力，他们正处于习得自律和自控的过程中。与批评和禁止儿童行为的教师相比，使用积极的指导方法和典型恰当行为的教师在帮助儿童内化行为规则方面更为成功。

关于 5～8 岁儿童的教育项目和教室组织，第十章将进行描述；关于这一年龄段儿童的课程计划和指导，第十一章和第十二章将进行讨论。

小　结

从出生到 8 岁被描述为儿童早期，对一生的发展来说，这一时期最为重要，此时的发展比生命中任何其他时期都更迅速。理解婴幼儿如何实现身体、认知和社会性发展及如何获得语言和早期读写能力，对于养育和照料此年龄段的儿童、为他们设计课程的成人来说非常必要。

越年幼的儿童，生长和发展得越迅速。因此 2 岁前婴儿和学步儿的发展是以 6 个月为间隔记录的。

认知方面，2 岁以下的婴儿处于皮亚杰所说的感知运动阶段。身体方面，他们由新生儿发展成为获得运动技巧的学步儿。社会性和情感方面，他们发展了对自我和生活中重要他人的意识。

2～5 岁的大龄学步儿和学前儿童仍然处于发展的活跃期。因为此时儿童正处于皮亚杰所说的前运算阶段，我们可以用 3 个阶段而不是用年龄来描述他们的发展。随着他们在家里、户外和远离家的地方发现和探究接触到的一切事物，前运算阶段儿童的语言和概念得到迅速发展。在社会性方面，他们发展了与其他儿童互动和游戏的能力，而且随着社交和自助技能的获得，他们形成了积极的自我概念，朝着独立不断努力。

前运算阶段儿童的身体发展十分活跃，他们练习且喜欢大肌肉动作和小肌肉动作。2～3 岁的儿童似乎永远在运动。此时由于儿童通过挑战自我以获得新的身体技能，他们将大部分时间花在了身体运动上。

此时儿童获得了语言的基础，到4～5岁时，他们掌握了基本的语言要素，其语言结构从前语言表达发展为与成人相似的语言结构。他们发展了对书面语言和阅读本质的认识，而且可能正在发展着读写能力。

5～8岁的儿童处于儿童发展早期的后几年。他们从前运算阶段进入具体运算阶段。我们将这些儿童描述为正处于过渡期的儿童，因为他们正在变化发展。此外，他们要从学校教育的一个阶段过渡到另一个阶段。

认知过渡到具体运算阶段标志着思维发展到了新阶段。儿童不再被观念束缚，而能够运用心理策略思考，并且可以思考所运用的思维过程。身体发展变得较为缓慢，经过一段时间，随着身高和肌肉发展变为主导，儿童的体能增加。规律的身体活动对于理想、持久的身体发展十分重要。

语言的复杂化仍然持续着。随着儿童词汇量、接受性语言及成熟的表达性语言的增加，他们的口头语言变得更加复杂。小学低年级儿童在读写能力方面获得令人激动的发展，包括阅读和写作。儿童掌握了阅读的基础，而且能够享受书面表达和文学的乐趣。

社会性和情感发展在此年龄段非常重要，因为儿童产生了在社会交往和学习互动中获得成就的需求。在此期间，他们确定自己是否受同辈的欢迎以及自己是否为成功的学习者。

在不同发展阶段儿童会获得不同的能力。成人在每一时期提供的学习经验应适宜每名儿童的个体特点。发展适宜性课程和指导对于学前儿童非常重要，对于从学前阶段过渡到小学的儿童也非常重要。过渡期对于成功学习特别关键，如果想要儿童发展积极的自我形象，相信自己具有胜任力且能获得成功，那么幼儿园和小学教育的关键就是理解如何将发展与学习经验相匹配。

🔍 思考题

1. 有关儿童发展的理论知识是如何解释从出生至8岁儿童的发展水平的？

2. 发展的知识是如何为早期教育课程和指导计划提供信息的？

3. 2岁前儿童的语言发展有多快？回顾从出生至2岁儿童的语言发展。

4. 婴儿和学步儿认知发展的本质是什么？我们如何描述这一年龄段儿童的"思维"？

5. 我们为什么会将婴儿和学步儿的身体发展进程描述得如此重要？

6. 儿童从哪一阶段开始变得有社会性？这个过程是如何出现的？

7. 为什么我们说儿童进入学校时带着他们掌握的家庭语言？5岁儿童在语言发展方面掌握了什么技能？

8. 描述3～6岁儿童小肌肉动作和大肌肉动作发展的重要里程碑。这一发展领域对该年龄段早期教育课程的设计有哪些启示？

9. 6～7岁认知发展的变化如何标志着儿童早期的结束？描述这一发展的进程。

10. 教师是否有责任促进学前班和小学低年级儿童的社会性和情感发展？如何以及为什么应处理社会性和情感领域的发展问题？

11. 语言发展是如何影响儿童早期读写能力发展的？在设计与实施提高儿童早期读写能力的活动时，教师需要了解儿童语言发展的哪些知识？

第五章

婴儿—学步儿课程的组织

本章目标

阅读完本章，你将能够：

· 描述婴儿和学步儿课程的历史基础；

· 讨论当今婴儿和学步儿课程模式是如何回应儿童及其家庭的多样化需求的；

· 解释儿童发展理论是如何影响各种婴儿和学步儿课程模式的；

· 解释脑科学研究成果是如何为婴儿和学步儿课程开发提供支持的；

· 描述高质量婴儿和学步儿课程要素的特点；

· 讨论如何为婴儿和学步儿各方面的发展设计相应的学习经验；

· 解释主题课程是如何在婴儿和学步儿课程中发挥作用的；

· 讨论课程评价在婴儿和学步儿课程中的作用；

· 解释应如何实施婴儿和学步儿课程评价。

过去 20 年来，家庭的社会价值和社会实践的改变使一个共识逐渐形成，即达成婴儿和学步儿保育和教育目标是社会与家庭共同的责任。脑发育知识不断增加，早期认知以及社会性和情感发展的重要性愈加凸显，这些同样改变了早期教育专家的看法。如今的共识为计划的和自发的教育经验都应始于童年早期。这些经验的内容需要由成人决定，有必要修正课程的传统定义，使课程同时涵盖教育和保育。

很小的婴儿是思维敏捷的学习者，这一观点对很多成人来说仍然非常新鲜，甚至对一些很关心儿童的成人来说也是如此。我们已经认识到婴儿像海绵吸水一样学习着他们环境中的人和事物，另外，我们也认识到婴儿会反过来影响那些关心他们的人。婴儿是被动的、无助的这个观点已经存在很长时间了，在过去的两个世纪里，我们所了解的关于儿童早期发展的海量信息对于我们理解如何为年幼儿童提供教育至关重要。日益增长的对婴儿和学步儿保育及教育项目的需求促使高质量婴儿和学步儿课程模式被开发，本章节追溯了这些项目的渊源以及对婴儿和学步儿保育与学习进步有支持作用的背景因素。

婴儿—学步儿课程的演进

历史上，婴儿和学步儿的教育和保育与儿童早期教育项目是并行发展起来的。然而，看护服务一直是婴儿和学步儿项目的主流，直到近些年才有了变化。最初的面向 3 ～ 5 岁儿童的早期教育就包含了保育项目，学前班、托儿所和私立幼儿园都是如此。婴儿和学步儿保育是儿童保育运动演进的一部分。直至 20 世纪 70 年代，保育一直是提供给婴儿和学步儿的最重要的服务。在接下来的讨论中，关于婴儿和学步儿发展的知识被应用于为婴儿和学步儿提供保育和教育服务的项目中。

20 世纪之前的婴儿和学步儿

在 1910 年之前，婴儿死亡率是最受关注的焦点问题。在 18 世纪的移民家庭中，婴儿和学步儿很难在前往美国的航行中存活下来。医生关于 7 岁以下儿童保健和高死亡率的传染性疾病的知识非常少，对于适宜的儿童抚养实践和适宜的营养一无所知。为贫困家庭接生的中年女性通常用鼻烟处理脐带，把糖浆和尿液的混合物作为药物喂给婴儿（Public Health Service，1976）。

在美国独立初期，儿童被认为是父母的动产或不动产。而且 19 世纪的哲学家和神学家认为人之初性本恶。福音派的父母认为从 1 岁起就应将自己的意志强加给儿童，并要求他们无条件顺从。格雷文对此进一步解释为：从生命的最初几个月到随后的童年期，福音派父母奉行父母权威是无限的且不容置疑；他们并不通过仆人及孩子的祖父母，而系统地将自己的意愿强加给自己的孩子；父母拥有所有权力，儿童要完全依赖和顺从他们，这便是长期存在的极端现象（Greven，1999）。

1874 年，一个每天被鞭打、被剪刀刺伤、被绑在床上的 9 岁儿童被解救出来，逃脱了监护人的残忍虐待。那时还没有保护儿童的法案，是因为防止虐待动物团体介入，她才从这个家中被转移出来。之后纽约防止虐待儿童社团建立，其目的是保护儿童免遭残忍的虐待（Maxim，1997）。

在 19 世纪末 20 世纪初，婴儿和幼儿所处的环境仍然不容乐观。健康学家为忽视婴儿和学步儿的健康和安全感到担心。较高的儿童死亡率被部分归因于由肮脏供应源供给的受污染的牛奶，另一原因是母亲的无知。1904 年的《妇女之家杂志》描述了许多母亲的实际做法，她们给儿童吃含 44% 酒精、鸦片或者可卡因的专利药品。幸运的是，建立规范奶站确保了安全奶源的分布。儿童部通过印发宣传手册与父母的无知做斗争，告诉父母关于婴儿保育的知识。第一版《婴儿保育》在 1914 年出版，随后在 20 世纪又发行了很多版（Public Health Service，1976）。20 世纪下半叶，婴儿和幼儿受虐待的事件有了明显减少。在美国和欧洲，卢梭关于童年的观点是影响家庭教养和教育的一个因素。卢梭认为儿童生来本善，出生时内心充盈着善良，如果在民主的环境中养育他们，他们便会开花结果。父母与教育者用充满爱和滋养的环境替代专制的教养，这便是受到了卢梭的影响（Maxim，1997）。

在 19 世纪后期，人们进一步关注婴儿和学步儿的健康、安全及养育。正当卢梭关于儿童发展需要的观点改变着抚养婴儿和学步儿的态度时，移民进入美国并在市区定居。丧失配偶或被抛弃的母亲以及一些大家庭中的妻子发现，如果她们和家人要生存，她们就必须去工作。由于无人照看，一些妇女将她们的孩子送到孤儿所或者养父母家，或者被迫让孩子在她们上班时无人照料。为了那些没人照料的婴儿和幼儿，富有的慈善家通过开办白天托儿所来解决这一困境。最初的日间保育项目提供了如下监护服务：安全的地方、营养餐以及儿童在他们的母亲上班时可以休息 12 小时的地方（Maxim，1997）。

1900—1910 年，纽约市仍有 1/5 的婴儿和学步儿在 1 岁前死亡（Public Health Service，1976）。然而改变也在发生，卫生服务和医疗服务的改进、儿童研究运动的兴起及其带来的关于儿童发展的新知识以及不断增长的为幼儿设计教育项目的兴趣，使随后几十年里婴儿和学步儿的情况得到了改善。

20 世纪的婴儿和学步儿

儿童研究运动始于 19 世纪末 20 世纪初，这些研究工作对于理解儿童 2 岁前发展的重要性与传播观念有着重要意义。早期对婴儿和学步儿的研究常常描述儿童 2 岁前的发展进程。格塞尔制定了发展标准，第一次对儿童的生物性发展进行了排序。他提出的儿童发展时间表后来被用于设计量表以测量婴儿和学步儿的发展及发育迟缓（Gesell，1925），具体为贝利婴儿发展量表、卡特尔测试和丹佛发育测试（Weiser，1991）。在同一时期，斯基尔斯对比了处于两种环境的婴儿的发展：收容机构中的婴儿和待在有一些发育迟缓的姐姐家中的婴儿。因为发育迟缓的姐姐给予婴儿大量关心，这些孩子表现出显著的发展差异，这表明环境和他人的关注影响了儿童 3 岁前发展的进程。弗洛伊德的理论描述了童年对个性发展的影响，揭示了情感发展的本质以及儿童与成人的积极关系在童年期的重要性（Hall & Lindzey，1970）。

20 世纪的头 10 年，在英格兰的玛格丽特·麦克米兰的研究之后，人们的兴趣不再局限于提供早期儿童看护服务。麦克米兰发现，虽然大多数英格兰婴儿出生后很健康，但只有 20% 的儿童在入学时仍然保持健康的身体。她为还未到入学年龄的儿童开设了保育学校，提供情感、社会性和教育方面的发展机会以弥补对学前阶段的忽视。这些儿童在保育学校里除了得到身体上的照料和营养供给外，还发展了自理能力和卫生技能。教育活动包括户外游戏、感官体验和创造性自我表达活动。1922 年，阿比吉尔·艾略特将麦克米兰的想法运用到美国，将波士顿斯格鲁斯街日间托儿所改为保育学校（Eliot，

1972），这是美国第一所除了提供照顾还开展学习活动的幼儿园，随后有许多学校效仿。此外，在 20 世纪 20 年代，其他教育专家也讨论了婴儿和学步儿项目，约翰逊撰写了《幼儿学校》（*The Nursery School*）以及之后的《学校始于两岁》（*School Begins at Two*），它们都描述了 3 岁以下儿童的教育项目。

在大萧条时期，保育学校通过美国公共事业振兴署（Works Progress Administration，WPA）的资助不断扩张，为失业的教师创造更多工作机会，而且提供照料服务以便母亲可以为家庭收入做出贡献。这些保育学校本质上趋于看护机构。大学的家庭经济系开展了对幼儿园教师的培训，第一个培训项目是在 1924 年由爱荷华州立大学设立的（Maxim，1997）。

随着公共事业振兴署项目资助的保育学校在 20 世纪 30 年代末逐渐被淘汰，第二次世界大战开始，对儿童保育的新需求产生。妇女大多去 24 小时生产的、制造战争所需武器装备的工厂上班，联邦有关部门也认识到这导致了对儿童保育的更大需求。儿童保育项目根据《兰汉姆法案》（*The Laham Act*）开办，这些服务提供给儿童食物、休息的空间、住所和照料者，婴儿和学步儿主要接受看护式照料。凯瑟儿童服务中心是一个例外，它建于凯瑟造船厂，有一些特殊的有创造性的特点，包括建造游戏、受训练的教师和教育性项目（Braun & Edwards，1972）。除此之外，在詹姆斯·海莫斯的领导下，两个优秀的保育中心建立起来，为 1000 个 18 个月至 6 岁的儿童提供 24 小时的照料（Dickerson，1992）。海莫斯之后将项目的杰出归因于训练有素的教职工以及充足的资金（Hymes & Stolz，1978）。

在第二次世界大战后，婴儿和学步儿项目受到儿童保育产业发展的影响，因为越来越多的 6 岁以下儿童的母亲在 1950—1990 年进入了工作状态。对婴儿和学步儿的看护服务仍然比教育项目更常见。20 世纪五六十年代出现的研究和理论使针对少数群体与贫穷婴儿和学步儿的实验项目设立。此时的创新性项目的发展改变了对儿童早期发展潜能的观点，而且重新强调了婴幼儿服务机构中的发展性和教育性成分。20 世纪五六十年代有一个主要的关注点：对于学前儿童特别是婴儿和学步儿来说，他们的母亲在工作时是否应将他们放在照料机构中。寻找良好的婴儿和学步儿保育服务仍然是工作母亲面临的主要问题。

关注贫困对婴儿和学步儿发展的影响具有重要意义。亨特（1961）重新开展了关于早期发展与学习重要性的研究，声称早期生活经验会影响儿童的智力。布鲁姆表达了相似的观点，他再次强调人生早期对儿童智力发展至关重要（Bloom，1964）。卡根以及怀特和沃茨的研究报告了 3 岁前的社会经济地位与智力的关系，这些研究和其他研究都证实了 3 岁前的贫困有重大影响（Kagan，1971；White & Watts，1973）。当 20 世纪 60 年代联邦政府对低收入家庭儿童的干预项目获得资助后，婴儿和学步儿保育的影响和对 3 岁以下儿童进行早期干预的有效性的问题就都得到了处理。在 20 世纪六七十年代通过不同种类的婴儿和学步儿干预项目所取得的进步，为今天服务早期儿童的项目奠定了基础。

第一批婴儿和学步儿干预项目的关注重点在于儿童自身。婴儿和学步儿保育和教育的一个示范项目是在 1968 年由考德维尔与里奇蒙德在雪城大学的儿童中心设立的，他们采用的是基于中心而非家庭的积极方法。还有两个婴儿和学步儿干预项目分别由北卡罗来纳大学格林斯伯勒分校的凯斯特以及康奈尔大学的威利斯与里丘蒂设立。

后来示范性项目将关注点更多地放在了家长和儿童身上。这些项目强调母亲在儿童成长和发展中的重要性，采用不同的方法使项目同家长、儿童一起协作来促进儿童发展。一些"家长—婴儿—学步儿"项目出现，包括佛罗里达的戈登家长教育项目、卡恩斯家庭干预项目、拉利和霍尼希家庭发展研究项目、莱文斯坦的母亲—儿童项目和谢弗尔的婴儿教育研究项目（Cataldo，1983；Day & Parker，1977；Lally，2001）。这些项目增进了家长的理解，使家长更加明白让婴儿和学步儿参与保育与学习对于其发展来说是很重要的，单独干预婴儿和学步儿是无效的。另外，对低收入家长的干预是对 3 岁前儿童生活环境进行永久性改善的关键。

在 20 世纪七八十年代，需要保育的婴儿和学步儿数量大大增加。工作的母亲、单身家长、青少年母亲以及其他低社会经济地位的家庭需要有人照顾他们幼小的孩子。高速发展的儿童保育产业引发了社会对儿童保育质量的担忧及制定保育项目标准的需求。全美幼教协会在为学前儿童保育机构建立国家认证系统方面扮演了领导角色。全美幼教协会的全美早期教育项目研究院于 1987 年建立，对高质量项目进行认证，认证标准涵盖了优质婴儿和学步儿项目的特点（Recken，1989）（2006 年，新的全美幼教协会早期教育项目标准及认证标准生效）。

同时，政府也努力为早期教育项目中的教师和保育人员提供优质培训，这些早期教育项目并不是公立学校的一部分（公立学校需要取得资格证的教师）。有一个共同体组织，它包括美国小学 / 幼儿园 /托儿所教育者协会、国际早期教育协会及全美幼教协会，在 1972 年开始致力于建立一个名为"儿童发展协作项目"的资格审查系统，这个项目包括对婴儿和学步儿进行保育的训练。1975 年第一个证书被颁发，在 1990 年有多达 3 万多名教师和保育人员被授予了保育资格（Phillips，1990）。

到 1990 年，有一批新的项目可被用于干预处于高风险中的婴儿和学步儿，针对残障儿童的早期干预被优先考虑。在 1986 年，联邦法案 PL 99-457 启动了一个项目，这个项目含有针对婴儿和学步儿的服务。这个联邦法案的目的在于为发展迟缓或可能有发展迟缓状况的婴儿和学步儿提供服务（Silverstein，1989）。联邦政府希望这笔资金能鼓励各州为残障婴儿和学步儿及其家庭提供完备的干预项目（Weiser，1991）。

参与"提前开端"项目的人士也关注着针对因较低的社会经济地位而处于风险中的婴儿与学步儿的干预项目。"提前开端"项目最初是为了服务 3 ～ 5 岁的儿童，当 1990 年的《公共事业再授权法案》规定"提前开端"项目的家长—儿童中心数量变为原来的两倍时，该项目就扮演了新的角色。另外，还有一些关于扩大"提前开端"项目来服务婴儿和学步儿及其家庭的考虑。婴儿和学步儿项目的目标包括家长教育及培训（Pizzo，1990）。

随着 20 世纪 90 年代的到来，婴儿和学步儿需要教育和保育这一观念已根深蒂固。教育保育（Educare）被认为是合适的项目术语，它包括对婴儿、学步儿和学前儿童的照料（Bergen，Reid &Torelli，2001；Caldwell，1986，1989；Gerber，1981；Weiser，1991）。促进发展和学习的模式已可获得，全美幼教协会也已经构建了针对婴儿和学步儿的发展适宜性保育标准（Bredekamp，1987）。对于所有类型家庭的婴儿和学步儿来说，基于不同目标和宗旨的项目已经能够为己所用。

当今保育项目中的婴儿和学步儿表现了人口整体中的家庭多样性。婴儿来自各种族群和人种，来自有着不同文化习俗和语言的家庭；他们有可能来自失业贫困家庭，也有可能是专业人员的孩子；一些婴儿和学步儿有残疾或者发育滞后，而另一些有着超常的高智力水平。

一些婴儿和学步儿刚随家庭来到美国，他们不仅要适应新的社区、新的语言及新的习俗，还有可能因为离开熟悉的家庭成员、进入新的保育环境而害怕，因为新环境中都是不能用家乡语言交流的陌生人（Parker，Milner & Hong，1992）。

保育机构中的成人也面临着挑战，因为他们需要明白影响他们看护的婴幼儿的多重因素，而且还要引导婴幼儿去理解彼此。由于小孩在 2 岁时已经开始理解性别、人种和其他身体特点，他们在保育项目中的经验对于发展对待自己和他人的态度有着重要的作用（Honig，1983，2002；Katz，1982）。学步儿可能发展出刻板印象和偏见，因此保育人员与家长在引导他们对世界上所有儿童表示接受、产生共情方面扮演着极为重要的角色。为了达成这一目标，成人必须接受他们所照料婴幼儿的多样性，需要去克服自己的偏见和歧视，因为这会限制他们养育的每一个婴幼儿的能力；他们也必须对项目中每一个婴儿、学步儿及其家庭的独特性进行回应（Bergen et al.，2001；Szanton，2001）。

21 世纪的婴儿—学步儿项目

当今服务婴儿和学步儿的两大机构就是儿童保育和干预项目。家长项目同样是婴儿和学步儿干预项目的一部分，它服务于所有社会经济地位的家长和儿童。有一些婴儿和学步儿项目只关注来自流动家庭的儿童。所有项目都想要加快或者帮助婴儿和学步儿的发展和学习，或者为他们提供更好的环境，但这些项目要达成的目标各异，它们对婴儿和学步儿的发展需要及最适宜的教育方式可能也持有不同的观点。

婴儿—学步儿保育

在 21 世纪，仍然有人对儿童在未满 1 岁时就被送入集体保育机构表示担忧，基本的问题是在 1 岁前接受非家庭保育是否会对婴儿的智力和情感发展产生负面影响。拒绝把婴儿送入教养机构的原因有时是相互矛盾的。一种观点是儿童最好在家接受保育，而且婴儿的早期发育应与家人在一起（Lally，2001）；一些更早的观点认为在 1 岁前由母亲以外的人照料的婴儿会面临发育迟缓的风险（Belsky & Steinberg，1978）；也有一些人认为应进行集体儿童保育而不是在家对婴儿进行保育（Bernstein，1982）。人们对婴儿和学步儿保育机构怀有复杂的情感。

一个主要的问题在于婴儿和学步儿保育的质量。在 20 世纪 90 年代末，报道称只有 10% 的婴儿与学步儿保育是高质量的，接近 40% 的婴儿与学步儿保育被认为是有害的（Galinsky，Howes，Kontos & Sginn，1994；Lally，2001）。低质量的保育会对婴儿与学步儿的发育产生负面影响（Belsky，1989），但一篇相关研究综述指出婴儿和学步儿保育不会对其产生不良影响（Clarke-Stewart，Alhusen & Clements，1995）。

幸运的是，提升婴儿和学步儿保育质量的努力正在持续进行。1996 年修订后的"提前开端"项目标准引导了为婴儿和学步儿建立的一个新项目，叫作"早期提前开端"项目（Early Head Start）（Lally，2001）。一个综合系统正在被开发，以帮助婴儿、学步儿和学前儿童获得健康的发展及高质量的学习经验。大多数州开始用联邦儿童保育和发展基金来促进婴儿和学步儿保育人员的专业发展（Goldstein，2006；National Infant & Toddler Child Care Initiative，2005）。

另一个改进婴儿和学步儿保育质量的努力是开发儿童早期学习指南，这为早期保育和教育提供了一个基础的标准。2006 年，17 个州和准州已经为婴儿和学步儿开发了儿童早期学习指南。这些州同样研发了质量评估系统，与州的许可标准相结合。在 2005 年，已有 5 个州的质量评估系统涵盖了有关婴儿和学步儿保育的具体章节（National Child Care Information Center，2005）。

虽然对非家庭保育的问题仍然没有具体回应，但与此同时大量的婴儿和学步儿被安置于某类保育场所：自己家、家庭儿童保育、儿童保育中心、公立学校中心。

家庭保育

大多数婴儿和学步儿都处于家庭保育中（在 1995 年有 44%；National Center for Education Statistics，1996）。这样的保育服务通常由一个亲属、临时保姆或管家、住家保姆或其他人来提供。

家庭儿童保育

家庭儿童保育是家庭外保育的主要类型。在家庭儿童保育中，儿童保育是由一个在家照顾多名儿童的保育人员提供的。照顾儿童的数量由于各州法律的差异而不同（Williamson，2006）。美国家庭儿童保育协会已经发展出了针对家庭儿童保育的提供者的国家认证系统，这个认证系统描述了家庭儿童保育在 5 个领域的标准：关系、环境、发展学习活动、健康和安全、专业和商业实践（National Association for Family Child Care，2007）。

儿童保育中心

参加儿童保育的婴儿和学步儿的数量在增加，但在 2001 年只有 8% 的婴儿和学步儿是在儿童保育中心接受保育的。这一比例在不同地区也不相同。在南部生活的婴儿有 10% 接受保育中心的照料，在中西部有 9%，而在东北部只有 4%（Mulligan，Brimhall & West，2005）。

保育中心的费用非常高，因为中心有较高的师生比，而且婴儿和学步儿在保育中心会得到更多的照料，保育人员也会花费更多时间和精力（NAEYC，1997），尽管全美幼教协会建议由 1 名成人照料 4 名儿童，但各州的师生比存在差异。

对婴儿保育中心质量的评估可以从不同影响因素加以考察，如空间、每名照料者要照料的婴儿数量，也可以通过考察照料人的保育实践来考察（Honig，2003）。高质量保育的 5 个特点为：关心健康和安全，师生比高，每名儿童都有一个主要照料人，儿童受同一照料人的持续性照料，以及照料人对儿童发出的信号有高敏感性。其他高质量特点还包括满足个体需要（包括个体学习风格和性格），对文化和语言差异有较高敏感性，运用物理环境中有刺激性作用的、恰当的活动和材料（Fenichel，Lurie-Hurvitz & Griffin，1999）。振奋人心的是，各州开始采用针对婴儿和学步儿的儿童早期学习指南了（National Infant & Toddler Child Care Initiative，2007）。

公立学校中心

公立学校儿童保育中心较多设立在高中，一部分是为了给参与职业家政项目的高中生提供儿童保育项目的经验，但更重要的目的是通过建立这样的项目来帮助青少年母亲继续自己的学业，并为年轻家长提供育儿培训。

在夏威夷的檀香山就设立了一个为青少年母亲提供服务的项目。由于担心青少年孕妇从高中辍学，项目致力于满足她们产前、产时和产后在家庭计划方面的需要。该项目在高中校园里设立儿童保育中心，中心的工作人员为早期教育工作者和修读过儿童发展相关课程的高中生（Thomas & Caulfield，1998）。

小学同样附设有基于学校的儿童保育中心，以满足所在社区对儿童保育服务的需求。在这方面，克雷默项目所提供的有益经验是值得借鉴的。该项目设立在美国阿肯色州的小石城，主要为 6 个月大的婴儿提供儿童保育与教育服务（Elardo & Caldwell，1974）。根据其经验，附设在小学的儿童保育中心能够为有处于婴儿和学步儿期孩子的小学生家长和教师提供便利。

婴儿—学步儿干预项目

随着人们逐渐意识到对可能面临发展和学习问题的儿童尽早进行干预大有裨益，对婴儿和学步儿的干预项目被纳入现有的学龄儿童干预项目中。正如之前提到的"提前开端"项目和联邦法案 PL 94-142 中为 3 岁残障儿童提供的资助服务，联邦法案 PL 99-457 对联邦法案 PL 94-142 的修正包含关于婴儿和学步儿的内容。联邦法案 PL 99-457 给各州 5 年时间来发展和执行覆盖全州的计划，为残障婴儿和学步儿及其家庭提供跨学科、跨部门的干预服务。换句话说，要让残障儿童和非残障儿童及其家庭一起享受整合的儿童保育、托儿所、家庭托幼服务（Easter Seals，2004；Sexton，1990）。现有的婴儿和学步儿项目已进行了调整，以服务残障幼儿和他们的家庭。

接受服务的残障儿童应满足下列条件：已确诊为残障的儿童，例如唐氏综合征患儿；在一个或多个领域表现出发展迟缓的儿童；因为生物学因素而有可能发展为残障的婴儿。尽管大部分州为已经确诊为残障的儿童提供有计划的服务，但为处于残障风险中的婴儿提供服务的州较少。如果处于残障风险中的婴儿能够获得服务，那么除了现有的对残障儿童的干预外，其他残障情况的预防问题也将被解决（Graham & Scott，1988）。

干预项目的一个重要部分就是将婴儿和学步儿的家庭纳入。联邦法案 PL 99-457 要求实行的个别化家庭服务计划对儿童在家庭环境中的需要进行了定义。个别化家庭服务计划提供了一个在项目中以家庭为中心的服务方法。为经济贫困儿童设立的早期干预项目如"提前开端"项目，也纳入了家庭培训和服务。事实上，早期很多为婴儿和学步儿设计的示范性项目都是为了减少家庭问题的影响，包含针对儿童和家长的目标。

"提前开端"项目被看作一个对处于危险中的学前儿童和残障儿童进行干预的项目。"早期提前开端"项目将服务对象扩展为孕妇与来自低收入家庭的婴儿和学步儿，该项目的一个主要目的是促进孕妇产前健康与婴儿和学步儿的发展（Early Head Start，2000）。

卡罗来纳初学者项目在儿童早期干预方面有较长历史，从 20 世纪 70 年代就开始致力于打破贫穷的恶性循环。这个项目的服务对象为从出生到 5 岁的幼儿。儿童接受营养补充品，每日参加一个针对认知、语言和适应性行为技能的全年项目。尽管项目的开发者发现在儿童的成功方面早期干预不能代替家庭的影响，但对 12 ~ 15 岁儿童的纵向跟踪研究表明，参与项目的儿童在青少年中期的语言和数学测试成绩显著高于对照组儿童；长大成人后，曾参加过项目的人更有可能仍在学校学习或已从四年制的大学毕业（Frank Porter Graham Child Development Center，1999）。

婴儿—学步儿提升项目

不是所有婴儿和学步儿项目中的儿童都需要干预。许多家长很想知道更多关于儿童如何发展以及如何提供学习经验的内容，同时他们可能需要育儿技巧上的帮助。家长可以参与为满足这些育儿需求而设计的项目，这些项目中有些被描述为丰富化方案，有些被认为是正式教育（Maxim，1997）。

丰富化方案认为家庭和婴儿的活动有一个常规方式，用丰富的经验来促进儿童发展。方案开发者使用各种方法来告知家长应如何与他们的儿童进行互动。诺瓦大学游戏和学习项目与玩具出借图书馆是两个早期的项目。诺瓦大学游戏和学习项目给家长提供活动建议手册（Segal & Adcock，1979），玩具出借图书馆提供了婴儿和学前儿童学习的材料和玩具，家长可以将这些用于他们孩子的学习和发展（Nimnicht，Arango & Adcock，1977）。

精英项目中心采用了丰富化方案的一个近期策略，同时服务于双职工父母和全职妈妈。这个中心包括互动电视台、电脑、水上乐园和儿童表演剧院。另外，这里有很多教室用来上传统课程，例如认知发展和动作发展。这个项目中有一点备受争议，即儿童每过30分钟就从一项活动转到另一项活动。儿童和成人都要穿着精英项目制服，每名儿童每年的学费比私立大学四年制本科每年的学费略少一点。精英项目吸引了高收入的家长，这些家长认识到脑科学研究和早期刺激经验对于幼儿的重要性。但这个项目的批评者质疑项目中的一些元素对于幼儿的发展来说是否必要（Galley，1999）。

辅导项目很受家长欢迎，家长希望通过促进学步儿时期的学习来增加孩子入学后的优势。西尔万学习中心目前有一个学前辅导项目，接收3岁的儿童。初级公文是一家日本公司，它提供运用识字卡和字母表的课程。虽然儿童早期专家对于这些项目的长期效果表示怀疑，尤其是那些让很小的儿童用记忆卡片和工作单的项目，但家长似乎仍旧相信这类辅导对于他们的孩子来说很重要（Paul，2007）。

关于婴儿—学步儿课程设计的思考

在第二章和第三章我们探讨了儿童发展和学习理论，这些理论为儿童课程和教学提供了信息。我们也了解了一些早期教育示范性项目，这些范例帮助我们了解到开发高质量早期教育项目的其他可能性。现在我们要针对婴儿和学步儿来思考这些信息。我们从经典和当代的理论中汲取营养，并利用近期对于脑发育的研究成果，来设计一个更综合的模型。我们将把脑科学研究、发展特点、家庭关系和文化影响应用于高质量的婴儿和学步儿项目中。

脑科学研究对当代项目的启示

在第四章，神经发育被描述为神经元、轴触和树突的发展，神经连接的发展在出生后的头3年尤为重要。幼儿的认知发展和其他领域的发展为项目开发提供了其所需要的有关发展的观点的基础。

虽然生命中的每一个时期都存在发展的挑战，但婴儿期的神经发育以其独一无二的特点影响着我们对婴儿保育和教育的看法。另外，应区别对待婴儿和学步儿时期与儿童神经发育的其他时期，婴儿和学步儿在家或在保育中心的经验应反映他们普遍的发展特点及他们发育与学习的先天需求（Lally & Mangione，2006）。

婴儿—学步儿发展需要的启示

脑科学研究拓展了我们关于早期发展和学习的知识。在2岁前，婴儿和学步儿有一个先天的计划去学习语言、发展人际关系、发展大动作技能及形成他们对周围世界的认识。他们在神经发育过程中经历 3 个主要的发展阶段。根据拉利及曼焦内的理论，婴儿在出生后的 6～8 个月专注于发展安全意识。在这一时期末，随着婴儿的移动能力日益增强，他们开始利用所有感官来进行探究。他们把自己看作是活跃的探究者，与成人保持一定的独立性。下一阶段大约从 16 个月开始，此时学步儿开始关注自己并学习与他人互动（Lally & Mangione，2006）。

成年照料者需要充分了解这些发展变化，并据此调整与儿童互动的方式。同样地，教师应通过观察了解婴儿发展的个体差异，并对每名儿童的独特发展需要做出回应。

那些知识丰富的、能够理解如何运用神经科学来为婴儿和学步儿提供经验的照料者，通常都具有意图明确、目的性强的特点（Epstein，2007；Schiller，2007）。在设计课程时，他们能够依据儿童发展来把握教育契机。因此，这类照料者设计的课程对儿童的发展需要具有高度敏感性，致力于促进儿童的全面发展，将儿童发展视为一个整体而非由相互割裂的各个发展领域组成（Lally & Mangione，2006；Schiller，2007）。

文化的影响

保育项目应考虑哪些有关婴儿和学步儿发展的文化差异问题呢？语言、宗教及文化的差异是怎样影响项目类型的呢？同一文化背景的家长也可能在儿童养育实践中表现出差异；另外，同一保育中心的照料者在工作中对待婴儿和学步儿的方式也可能不同。照料者有必要了解保育中心儿童家庭之间的文化差异。

基于文化差异认同的教学能够促使婴儿和学步儿项目接纳来自不同文化背景家庭的儿童。教师与家长谈论他们的文化与家庭实践、价值、传统及信仰，教师通过拜访儿童家庭及其所在社区来理解其文化背景，并根据不同家庭的文化背景来设计符合其需要的最佳保教服务。家访过程中，教师应与每位家庭成员进行交流，观察他们和他们的孩子，并表达对其家庭文化传统中的价值观的欣赏与认同（Im，Parlakian & Sanchez，2007）。

家园合作的影响

对于婴儿和学步儿项目来说，理解文化差异是一个值得考虑的问题，而家园合作的发展则是与之相关的一方面。婴儿和学步儿项目实际上就是家庭和机构共同提供保育，教师和家庭都与儿童有着很强的感情联系。婴儿和学步儿的保育人员不仅必须理解教师和家庭间的保育差异可能是文化或观点的差异，而且应发展与家庭的合作关系以更好地服务儿童。家庭需要知道他们的保育实践是被教师接受、理解的，并且教师欢迎他们的交流和建议（Dombro & Lerner，2006）。当不可避免的差异在家庭与教师间产生时，稳固的、开放的人际关系会帮助解决这些问题（Lally & Mangione，2006）。教师、家长及儿童身边的其他成人之间的亲密、积极的人际关系应是婴儿和学步儿保育项目的核心。社区里的成人关系为婴儿和学步儿提供更充满爱、更安全的人际关系环境。

不仅家庭和儿童保育中心需要一种良好的合作伙伴关系，成人之间的关系也可影响儿童与成人、与其他儿童间的关系。儿童保育模式应基于关系——婴儿和学步儿在大家庭或家庭儿童保育机构中的关系。在高质量的家庭儿童保育机构中，保育人员、儿童和家长之间有着密切的关系和持续性互动。贝克和曼佛雷迪描述的基于关系的儿童保育有望被推广至更大的、基于中心的婴儿和学步儿项目（Baker & Manfredi-Petitt，2004）。

高质量婴儿—学步儿课程模式的特点

高质量的婴儿和学步儿项目致力于满足幼儿在身体、社会性和情感以及认知上的需求。为了满足这些发展的需求，项目必须拥有高素质的保育人员、有回应的环境、发展适宜性课程及家长的积极参与。这个项目包括个性化的经验以及探究和游戏的机会。不论是家庭内保育还是家庭外保育，为了适宜地养育婴儿和学步儿，每种特点都必须表现出来。研究为实践提供指导，来发展面向婴儿和学步儿的高质量保育（McMullen，1999，p.73），其特点主要包括以下几点。

·将发展适宜性实践作为创设环境和发展课程时的原则。

·生师比低并严格控制分组的大小。

·拥有关于健康、安全的建议和指导方针并严格执行。

·教职工关于儿童发展和学习方面的知识渊博，特别是婴儿和学步儿发展方面，并且知道如何适当地使用所了解的知识。

·有防止教职工离职的行政条例和工作条件，以促进婴儿保育的连贯性。

·教职工展现出高超的人际交往技巧，积极交流产生在保育人员、同事、家长以及婴儿和学步儿之间且被促进。

·保育人员清楚了解每一个婴儿和学步儿，他们可以预见婴儿和学步儿的需要，读懂婴儿和学步儿的口头或非口头提示，并且总以慈爱的方式来快速回应婴儿和学步儿的需求。

优质保育人员的作用

再怎么强调为婴儿和学步儿提供保育服务的成人的重要性也不为过，保育人员是高质量婴儿和学步儿项目中最重要的因素。出于对保育人员重要责任的考虑，婴儿和学步儿项目目前采用的是首要保育人员制度。这意味着每一个幼儿都会被分配一位首要保育人员，儿童也会与其他保育人员互动，但首要保育人员承担主要责任（Bernhardt，2000）。心怀教育目的的婴儿和学步儿保育人员应能为其照料的每名儿童提供大量的个别化互动。在高质量的婴儿和学步儿机构中，保育人员与儿童之间安全的依恋为保育经验提供了积极的基础（Honig，2002；Raikes，1996；Schiller，2007）。保育人员也明白很小的儿童有其个体的性格和发展进程，并且成人有责任去发起与每名儿童的互动。优质保育人员的行为包括拥抱婴儿、给他们说充满爱意的话和使用慈爱的语调（Honig，2002）。

有目的的保育人员可以理解并且回应每名儿童的需求，其理念可以被描述为一种基于人际关系的保育策略（Wittmer & Peterson，2006）。在基于人际关系的模式中，保育人员在成人的关系网中回应儿童的个人和文化特点，并使之成为儿童社会支持系统中的一部分（Baker & Manfredi-Petitt，2004）。这个系统开始于直系亲属，随着儿童的经验延展至更多亲戚、学校和社区（Bronfenbrenner，2004；见图 3-1）。能做出回应的保育人员提供各种高质量体验，来使儿童在 3 岁前的发展和人际关系的建立最大化（Wittmer & Peterson，2006）。

环境的作用

婴儿和学步儿项目中的物理环境应根据年幼儿童的独特发展需要来创设。尽管很多婴儿和学步儿项目有更适合再大一点的儿童的环境（Lowman & Ruhmann，1998），但学步儿需要的环境是能够允许他们探究材料并自由移动的。环境也应提供安全感，并支持儿童选择材料及设施。针对物理环境可通过以下问题进行考量：是否有足够的物理空间进行大动作身体运动？是否有能够让儿童远离小组的私人空间？是否有足够数量的可使用的发展适宜性材料和多样的材料？是否有用于表演游戏和探究的设备（Zeavin，1997）？

婴儿和学步儿室内环境的基础组成部分包括用于换尿布、喂食、睡觉和游戏的区域。由于各种游戏活动都会在这里进行，所以必须在地板上铺地毯。室内环境可以被低置物架和隔墙分为单独的区域。保育人员应能在任何时间观察到每一名儿童。

《早期教育项目中的发展适宜性实践》描述了婴儿和学步儿的发展适宜性环境（Bredekamp & Copple，1997）。高质量的婴儿和学步儿活动室环境参见图 5-1 及图 5-2。

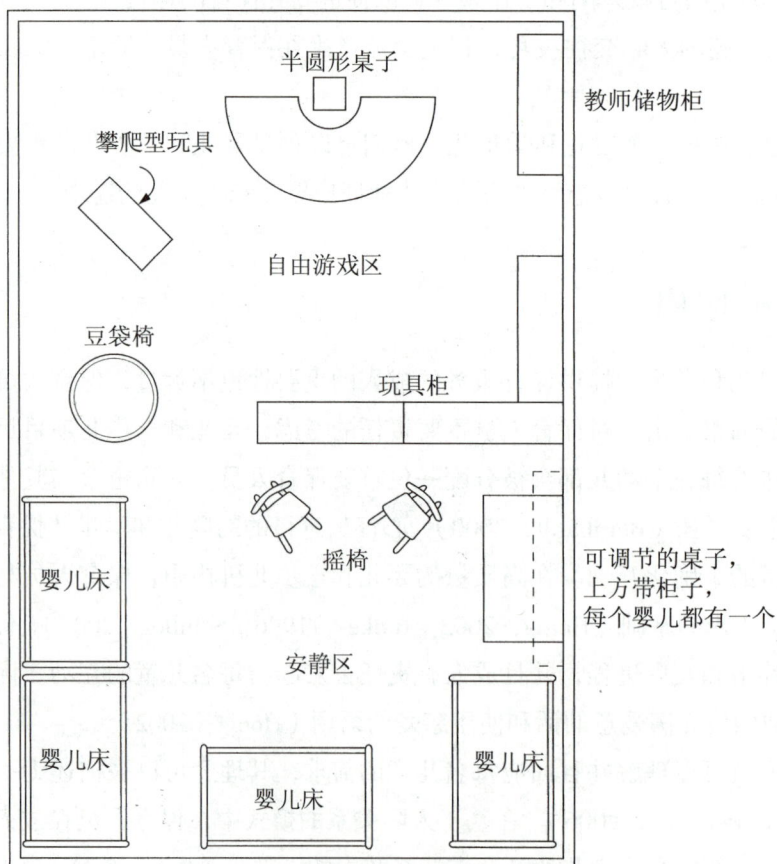

图 5-1　婴儿活动室室内环境（6 ～ 12 个月）

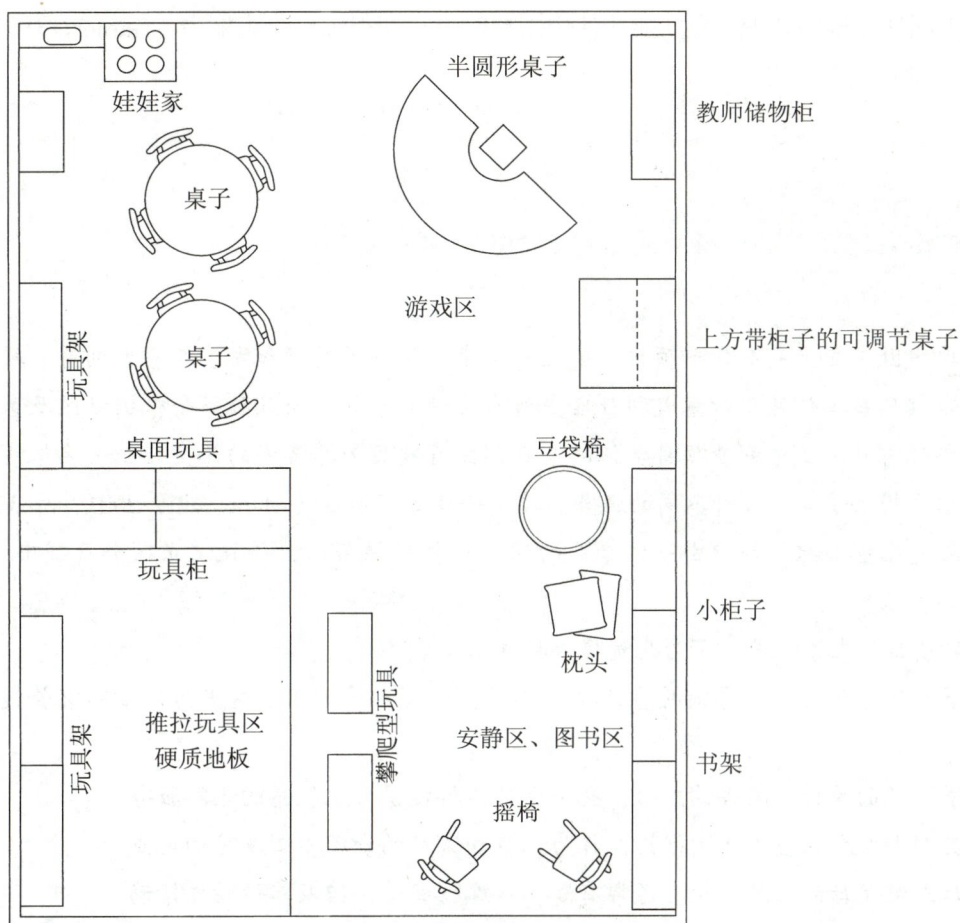

图 5-2　学步儿活动室室内环境

游戏的作用

婴儿和学步儿在各种形式的游戏中度过了他们清醒的时间。他们在与成人、与自己及与其他儿童的互动中游戏，或在第一次尝试融入其他儿童时彼此紧挨着。婴儿和学步儿参与的游戏与他们的发展是同步的，因此谈论游戏对于身体发展、认知发展以及社会性发展的作用很有价值。由于婴儿处于皮亚杰所称的感知运动阶段，而学步儿在从感知运动阶段过渡到前运算阶段，游戏可以反映他们的发展进步。

身体游戏

新生儿从会利用他们有限的资源起，就开始进行身体游戏了。他们用嘴巴进行游戏，如吹口水或者咬乳头（Muenchow & Seitz, 1980）。当其身体控制能力发展得更好时，他们将身体游戏扩展至手、脚及身体的其他部位。成人轻轻摇晃或用其他动作晃动婴儿，这实际上也在拓展婴儿的身体游戏经验。当婴儿可以抓住一个玩具，表明游戏已经扩展到了环境中的物品。

当儿童获得身体移动能力并成为学步儿时，身体游戏或者运动游戏便更丰富了。这时候的儿童已经可以将身体游戏扩展到对环境的探索。婴儿学习走路和奔跑，并开始发展更好的手眼协调能力。通过在身体游戏中的持续练习，婴儿和学步儿的大肌肉动作技能与小肌肉动作技能都得到了发展。随着婴儿围栏在美国使用量的减少，婴儿能比使用围栏时更早获得独立行走能力（Garner，1998）。

婴儿和学步儿保育的高质量模式：意大利的儿童保育中心

如同瑞吉欧·艾米莉亚学前项目，婴儿和学步儿保育的进步和发展在意大利有一段极长的历史。这些市政项目不仅适用于意大利社区中所有背景的家长，而且服务会根据社区及家长的需求而改变。与瑞吉欧·艾米莉亚项目类似的全日制保育项目为非常小的儿童指派一名保育人员，而且其他中心也提供了其他各种不同的服务。其中一些如下所述（Mantovani，2001，pp.35-36）。

·母亲—儿童小组，每组由一位专业的保育人员提供帮助，并且设立在全日制中心的附近，服务儿童与家长。

·兼职项目，在家长参与下为儿童提供特殊活动。

·为婴儿和学步儿以及学前儿童建立的公园，保育人员可以在这里为儿童和家长提供社会性发展经验。

·供家长见面的社交与咨询中心，也为少数族群提供文化敏感的调解服务。

·玩具图书馆和儿童书籍图书馆，作为儿童和家庭的资源中心及见面地点。

·父母或继父母的支持小组，通常有婴儿按摩、父爱小组及其他特殊活动。

·专门为移民母亲提供的社交时间及地点，通常为新家庭提供额外的组合服务。

·面向保姆及家庭保育人员的培训。

认知游戏

认知发展能够让婴儿将新生的身体能力与认知能力有机结合，从而认识外部世界。和物体一起游戏以及对环境进行探索促进了婴儿的认知发展。6 ～ 12 个月的婴儿探索玩具的特性，他们必须利用感觉技能和动作技能来玩玩具（McCune，1986）。通常婴儿用口部的触觉与视觉探索玩具，他们可能会反复摆弄一个玩具并检查每一面，敲击玩具并关注玩具的特殊之处以更好地了解玩具，之后婴儿便可以在游戏中使用这些玩具，因为他们已经熟知玩具可以用来做什么。

当婴儿年龄稍大些，获得了客体永久性，发展出唤起画面的能力，且能进行模仿活动，象征、假装和表演就会产生。学步儿可以用一个物体来象征另一个物体，并且将这种能力运用在假装游戏上（Johnson，Christie & Yawkey，1999）。婴儿可以假装用一个杯子喝水，而较大的学步儿可以假装一个玩偶正在用杯子喝水，这时真正的象征游戏成为其认知本领的一部分。当提供给儿童利用物品和原料来做游戏的机会时，装扮游戏活动会变得更复杂。

社会性游戏

游戏对儿童社会性发展的作用十分重要。婴儿和学步儿的个体社交环境对于他们如何参与社会性游戏有着强有力的影响。婴儿最初的社会性游戏包括与成年保育人员的互动。随和的游戏伙伴会让婴儿参与到社交活动中，如躲猫猫或挠痒痒，婴儿在互动与交流的机会中学习社交。在社会性游戏中，婴儿在"给"与"拿"的经验中学会"轮流"和"报答"。婴儿使用这些社会性技巧来引起他人的反应，例如婴儿微笑和发声都是为了吸引他人来与他们进行互动（Hagens，1997）。

学步儿可以利用物体来参与与成人及同龄人间的社交活动。约翰逊以及他的同事们认为玩具可以作为"社会黄油"，在学步儿中起润滑作用（Johnson et al.，1999）。象征游戏的出现使学步儿能够与其他儿童一起玩假装游戏。

埃里克森将社会性游戏描述为自我宇宙阶段、微观阶段和宏观阶段。婴儿游戏是在自我宇宙阶段的，因为婴儿的注意力都集中在自己身上。微观阶段始于儿童可以用玩具及其他物品做游戏，周边环境中的一些重要他人也可能参与游戏。社会性游戏在宏观阶段得到了提升，这时儿童可以参与其他人的游戏。玩促进分享的构造游戏，例如宽滑梯、摇摇船和大的沙盒游戏，可以促进学步儿间的社会互动。

户外游戏环境

除了激发并鼓励婴儿及学步儿的社会性互动，成人同样有责任设计促进儿童身体、社会性及认知发展的游戏环境。本章已探讨了高质量环境的特点，针对婴儿与学步儿的室内环境应有适宜两个年龄组发展的材料和玩具。推荐给婴儿及学步儿的设备和玩具是联系儿童随年龄增长获得的发展进步的，这也反映在有益且有趣的游戏经验和游戏材料中（Wortham，2008c）。

户外游戏环境同样可以提供促进婴儿和学步儿发展的游戏经验。和室内环境一样，户外游戏的规模应由婴儿和学步儿的特殊心理发展需要决定。对于婴儿来说，一个安全的、围起来的户外环境可以让他们体验天气变化和景观元素，并感受太阳、影子、风、纹理及野生动物（Greenman，1985；Miller，1989）。婴儿需要爬行的场地以及练习站立、蹒跚前进和行走的设施。风铃、彩带、悬挂的植物和其他自然环境特点可给予婴儿感觉经验。这个环境应同样包含用于客体游戏的玩具和秋千，使成人和婴儿可以在户外游戏中参与社会互动（Wortham，2008c）。

学步儿的户外游戏使其更可能利用新生的技能来进行社会、身体及认知游戏。不同触感的小路，有滑梯、阶梯并能提供攀爬穿梭经验的攀爬架，以及铃铛、方向盘和降落伞等可操作物——这些都挑战了学步儿的身体和认知成长。格林曼认为学步儿需要户外空间来锻炼滑行、摇摆、翻滚、攀爬、跳跃、奔跑、踢腿、带球走、骑行、运输等动作技能，车道能提供给学步儿玩推拉玩具和推小轮车的机会（Greenman，1985）。

大型和小型玩具都促进了社会性及认知的发展，环境应提供促进探索、象征、社会性及认知发展的物体。学步儿可以使用促进假装游戏的材料进行游戏，例如割草机玩具、卡车玩具、纸盒玩具及房屋玩具。玩沙、玩水和进行户外艺术活动的经验可以提升创造性游戏的能力。图5-3展示了婴儿和学步儿户外游戏环境的例子。

图 5-3　为婴儿和学步儿创设的户外游戏环境

常规的作用

　　成人是婴儿和学步儿学习与照料的主要推动者、提供者。不论是在家还是在外面接受照料，常规都是幼儿生活中的基本要素，换尿布、洗澡、穿衣服、进餐的经验都是形成成人与儿童互动的机会。在每日常规中，慈爱的照料和积极的回应对每一名儿童来说都是学习的来源。

　　在 1 岁前，成年监护者将社交、喂养及游戏等互动机会个性化，使其与婴儿的发展进程保持一致，霍尼希将这个进程描述为儿童发展的节奏（Honig，1989）。在 1 岁后 2 岁前，分组照顾的学步儿可以按时间计划表来游戏、进餐及进行其他简单的活动，这个表可以根据个体精力上和休息上的需要而灵活调整。换尿布等常规活动也被安排在表上，同时保育人员能够计划小组活动和游戏的时间段，并且可以为整个小组计划喂饭时间和小憩时间。

儿童入园和离园时的常规也是一日生活的重要组成部分。在一天的开始和结束，儿童若实现家和保育中心之间的顺利过渡，则有利于提升儿童的安全感并使儿童及其家人保持平和的心境。学步儿常规中的其他转变如从一种活动变为另一种或餐前洗手等，都为一日生活常规提供了可预测性和一致性。看护者通过发出信号帮助学步儿从一种活动转移到另一种，从而帮助学步儿预料到常规中的改变。对话、故事及手指游戏都可以用来让学步儿实现从一种活动到另一种的转变。

家长的作用

高质量婴儿和学步儿项目为家庭提供支持。家长是儿童生活中最主要的成人，因此保育人员与家长之间密切的交流是非常重要的。保育人员与家长之间应是一种伙伴关系。在家和在保育中心中常规与育儿实践的一致性对婴儿的安全感和发展都至关重要。家长和保育人员共同出现在儿童的生活中，他们之间对于各自所扮演的角色和期望的讨论是很重要的（Bredekamp & Copple，1997；Powell，1989）。

在婴儿和学步儿项目中，家长在与工作人员和保育人员的交往中有着不同的需要。工作的家长可能会对把孩子放在家外保育中心感到愧疚与焦虑，他们需要了解儿童的日常活动与经历，及时知晓儿童的进步及儿童和保育人员是怎样度过一天的。对早期干预项目中有着残疾状况的婴儿和学步儿的家长来说，他们需要持续的进步报告，以及引导他们为孩子的个人发展贡献力量的指导。许多家长（特别是单身家长、青少年母亲）需要关于育儿技巧的支持性指导。

高质量婴儿和学步儿保育范例："提前开端"项目的家长儿童中心

地处华盛顿的 E.C. 玛兹克家长儿童中心是"提前开端"项目中为 3 岁以下儿童服务的示范项目。这个中心可为 500 多个非洲裔和拉丁裔家庭服务。它通过以家庭为基础的项目、高质量保育中心、青少年家长项目及针对有特殊需要儿童的早期干预项目来提供服务。

以家庭为基础的项目为家庭保育提供了信息和参考。育儿信息包括营养、抚养方式和儿童发展。在儿童进入幼儿园前家长会一直受到这些支持。

高质量保育中心是为 6 周及更大儿童服务的。在 2 岁后，儿童可以继续待在中心或进入学前儿童保育项目。在 3 岁时，儿童可以参加"提前开端"项目。

青少年家长项目为青少年家长的 6 周到 3 岁的孩子提供高质量保育。同时，家长可获得继续他们的学业或事业的支持与鼓励。

早期干预项目是保育中心为 6 周到 5 岁的有着严重发育迟缓或残疾的儿童提供的服务，服务包括评估、治疗以及转介（Carnegie Corporation of New York，1994）。

　　如果保育人员与其他婴儿和学步儿保育中心的员工想要对儿童及家庭的文化和语言差异做出回应，他们则需学习回应家长们的个体需求并支持儿童的多样性。不说英语的家长所需要的支持和鼓励与儿童所需要的安全感和理解一样多（Gonzalea-Mena & Bhavnagri，2000；Miller，1992）。这些家长也许不能表达他们对儿童保育的期望和观点，或者在使用自己有限的英文时吞吞吐吐。敏感的保育人员会努力帮助这些家长解释他们的保育实践；同样地，教职工应尝试了解儿童的家庭及背景（Im，Parlakian & Sanchez，2007）。

　　混血儿童的家长可能会担心自己的孩子是否被接纳及其身份建构。单身家长和青少年母亲可能会对育儿技巧感到困惑。有特殊需要儿童的父母可能需要分享他们孩子的保育状况。其他类型的父母，例如患有胎儿酒精综合征的儿童的家长，可能会因为孩子的障碍与自己有关而感到愧疚。这些家长同样需要得到理解并参与项目（Gargiulo & Graves，1991）。

　　当接受服务的儿童来自文化背景各异的家庭时，保育人员需要了解对这些儿童的看护、喂养及其他保育实践应进行怎样的差异化调整。家长会被问及他们怎样给孩子穿衣，他们希望孩子采用何种作息模式，以及哪种食物更适合他们的孩子。保育中微妙与明显的差异在不同文化中同时存在，如果在家庭外对儿童实施保育时这些差异能够被理解和践行，那么家长和保育人员与儿童的相处都将是愉悦的（Gonzalez-Mena & Bhavnagri，2000）。

　　婴儿和学步儿项目中的保育人员可以提供持续不断的信息和支持，以促进家长作为儿童最初的教师和保育者发挥积极作用。给所有婴儿和学步儿家长提供日常报告是非常重要的，这个报告记录着儿童如何吃饭、睡觉和游戏，从而使儿童在家庭和保育中心中的日常生活和计划保持连续性。与家庭建立互惠关系的适宜实践活动具备以下特点（Bredekamp & Copple，1997，p.80）。

　　第一，保育人员在工作中与家长保持合作关系，通过每日的交流来建立相互的信任和理解，保障婴儿的福利与最理想的发育状况。保育人员应仔细聆听家长关于儿童的描述，尝试理解家长的目的及偏好，并且应尊重家庭和文化的差异。

　　第二，保育人员将儿童每天发生的积极的、有趣的事情分享给家长，使家长因自己的孩子和自己扮演的父母角色获得良好感受。家长被看作爱和照料的最初来源。家长永远受到保育中心的欢迎，保育人员会热心地接待和欢迎来哺乳的妈妈。

　　第三，保育人员和家长一起协商，探讨如何以最好的方式来支持儿童的发展以及如何解决养育时出现的观念差异或问题。

计划和管理为婴儿—学步儿提供的发展经验

　　似乎我们可以每天了解到更多关于新生儿的能力、很小的儿童之间的差异、家庭和社区文化对儿童早期发育的影响、婴儿和学步儿处理发展挑战时的能力等方面的信息。我们同样了解到分组保育的婴儿和学步儿家长面对的特殊挑战及促进健康发展和家庭支持的机会。婴儿和学步儿在应对挑战的同时获得蓬勃发展。当他们可以任意探究并且从他们新生的技能和兴趣中得到快乐时，他们就进入了活跃旺盛期。当家庭与保育中心之间存在持续性时，儿童的归属感及理解外部世界的能力增强（Lally et al.，1997，p.55）。

　　婴儿和学步儿项目随着我们对婴儿和学步儿能力和背景的了解而持续演进（Lally & Mangione，2006）。婴儿和学步儿保育模式坚持了一种人际—环境互动方式。为使儿童在游戏中探究和发现所准备的环境，在常规活动中提供了成人与儿童的互动及经验。不论是由家长还是由保育人员制定的常规和设计的活动，都能够满足每一名儿童的发展需要。课程具有发展性，成人和儿童的互动关系及经验促进了与儿童发展阶段相匹配的身体、社会性和情感以及认知发展。因此，集体教育机构中对儿童发展经验的设计与管理应将重点放在保育人员的行为及其为儿童提供的学习与发展机会上。下面给出了在发展领域中关于儿童和保育人员互动关系的建议。保育人员的角色处于中心位置，然而互动的目标是让儿童变得主动且自主。项目所提供的学习经验和机会必须确保成人发起的活动与儿童发起的活动之间保持平衡。

身体发展的互动和经验

　　3 岁前，儿童不断掌握运动技巧。运动教育课程引导可促进大肌肉动作和小肌肉动作技能发展的互动与经验。保育人员应计划、发起能够增强身体技能的实践活动（Parish & Rudisill，2006）。

　　运动发育专家担心婴儿与学步儿在汽车座位、折叠婴儿车上和婴儿护栏里度过的时间太长，他们认为这样的限制可能会导致儿童在翻滚、爬行、走路和认知上发育迟缓。另一个担忧是持续增加的儿童肥胖及静止偏好在婴儿期就已经开始了（National Association for Sport and Physical Education，2002）。家长应该给儿童足够多的时间接触地板，和儿童一起坐在地板上，并且使其享受他们的身体成就（Davis & Keyser，2004）。全美运动和体育教育协会（National Association for Sport and Physical Education，NASPE）已经研究出了针对婴儿和学步儿的身体活动指导方针，具体如下。

婴儿的指导方针

· 婴儿应多与家长或保育人员在身体活动中进行互动，来促进对周围环境的探究。

· 婴儿应被安置在安全的、可以促进身体活动的地方，并且不会被限制运动时间。

· 婴儿身体活动应促进其运动能力的发展。

学步儿的指导方针

· 学步儿每天应至少进行 30 分钟的有组织身体活动。

· 学步儿及学前儿童每天应至少参与 60 分钟到数小时的无组织身体活动，并且除睡觉时间外，不应静止超过 60 分钟。

· 学步儿应发展各项运动技能，以便完成更复杂的积木搭建任务。

· 学步儿及学前儿童应在达到甚至高于安全标准的室内或室外区域进行大肌肉运动。

· 负责学步儿及学前儿童健康的人士应了解身体运动的重要性，并促进儿童的运动能力。

社会性和情感发展的互动和经验

　　婴儿和学步儿对发展社交能力和积极的自我概念有着基本的需求。幼儿要承担双重任务：既要将自己理解成一个个体，一个与其他人不同的、特别的人，又要在其他人的陪伴下成为一个社会人。成人照料者应通过与儿童的互动来促进其社会性和情感发展。这种互动将促进儿童积极自我感知的发展，并能为其适宜社会性行为的发展提供指导。

成人为婴儿和学步儿创设一个充满安全感的环境的关键，在于认识到婴儿和学步儿必须建立起对他人和周围环境的信任感。每天父母将孩子送到中心并离开后，照料者都应对婴儿和学步儿的需要保持敏感性，并帮助他们积极应对这一分离焦虑期（Balaban，2006）。成人与婴儿和学步儿的互动同样需基于对其性格差异的理解，成人需要做出不同的反应。

成人可以采取一些策略来促进幼儿间的积极互动（Hagens，1997，pp.147-148），例如：帮助儿童熟悉他们周围的环境并熟悉彼此，维持社交小组及友谊，改变每天各时段儿童可获得的玩具种类和数目，控制某一特定空间内儿童的数目，模仿并识别积极的社会行为。

尽管有一些鼓励积极的社会互动的策略，但情况并不总是如此，一日生活中婴儿和学步儿之间的冲突总会出现。环境可以促进积极的社会互动，但婴儿和学步儿才刚开始学习社交技巧，打、咬或者从另一名婴儿和学步儿那里抢夺玩具都是常见的行为。保育人员必须找到合适的方式去干涉，来让婴儿和学步儿可以学习处理自己的问题。保育人员干涉得太快或者太频繁会阻碍婴儿和学步儿学习如何互动，保育人员应学着观察冲突，并在合适的时候允许自然结果发生；保育人员也必须关注冲突的情况，并在婴儿和学步儿处于危险状态时及时介入以防止其受伤。成人同样可以示范彬彬有礼的行为，紧跟冲突，在冲突后安慰婴儿和学步儿，给予其自己解决问题的帮助，来协助其学习如何解决冲突（Da Ros & Kovach，1998）。

认知和语言发展的互动和经验

儿童认知和语言发展经验的提供应基于我们所了解的儿童在发起语言中的角色，基于儿童以日益复杂的形式建构语言的内部机制，基于儿童在日常沟通中不断积累的语言经验。成人模拟新的语言形式并增长、延伸儿童的交流成果，从而提供给儿童未来可以用于语言表达的单词。保育人员对婴儿和学步儿探索环境的兴趣做出回应，从而发起口头语言的互动，并使婴儿和学步儿与保育人员进行片断对话。而在几个月前，保育人员会主动发起与婴儿和学步儿的单方面交流。在日常保育、游戏和运动中，保育人员描述、解释并且鼓励婴儿和学步儿做出回应，即使他们仍然不能用语言回答。之后，保育人员会回应婴儿和学步儿把单词连接起来与成人交流的尝试，并且会引导交流经验来鼓励其使用更多语言。

在认知互动中，成人用语言指出环境和玩具的概念与特点，身体动作被用于展示物品和玩具如何工作，持续不断的口头表达帮助婴儿和学步儿通过参与一日生活的各类常规活动来形成关于各类活动的背景性解释。合适的互动有以下几种。

· 通过描述、解释及标记事件和日常活动来与婴儿和学步儿交流。

· 用口头游戏和鼓励表演游戏来与婴儿和学步儿单独游戏或者在小组内游戏。

· 鼓励婴儿和学步儿的口头表达。用婴儿和学步儿的家庭语言进行口头表达可以帮助其建立积极的自我意识。

· 辨识婴儿和学步儿说话的需求并唱歌给他们听，不论他们是否有能力回应。

·鼓励婴儿发声和微笑，并通过夸张地模仿嘴部动作来回应他们。

·以一种愉悦的、应答的方式来互动，计划涉及所有发展领域的学习和游戏经历。

·在室内和室外环境中不间断地探究、唱歌及互动对话。

主题课程在婴儿—学步儿课程中的作用

基于主题来为婴儿和学步儿构建发展学习经验是否合适？如果精心地做，这个有组织的主题活动在帮助保育人员关注有趣的经验并与年幼儿童分享方面会极为有用。例如，在早春远足、赏花、观草、看树时，一个春天的主题单元就设计好了：叠层图片显示的春天景象可以在婴儿和学步儿的眼前呈现，适宜的图画书应由儿童分享；盛开的、无毒的植物可以被放置在室内，并且能够被小心地触摸和嗅。

教师和保育人员在给很小的学步儿计划主题经验时应保持谨慎。活动应是以儿童为中心并且适宜儿童的，应根据个人的发展和成长进程进行选择；艺术品及其他超过儿童接受能力范围的活动不应出现，应遵循高质量保育人员和儿童互动的指导方针。另外，一个主题活动应提供充分的机会，设计有趣的经验和新材料，使保育人员与婴儿的需要能够同时得到满足。第六章在论及保育人员与家长如何为婴儿设计经验时，会对婴儿和学步儿课程做更具体的描述；根据人际—环境分析方法，将对支持儿童成长和学习进程的发展性策略加以讨论。

评价在婴儿—学步儿课程中的作用

我们为什么要做关于婴儿和学步儿的评价？一个主要的原因是要监控他们的发展。婴儿和学步儿应经常去看小儿科医生或家庭外科医生来确定身体健康和发育状况。这种非正式的评价运用了对儿童行为的观察、身高体重的测量及简单发展任务的完成等方式。

当婴儿和学步儿被发现存在发展迟缓问题时，更正式的标准测验将被用来确诊发展问题及制订干涉计划。最近几年，研究者、医学专家及教育者已经了解如何与儿童一同努力来减少他们的发育迟缓和其他发展问题的影响（Wortham，2008a）。当婴儿和学步儿进入某个婴儿和学步儿项目时，评价仍继续进行，同时教师和保育人员会提供经验和干预来消除或减轻这些儿童的发展迟缓问题和残疾问题。

高质量的婴儿和学步儿项目会为儿童提供发展评价服务，这使项目策划人员及工作人员可以明确项目中已经实现的部分及需要加强或移除的部分。这里将会讨论两种类型的评价，描述儿童的发展进步，对项目本身的评价进行讨论，包括环境、经验、为婴儿和学步儿提供的活动及保育人员的行为。另外，这里还会注意对项目中家长参与的评价，以及在对有特殊需要的参与早期干预项目的婴儿和学步儿进行评价时的考量。

婴儿—学步儿的发展和能力评价

对婴儿和学步儿日常情况的观察需每日进行，保育人员需记录他们一天的进食、睡眠和排泄情况。在高质量早期教育机构里，对婴儿和学步儿一天内进步的评价会在每天下午报告给来接儿童回家的家长。这种评价是为了监测儿童每天的身体健康状况。保育人员同样可以对一天的活动和儿童的参与做出评论。

一个不太频繁但同样重要的用于婴儿和学步儿的评价是对发展进步的评价。由于婴儿与学步儿在2 岁前的发展速度非常快，保育人员和家长必须非常重视他们的发展成果。如果婴儿和学步儿白天参与家庭外保育，家长就应让保育人员提供儿童在保育中心发展成果的证明。

发展图表或者发展检核表与第四章中列出的那些相似，家长和保育人员经常用它们追踪儿童个体的发展。婴儿和学步儿每周或每两周就会接受一次用采用检核表的观察，当一项新的行为或技能被定期或突然观察到，儿童的这一发展成就和成就达成的日期就会被记录在儿童的个人发展检核表上。保育人员会经常和家长分享报告，家长同样也与保育人员分享儿童在家的相关表现。儿童发展指标的来源很容易找到，除了第四章中沃瑟姆编制的婴儿与学步儿发展检核表，儿童早期发展适宜性实践项目（ Bredekamp & Copple，1997，pp.70–71 ）包含了一个题为"出生至 3 岁儿童发展里程碑"的检核表（ Lally et al.，1997 ），维赛尔的《婴儿和学步儿的保育与教育》的附录里同样呈现了"出生至 3 岁儿童发展里程碑"表单（ Weiser，1991 ）。

教师和保育人员可以发展一些能够让评价更加高效的策略。对此，迪奇特米勒提出了以下建议（ Dichtelmiller，2004，pp.30–32 ）。

· 定期观察儿童。

· 每天选择 1 ～ 2 名儿童进行观察。

· 做好调整观察重点的准备。

· 在不同时间、不同情境下观察儿童。

· 利用常规。

· 做好观察记录。

· 与儿童家长分享信息。

· 从儿童家庭成员那里了解儿童。

· 和其他工作人员对比记录。

项目内容评价

婴儿和学步儿项目的所有层面都可以受益于评价过程。项目评价包括对环境、婴儿和学步儿活动经验、保育人员行为、有特殊需要婴儿和学步儿及家长参与的评价。

环境评价

如前所述，婴儿和学步儿项目创设的学习环境是为了满足婴儿和学步儿的学习与发展需要。设备、玩具、材料及空间安排都聚焦于 3 岁以下儿童的各项独特发展特点。学习环境评价是为了确定为婴儿和学步儿提供保育的班级环境是否符合其发展需要。例如，婴儿活动室内的家具应包括桌子、婴儿椅、架子及适合婴儿的玩具（ Harms，Cryer & Clifford，2002 ）。教师和保育人员可以运用表 5-1 介绍的评价婴儿和学步儿学习环境适宜性的各项指标，这些评价指标是《婴儿和学步儿发展适宜性实践的整合性要素》中的一部分（ Lally et al.，1997 ）。《婴儿和学步儿学习环境评量表》则提供了一系列用以评价高质量婴儿和学步儿学习环境的指标（ Harms et al.，2002 ）。

表 5-1 婴儿和学步儿学习环境的特点

适宜的实践	不适宜的实践
·游戏区是舒适的，有枕头、泡沫橡胶垫子和软软的毯子，婴儿和学步儿可以躺着或趴着，可以被成人举起，听成人读书；有吊床、摇椅（为了安全最好是吊床）、软坐垫椅及大大的垫子，使保育人员或者家长和儿童可以一起在上面休息。	·游戏区是无菌且容易清洗的，但没有可以刺激婴儿和学步儿感觉的不同质地、层次和颜色。没有让成人舒服地抱着婴儿和学步儿、与婴儿和学步儿交谈及阅读的场地。
·布置空间使儿童可以享受独自安静游戏的时光，有充足的空间翻滚和自如地移动，可以爬向感兴趣的物体。为更小的婴儿所准备的区域与会爬的婴儿的区域是分开的，这是为了促进处于相似发展阶段的婴儿的安全互动。	·场地对于正在学习如何移动身体的儿童来说是狭窄且不安全的。
·视觉展示（如风铃）是面向婴儿的视线而设计的，这样婴儿躺着时就可以清楚地看到有趣的景象和效果。当婴儿能抓住风铃时，风铃就会被移开。	·视觉展示不在婴儿的视野内，且经常被用作婴儿与成人的适当社会互动的替代品。
·硬的纸板书应被放在书袋里或者固定的书架上，成人给婴儿和学步儿读的书应被放在婴儿和学步儿够不到的书架上。这些书向儿童和家庭展示了不同的种族和文化背景，以及不同年龄和能力的人。	·没有书或者没有用容易被撕开的纸做成的书。书的内容对儿童来说并不熟悉或有趣。
·根据儿童的动作来提供给他们不同的玩具，例如需要不同操作的各种抓握玩具；各种发展技巧的材料，包括嵌套和堆叠材料、活动箱及用于装满或清空的集装箱；不同的球、铃铛和拨浪鼓。	·玩具是用电池或者发条产生动力的，婴儿和学步儿只能看这样的玩具；缺少不同质地、大小和形状的玩具。
·不同种类的安全的家居物品可作为婴儿和学步儿的游戏材料，包括量杯、木勺、不易碎的碗及硬纸板盒。	·没有使婴儿和学步儿房间更像家庭的家居物品。
·改变玩具的大小以使婴儿和学步儿能抓握、咬并操作它们（抓握球、拨浪鼓、磨牙器、可水洗的软洋娃娃和其他动物玩具）。	·玩具太大使婴儿和学步儿不能拿着，或太小使婴儿和学步儿可以吞掉、导致窒息。

婴儿和学步儿活动经验评价

为婴儿和学步儿计划并开展的活动和经验的种类同样也要评价。发展适宜性经验的标准在之前已经讨论过了，同样的标准也被用来评价活动的效果，在它们被用于确定是否满足儿童的兴趣和需要后，就应立即对其进行评价。活动是否发挥了应有的作用？这个活动可以重复进行吗？经验需要被修改使其更有趣或更有用吗？因为很多经验包括了成人与儿童的互动，评价也必须包括对成人行为的评价。

保育人员行为评价

有两种互动行为是可以被评价的：一种是成人发起的促进儿童学习与发展的互动及经验，另一种是成人与每名儿童共同参与的与健康、安全和营养状况有关的个性化保育常规。

《婴儿和学步儿发展适宜性实践的整合性要素》中对婴儿和学步儿保育人员在与儿童的互动和日常生活中进行的适宜的与不适宜的实践进行了对比（Lally et al.，1997）。保育人员的行为可以用评价指标来进行评价。保育人员也可以使用相同的评价指标进行自我评价，或了解适宜于婴儿及学步儿的日常生活特点。这可以确保每日进行的个性化保育以及健康、安全、营养实践被正确观察与实施。个性化保育常规及适宜的互动与经验同样可以使用《婴儿或学步儿学习环境评量表》来进行评价，包括语言、身体机能、创造性活动、社会娱乐以及认知技能（Harms et al.，2002）。

用于婴儿和学步儿的个性化保育常规对于在家外保育的幼儿的疾病防治来说非常重要。婴儿和学步儿的保育人员应熟知适宜的健康和安全实践，这也是个性化保育常规的一部分。保育人员应通过标准或推荐的实践来对比审查他们的做法，以确定他们正在保护儿童免遭危险和不健康的经历。个性化保育常规尤其需要持续注意预防疾病和危险。评价者可以回顾《童年早期发展适宜性实践项目》（Bredekamp & Copple，1997）中的"婴儿和学步儿"一节，其中有关于婴儿和学步儿发展适宜性实践的评价指标（Lally et al.，1997），或者使用《婴儿或学步儿学习环境评量表》（Harms et al.，2002）。

有特殊需要婴儿和学步儿评价

根据联邦法案 PL99-457，1986 年《残疾人教育法案修正案》的第八部分规定，残疾婴儿和学步儿（出生至 2 岁）可以享受由"个别化家庭服务计划"提供的服务，该服务能够为儿童及其家庭提供各种必要的早期干预服务。干预过程的第一步就是识别儿童的发展迟缓或残疾，标准化的婴儿和学步儿评价工具被用于筛查儿童发展方面的障碍；第二步需要诊断测试来辨别问题的特点；第三步是开发"个别化家庭服务计划"，这个计划包括了婴儿和学步儿现阶段的身体、认知、语言及社会性心理的现有发展水平、自助能力以及期望婴儿和家庭实现的主要结果。作为早期干预结果的儿童发展成果或目标将作为用于测量儿童进步的客观标准。保育人员在干预服务的过程中周期性地评定儿童所取得的进步，确定是否坚持初始的计划、是否做出修正，来更好地满足婴儿和学步儿的干预需要。

家长参与评价

如果一个婴儿和学步儿项目是采用个人早期干预计划来服务有特殊需要儿童的，那么这个计划既要包括家庭，也要包括受影响的儿童。在评价干预项目时，这个项目中的家长参与同样要被评价。对那些为正常婴儿和学步儿提供家庭外保育服务的项目，也要进行类似的评价。当婴儿和学步儿项目将父母纳入时，则需要制定标准来评价、增强家长和保育中心间的关系。如果家长在保育中心参与志愿者工作或晚间育儿项目，他们应有机会给出他们的体验反馈和对项目有益的改进建议。早期教育工作者同样应开展上述工作，以确定他们与家长互动的有效性以及他们在多大程度上满足了家长的需要。育儿课堂的内容和方法是否满足了家长的兴趣和需要？家长是否认为机构发给家长的沟通信对他们有帮助？通过反思这些问题早期教育工作者可以评价与家长的关系，计划未来的改进与调整。

小　结

随着美国出现儿童保育，为婴儿和学步儿设计的项目诞生。虽然比学前项目历史短，但婴儿和学步儿项目的数量已经大幅增加，并且随着针对年幼儿童的家庭外保育的迅速发展，项目质量水平越来越高。对于低收入家庭、出生就有残疾状况或有可能发展为残障的婴儿和学步儿，专业的干预项目也已经出现。

与面向更大一点儿童的项目类似，婴儿和学步儿项目的发展也有其理论依据。学习和发展理论构成了婴儿和学步儿项目组织计划的基础，特别是最近强调 0～3 岁最佳发展重要性的理论。脑科学研究则强调了促进神经发育的实践。项目的目的出于家长及儿童的需求，有些项目起初用于保育，而后来发展和学习的经验逐渐成为保育的一部分。干预项目可能服务于未婚青少年母亲的孩子、需要基础的语言和认知发展经验的低收入家庭儿童以及非常小的有特殊需要儿童。

无论婴儿和学步儿项目属于哪种类型，儿童的发展特点通常为课堂、活动及经验选择的背景。由于身体、社会性情感及认知发展在人生头几年非常重要，婴儿和学步儿项目专注于促进这些领域同时发展的经验和活动。

成年保育人员在婴儿和学步儿项目中扮演了重要的角色，成人与儿童的互动是儿童进行活动的平台，互动可能会自然地在保育常规和每日游戏片段中发生。由于成人与儿童在一起时的行为具有核心本质，项目的质量以及互动和经验的成功很大程度上依靠保育人员的服务质量。保育人员必须了解那些积极影响儿童日常经验的保育特点及行为，需要理解经验与互动的匹配关系，明确婴儿和学步儿的现阶段发展和个性状况。照料者与儿童的互动行为及其设计的活动与儿童当前的能力和兴趣的一致性，决定了婴儿和学步儿课程应如何设计。

尽管本章提到了婴儿和学步儿项目中以行为主义和社会学习理论为基础的模仿学习，但所采用的课程模式更贴近皮亚杰的认知发展阶段论。示范性项目被描述为通过人际环境进行的婴儿和学步儿项目，基于皮亚杰学习是天性的观念。非常小的儿童通过对环境的探索和互动来学习。以个体发展为基础，通过适宜的材料和活动使婴儿和学步儿对环境进行探究并与成人进行互动，这决定了为他们设立的早期教育项目的框架。保育人员除了每天都为婴儿和学步儿设计并实施包含大量学习经验的活动外，还通过语言、示范和鼓励等方式回应儿童在活动中展现的学习兴趣。这些回应策略反映了保育人员对儿童的细心观察，对各种互动以及促进儿童现阶段发展经验的敏锐意识。

环境的组织同样是为了促进儿童的游戏和探索。设备、家具和玩具的选择都应适合年幼儿童的游戏和探索能力。空间的安排应鼓励新发展出来的身体和认知能力，并培育安全感和信心。保育人员使合适的经验可以被利用，并且移除、添加或重新排列玩具和材料，以灵活的方式适应快速发展的儿童的需求。

家长是婴儿和学步儿项目的另一关键要素。早期干预项目力图满足家长和儿童的需要。儿童保育项目的目的之一是在家长和保育人员之间建立一种亲密的伙伴合作关系，双方分享婴儿和学步儿在日常生活中的表现。各种类型的项目可能会提供给家长提高养育技巧的机会。另外，家长对于项目的参与可促进保育人员与家长的紧密关系和项目的总体质量。

评价对儿童和项目的持续发展来说是非常重要的。对儿童发展进程的评价使家长和保育人员对儿童不断变化的发展特点保持注意。保育人员和家长试图回应儿童不断变化的发展需要，了解儿童的发展变化将为确定项目的性质提供依据。对于有特殊需要或者发展迟缓的儿童，基于儿童现有发展状态的干预项目同样要根据儿童的各项发展标准接受评价。

在项目中，保育人员的素质和行为、家长参与项目的质量及环境质量也从评价中受益。应对项目所有组成部分进行周期评价，持续不断地改进项目，从而使婴儿和学步儿项目质量保持发展的趋势。

🔍 思考题

1. 为什么看护服务成为许多婴儿和学步儿项目的影响因素之一，即使在 19 世纪末也是这样？

2. 为什么在 1900—1910 年婴儿死亡率依然很高？

3. 哪些因素在 19 世纪末 20 世纪初引领了婴儿生活及福利的改进？

4. 描述影响 20 世纪婴儿和学步儿项目发展的 3 个因素。

5. 在儿童研究运动中有哪些特殊的发现影响了我们对婴儿和学步儿的看法？

6. 为什么婴儿和学步儿项目的首次重要发展发生在第二次世界大战之后？

7. 在 20 世纪 50 年代婴儿是否应在家外进行保育就已经成为一个重要的话题，为什么在今天仍有对这个问题的担忧？

8. 在 20 世纪 60 年代设立的婴儿和学步儿项目有哪些贡献？为什么这些贡献很重要？

9. 为什么如今教师和保育人员的入职准备标准及婴儿和学步儿项目的标准很关键？

10. 丰富化方案和加速儿童发展的婴儿和学步儿项目的吸引力在哪儿？这些项目可能存在哪些问题？

11. 是否存在婴儿和学步儿保育的最佳模式？为什么？

12. 针对有特殊需要儿童及其家庭所实施的干预项目的原理是什么？

13. 利用人际环境的婴儿和学步儿模式的目的是什么？这个模式的名字意味着什么？

14. 为什么保育人员的能力决定着婴儿和学步儿项目的质量？这种影响是如何实现的？

15. 为什么婴儿和学步儿项目的环境对于一天里如何实施项目如此重要？这种影响是如何实现的？

16. 为什么家长应被视为婴儿和学步儿项目中的合作者？

17. 家庭和项目间的沟通质量如何影响婴儿和学步儿项目？

18. 为什么参加家庭外保育的婴儿和学步儿的家长需要关于其孩子日常进步的报告？

19. 保育人员如何通过对自己行为的评价来促进婴儿和学步儿项目发展？

20. 为什么婴儿和学步儿早期干预项目需要考虑儿童家庭的需要？

第六章

婴儿—学步儿课程: 0~2岁

本章目标

阅读完本章，你将能够：

·描述各年龄段的婴儿和学步儿在各领域发展的经验实例；

·为各年龄段的婴儿和学步儿设计促进其在各领域发展的课程活动。

　　第五章已经对婴儿和学步儿教育项目的评价进行了讨论。过去的婴儿和学步儿保育不断扩大、发展成为通过教育、保育、干预和丰富活动来服务各类儿童的项目。第五章还描述了保育人员和环境在为婴儿和学步儿提供发展性经验中的重要作用，以及游戏和师幼互动对婴儿和学步儿项目的重大意义。对课程的描述是从身体、社会性和情感以及认知发展三方面进行的，这种发展性课程面向学步儿的发展主题；综合性课程的概念被引入并进一步用于婴儿和学步儿项目中。

　　本章重点在于活动和经验，这些活动和经验可用来设计婴儿和学步儿的发展性课程。婴儿和学步儿的动作技能、认知、语言、社会性、表达性艺术等方面的课程的设计，将在婴儿和学步儿如何获得各方面发展的内容中被讨论。我们会提供一些适宜的课程活动的例子。发展性课程中的活动将与第四章的沃瑟姆 0 ～ 2 岁婴儿和学步儿发展检核表中的发展性特点相匹配。

身体发展课程

促进婴儿—学步儿身体动作的发展

　　从出生到 18 个月，婴儿和学步儿处于皮亚杰所说的感知运动阶段。个体通过身体动作和感官来了解周围环境。随着运动技能的发展，婴儿和学步儿对环境的体验也不断扩展。新生儿的运动能力是十分有限的，起初婴儿只能做出如眨眼、吮吸、交替踢腿等反射性动作，这些条件反射是后天技能形成的初期形式，或是出于对自身的保护。在大约 8 个月大时，婴儿的动作不再是无意识的，而变得越来越主动。主动的身体动作分为两类：一类是大肌肉动作，另一类是小肌肉动作（Gonzalez–Mena & Eyer，1980；Puckett & Black，2005）。

　　动作技能通过运动得到发展。当婴儿和学步儿使用一些新发展出的动作技能来拓展他们对周围环境的探索时，许多大肌肉动作和小肌肉动作就很自然地发展起来。身体动作是婴儿和学步儿表达、交流情感的第一媒介。他们使用动作来表达他们的状态及感受，并结合发出咕咕声或哭泣来表达他们的需要（Berk，2001）。

　　动作技能也通过身体调节与控制能力的发展而发展。身体控制是一个从头到尾的过程，从头开始，再到脖子，然后沿着脊柱向下，最后到脚；另外身体控制技能是从身体的躯干发展到四肢的，婴儿和学步儿先能控制躯干，最后能控制手和手指。按照这个顺序，大肌肉动作技能的发展先于小肌肉动作技能的发展（Caulfield，1996；Gober & Franks，1988）。

　　动作技能的获得十分迅速。涉及身体活动的运动时间里，婴儿的许多能量都会被激发出来。接下来我们将描述有助于促进婴儿和学步儿动作发展的各项经验，这里的活动在第四章的沃瑟姆儿童发展检核表中有所介绍（表 4–1 至表 4–4）。

注意事项

　　婴儿与学步儿的探究方式使我们必须高度警惕他们所使用的活动材料和活动场所中隐藏的危险。因为婴儿和学步儿用他们的感官和身体动作去探索玩具和环境中的各个地方，成人需要为他们谨慎小心地计划课程和活动。2岁前的孩子（大一点的幼儿也有可能）什么东西都往嘴里送，包括虫子、石子、纸夹等身边的任何东西。当他们的抓取动作发展起来，他们就需要成人持续不断的注意。当他们能移动时，新的危险又悄然而至：他们把东西从桌子和小床上拉下来，去爬几乎不可能爬上去的地方，或把自己困在很小的地方。

　　教师、照料者和家长必须计划好所有课程活动，牢记需注意的地方。原来喜欢玩挂在头上的玩具的婴儿，在2个月后就能伸手够到玩具，并且将之放进嘴里引发窒息。学步儿能够攀爬为幼儿设计的滑梯，也有可能因摔落而受伤，或者因栏杆间隔太近而卡住脑袋。在计划活动和选择活动材料时，成人必须考虑材料自身的危险性及不正确的使用方式带来的危险。含毒颜料或其他可能含毒的活动材料都不能使用，那些能被儿童吞下或拆分后能被儿童吞下的小零件不能放在儿童伸手能够到的范围内。婴儿和学步儿用他们的感知能力去探索，但他们对危险的认知极其有限，因此成人必须从儿童的安全和健康出发设计教育活动。

促进婴儿身体动作发展的经验

眼部运动练习

适用年龄：0～6个月

检核表技能3：眼睛跟随移动的人或物体

把婴儿抱在怀里或放在腿上，把一个新玩具放在婴儿眼前，吸引他的注意，缓慢地前后移动以保证婴儿的眼神跟得上。婴儿累了的时候就要停下。重复这项活动时，需要换一个新的玩具或物品。

　　所需材料：婴儿玩具

图案和人脸的识别

适用年龄：0～6个月

检核表技能4：看悬浮的物体

与明亮的颜色相比，非常小的婴儿更喜欢看图案和人脸。图案应放在婴儿床的一侧，当他们在监护人腿上的时候，图案应放在他们能够看到的地方。棋盘、靶心图、简单的几何形状或大且简单的人脸图案都可以吸引婴儿的注意。

所需材料：棋盘、靶心图、简单的几何形状、大且简单的人脸图案

悬挂的婴儿床玩具

适用年龄：0～6 个月

检核表技能 6：积极地移动胳膊和腿

在婴儿床上系一个玩具，确保婴儿晃动他们的胳膊和腿时玩具会动，婴儿动作越大玩具就晃得越厉害，因为在他们看来这是对自己动来动去的奖励。婴儿还喜欢通过拍打或踢来玩玩具。

所需材料：容易晃动的婴儿床玩具、悬挂在婴儿床上的鲜艳图画

翻滚

适用年龄：0～6 个月

检核表技能 9：翻身

在婴儿开始能控制自己的胳膊和腿时，他们开始尝试翻身。每天安排固定时间让他们在放有护垫或毯子的地上游戏，以鼓励他们翻身。使婴儿的肚子和背部交替朝下，以鼓励婴儿从背部朝下翻滚成肚子朝下。可以在他们身边放一个玩具，他们会为了拿到玩具而尝试翻身。可以慢慢地把玩具放得离婴儿远一点，直到婴儿必须翻身才能抓到玩具。要表扬他们的努力。

所需材料：用来抓住的小玩具

抓住它

适用年龄：0～6 个月

检核表技能 11：在够东西时运用手眼协调

正如在最初几个月观察到的，婴儿总尽力伸手去够一个玩具。为了获得这项技能，手和眼睛必须是协调一致的。为了鼓励抓取技能，拿或挂一个玩具或其他物体放在俯卧的婴儿的身体上方，起初玩具应放在离婴儿非常近的位置，随着此项技能的提高，将玩具移向更远的位置。

所需材料：小的毛绒玩具、线

另一个玩具

适用年龄：6～12 个月

检核表技能 2：将物体从一只手换到另一只手

婴儿会很自然地学会把物体从一只手换到另一只手。给婴儿一个玩具，然后再给他第二个玩具。一开始婴儿接第二个玩具时会把第一个玩具扔掉，要重复给婴儿演示如何将一只手中的玩具换到另一只手。

所需材料：小玩具

谷物零食

适用年龄：6～12 个月

检核表技能 4：用大拇指与食指拾起小物体

放一些谷物在高椅的托盘上，比如谷脆乐，给婴儿展示如何拾起一个。当所有的谷物都被婴儿拾

起并吃掉后，在盘子上放更多的谷物。

所需材料：若干谷物

四处移动

适用年龄：6～12个月

检核表技能9：从一个地方爬到另一个地方

为了鼓励婴儿匍匐前进，应给婴儿提供在地板上、户外草地上或广场上游戏的机会。在婴儿刚好够不到的地方放一个他喜欢的玩具，然后鼓励他尝试去拿这个玩具，并用微笑和认可的语言来奖励他的所有尝试。

所需材料：毛毯、玩具

敲击它

适用年龄：6～12个月

检核表技能11：扶着时能站立

一旦婴儿能够学会起身站立，他们就可以享受练习新技能的机会。为了使站立更有趣，面对面放两把椅子，在两把椅子中间扯一根绳子，并在绳子上挂玩具或家居用品，鼓励婴儿抓着椅子站立并敲击悬挂的物体。

所需材料：两把坚固的椅子、绳子、小的玩具或家居用品、把物体系在绳子上的线

走迷宫

适用年龄：6～12个月

检核表技能12：扶着时能走路

摆些椅子、柔软的东西或其他婴儿家具来制造迷宫，使婴儿能扶着这些东西连续地走。安排一些不同的设置，让婴儿有多种类型迷宫的体验。

所需材料：结实的家具、可以用来做围墙的泡沫塑料板

扔物品

适用年龄：6～12个月

检核表技能13：将物品扔或放进一个容器中

当婴儿具备了抓握物品的能力时，他们很快就能有控制地扔物品。成人应通过与婴儿玩扔物品的游戏来鼓励婴儿发展手控制能力。成人使用一些小物品（例如魔方）和一个容器，来演示拾起物品然后扔到容器里。成人给婴儿一个物品并鼓励他们把物品扔到容器里。成人对婴儿的努力应提出表扬。

所需材料：篮子、盘子、碗等容器，小石块、骰子、玩具等能被扔到容器里的物品

充满惊喜的盒子

适用年龄：6～12个月

检核表技能13：将物品扔或放到一个容器中

找一个鞋盒或其他带有盖子的容器，把小的玩具放进这个容器里。成人向婴儿展示如何打开盖子

并取出物品，以及如何把物品放回容器中并盖上盖子。用不同的物品重复此过程。

所需材料：带有盖子的盒子或大罐子、小的玩具

促进学步儿身体动作发展的经验

扔它！

适用年龄：12 ～ 18 个月

检核表技能 1：扔球

学步儿喜欢投掷，球是他们非常喜欢的投掷玩具。给他们一个用一只手就能轻松握住的软海绵球或橡胶球，轮流向后、向前投掷一段稍短的距离。随着学步儿能力提高，逐渐延长投掷距离。提供给学步儿要使用两只手才能拿住的大球，让他们有不同的投掷体验。

所需材料：海绵或橡胶球

我能建造

适用年龄：12 ～ 18 个月

检核表技能 2：搭两块积木的塔

使用一套边长约为 5 厘米的传统木质积木块或塑料积木块，向学步儿展示如何将积木排在一条线上和如何将积木摞在一起。一些体积大的、重量轻的硬纸板积木同样也可以被用来搭建塔。

所需材料：小的木质或塑料积木或者大的硬纸板质积木

你能制造什么？

适用年龄：12 ～ 18 个月

检核表技能 2：搭两块积木的塔

收集一些小的、坚固的硬纸盒子和其他一些易摞起的箱子，在它们表面贴上背面有黏合剂的纸。帮助学步儿把箱子摞起来，鼓励学步儿尝试用他们自己的方法安排和摞箱子。咖啡罐和装燕麦片的盒子这种圆柱体容器也能被用于此活动。

所需材料：表面贴好纸的空盒子

走到这里，走到那里

适用年龄：12 ～ 18 个月

检核表技能 3：很好地走路

带学步儿到户外行走，找不同类型的路面让学步儿去体验。让学步儿在人行道和不平坦的地面上练习走路。寻找不同种类的路面，并逐步走上有坡度的、长满草的路面和自然小路。

所需材料：无

大步子，小步子

适用年龄：12 ～ 18 个月

检核表技能 3：很好地走路

和学步儿在开阔的地方行走。给他们展示如何走大步子和小步子，并进行用脚尖跑和跑上台阶的练习。在游戏里使用不同种类的步子。讨论已经掌握的步子种类。

所需材料：无

一小段舞蹈

适用年龄：12～18个月

检核表技能 4：倒退走路

播放舒缓的音乐，试着跳一段简单的舞蹈。先和学步儿向前迈步，偶尔向后迈步，向后迈步前提醒他们注意自己的步子。

所需材料：音乐

学用勺子

适用年龄：12～18个月

检核表技能 8：在很少的帮助下使用勺子

在浅盘中放上蚕豆一类的干豆子，教学步儿如何用勺子把豆子从一个盘子舀到另一个盘子中。舀豆子的数量要由少到多，随技能熟练而增加。

所需材料：勺子、豆子、浅盘

涂鸦

适用年龄：12～18个月

检核表技能 11：胡乱涂鸦

给学步儿大纸和蜡笔，教他们在纸上画记号，然后更换蜡笔颜色，告诉学步儿所用蜡笔的颜色的名称。夸奖他们的涂鸦，把他们的"画"挂起来，让他们可以欣赏。

所需材料：大白纸、蜡笔

踢回来！

适用年龄：18～24个月

检核表技能 3：向前踢球

和学步儿玩来回踢球的游戏，踢球距离要由近到远。鼓励他们换脚踢，不要总用同一只脚。

所需材料：大号橡胶球

球球们

适用年龄：18～24个月

检核表技能 4：过肩投球

准备几个能够轻易用单手拿住的球，示范如何过肩投球，而后和学步儿交替投球。

所需材料：多个小球

跟我走

适用年龄：18 ～ 24 个月

检核表技能 5：上楼梯

用色彩鲜艳的彩纸剪出和学步儿脚掌一样大的脚印形状纸片，将它们贴到地板和三级阶梯上，让学步儿踩着脚印双脚交替地上下阶梯。如果他们没有准备好，不要急躁地催促。

所需材料：用彩纸剪出的脚印形状纸片、胶带、三级阶梯

跑跑跑！

适用年龄：18 ～ 24 个月

检核表技能 6：跑步

在空地上用绳子围出 3 个大圈，让一个或一群学步儿从一个圈跑到另一个圈，短暂停顿后，让他们跑到下一个圈。可以逐渐扩大 3 个圈之间的距离。如果有小树林，可以让学步儿在有标记的树之间跑，也可以在操场上的各器材之间跑。

所需材料：长绳子或能做标记的其他材料

像风一样奔跑

适用年龄：18 ～ 24 个月

检核表技能 6：跑步

给每个学步儿一根彩带或一条丝巾，给他们展示如何拿着彩带或丝巾奔跑。在空旷的草地上奔跑，看彩带或丝巾随风飘舞。

所需材料：彩带或丝巾

倒米

适用年龄：18 ～ 24 个月

检核表技能 10：用茶杯或玻璃杯饮水

为锻炼学步儿用杯子饮水的动作技能，让他们用不同杯子倒米。在塑料盆中倒入半盆米，教他们如何把米从一个容器转移到另一个容器中。若有一群学步儿，在地上铺上床单，给每名学步儿一个塑料盆、一份米以及几个塑料杯。

所需材料：塑料盆、米、不同型号塑料杯

认知发展课程

促进婴儿—学步儿认知的发展

身体发展部分将婴儿的发展描述为通过感官和动作技能来认识世界。运动和提高身体协调能力的活动有助于学习，用感官接收信息的活动也以相似的方式促进认知发展。由于婴儿的感官活动和身体

活动是同时开展的，二者是不可分割的（Caulfield，1996）。

认知发展是学习的途径，通过认知，婴儿习得知识、开化智慧。学习是理解的途径，维赛尔认为婴儿的理解分为 3 个步骤：感官接收信息，处理信息，运用信息进行理解（Weiser，1991）。

学习过程涉及情感因素，因此在婴儿认知发展过程中保育人员和父母的作用显著。婴儿不仅需要学习能力，更需要有人鼓励他们去探索、发现世界。他们应有获取知识的倾向（Katz，1988）。父母和保育人员的目标不仅是帮助婴儿获得经验以发展认知，更应让婴儿体验到学习是个快乐的过程。

下面将介绍促进认知发展的活动。这些活动与第四章沃瑟姆儿童发展检核表中描述的特点可对应起来（表 4-1 至表 4-4）。

促进婴儿认知发展的经验

让婴儿坐起来

适用年龄：0～6 个月

检核表技能 3：眼睛跟随移动的人或物体

检核表技能 10：观察物体和逼真的图片

婴儿需要在不同位置从不同视角观察他们周围的事物。可以把婴儿放在婴儿椅、豆袋椅上，或用枕头支撑婴儿坐住。他们可以观察其他人的活动、图形以及外界环境的自然特点。

所需材料：豆袋椅、枕头或婴儿椅

循声找人

适用年龄：0～6 个月

检核表技能 3：眼睛跟随移动的人或物体

婴儿喜欢观察成人的活动。随着婴儿的成长，他们可以通过成人的声音判断成人的位置。和婴儿玩循声找人的游戏，当婴儿通过你的声音转过头找到你的时候，抱抱他们以示鼓励。让婴儿采用各种不同姿势，不管躺着、趴着还是坐着，婴儿都能找到成人的位置。

所需材料：无

婴儿床悬挂物

适用年龄：0～6 个月

检核表技能 4：看悬浮的物体

婴儿在非常小的时候就能注视在婴儿床上悬挂的物体了。可以把好玩的家居物品悬挂在婴儿床上，如果这些东西可能会伤害到婴儿，一定要注意不能让婴儿碰到。婴儿都是喜新厌旧的，如果他们对现有的东西厌倦了，要及时更换。

所需材料：用以在婴儿床上挂物品的带子，可悬挂的毛球、橡胶厨具、玩具等

看一看

适用年龄：0 ～ 6 个月

检核表技能 10：盯着物体和逼真的图片

婴儿喜欢看周围的东西和图片。把婴儿放在膝头的时候可以给他们看杂志或图画书上的图画，可以带着婴儿四处逛逛，给他们看花草树木、宠物或其他有意思的东西。在看一看的活动中，应在婴儿看的时候给婴儿讲他所看的东西。

所需材料：室内外的动植物等、图片、图画书

听一听

适用年龄：0 ～ 6 个月

检核表技能 12：听到铃声或拨浪鼓声时转头

婴儿会特别关注没听过的声音。用摇铃玩具逗婴儿玩，让婴儿坐在保育人员膝头，在婴儿身后摇铃，婴儿听到新的声音会立即转头。通过提供玩具给婴儿抓或探究来奖励他们。

所需材料：摇铃玩具或其他声音玩具

找一找

适用年龄：6 ～ 12 个月

检核表技能 5：发现藏起来的玩具

6 ～ 12 个月的大多数婴儿知道物体是永恒的。为了巩固婴儿的这一重大进步，在小玩具上绑上彩带，把玩具藏起来但露出彩带，教会婴儿通过拉彩带把小玩具拉出来。表扬他们的尝试。

所需材料：多色彩带、小玩具

质地之趣

适用年龄：6 ～ 12 个月

检核表技能 14：操作物体

婴儿喜欢体验不同质地、不同表面、发出不同声音的物品。给婴儿准备蜡纸、玻璃纸、报纸、软毛巾、礼品纸等，因为婴儿很可能会把这些东西放到嘴里，所以一定要照看好婴儿。

所需材料：玻璃纸、不同质地和不同颜色的纸

摞杯子

适用年龄：6 ～ 12 个月

检核表技能 14：操作物体

给婴儿一套量杯或一组玩具嵌套杯，教他们如何把小杯子放进大杯子里，并表扬他们的尝试。

所需材料：嵌套杯玩具、量匙

模仿游戏

适用年龄：6 ～ 12 个月

检核表技能 16：模仿动作

和宝宝玩简单的模仿动作游戏，如"我说你做"（成人说拍掌等动作并让宝宝做出来），"跟我做"（成人做动作让宝宝跟着学），摸鼻子，摸膝盖，以及传统模仿游戏——教宝宝亲吻、飞吻、挥手再见等动作。

所需材料：无

促进学步儿认知发展的经验

找彩蛋

适用年龄：12～18 个月

检核表技能 1：追踪和找回不在视线范围内的某个玩具

把塑料的复活节彩蛋藏起来，每个都露出一小部分，教学步儿找到彩蛋。一开始彩蛋要藏得比较明显，多次练习后，彩蛋可藏得较为隐蔽，让学步儿视线内的彩蛋越来越少。

所需材料：大号塑料复活节彩蛋

小小邮递员

适用年龄：12～18 个月

检核表技能 1：追踪和找回不在视线范围内的某个玩具

把玩具或其他有趣的物品放入信封中，再把信封丢进大盒子里。让学步儿从盒子里拿出信封，拆开看看里面有什么，重复多次后更换信封中的物品。

所需材料：大小不一的信封、能放入信封的小玩具等

罐子里的夹子

适用年龄：12～18 个月

检核表技能 2：把物体放进容器并从中取出

在咖啡罐四周贴上纸，在塑料盖子上打出一个比夹子略大的圆洞。教学步儿把夹子（最好是圆形的夹子）放入洞中，边放夹子边数数。把所有的夹子都放入罐子后，教学步儿如何打开盖子并倒出所有夹子，如此重复。

所需材料：咖啡罐或其他有塑料盖的容器、夹子或其他小物品

丁零零

适用年龄：12～18 个月

检核表技能 3：用熟悉的物体玩角色扮演游戏

给学步儿一个旧电话或玩具电话，教他们如何拨号"打电话"。鼓励他们给家人打电话，成人装作打电话参与角色扮演。

所需材料：玩具电话或不用的旧电话

买买买

适用年龄：12 ～ 18 个月

检核表技能 3：用熟悉物体玩角色扮演游戏

收集食品包装，把包装放到矮桌子或架子上，教学步儿如何拿大篮子、大袋子或玩具手推车"购物"。和他们谈论买了什么，选好物品后，让他们说出各个物品的名字，并鼓励他们拿出说到的物品。可以变更物品，有新花样的同时也能教给学步儿新词。

所需材料：食品包装，袋子、篮子或玩具购物车

帽子游戏

适用年龄：12 ～ 18 个月

检核表技能 4：认出镜子中的自己并与之互动

准备几顶旧帽子，越奇怪越好。教学步儿戴帽子照镜子，轮流戴搞笑帽子并认出彼此。男式、女式帽子都要有，鼓励他们戴各种各样的帽子。

所需材料：各种帽子

玩拼图

适用年龄：12 ～ 18 个月

检核表技能 5：解决简单的拼图或搭建问题

选购只有两三片的简易拼图，或把纸板上的图画剪成两三片。如果是木制拼图，应有便于拾起来的小柄。教学步儿如何拼拼图，表扬他们的拼图。如果拼图对他们来说过于简单，增加拼图的片数。可以用空盒子剪出很多拼图。

所需材料：购买或制作的只有两三片的简易拼图

解决问题

适用年龄：12 ～ 18 个月

检核表技能 5：解决简单的拼图或搭建问题

用不同直径的塑料卷发棒教学步儿如何把小号卷发棒套入大号卷发棒。鼓励他们自己嵌套卷发棒。

所需材料：不同直径的塑料卷发棒（Seagate，Brown-DePaul & Keyes，2003）

机动玩具

适用年龄：18 ～ 24 个月

检核表技能 1：展示玩具的正确功能

很多玩具需要学步儿通过按按钮、拉拉杆或其他操作来激活，给他们一个这样的玩具并示范如何玩。学步儿对一个玩具厌倦时，把它放到一边换另一个。

所需材料：机动玩具

户外玩具

适用年龄：18～24个月

检核表技能1：展示玩具的正确功能

准备多种能够推拉的户外玩具，给学步儿示范用玩具割草机"修剪草坪"，或推玩具婴儿车。在学步儿玩玩具的时候告诉他们这是在干什么及玩具的用途。

所需材料：户外玩具

更多形状

适用年龄：18～24个月

检核表技能3：将正确的形状放在形状盒子中

制作或找到一个有5种不同形状的形状盒子，请学步儿尝试将形状放入正确的形状盒子中。如果他们发现任务太难，请向他们展示如何将图形卡片放进所对应的孔中。

所需材料：有5个及以上图形卡片的图形玩具

肥皂泡

适用年龄：18～24个月

检核表技能4：玩家务管理类玩具

在一个盆中装半盆水，再加点洗衣液，给学步儿展示如何用搅拌器或打蛋器制作肥皂泡，学步儿可能对用手在肥皂水中玩更感兴趣。在玩的时候，需要一大块塑料纸来保护地面，学步儿需要系上儿童围裙来保护他们的衣服。一群学步儿可以共用一张玩水桌，多种类型的搅拌器都可以被用来实验和使用。

所需材料：盆、洗衣液、打蛋器或搅拌器、塑料纸、围裙

儿童游戏室

适用年龄：18～24个月

检核表技能4：玩家务管理类玩具

把一个旧床单铺在桌子上，创设一个儿童游戏室。剪裁出一个开放式的门，把玩具、盘子、儿童的睡袋或者其他吸引人的玩具放进儿童游戏室里，邀请学步儿在里面玩角色扮演游戏。也可以在地板上搭一个小的野营帐篷来进行这种形式的活动。

所需材料：桌子、旧床单、儿童游戏室玩具

我在这儿

适用年龄：18～24个月

检核表技能5：辨认出照片中的自己

制作一本有关个体和团体的相册，其中有学步儿的照片。通过和学步儿一起看这本相册，让学步儿在照片中找到自己，或者认出其他人。

所需材料：收集一些照片或者相册

寻找另外一个

适用年龄：18 ~ 24 个月

检核表技能 6：匹配相似颜色的物体

选择 6 个木块或其他物体：2 个红色的、2 个黄色的和 2 个蓝色的。把每种颜色中的一个放在学步儿的面前，并向学步儿展示如何在其他 3 个木块中选出与之颜色相同的那个，重复操作每种颜色的木块。表扬所有努力完成的学步儿，并讨论配对物体的颜色。

所需材料：每种颜色的立方体或物体各 2 个（红色、黄色、蓝色）

再多一个

适用年龄：18 ~ 24 个月

检核表技能 8：理解"再多一个"

和学步儿一起数一组物体的个数，数到 3 或 4 的时候停止，然后在这组物体中添加一个，说："再多一个。"多次重复活动之后，让学步儿给你"再多一个"。

所需材料：计数用的玩具或物体

挪动

适用年龄：18 ~ 24 个月

检核表技能 9：把玩具放回原处

用彩色丝带把一个玩具架分成 3 或 4 部分，选 4 个玩具放在这些空间里。在玩具图片册中找到这些玩具的图片，如果图片中没有适合的，就画一个简单的图形来代表这个玩具。玩一个游戏，把玩具按照图片放到架子上。在游戏快结束时，帮助学步儿把玩具放回原来的地方。当学步儿对一个玩具架已十分熟悉时，再放另一个玩具架。

所需材料：玩具架、玩具、玩具的图片或玩具的图示

感觉

适用年龄：18 ~ 24 个月

检核表技能（社会性—情感发展）5：探索新事物时表现出极大的兴趣

带学步儿到户外，让他们感受不同东西，例如草地、沙子、树皮等。带他们触摸、体验这些东西的质地并给他们讲解。

所需材料：无

抓虫子

适用年龄：18 ~ 24 个月

检核表技能（社会性—情感发展）5：探索新事物时表现出极大的兴趣

在户外，让儿童留意昆虫。如果条件允许，教他们在地上、树上、花草间、篱笆上找虫子，把这些虫子收集起来放到罐子里，在成人的监护下让他们观察。

所需材料：捕虫网、笼子或干净且扎有气孔的带盖塑料容器

语言发展课程

促进婴儿—学步儿语言的发展

尽管婴儿一般在将近 1 岁时才会使用真正的发声和语言交流，但实际上语言习得从婴儿出生甚至未出生时便开始了。学习运用语言与他人交流对儿童来说是一项艰巨的任务，这项任务从婴儿运用听觉来理解周围环境中的语音及语言的基本要素开始（Caulfield，1996）。婴儿和学步儿必须学习语言的声音（或者说音系）、语义（或者说含义）、词汇形态、句法和语法以及语用（或者说语言交流的符号逻辑）（McDevitt & Ormrod，2004）。婴儿在人生第一年的前几个月便开始习得这些语言要素，并贯穿终生，而语言的基本体系到幼儿入学时已基本被掌握。

关于语言习得的方式，学界众说纷纭。斯金纳认为儿童通过模仿成人的语言模型习得语言，语言和思想都是通过成人和儿童的互动习得的（Skinner，1957）。持有先天理论的学者认为儿童语言习得的能力是先天获得的，并随儿童的成长而发展（Chomsky，1965；Lennenberg，1967；McNeil，1970）。皮亚杰提出儿童的语言产生于他们自身世界中的语言经验，儿童早期的语言反映其感官体验（Piaget & Inhelder，1969）。维果茨基认为社会关系影响儿童的语言，成人语言对儿童语言的鼓励应与儿童对语言帮助的需求相匹配，有经验的父母会提供社交情境来鼓励儿童运用语言（Vygotsky，1978）。

若有成人的鼓励，婴儿和学步儿会更喜欢说话，例如学会语言交流以后，他们就会用语言描述他们的行为和想法。他们通过模仿听到的词语来学会词语，尽管他们用自己的句法体系来组织这些词语。实际上，这些理论分别解释了一部分语言习得的复杂特点，但都不能完整地解读语言习得过程。

在婴儿和学步儿的语言习得过程中，成人起着至关重要的作用。儿童要想听、说语言，成人必须提供语言环境和包含口头交流的支持性互动。读写能力也是语言习得的重要组成部分，婴儿和学步儿不仅要会听会说，还要会读会写，书和故事就成了绝佳工具（Jalongo，2004，2007）。

非英语家庭的儿童在语言习得过程中有特殊的需求。这些婴儿和学步儿在家中和保育机构中接触的语言不一样，这就使得他们有机会接触和学习两种语言。米勒建议保育机构的保育人员帮助不讲英语的儿童逐步熟悉并使用英语，可通过以下方式指导儿童（Miller，1992）。

· 给儿童安全感，建立彼此之间的信任。拥抱、爱抚、微笑和眼神接触都能安抚儿童。

· 使用儿童所说语言的关键词。从儿童父母那里了解儿童是如何表达自己的需求的。

· 慢慢讲话，吐字清晰，给儿童树立榜样。讲话时要以身作则地说完整的句子，并把儿童不完整的话语补充完整。

· 通过谈论眼前的事情构建接受性语言。在教室里和儿童谈论他们正在做的事，告诉他们活动安排。

· 鼓励儿童说交际用语，如 "谢谢""是的""不是""好的"等，以构建表达性语言。

· 试着解读儿童的非语言交流行为，如手势、声音等，并用语言给儿童解释。

· 鼓励儿童与教室中的其他儿童交流。社会交往可以提高儿童的交际能力，也是很好的语言练习机会。

以下主要给保育人员介绍有助于语言习得的活动，这些活动与沃瑟姆儿童发展检核表对应。6 个月以下的婴儿参照"社会性—情感发展"部分，6 ～ 12 个月的婴儿参照"身体—认知发展"部分，12 个月以上的学步儿参照"语言发展"部分。

促进婴儿语言习得的经验

我们谈谈

适用年龄：0 ～ 6 个月

检核表技能 3 ：对谈话、微笑和触摸做出回应

检核表技能 6 ：愉快、不愉快、渴望和满意的时候发出声音

要经常在婴儿吃饱睡足的时候抱着婴儿和他们说话，要抱得足够近，只有这样他们才能在你说话、微笑的时候看到你的脸。婴儿发出声音时，要对他们报以微笑。婴儿和成人通过这样的"交谈"促进感情。

所需材料：无

身体部位

适用年龄：0 ～ 6 个月

检核表技能 3 ：对谈话、微笑和触摸做出回应

把婴儿放在膝头，或放在铺有毯子的地板上。边说身体部位的名称边拍打、抚摸婴儿相应的部位，说话的时候要微笑。若婴儿也发出声音，要口头表扬他们，并报以更多微笑。

所需材料：无

交流感情

适用年龄：0 ～ 6 个月

检核表技能 6 ：愉快、不愉快、渴望和满意的时候发出声音

0 ～ 6 个月的婴儿开始用声音表达他们的各种情感。有时候婴儿在和成人交流时会发出咕咕的声音，婴儿累了、饿了或受挫的时候会烦躁或哭闹。要理解他们的不同情绪，对症下药，给予安抚。要和婴儿说你所理解的他们的感受。

所需材料：无

一起笑

适用年龄：0 ～ 6 个月

检核表技能 9 ：咯咯笑或者大笑

婴儿喜欢和熟悉的人"说话"，当他们开始获取交流经验时，首先发出咕咕声，而后便咯咯笑或大声笑。当婴儿想要和你"说话"时，让婴儿面朝你躺在你的膝头，笑着和婴儿说话。婴儿会让你知道他们是否想继续"说话"，这样你很快便会知道你们的哪类对话或身体动作会引他们发笑。当婴儿累了，转换成较为安静的活动。

所需材料：无

和婴儿交谈

适用年龄：6 ～ 12 个月

检核表技能 8：模仿语音

尽管这个年龄段的婴儿还不能说出真正的词汇，但他们可以发出声音、模仿语音。你可以和他们交谈并对他们发出的声音做出回应。把婴儿面朝你放在膝头，模仿他们发出的声音。你也可以发出类似"吧吧吧"的声音，鼓励婴儿模仿这个声音，要表扬婴儿的模仿。

所需材料：无

学新词

适用年龄：6 ～ 12 个月

检核表技能 8：模仿语音

婴儿能学会身边事物的名称，尽管他们还不能说出来。在婴儿玩的时候，告诉他们身边事物的名称。如果婴儿对你的语音有反应或试图模仿，要及时表扬并重复事物名称以加强学习。用各种物品重复这一活动。

所需材料：身边的玩具或其他物品

"嗨"和"拜拜"

适用年龄：6 ～ 12 个月

检核表技能 15：说出单独的词，如"爸爸""妈妈"

婴儿最基本的交流方式之一便是说"嗨"和"拜拜"。跟婴儿挥手，说"嗨"或"拜拜"，并鼓励婴儿模仿你。用相似的词汇重复，如宠物的名字、兄弟姐妹的名字等。要注意表扬婴儿。

所需材料：无

鼓励语言交流

适用年龄：6 ～ 12 个月

检核表技能（社会性—情感发展）8：用动作或姿势去交流（如伸出胳膊以求拥抱）

婴儿会说话前会用姿势、手势让成人知道他们想要什么，有时候还会耍赖。要通过问婴儿想要什么来鼓励正确的交流方式，如："你要香蕉吗？""说'香蕉'。"要注意表扬他们："真棒，你说'香蕉'啦，给你香蕉。"对婴儿不同的动作要反复如此，教他们用说话的方式交流，而不是用姿势、手势或耍赖。

所需材料：无

促进学步儿语言习得的经验

和我说话

适用年龄：12 ～ 18 个月

检核表技能 1：说出 1 个单词（也许再添加两三个单词）

学步儿还在牙牙学语的时候会发出像词汇的声音。由于学步儿说出的一个词代表了一个完整的想法，成人要试图理解学步儿的意思并回应。例如，学步儿说"灯"的时候，成人要回应说："对，那是个灯。"要表扬学步儿说的话并回应。

所需材料：无

你的眼睛在哪里

适用年龄：12 ～ 18 个月

检核表技能 2：按要求指身体部位

学步儿在能说出事物名称之前，他们会用指的方法。学步儿对自己的身体很感兴趣，喜欢学自己身体部位的名称。成人可以指着身体部位教学步儿念出相应的名称，而后可以通过提问游戏的方式巩固，如问学步儿"你的眼睛在哪里？""你的嘴在哪里？"等。学步儿学会指主要的身体部位后，适当教他们其他部位的名称。当学步儿能说出身体部位的名称后，指着身体部位问他们对应的名称。

所需材料：无

人体拼图

适用年龄：12 ～ 18 个月

检核表技能 2：按要求指身体部位

把一个娃娃的图片贴在纸板上，把各个身体部位剪下来，或把画贴到绒毡板上，在绒毡板上拼图。教学步儿如何把身体拼起来，让他们把胳膊、腿等拼起来。说出身体部位名称，让学步儿指认。

所需材料：把娃娃图片贴在纸板或绒毡板上做出的人体拼图

读出书中图画的名称

适用年龄：12 ～ 18 个月

检核表技能 3：模仿单词

选购初学者图书，内容是学步儿熟悉的物品、玩具、动物等。和学步儿一起看书，给学步儿指认图画的名称，鼓励学步儿跟你读出图画的名称。通过多本图书的阅读来帮助学步儿练习。

所需材料：简单的儿童图画书

在哪里

适用年龄：12 ～ 18 个月

检核表技能 4：对单个请求做出回应

给学步儿唱歌，先问他们自己在哪里："××在哪里？"学步儿指自己。根据歌词中的提问，学步儿指向不同的事物。这项活动不仅能让学步儿学习词汇，也教会他们根据问题做出回应。

所需材料：无

《老麦克唐纳》①

适用年龄：12～18个月

检核表技能5：至少说出5个物体的名称

选购一本动物类图画书，或用动物图片自制一本书。和学步儿边看书边唱歌，根据书上的图画唱《老麦克唐纳》，鼓励学步儿根据书中图片唱出歌词中的动物名称，唱不出来的时候成人要给他们适当帮助。

所需材料：农场动物类图画书

户外交谈

适用年龄：12～18个月

检核表技能5：至少说出5个物体的名称

带学步儿出门的时候，留意身边他们能看到的事物，如指着天空飞过的小鸟告诉他们那是小鸟。用身边的事物多加练习后，向他们提问教过的事物的名称。

所需材料：无

我在干什么

适用年龄：18～24个月

检核表技能1：将两三个单词结合起来

模仿学步儿熟悉的动作，如洗脸、穿衣服、喝水等，问他们："你在干什么？"教他们模仿动作，回答他们在做什么。用其他动作反复练习。

所需材料：无

你在吃什么

适用年龄：18～24个月

检核表技能1：将两三个单词结合起来

吃饭或吃零食的时候，和学步儿谈论吃的食物，要谈及食物的名称、颜色、味道，问他们食物怎么样，要表扬他们的回答（各种日常活动中都可以用这种方式引导学步儿说话）。

所需材料：食物

这是个球

适用年龄：18～24个月

检核表技能1：将两三个单词结合起来

和学步儿玩手指游戏有助于提高他们的语言能力，例如玩"这是个球"：成人说物体名称，用手比划出来，鼓励学步儿说物体名称并也用手比划出来。常和学步儿玩手指游戏，学步儿熟悉后就乐于玩此游戏了。

---

① 这是一首美国儿童歌曲（译者注）。

这是个球

这是个球（用大拇指和食指比出圆形），

这也是个球（用两只手比出圆形），

这是个大球（用两只胳膊比出圆形），

你数数有几个球。准备好了吗？

一个球（用大拇指和食指比出圆形），

两个球（用两只手比出圆形），

三个球（用两只胳膊比出圆形）！

所需材料：无

边玩边聊

适用年龄：18 ～ 24 个月

检核表技能 1：将两三个单词结合起来

在户外的时候，和学步儿聊各种游戏活动，鼓励他们告诉你他们在干什么。例如，当学步儿用锹和桶挖沙子，称赞学步儿的成果，并让他们和你说说他们在干什么。要鼓励他们和你聊在做的事情。

所需材料：无

这是什么

适用年龄：18 ～ 24 个月

检核表技能 3：为图片命名

收集几组物体的图作并归类，如动物、食物、家具、玩具等。拿出一组图片，告诉学步儿每张图片的名字，然后提问他们，条件允许的话可结合现实事物。多次练习后，拿一组图片问他们，看他们不经提示能说出多少事物的名称。要表扬学步儿。

所需材料：多组熟悉物体的识物图片

讲故事

适用年龄：18 ～ 24 个月

检核表技能 3：为图片命名

常给学步儿讲简单的故事，学步儿对故事熟悉以后，让他们看故事图片，鼓励他们说出图片上物体的名称，让学步儿告诉你图片上的故事情节。

所需材料：故事书

布偶

适用年龄：18 ～ 24 个月

检核表技能 4：在无提示的情况下模仿成人讲话

和学步儿玩布偶，用布偶和他们"说话"。学步儿对布偶熟悉起来后，鼓励他们用布偶和你"说话"。如果学步儿一开始感到害怕，要有耐心。

所需材料：学步儿熟悉的布偶

给婴儿和学步儿的图画书

　　图书应以图画为主，文字要少，语言要简洁精练、新颖有趣，要有启发性。

　　图书的主题应对婴儿和学步儿有吸引力，推荐以穿脱衣物、睡前故事、助眠故事等为主题的图书。

　　看图识物、学颜色、学数字之类的图书很畅销。看图识物书可以选择动物类（宠物、动物园动物、农场动物等）、生活用品类、玩具类及按字母表顺序排列的物品图书等。

　　婴儿和学步儿很喜欢反复看一本图书。关于婴儿和学步儿图书的选购和使用详见贾隆戈的研究（Jalongo，2004）。

社会性发展课程

促进婴儿—学步儿社会性的发展

　　社会性发展在婴儿第一次与他们所处环境中的人交往时就开始了。婴儿从出生起就会在母亲的肚子上、父亲的怀抱中游戏，这些早期的互动开启了父母与婴儿建立情感纽带的过程。随时发生的社会交往将使社会性和情感发展过程持续进行。

　　埃里克森将从出生到 18 个月称为儿童心理发展的第一个阶段：信任—不信任（Erikson，1963）。成人对婴儿需要的关注使婴儿形成信任感，这在社会性和情感发展的过程中处于基础位置。当自我意识作为个体性发展需要出现，学步儿便进入"自主—害羞和怀疑"阶段。成人对其探索和独立的支持促进了这些可自由活动的个体对自主性的需求。日常生活中的许多活动都是婴儿和学步儿社会性和情感发展的一部分，然而成人照料者可能没有意识到社会交往作为活动一部分的重要性。前面强调了照料者要使用语言与婴儿和学步儿交流，以促进语言的发展，社会交往同样可促进婴儿和学步儿社会性和情感的发展。在下面描述的活动中，关注点将放在成人如何与婴儿和学步儿交往，以促进其社会性发展。

促进婴儿社会性发展的经验

骑木马

适用年龄：0～6 个月

检核表技能1：专心地看一个成人

几乎所有的婴儿都喜欢这个游戏。在游戏的过程中，给他们机会去直接凝视成人的脸，通过喊叫与成人互动。将婴儿面向你放在你的膝盖上，抖动膝盖，轻轻地让婴儿弹起，并重复一首儿歌，将婴儿弹得较高时要说"加油"。婴儿和成人都对儿歌的最后十分期待。

骑木马

骑木马去班布雷·克劳斯，

去看一个骑白马的漂亮女士；

她手戴戒指，脚趾戴铃铛，

不管她走到哪儿都有音乐相随。

所需材料：无

抱住婴儿

适用年龄：0～6个月

检核表技能2：调整身体以适应成人抱他的方式

用各种各样的方式抱婴儿，如使婴儿趴在肩头或晃动胳膊当摇篮。在婴儿的视线内放一些照片、图片等，改变你的位置让婴儿看到不同的事物。婴儿通过拥抱学会信任和爱，可以通过身体接触加强沟通。

所需材料：多彩的图案、照片或婴儿能看到的物体

上和下

适用年龄：0～6个月

检核表技能3：对谈话、微笑和触摸做出回应

婴儿很享受成人在微笑和说话的同时将其轻轻地举起和放下。对成人的信任随着对身体活动的享受而发展，这加强了婴儿和成人之间的依恋纽带。成人在把婴儿轻轻地举起或举过成人头顶的这个游戏中，应保持与婴儿的眼神交流，在活动中婴儿会对成人高兴的表情做出回应。

所需材料：无

抱住我

适用年龄：0～6个月

检核表技能4：被抱起来后变得安静

当婴儿烦躁时，他们想被拥抱。在新生儿适应新的环境时，使他们知道自己将会被抱住能建立他们的安全感和信任感。当婴儿烦躁时，紧紧地抱住他们，并用柔和的声音与之交谈。触摸、轻拍和抚摸通常能帮助烦躁的婴儿消除不安。被紧紧裹在温暖的毛毯里的感觉同样可以消除婴儿的烦躁。

所需材料：无

婴儿希望被关注

适用年龄：0～6个月

检核表技能 5：当某人和他玩的时候停止哭泣

当婴儿哭闹时抱起他们通常被认为是溺爱婴儿的做法。但研究表明，在出生后的头几个月，成人将婴儿抱起能满足其对安全感的需要，之后婴儿会慢慢减少对被关注的需要。

在婴儿哭闹时给予关心，停止手中的活动和他们玩，可以以此代替抱起婴儿的方法。说话、抚摸或提供一个玩具，让婴儿知道如果他们需要，你就会在旁边。

所需材料：玩具

我在哪儿

适用年龄：0～6个月

检核表技能 8：通过视觉或听觉知道熟悉的人或事物

出生后不久婴儿就学会了辨别母亲或主要照料者和不太熟悉的成人。玩一个在婴儿视线外喊叫婴儿的识别游戏，当婴儿开始知道看向你的时候，通过出现并和他们说话、抱住他们或和他们游戏来奖励他们。

所需材料：无

镜子的乐趣

适用年龄：6～12个月

检核表技能 2：和镜子里的映象玩

当婴儿坐在成人膝盖上时，在他们面前放一面镜子，允许他们去观察自己在镜子里的映象，鼓励婴儿与镜子中的映象互动。换一种方式，让婴儿趴在地板上，在他们面前放一面立式镜子。

所需材料：手镜或大的落地镜

帽子游戏

适用年龄：6～12个月

检核表技能 2：和镜子里的映像玩

婴儿都喜爱戴帽子。让婴儿坐在你身边的镜子前面，为他们表演如何戴帽子,并欣赏镜子中的婴儿。轮流戴帽子，并欣赏彼此。

所需材料：各种各样有趣的帽子

一位新朋友

适用年龄：6～12个月

检核表技能 4：对一个新的人的出现做出回应

当婴儿处在陌生人焦虑（认生）期时，介绍陌生人时需要谨慎，使婴儿在一个安全的环境中（正如在家庭成员或者看护者陪同下）和陌生人逐渐变得熟悉。只有当婴儿显示出对接近新朋友的兴趣时，社会互动才可能发生。若婴儿与新朋友相处时感到舒适，则表明他们愿意与人发生互动。

所需材料：无

促进学步儿社会性发展的经验

看到我的玩具了吗

适用年龄：12～18 个月

检核表技能 2：为他人提供物体

学步儿最先出现的社会互动意识之一就是带着玩具和物体接近他人。学步儿可能想向成人展示玩具或让成人拿着，成人应通过接受学步儿的玩具并表示感谢这种方式来回应学步儿的行为。这种行为通常是暂时的，学步儿很快就会期盼玩具重新回到手上。当学步儿做这个游戏活动时，通常不断变换玩具。

所需材料：玩具或其他物体

我自己来

适用年龄：12～18 个月

检核表技能 3：独自游戏或与他人平行游戏

受到充分关注的学步儿并不总需要成人参与到他们的游戏中来。当成人注意到学步儿能够自己玩得非常开心时，应避免打断学步儿，远远地看着他们。成人可以每隔一小段时间就去支持或检查一下学步儿的活动。

所需材料：无

布置餐桌

适用年龄：12～18 个月

检核表技能 4：帮助完成简单的任务

学步儿对任务的意识是在家庭或保育机构中形成的，其中一项任务就是让学步儿帮忙布置餐桌。成人可以向学步儿展示如何在每个餐位前放一张餐巾纸，学步儿在成人的指导下或许能做到在每张餐巾纸的旁边放一个茶杯。即使学步儿做起来很耗时，也要对他们的帮助给予赞赏。

所需材料：餐巾纸、茶杯

爱宝宝

适用年龄：12～18 个月

检核表技能 7：携带、拥抱玩具

获得丰富情感体验的学步儿很快就学会如何表达爱。当学步儿开始表达情感时，父母或照顾者就要示范对玩具表示爱的行为并赞赏他们。成人可以提出建议："轻拍宝宝"或"爱这只猴子"。

所需材料：布娃娃或动物玩偶

你感觉如何

适用年龄：18～24 个月

检核表技能 1：用单词让别人知道自己的需求或表达感受

学步儿可学会认识和表达他们的感受，成人帮助他们来表达自己的感受。当学步儿快乐、生气或害怕时，成人在交谈中通过语言来表达感受，例如"××（学步儿的名字）是非常快乐的"。也可以这样说："你感觉很疯狂吗？有时妈妈也感觉很疯狂。"如果学步儿愿意和你一起讨论感受，那么学步儿就会理解他们有不同的感受，这些感受是正常生活的一部分。

所需材料：无

一起整理玩具

适用年龄：18 ~ 24 个月

检核表技能 2：按要求把玩具放在一边

大一点的学步儿能够并乐意回应要求。在整理玩具这项任务中，他们能进行简单的合作。玩具都被存放在一个特定的位置，成人和学步儿讨论这些玩具应放在哪儿，并示范如何把它们整理好。虽然学步儿不可能独自完成任务，但他们在任务中享受参与的过程。帮助与持续的赞赏是活动的基本要素。

所需材料：玩具

爱你

适用年龄：18 ~ 24 个月

检核表技能 3：与成人和其他儿童进行情感互动

作为某个群体的一员，学步儿正在发展其社交技能。成人可以通过自己的爱意与深情来促进学步儿情感的发展。学步儿需要有机会参加团队活动，成人应支持学步儿之间的情感交流。当成人看到一名学步儿对另一名学步儿很友爱，可以称赞这名学步儿，并奖励一个深情的拥抱。

所需材料：无

郊游

适用年龄：18 ~ 24 个月

检核表技能 5：探索新事物时表现出极大的兴趣

当学步儿在陌生人面前或在一个新地方克服了他们的犹豫时，他们便可享受多种体验。他们都是疯狂的学习者，并表现出对新人物和新地方的持续性意识。带学步儿去公园，看木偶表演，参加非正式的音乐活动，或到其他让他们能够观察和体验的地方，并讨论你们在哪里、发生了什么。

所需材料：无

表达性艺术课程

促进婴儿—学步儿表达性艺术的发展

有可能培养婴儿和学步儿对表达性艺术的欣赏吗？婴儿和学步儿能参加表达性艺术活动吗？虽然

他们的能力较弱，但这些年幼的儿童仍能运用自身已有的能力发展起关于自然界的审美品质及对表达性艺术的创造性表达。

婴儿和学步儿用他们的触觉和身体动作去体验和理解他们的世界。成人通过提供一些活动，比如给婴儿和学步儿介绍音乐、自然环境中美丽的元素、能被触摸和感觉的雕塑、伟大艺术家具有代表性的绘画作品，或让他们与高品质的美术样品互动，来培养他们感知周围环境特点的意识。

通过儿歌和其他歌唱活动向婴儿和学步儿介绍音乐和歌曲，这是他们日常活动的一部分。在他们乘车、玩玩具及一天中其他安静的时间里，也可以为他们提供欣赏美妙音乐的机会。父母和保育人员可以抱着婴儿和学步儿随节奏和情绪不同的古典音乐摇摆和移动。婴儿和学步儿可以与家人一起享受户外音乐会，还有一些其他机会来开展时间较短的娱乐活动。

图书和故事阅读经验也可以提高儿童的审美能力。成人可以选择不同种类的图书与婴儿和学步儿分享，除了考虑图书的耐用性外，成人可以寻找一些插图质量较高的图书，儿童也可以从中获得爱护图书的经验。可选用有著名画作的图书，但应注意这些绘画作品应能吸引非常年幼的读者。

通过儿歌和手指游戏使儿童了解诗歌。通过念儿歌、与儿童一起唱歌让他们参与体验语言趣味性和韵律美的活动。重复体验韵律的活动，如"骑木马"和"五只小猪"，让儿童去听儿歌中的韵律和优美的语言，并用提前编好的身体动作给儿歌伴舞。

审美品质是在自然环境中培养起来的，尤其是要通过生活中的美好事物来培养。鱼缸里的鱼、多彩的植物、有趣的鸟为婴儿和学步儿提供了机会，让他们感受那些美丽的色彩以及颜色与形状惊人的搭配效果。有无数种花朵和植物能够让儿童观察、触摸及用鼻子闻。儿童通过自然元素获得更多体验，并获得感知能力的提高和发展。

美国公共广播公司（PBS）的少儿节目也可以给婴儿和学步儿带来审美体验。《巴尼》和《巴斯》节目为学步儿提供了跳舞、唱歌和跟着音乐拍手的机会；《克利福德的大红狗》能吸引学步儿参与社会性发展活动和礼貌行为的学习；而《芝麻街》有各种类型的活动，包括早期阅读活动，并通过木偶、图像和音乐促进概念的发展。《芝麻街》的活动可能最适合学龄前儿童，但是，许多稍大一点的儿童也喜爱《芝麻街》的活动。不过学步儿最喜欢的节目还是《天线宝宝》。

虽然婴儿和学步儿发展检核表中所列的发展特点没有专门针对表达性艺术的，但为了将审美体验纳入检核表中，也可以设计与此有关的活动。以下活动可被用于制定发展性目标，也可以用于设计促进婴儿和学步儿审美观赏与表达能力发展的活动。

促进婴儿—学步儿欣赏美和表现美的经验

看和听

适用年龄：0～6个月

检核表技能（身体—认知发展）4：看悬浮的物体

婴儿喜欢观察和体验那些能够移动并可能发出声音的悬浮物体，风铃、彩色的横幅、旗帜、风向袋和在微风中摇曳的树都能让婴儿体验到悬浮物体和生物的运动。

所需材料：自然元素或能够移动的悬浮物体

看和听 II

适用年龄：0 ~ 6 个月

检核表技能（身体—认知发展）10：盯着物体和逼真的图片

在这个活动中，婴儿占主动地位，并对物品和自然界的物体采取行动。婴儿被带到或被展示周围都是花、宠物、有趣物品及其他物体的环境，和成人照料者一起观察和讨论墙上或书中有趣的图片。

所需材料：儿童周围环境中的物体、图片和动物

看漂亮的书

适用年龄：6 ~ 12 个月

检核表技能（身体—认知发展）6：看图画书

选择具有高品质插画的书，在浏览书页及命名书中物体时要注重图片所表现出来的审美性。

所需材料：具有高品质插画的图书

随音乐摇摆

适用年龄：6 ~ 12 个月

检核表技能（身体—认知发展）16：模仿动作

播放一段节奏很有特点的音乐，如进行曲，带着婴儿随着音乐的节奏摇摆，跟着节奏拍手，鼓励婴儿也跟着节奏拍手，吸引婴儿多次参与这样的活动，需采用不同类型的并有多种节奏和情绪的高品质音乐。

所需材料：音乐

《做蛋糕》

适用年龄：6 ~ 12 个月

检核表技能（社会—情感发展）7：喜欢与他人玩游戏

婴儿都喜欢玩游戏，特别是那些含有韵律和身体动作的游戏。《做蛋糕》是好几代人都非常喜欢的儿歌，可以跟着它玩拍手游戏。

做蛋糕

做蛋糕，做蛋糕，面包房的厨师做蛋糕（和婴儿一起拍手）。

请给我尽快做一个蛋糕（用婴儿的双手做呼呼飞的动作）。

揉面团，切面团，在蛋糕上写个"宝"（做揉和切的动作）。

把它放进烤箱，给我和宝宝（将婴儿的双手放在他们的肚子上）。

所需材料：无

看我的颜色

适用年龄：12 ~ 18 个月

检核表技能（身体—认知发展）11：胡乱涂鸦

画笔亮丽的颜色使人感到兴奋。给学步儿提供一支记号笔和一张纸，让他们一次用一支记号笔做实验；或者在墙上贴一张报纸，鼓励学步儿在上面涂抹颜色。监督管理是非常重要的。学步儿可能非常喜欢在小组中用一张大纸绘画。最终可选出一幅大家都喜欢的作品挂在墙上，成为"壁画"。

所需材料：纸、报纸、牛皮纸、无毒的能够清洗的记号笔

有趣的手指游戏

适用年龄：12 ～ 18 个月

检核表技能（身体—认知发展）11：胡乱涂鸦

在学步儿面前的木桌上放少量布丁，并向他们展示如何运用布丁进行涂鸦。可以品尝布丁，大一点的学步儿可以将触觉和味觉结合。也可以运用剃须膏进行涂鸦。

所需材料：布丁、剃须膏、保护衣服的围裙

大显身手

适用年龄：18 ～ 24 个月

检核表技能（身体—认知发展）7：捶打和揉搓泥土

大一些的学步儿喜欢用各种形式的黏土和面团进行实验。对他们具有吸引力的是软的、家庭中常用的面团，它用起来比市场上销售的面团更简单一些。学步儿第一步要了解面团的感觉及怎样操作面团，接下来使用擀面杖或圆柱体去擀面团。运用简单的饼干模具是非常有趣的，如将贝壳、石头、玩具及形状和表面都非常有趣的物体拓印在面团上。

所需材料：面团、湿的黏土、圆柱体或小的擀面杖、饼干模具、玩具及能够拓印的物体

儿歌

适用年龄：18 ～ 24 个月

检核表技能（语言发展）4：在无提示的情况下模仿成人讲话

和学步儿一起看有关儿歌的书，直到他们熟悉所讲的儿歌。当学步儿熟悉一首儿歌后，继续念儿歌，但空下最后一个单词，帮助学步儿补充缺少的单词，鼓励学步儿和你一起说出更多的儿歌。

所需材料：儿歌或带韵律的故事书

和我一起唱

适用年龄：18 ～ 24 个月

检核表技能（社会—情感发展）4：与成人或其他儿童一起唱歌

学步儿通常会被简单的歌曲吸引，如《划，划，划你的船》《玛丽有只小羊羔》和《杰克和吉尔》。鼓励学步儿跟着歌曲一起唱、拍手和跳舞，表扬他们所有的努力。

所需材料：录制好的歌曲

感受节奏

适用年龄：18 ～ 24 个月

检核表技能：无

给学步儿提供简单的节奏乐器，如鼓、铃和棒子，金属锅和木勺子等厨具也可以作为替代品。播放一段有明确节拍的录制好的音乐，鼓励学步儿跟上这段音乐的节拍，替换不同节拍类型的音乐。

所需材料：节奏乐器、锅、木勺子、录制好的音乐

小　结

婴儿和学步儿是积极的学习者，他们用身体和感官去探索和理解他们的世界，父母和其他成人要通过回应儿童在有趣且适宜的活动中显现出来的新兴能力来鼓励这种学习和发展的过程。对婴儿和学步儿发育特点的认识给成人线索，从而提供儿童喜欢且有益的活动。本章描述了成人与婴儿和学步儿都喜欢的经验类型，建议的活动已经包含了 0～2 岁的各个年龄段。

尽管活动是根据各发展领域提出的，但我们必须牢记发展在各领域间是相互联系的，而非只在一个领域中进行。此外，我们在第五章介绍的脑科学研究成果已经告诉我们幼儿是如何专注于自我和与他人的互动的。活动不能只限于照料者和幼儿之间的一对一互动，还应包含儿童与自然之间的互动。同样地，照料者的计划应从婴儿和学步儿的整体性出发，着眼于儿童的全面发展，所设置的体验活动应是有意义的且具有一定的目的性。

和保育机构项目一样，婴儿和学步儿的照料者已对面向儿童个体发展的商业性课程有了一定的认识和了解。本章的活动主要集中于利用环境中的自然物，或者利用多功能的、简单的玩具开展活动。许多活动结构简单，需较少成本或者没有成本。这不是要阻止购买玩具，而是要让照料者意识到，为了给婴儿和学步儿组织课程而投入大量金钱是没有必要的。

思考题

1. 婴儿和学步儿所获得的发展经验是如何促进其探究外部世界的？请列举每个年龄段儿童应获得的认知发展经验。

2. 如何支持 0～1 岁婴儿的社会化？请列举一些活动案例。

3. 学步儿的身体发展是如何支持其认知发展的？请列举几个为学步儿提供丰富探究机会的活动案例。

4. 1～2 岁的学步儿的身体发展主要有哪些里程碑？每个发展里程碑是如何为学步儿探究环境提供更多可能性的？

5. 成人是如何促进婴儿和学步儿的语言发展的？请列举每个年龄段儿童应获得的语言经验。

6. 学步儿在 1～2 岁时的社会性发展主要有哪些里程碑？在这一阶段，儿童语言和身体的发展是如何与其社会性发展建立联系的？

第七章

学前班①课程的一种发展性模式

本章目标

阅读完本章，你将能够：

- 讨论如何将高质量早期教育的目标应用于学前班教育中；
- 描述高质量学前班课程发展模式的特点；
- 讨论什么是发展性主题课程；
- 讨论发展性主题课程在学前班课程中扮演的 3 种角色；
- 根据本章介绍的步骤设计一个发展性主题课程单元；
- 解释评价在学前班课程中的作用。

---

① 在美国，学前班（preschool）主要面向 3 ～ 5 岁儿童提供早期教育服务（译者注）。

简　介

本章与第八章、第九章共同讨论如何设计学前班的课程和教学。第五章、第六章着重探讨了高质量的婴儿和学步儿课程，并列举了一些高质量课程模式的案例。现在我们关注针对3～5岁儿童的课程，探讨如何实施高质量的学前班课程。

在第二章和第三章，我们了解了早期教育的历史以及经典与现代理论对早期教育项目的论述。我们还探讨了顺应21世纪发展需要的高质量早期教育项目，以及能够为我们开发本土化早期教育项目提供借鉴的几种早期教育模式。瑞吉欧·艾米莉亚模式、项目教学、高瞻课程、发展适宜性实践都是高质量早期教育模式的代表，都展示了如何将儿童发展和早期教育理论有效转化为实践。在本章我们将探讨高质量早期教育的特点、相关理论和早期教育模式能够为学前班课程开发提供哪些启示。我们还将探讨高质量学前班课程模式的构成要素，之后将研究一个实施学前班课程与教学的案例。首先，在带有"现实世界"期望的不同早期教育机构中，我们必须区分理论、理念及教学现实。

理论与实践之间的差异

在讨论早期教育理论和实践之间存在的差异时，我们可以描述主要理论的观点以及这些观点对早期教育实践的启示，亦可对之前的教育运动及受特定理论影响的早期教育课程设计方法进行总结归纳。

然而，当论及真实的早期教育实践时，上述想法更像一种假设。在很多早期教育机构中，很难看到个体是如何理解、接受及运用相关理论、教育运动和教学创新方法的。教师不仅要应对当时的教育改革趋势和潮流，还受到自身教育经验的影响，于是他们就按照自己对适宜性教育的理解来开展教育工作。有人说家长是按照自己被教育的方式去教育自己的孩子的，同样，教师也可能按自己被教导的方式去教导学生，而不是按照他们所学的教育方法去实施教育。教师个人关于高质量早期教育项目构成要素的认识受其教育信念和经验的强烈影响。尽管教育总体上反映了某一时期社会、经济等各方面发展的主要影响，但教学实践往往从一个极端走向另一个极端——从过于强调创新到过于强调传统。虽然有大量的理论和创新方法可以借鉴，但纵观整个美国教育史，教师在意识和潜意识层面对于怎样教育学前儿童仍然有不同的认识。目前的理论和模型与其转化成的实践有着显著差别。

在进步主义时期，许多小学教师的教育实践仍沿袭机械学习和严苛训练的方式。一些早期教育教师不理会有关教学民主和学习中心的进步主义思想，而继续使用福禄贝尔幼儿教育法。在20世纪70年代，当一些基础教育教师尝试使用开放思维方法和团队教学时，其他人仍沿用循环阅读和拼写练习的方法（Weber，1969）。

因此，如今各类早期教育项目在设计和实施上存在如此大的差异也就不足为奇了。诸多理论和实践影响了目前的思考，教师、管理者和其他早期教育倡导者在理解、接受和实施最优质早期教育项目的意愿方面存在较大差异。

我们已经讨论了教师如何在他们教学的过程中体现出他们的背景、训练和偏见。教师如何教育学前儿童同样也受管理者差异的影响。理论上，学校校长应被训练成教学领袖；更具体地说，他们应接受关于如何对处于童年早期的学前儿童实施教育的培训。但不幸的是，许多管理者所接受的培训都是关于学校管理而非教学领导的。对于早期教育的特点及何种类型的学习经验符合学前儿童所处的发展阶段和学习风格，对管理者的培训中很少涉及。

《不让一名儿童掉队法案》对教师如何实施教育产生了强烈影响（National Governors Association Center for Best Practices，2002）。许多学前班教师感受到了来自儿童学业成就问责和技能类教学比重增加方面的压力。即使教师在儿童早期发展和教育领域有很强的专业背景，政府对学业成就的期待也许会妨碍教师开发专注于学前儿童发展和学习的项目。

本章提到的典型案例反映了当前课程和教材必须和学前儿童发展能力相匹配的思想。此外，皮亚杰和维果茨基的认知发展理论都将儿童视为生而具有各种潜能的主动学习者，这两个理论对案例中所描述的早期教育模式发挥着主要影响。然而，单纯受某一理论影响的早期教育模式是不存在的。因此，一种折中的做法是在融合、借鉴各种有效的教育创新方法和可能有效的教育方法的基础上形成一种模式。最终，尽管倡导实施某种高质量的早期教育模式可以通过教材实现，但未来教师所采用的课程实践仍会存在差异并不断发展变化。这些班级层面的课程实践以教师的教育经验、所受影响及个体努力为基础，教师对原有课程经验进行梳理、阐释与整合，从而形成未来早期教育的创新方法与实践路径。成人与儿童一样在不断发展，而且教师的成长与发展取决于他们的工作动机，即是否愿意持续探寻促进学前班儿童学习的最佳方法。

关于学前班课程模式设计的思考

第三章讨论了21世纪高质量早期教育项目的目标，其中包含5个在学前儿童发展计划中应被考虑的指标：儿童发展的基本原理，均衡发展课程，家长、教师与儿童的关系，评估和问责，儿童及其家庭的多样性。这些指标是怎样在学前班课程的理论与实践之间搭建起桥梁的呢？

儿童发展的基本原理

本章的标题是"学前班课程的一种发展性模式"，表明儿童发展是学前班教育模式的基础。发展的领域——身体、认知和社会性——都应被考虑。格塞尔提供了第一个关于儿童发展的标准，他的研究描述了不同年龄儿童的典型发展特点，被认为是关于儿童在不同年龄可以做什么事的最早的指南。

认知发展

皮亚杰将儿童认知发展的研究向前推进了一步。皮亚杰认为，学前儿童的认知发展既受其生理成熟的影响，又与儿童在学前班所获的学习经验的性质有关。以这些经验为基础，儿童重新建构知识。儿童通过与周围环境的互动来吸收信息，并以原有经验为基础来建构对新信息的理解。通过新旧经验的相互作用，儿童不断实现对知识的建构。每名儿童把此前的不同经验带到新获取的知识中，从个体的观点出发进一步建构知识。

学前班儿童处于皮亚杰所描述的前运算阶段，这一阶段的儿童开始使用心理推理并对世界形成概念。儿童的思维是以自我为中心的，但会进行象征性思维。处于该阶段的儿童认为无生命的物体也具有生物体的属性，这一观点被称为泛灵论。

皮亚杰关于学习过程的描述使我们对作为主动学习者的儿童有了进一步了解。第三章的模式中提到了"以儿童为中心的教学"这一术语，如果将学习理解为教师提供学习环境和学习经验，儿童在这一基础上主动对知识进行重组的过程，那么这一术语便具有更深远的意味。任教于高质量、发展性学前班的教师在组织课程时所秉持的理念是儿童中心、主动学习及对知识的重构。

维果茨基则提出了另一种认识儿童知识习得的视角。维果茨基认为认知是一个分享的过程，心理过程发生在儿童和成人之间的交流中（Bodrova & Leong，1996）。心理过程首先在分享的经验中获取，然后转向个体经验的内化。班杜拉认为学习有一个社会的维度，儿童是通过观察他人来学习的（Bandura & Walter，1963）。

在社会情境中的主动学习表明儿童通过主动与信息、其他儿童或成人的互动来学习。纽提出此类学习也是情境化的，它具有一定的意义和目的性（New，1992）。目的性学习也被描述为真正的学习，真实生活问题的解决提供了有意义的情境。皮亚杰认为，儿童产生了不平衡，然后使用同化和顺应来建构新的概念。维果茨基则描述了儿童在最近发展区内的认知冲突，儿童先在他人的帮助下解决问题，最终具备独立获取新知识的能力。

社会性—情感发展

埃里克森的社会心理发展理论给早期教育提供了引导。3～5岁的儿童处于埃里克森所说的"主动—内疚"阶段。儿童被鼓励参与社会游戏并进行探究时，他们将发展出主动性。学前儿童的主要任务是发展社交技巧和学会在某个社会群体里工作与游戏。高质量的早期教育项目有助于儿童的社会性发展，并为其在情感发展和社会性互动中取得成功提供了引导。

均衡发展课程

均衡发展课程可以促进学前儿童在各领域的发展，包括表达性艺术领域的发展。均衡也反映了建构主义思想中儿童有机会去建构知识并将知识运用于有意义的情境这一观点。

均衡发展也要通过获得必要的技巧而实现。斯金纳、班杜拉和维果茨基主张教师发挥作用，直接对儿童进行教育，向他们传授具体的知识和技能，将其作为儿童课程的一部分。另外，元认知技能的获得能够让儿童通过观察、提问和假设实现更有目的性的学习。

家长、教师与儿童的关系

在高质量的早期教育项目中，教师和父母是儿童学习中的伙伴，儿童也积极参与计划、实施和反思学习过程。之前讨论过的所有早期教育项目模式都将家长视为早期教育项目的整体参与者，让家长参与规划和评估，提供家长培训。对于处理这些关系，瑞吉欧·艾米莉亚项目提供了一种非常优秀的模式，即邀请儿童父母参与学校的管理并参加项目开展的各项活动。"早期提前开端"和"提前开端"项目也包括许多针对父母角色和为父母提供服务的内容。

评估和问责

高质量的早期教育项目通常都有一套自己的评估系统来评估项目的所有方面，包括儿童进步、教学效果和项目质量。高瞻课程模式也有一个建构得很不错的评估系统，叫"学前儿童观察记录"，现在已是第二版（High Scope Educational Research Foundation，2003），用来记录发展进步。《发展适宜性实践指南》提出各种策略来记录儿童和项目的发展进程（Bredekamp & Copple，1997）。瑞吉欧·艾米莉亚项目和项目教学利用儿童作品展示儿童发展的成就。在后面的部分我们将对学前班课程评估做更为深入的介绍。

儿童及其家庭的多样性

高质量早期教育的第五项指标是应对学前儿童在民族、语言、文化及能力发展方面存在的多样性。高质量教育为儿童和他们的家庭提供机会，分享他们自己的背景并学习其他的文化和经验。课程反映了儿童发展的文化差异，以及那些具有非典型能力的儿童和有特殊需要儿童的个别化学习需要。关于如何为发展存在差异的儿童提供适宜的教育，高瞻课程和发展适宜性课程都提供了有益的经验。

高质量学前班课程发展性模式的特点

将21世纪高质量早期教育项目应用于学前班儿童时，我们对这些项目的目标进行了考察。我们可以将这些质量指标整合进本章所描述的学前班课程发展性模式中。我们以对高质量早期教育目标的了解及前面提及的其他课程模式为基础，来总结高质量学前班项目的内涵。

对高质量学前班项目的定义一般为：提供各种各样的经验来促进处于前运算阶段的儿童发展的项目。此外，活动类型的选择或建构也需要符合儿童的发展水平。已有研究均表明，同一年龄儿童的发展存在着年龄特点基础上的个体差异，因此教育活动必须考虑如何让存在差异的不同个体均获得学习的成功。早期教育项目中儿童的需求越来越多样化，这要求教师尽可能为儿童拓展和提供各种各样的学习机会。全纳教育要求教师应考虑到有特殊需要儿童可能会出现的一些极端表现，为其提供更多的学习机会。如今进入学前班教室的儿童出现越来越多的文化差异，高质量早期教育项目必须包容儿童发展存在的巨大差异，同时兼顾儿童家庭文化的差异性，以满足儿童群体当前和未来的发展需要。下面，我们将讨论高质量学前班教育项目的特点，我们的研究需考虑21世纪的早期教育质量目标和我们研究过的早期教育模式。

高质量学前班课程模式：花园项目

密歇根大学迪尔伯恩分校的儿童保育中心作为一个成功案例，展示了如何借鉴相关理论及其他示范性项目来开发出自己的高质量课程模式。该中心的服务对象是1～5岁的儿童，教师深受皮亚杰、维果茨基及瑞吉欧·艾米莉亚课程与教学法的影响。

在项目课程中，儿童有大量机会去接触和建构新知识。环境是有组织的，儿童用不同的方式表达并理解自己的观点。教室区域的设计尽可能地使儿童在戏剧表演、建构活动、画画及其他艺术形式中通过口头和书面语言来表达。

长期项目是基于儿童兴趣的。教师使用书面记录、录音带、录像带、图册、照片、幻灯片和儿童作品记录儿童在项目进行中的想法。

花园项目适用于4岁半到6岁的儿童。项目从4月持续到6月，基于儿童对春天中的万物在此时开始生长的兴趣。除了课堂讨论和儿童提问外，教师要随着过程的展开关注网站信息。儿童发起许多他们自己的调查，利用自主活动的机会来收集信息，并表现他们的学习过程。

当儿童对生长事物的兴趣逐渐演变成对花园的兴趣，就可以开展一次花房之旅了。儿童探究花园，制订计划，并通过电脑上的花园地图设计自己的花园种植布局。

在花园项目的所有活动中，儿童的想法和讨论推进了活动的开展。为了使儿童获得新的信息，项目计划应根据出现的新问题和信息进行适当的修改和扩展（Trepanier-Street，2000）。

发展适宜性实践：运用儿童发展的基本原则

全美幼教协会认为高质量早期教育项目所提供的课程必须与儿童的发展相匹配，正如发展适宜性实践。在《早期教育项目中的发展适宜性实践》中，全美幼教协会不仅解释了何谓发展适宜性，而且为发展适宜性实践提供了指南（Bredekamp & Copple，1997）。高质量早期教育项目的专家通常根据以下3种知识做出影响儿童健康和教育的决策：知道什么是儿童的发展和学习，知道一个群体中每名儿童的优点、兴趣和需求，具备关于儿童生活的社会和文化背景的知识（Bredekamp & Copple，1997，p.9）。

《早期教育项目中的发展适宜性实践》中有关高质量早期教育项目的新信息展现了早期教育的现代发展趋势，即服务来自不同文化和语言背景的儿童及不同能力的儿童。为回应学术界对1987年关于发展适宜性实践立场声明的各种质疑，如今的立场声明包含了儿童发展的个体差异性原则及与儿童复杂发展需要相适应的早期教育实践。下面是该书对儿童复杂发展需要的举例说明。

· 儿童建构他们自己的概念理解力，从更有能力的同龄人和成人的指导中获益。

· 儿童受益于通过课程整合展现的学科联系以及在内容领域进行深入研究的机会。

· 儿童受益于学习环境中可预测的组织结构和有序步骤，以及教师对他们新出现的想法、需要、兴趣做出的灵活且自发的回应。

·儿童受益于其对将要做的事情或学习做出的有意义的选择，并且清楚了解哪些选择是可行的。

·儿童受益于在其能力范围边缘的工作挑战，以及练习和保持新技能的机会。

·儿童受益于与同伴的合作和获得集体存在感的机会，以及个体对自己的优势、兴趣和需要进行加工的过程。

·儿童需要培养积极的自我认同感，尊重与自己观点和经验不同的他人。

·儿童拥有强大的学习能力和对世界无限的好奇心，且他们已经认识到他们的认知和语言能力受到年龄的限制。

·儿童受益于自主的、自发的游戏，以及教师计划组织的活动、项目和经验。（Bredekamp & Copple，1997，p.23）

早期教育课程应包含儿童在身体、社会性、情绪情感及认知等各领域的学习，而且儿童的学习应是整体的、综合的，这样儿童便能够在课程中的各领域学习之间建立起联系。换言之，儿童的学习是在有意义、有目的的情境中发生的，而非脱离情境的技能习得。身体动作主要在自由游戏中获得发展，而审美意识与审美能力的发展则是在日常生活中通过艺术和音乐的创造性表达而获得的。

全纳课程

高质量早期教育课程发展模式应包容儿童在各项能力发展上存在的差异。1975年通过的《所有残障儿童教育法》明确规定有特殊需要儿童要被纳入主流，尽可能地进入常规课堂。最近，全纳教育已经开始取代让有特殊需要儿童回归主流的做法。全纳教育是儿童充分融入普通课堂的过程，需要特殊教育的教师、教学助理和监察者提供支持性服务，有时来自普通课堂的儿童也在特殊教育课堂工作。高质量早期教育要根据有特殊需要儿童的需要和能力去修改课程、指令及课堂环境。此外，教学和管理策略应与儿童个体的社会性和情感发展目标相匹配。教师的管理策略应具有个性化特点，以帮助儿童适应发展适宜性班级调整及对行为的要求，并非所有儿童都需要教师给予同一水平的管理。以儿童为中心的教学模式是充满渴望的，它驱动儿童成为主动的学习者。因此，教师的支持和指导要根据儿童的独特性而有所变化。

自全纳教育启动和实施以来，我们已经了解了很多成功地将其纳入早期教育项目的案例。早期教育者发现，使有特殊需要儿童进入正常儿童的教室仅仅是起步，大规模的计划必须在儿童开始课程之前完成。在课堂上进行发展计划时，必须对儿童个体的优势和需求进行分析，调整学习经验、环境和日程安排，以适应儿童个体发展的目的和能力，而非忽视儿童的正常发展（Filler & Xu，2006/2007）。此外，日常安排在课堂活动和儿童的需要之间起协调的作用，目的是支持特殊服务。

当有特殊需要儿童从早期干预项目进入全纳早期教育项目时，必须解决儿童遇到的过渡问题。向全纳课程的转变需要一些调整，如果有文化差异，全纳团队同样需要了解儿童的文化与他们自己的文化的差异（Bradley & Kibera，2007；Fenlow，2005）。这需要家庭、早期教育项目工作人员和支持专家之间的密切合作，以便为残障儿童做好准备以实现全纳教育。

启动并实施全纳教育项目是一个有挑战性的过程，所有相关方都应了解关于全纳的所有问题。

教师、特殊教育工作者和家长要学会作为一个团队开展工作，以使有特殊需要儿童和正常儿童从全纳教育项目中受益，促进其正常发展。变化有时是渐进的，成人应学会与其他成人和儿童进行不同的互动，正常儿童也可以通过与有特殊需要儿童的互动扩展他们对互动的理解（DeVore & Russell，2007；Fenlow，2005）。

文化回应性课程

高质量早期教育课程对儿童个体的家庭文化及其所代表的群体文化非常敏感。在高质量早期教育课程模式中，课程与教学依据班级儿童及其所在社区的多元文化而设计，具有文化回应性特点。如果儿童主要来自某一文化，那么其他文化也应被包含在教学计划中。在教室中，儿童的兴趣是课程关注的重点；家长可作为资源来支持课程与教学的开展，在教育过程中扮演着积极主动的合作者角色。

整合课程

高质量早期教育模式能够通过整合课程与教学中的各个学习与发展领域来帮助儿童实现有意义的学习。整合课程在早期教育中的发展有一定的历史渊源。杜威认为，如果将课程和教学融合，学习可能更有意义，关于实际生活的专题研究能够引发出相关的学术研究（Dewey，1938；New，1992）。20世纪六七十年代英国的托儿学校采用基于儿童中心的整合课程，该课程旨在促进项目发展，并以儿童为主体。以儿童主动学习为特色的皮亚杰研究鼓励根据儿童的想法设计并实施整合课程。维果茨基则强调学习的社会本质，认为应通过同伴互动和有意义的活动来支持学前儿童的学习。

如今，整合性学习被看作一种工具，以供教师设计满足儿童发展和能力多样性的课程，并反映儿童发展的文化差异。整合课程可以使儿童集中精力，发展个人兴趣，并且实现儿童和教师之间互相学习。

教师的角色

教师的角色是利用环境和教学活动来促进儿童的学习。教师还有一个重要的角色是设计和实施教学。然而，教师最主要的工作不是指导教学，而是调动儿童的积极性、做出选择以及主动承担学习的责任心。

再怎么强调教师和儿童之间的合作关系都不为过。在我们已经讨论过的所有早期教育模式中，教师都是促进者的角色，这与教师扮演的教学总监角色形成了鲜明对比。接下来我们将回顾几个教师作为促进者的例子，这种教师和儿童一起学习的方法贯穿本章所描述的课程前期准备和教学的全过程。

教师与儿童均是课程的设计者。课程设计不再完全依靠商业化的、预设的课程包和教师的指导，而是在需要时将其作为资源，供教师为儿童组织活动。运用一种将话题或主题演变为综合课程的开发方法，教师和儿童可以设计出包括教师引导、儿童中心和儿童参与选择的活动。

遵循维果茨基关于教师在儿童学习过程中角色的观点，教师还可运用各种教学策略。他认为教师能够从儿童身上学到东西，反之亦然。与儿童互动、从事课程项目以及活动中的机会能够促进教师和儿童之间信息的充分交流（Berk & Winsler，1995；Bodrova & Leong，1996）。教师是儿童的观察者，应依据最近发展区理论去帮助儿童在学习中进步。借助于教师和同伴的支持，儿童可完成超出他们独立能力范围的任务。

根据皮亚杰的认知发展理论，教师可能开发多种多样的活动帮助儿童学习新的概念。如果儿童能够将新知识吸收并融入已有的认知图示，他们就有机会对这些知识信息进行主动探究。儿童需要获得有关信息的具体经验。高瞻课程采用"进步"（progression）来阐释知识的主动建构（Hohmann，Banet & Weikart，1979），其中的 3 个进步是具体到抽象、简单到复杂、经验到表征。最近，高瞻课程将主动学习的各要素纳入自己的课程，这些要素如下。

第一，材料。有丰富的、适龄的材料，儿童能用很多方法使用这些材料。学习产生于儿童对材料的直接操作。

第二，操作。儿童有机会探究、操作、组合及变换所选的材料。

第三，选择。儿童可自主选择做什么。学习源于儿童基于追求个人兴趣和目标的主动探究，因此有必要为其提供选择活动和材料的机会。

第四，儿童语言。儿童在从事某项活动时会伴随着语言描述。借助于语言，儿童对自身的行为加以反思，将新经验整合到已有认知结构中，并在活动中寻求与他人的合作。

第五，成人的支持。成人要认可和鼓励儿童的推理、问题解决和创造性。这些要素可以作为观察儿童的指引，也可以作为组织课程内容、与儿童互动的基础。主动学习的概念应被用于描述成人设计和实施的以儿童为中心的课程模式，该模式兼具群体和个体发展的适宜性（Hohmann & Weikart，1995，p.38）。

环境的作用

学前班学习活动室通常被划分为不同的学习中心或活动区。活动区允许儿童做出选择并实施，每个区域里的材料都是为了支撑新的课程，因此在每个区域都有可能出现儿童发起的活动，以锻炼他们的自我学习能力和独立性。可以用很多方法将学前班教室分成不同的区域和中心，这里所描述的学前班课程模式设置了表演区、语言区、科学和数学区、艺术区、音乐和运动区。

表演区应配备家居用品、模拟街区、车辆及可供木偶剧和戏剧表演使用的设备等。设置该活动区的目的是为儿童提供综合的社会性戏剧游戏机会。此活动区应有可随时被用于主题更换的道具箱和其他材料，应有一直放在中心的玩具。

语言区是语言和能力发展的场所。它包括图书、视听中心、书写材料，可能的话还可放一台电脑。区域中应包括但不限于语言经验图表、个人名单和各种尺寸的纸。

科学和数学区应配备玩沙、玩水游戏的相关设施设备，动物和植物，计数和数学概念的材料，以及与主题探究有关的临时研究活动所需的材料。它还可以包含材料操作区域，诸如拼图、精细建构材料。

艺术区包括画架以及艺术活动所需的各种各样的材料。蜡笔、记号笔和足够的画纸都应是可得的。特殊活动需要特殊用品和材料，当某几天需要它们时，可在活动区放上这些特殊材料。

音乐和运动区是教室空间内的共享区域，被用于举办大型集体活动。唱片、磁带或光盘的播放器、乐器及其他活动道具应被放在便于开展活动的大地毯区域旁。

活动区的布置应是可以进行灵活调整的。作为儿童活动的必备环境，一些活动区可能需要扩展，而另一些活动区则需要缩减甚至撤销。通过观察儿童在活动中的表现，教师会发现儿童并不按照预期的方式利用活动区的环境与材料，由此可以发现儿童的需要并对活动区进行更广泛的重新安排。最重要的是，环境应支持儿童的选择和活动，而不是命令他们，因为室内环境的目的是促进主动学习，用可用的物质材料支持儿童参与自发性学习，工作和学习中心不应成为一种奖励。环境是积极学习的关键因素，教师作为服务者和资源提供者，可利用活动区支持儿童在知识重构方面取得进步。

教师应明白儿童与同伴的合作和互动有助于新知识的获得，儿童在社会环境中学习。因此，教师应组织环境促进儿童群体解决问题，包括同伴互助、合作学习活动和群体游戏（Vygotsky，1978）。

技术的作用

4～6岁儿童中有70%使用电脑（Exchange Every Day，2003）。这个令人印象深刻的统计数据说明在1993～2003年使用电脑的儿童数量大幅提升。早期教育工作者正在教室中迅速扩展教育技术的应用范围。教师在学前班教室里除了使用电脑、扫描仪和打印机外，还可使用数码相机、数码摄像机、电子邮件和互联网技术工具（Donohue，2003）。

研究证明，应用适宜的教育技术对儿童进行教育是有益的。使用电脑可增强儿童对自我概念的认知，提高其口语水平。它能够为儿童提供社会化和发挥影响力的机会（Gimbert & Cristol，2004；Haugland，2000）。

有两个因素对学前班课堂中教育技术经验运用的质量有决定性影响：充分的教师准备和适宜于儿童发展的活动。令人担忧的是，职前阶段学前教育专业的学生并没有接受过关于如何在班级中应用教育技术及如何以适宜的方式对学前儿童应用技术方面的充分教育（Gimbert & Cristol，2004）。同样，保育机构中的教师和照料者也迫切需要这两方面的培训（Bewick & Kostelnick，2004；Donohue & Neugebauer，2004；Haugland，2000）。

如何通过教育技术的有效应用来提升儿童所获学习经验的质量这一问题同样值得关注。在1996年，全美幼教协会发表了适当使用技术的立场声明（National Association for the Education of Young Children，1996）。根据声明，科技应遵循以下原则：年龄适宜性、个体适宜性及文化适宜性，被用来提高儿童的认知和社会功能，被纳入教室课程以支持儿童学习，禁止出现暴力信息，不对任何群体形成刻板印象。

佩珀特相信，当儿童能自由获取并控制学习经验时，当电脑提供了具体的经验时，当教师用电脑去传授重要思想时，电脑能够带来积极的影响（Papert，1998）。

在课程和教室环境中，技术起到很重要的作用。通过技术，教师和儿童能够利用互联网获得信息，使用网络进行虚拟的实地考察，开发活动和项目，并展示创造性表达。这些活动可在3岁之后开展。技术应被整合到课程中以获得最好的使用，而不是被用于强化技能或作为补充活动（Gimbert & Cristol，2004；Haugland，2000；Lacina，2004）。

游戏的作用

游戏的作用是许多教育工作者和家长难以理解的儿童发展和学习的一个方面。和学习相比，游戏有时被认为是懒散、没用的活动。对许多教师和家长来说，学习就是安静地坐着听教师讲课，或者写学前班的练习作业（Bodrova & Leong，2004；Jacobson，2004）。然而，游戏提供主动探究信息、社会交往和基本身体活动的机会，让学前儿童学习和发展。此外，越来越多的研究支持游戏在发展多样性中的作用（Jones，2004；Perry，2004）。下面将描述一些研究成果来证明游戏和学习的关系。

在认知发展中，社会性游戏和建构游戏与智力成绩正相关（Johnson，Ershler & Lawton，1982）。有人认为游戏中解决问题的行为可影响一般问题的解决能力（Bruner，1972；Simon & Smith，1983）。维果茨基理论的研究人员认为儿童在游戏中的心理技能处于最近发展区中的较高水平（Berk，1994；Elkonin，1978）。斯迈兰斯基和谢法塔指出在戏剧游戏中的成长与认知和社会性发展以及相关学校技能的获得有一定的关系（Smilansky & Shefatya，1990）。创造力与游戏之间也有关系，利伯曼的研究表明游戏、创造力和智力之间有潜在的关系（Lieberman，1965），他进一步将嬉戏游戏和创造力联系在一起（Lieberman，1977）。发散思维与虚构游戏也存在关联（Hutt & Bhavnani，1976；Lieberman，1965）。

游戏对语言发展起至关重要的作用。当儿童参与客体游戏时，语言依附于意义和关系。在社会戏剧游戏中，语言被用来模仿成人说话和组织完成游戏（Smilansky，1968；Wortham，2008d）。幼儿有时候也自己进行语言游戏，例如，幼儿有时候自己唱着押韵的歌谣入睡，学前儿童会编造词汇和名字，并且试图在离谱的造词上超越彼此（Garvey，1977）。

游戏能促进社会性发展。集体戏剧游戏要求儿童计划和互动以成功地进行假装或使别人相信戏剧情节。因此，社会戏剧游戏帮助儿童实践和完善他们的社交技能（Johnson，Christie & Yawkey，1999）。社会交往反过来也会支持学习，在小组游戏中出现的新的发展与学习成就随后会被儿童个体进行个别化的内化（Berk，2001；Bodrova & Leong，1996，2004）。

更为明显的是，游戏可以促进身体的发展。学前儿童的基本运动技能是通过参与室内外游戏而获得的，大肌肉动作和小肌肉动作技能也是通过游戏活动习得的（Jambor，1990；Mullen，1984；Wortham，2008d）。

游戏提供了经验，使儿童整合和理解他们每天所面对的大量信息。因为儿童掌控自己的游戏，他们可以通过社会性角色、身体和审美游戏来加工和理解新知识。儿童也可以进行身体、社交能力和语言能力的练习（Klein Wirth & Linas，2004）。教师可使用室内外游戏时间来支持儿童的发展和学习，要组织好教室区域以开展角色游戏、建构游戏、小肌肉动作游戏和审美游戏，户外游戏环境不仅可以提供身体和社会性游戏机会，还可以纳入角色扮演道具、审美和创造性活动。园艺、观察和照顾宠物、表演游戏和文学活动可以促进儿童认知的发展，科学实验和自然科学活动可以很容易地在户外进行。如果儿童想要了解自己周围的世界，教师需要利用他们周围的自然环境（Perry，2004）。

日程表的作用

儿童应有大量时间进行个体活动或小组活动，然而在白天的一些时间段中，教师会发现集体活动是有用且适宜的。日程表应为儿童计划和开展自己的项目以及进行其他学习和游戏活动安排时间。教师可以指导小组活动和集体活动，使儿童乐于参与室内和室外活动。在设计日程表时，教师应考虑在教师主导活动和儿童自发活动之间实现平衡。日程表的各部分有多种组合方式，在这里我们将集体时间、中心时间、小组时间和户外时间作为日程表的组成部分进行阐述。

集体时间为全班儿童一起参加活动提供机会。一天里可能有好几段集体时间，特别是在一大早或完成中心活动或教学活动后。集体时间可以用来分享经验，讨论一天的计划，复习早些时候学过的知识，进行音乐表演和运动活动，讲故事，回顾自己完成了什么，以及作为活动之间的过渡。

中心时间的设置应方便儿童在活动区中活动。他们要先做个计划，计划一下将独自或在小组内完成什么。教师要先给儿童介绍可做的活动和它们的目标。例如，教师可能会介绍新玩具的正确玩法，或对放入中心的新材料做出说明。有些中心活动是针对所有儿童的，有些活动儿童可自愿参与。教师也可用中心时间来引导那些选择困难的儿童。在中心时间里，教师与儿童互动以帮他们完善自己的活动。如果有必要进行援助，教师则在中心和小组一起工作。中心时间结束后，教师和儿童要打扫中心且把中心的设备放回原位。集体时间可以排在中心时间之后，让儿童回顾他们做了什么，以及他们是怎样进行计划的。

小组时间为教师引导教学活动或进行直接指导提供机会。教师一次和有四五名儿童的小组一起工作，会讲解概念，和小组讨论主题教学内容，引导儿童进行亲身实践活动（如烹饪或特别的艺术项目），或者教授课程。小组时间可以安排在中心时间中，教师可以在促进中心活动和引导小组活动之间转换。

户外时间提供户外游戏和工作的机会。如果户外环境可以被视为一个教室，那么有些户外时间可用于集体和小组教学，有些可用来让儿童自由游戏。有组织或无组织的体育活动可以被计划在户外时间，如实地考察活动、社区散步及其他相关课程的活动。

计划与实施教学

在这一部分，我们将探讨如何计划与实施发展性教学。要帮助儿童获得最佳学习效果，就要让他们的学习变得有意义、有目标，即通过设计主题课程或整合课程来帮助儿童发挥最大潜能，以在其已有经验与新经验之间建立有意义的联系。此外，这里还将探讨如何使用日程表来帮助儿童建构综合性的学习。

教师应如何计划与实施促进儿童发展的高质量课程？我们已经描述了早期教育项目的特点，现在我们来探讨班级教师如何为学前儿童设计并实现一个高质量课程。教师不仅需要考虑儿童的一般发展特点，也需要考虑每名儿童的独特品质。教师依据文化和经济背景以及个体兴趣和能力的不同来分析儿童的多样性。如果教室中有有特殊需要儿童，那么在规划有关活动时应考虑他们的个体局限性和潜能。

许多资源可被用于确定早期教育课程的目标。课程发展的来源包括发展检核表、州规定的课程目标、有关采用基础材料的商业课程目标和当地确定的课程目标。这些资源都可以帮助教师理解哪些课程目标在他们所处的教育机构中是适合的和被期待的（Seefeldt，2004）。

达成预期目标的课程计划和实施有多种形式。如果活动是具有发展适宜性的，那么课程设计必须能促进儿童成功地学习，能适合以儿童为中心和儿童自发性活动中的发展差异。如果想要整合学习且使学习对儿童具有目的性，那么课程设计必须包括这些特点。这里的"发展性主题"是用来描述符合这些特点的课程的术语。

理解发展性主题课程

教师基于主题来设计课程已有很长时间了。每一个大学生都会记得一些他们在小学学过的主题，如美国原住民、社区助手等。杜威在进步主义时期通过他的项目介绍了主题课程。他认为课堂应是一个小型的民主社会，并且每名儿童都应参加活动，从而使他们理解自己在社会中的角色（Cremin，1961）。主题被用于有意义的项目，杜威相信项目可以使儿童从事有目的的学习活动。项目由儿童依据实用目的制订活动计划，项目实施的过程就是解决问题的过程。例如在制订花园计划时，儿童被要求自己决定怎么设计布局和播种（Parker & Temple，1925）。之后，杜威感叹其项目教学法在实践中被简化为对活动的汇集，而不再是对幼儿理解有真正作用的有用经验。他对比了教师的两种做法：一是漫无目的地使用其所收集的活动，二是处理儿童在获得经验过程中出现的问题并使儿童在其能力范围内理解手段和目的的关系（Dewey，1938）。

最近，随着我们从皮亚杰理论中获得了对儿童在学习过程中的作用的新理解，杜威的思想重新出现，它们被称为项目教学法（Katz & Chard，2000）、整合性学习（New，1992）和主题课程（Seefeldt，2004）等。这类新课程，例如瑞吉欧·艾米莉亚项目，不仅强调学习的相互关联性，而且强调儿童参与项目计划和实施的重要性（Edwards，Gandini & Forman，1996）。此外，主题计划的结构应有利于教师和儿童对不同内容领域之间联系的理解，它们向我们展示了个体活动是如何在发展领域和内容领域提供学习帮助的。

那么主题课程究竟是什么？本质上讲，它是围绕某个主题而设计的课程，这个主题可能是儿童自己发现的，或是教师基于儿童兴趣选择的，或是从课程中选出来的。为主题选择的学习活动和项目应反映儿童想要怎样探究这个主题，或者是他们认同的能帮助他们获得与主题相关的知识和技能的各种活动。教师可进行跟主题活动有关的初始头脑风暴，儿童也可以选择最想进行的活动或补充教师的想法。随着计划的进展，教师和学生使用一个叫网络主题分析的步骤，它包括对可能进行的活动的头脑风暴，分析课程内容领域的使用，以及将活动纳入主题或单元计划的方法。

主题课程在儿童早期被定义为发展性的。到目前为止，主题课程的发展性本质是显而易见的。课程不仅能提供综合的、有目的的学习，而且能够促进儿童的发展（Bredekamp，1987；Bredekamp & Copple，1997）。在为课程或主题选择不同种类的活动时，教师会考虑如何在课程内容领域实现更深层次的学习；更重要的是，教师的关注点放在活动包含的身体、社会性和认知发展上。另外，选择和开发的活动可适用于某一范围的发展水平，以便所有学生都可以积极参加相关主题活动并获得成功体验（Katz & Chard，2000）。关于发展的考虑贯穿于计划和实施课程的整个过程。

发展性主题课程的作用

发展性主题课程如何适应学校的日常活动？理论上讲，它正是整个学校项目的组织模式。很容易想到如何将这样的课程运用到一个发展适宜性机构的整个项目中。在效果上，它能被用来确定环境安排、日程表或日常活动，以及提供一年的系列单元或主题学习活动。

许多早期教育教师，特别是在公立学校任职的教师，在确定时间表方面的自由有限。对他们而言，在活动中纳入发展性主题课程可能会有不同的形式。为了探究几种可能性，我们将从以下几方面讨论发展性主题课程：课程设计的基本框架，一种教学方法以及一种探究特别话题的临时性课程资源。

发展性主题课程作为课程设计的基本框架

当主题被用于设计学前班的整体课程时，它变成了项目的基本框架或支架。一年中，教师研究项目的教育目的或目标，将它们与单元或主题发展联系起来。计划伴随着儿童提供他们的想法和建议而得到实施。教师也研究整个计划，合并或调整活动，以确保目标能够顺利达成。教师为主题设计几日或几周的日程安排。每年的时间分配是灵活的，可以根据儿童的兴趣和主题中可能出现的额外项目活动而变化。一个主题即将结束时，下一个主题计划就可以开始。在新主题即将开始时，教师和儿童可以收集资源，作为从计划阶段到实施阶段的过渡。通过这种方法，计划主题、实施主题和对已完成的主题进行评价周而复始，贯穿全年。

发展性主题课程作为一种教学方法

有些教师所面对的情况是任职学校的日程表已经安排好并且必须遵循，教师并没有机会完全自主决定所使用的教学方法，课程材料已提前确定且必须和学校或学校所属的学区保持一致。也许教师可以在有限的条件下计划并修改日程表和课程范围，但也不能完全背离当地的期望。

在这种类型的项目中，教师可尝试使主题或计划适应已经存在的教学实践活动。通过设计和组织使项目或主题课程融入已有课程，但一些因素被一些必做的工作替代。同样地，活动或计划可以在为某一特别内容领域安排的时间内完成。教师和儿童可以用和日常教学一致的方式完成项目和主题活动，但主题单元是补充而非替代学校里已有的教学实践。鉴于很多学校有时间限制，教师应认真设计日程表以完成主题和单独的学习目标。这个把主题纳入已有课程的方法本应比第一个方法更加有难度，但教师发现，通过一些初步努力，他们可以较轻松地纳入主题并提高主题的可使用性，因为他们对在日常安排中以各种组合的形式实现主题课程的机会更加敏锐了。

发展性主题课程作为一种临时性课程资源

有些教师，尤其是新教师，发现只偶尔计划主题单元会更容易一些，直到他们对儿童和课程的把控更准确。对于其他教师来说，目前对学业成就的期待已经扩大到学前儿童身上，这限制了教师将主题纳入已有课程的频率。在这个背景下，教师可在学校环境中遵循日常例行安排和课程，并针对某个特定时刻或主题来规划一个主题单元。一个节日或社会研究话题可作为一个主题。一个完整的发展性课程围绕着主题进行规划，但项目和活动每天伴随着一个学科领域出现，直到这个单元结束。一个单元结束后，可能并不会立即规划下一个单元。这种方法可能被认为和已有的单元规划模式相似，但它的一个不同之处在于有意识地纳入相互关联的学习活动，并适应学生在发展方面的差异；另一个不同之处在于它强调儿童规划和儿童发起的项目及有目的地解决问题的机会。

这些方法都有可取之处。不论教师决定采用哪种方法，发展适宜性学习的原则都应被坚持。然而，将发展性主题课程作为若干方法之一或作为一种临时性资源，而不是作为基本框架来实施，会使儿童在学习中发现关系或联系的机会减少。教师在一个合适的水平上开始使用发展性主题课程，然后，由于经验的积累使他们能看到整合教学的新途径，教师会增加使用主题的次数，并且改善在课堂中计划和使用主题的方式。

设计发展性主题课程单元

教师和儿童是如何规划发展性主题课程以实现整合学习方法中的所有目标的？对发展性主题课程单元的设计可以通过遵循从计划到实施的一系列活动来完成。以主题选择为开始，通过头脑风暴将观点组织为网络结构图，选择课程目的或结果，选择针对均衡发展课程的活动，描述课程中发展性活动的关联性，最终规划并设计课程活动的流程表。

在每一步中，教师和儿童都是协作的队友。儿童贡献想法，做出选择，帮助计划学习活动并在教室里履行责任。

选择一个主题话题

可以用许多方法为学习选择一个主题。在过去的几十年里，将小学的社会研究课程按主题或单元来组织是很常见的。在一些学校中，教师会规划主题课程以应用到各个年级。

在这个背景下，主题话题的选择是为了在个性化课堂中满足教师和儿童的兴趣及需要。如果教师选择话题，他们可能会从课程需要覆盖的方面来做决定。在理想情况下，儿童发起学习的话题，教师帮助他们规划并执行将要学习的内容。设定的话题需要将项目中的相关发展领域及活动纳入。教师可以根据一些对儿童有意义的事情来设定话题。例如，一个班级的 4 岁儿童带着一只宠物沙鼠来学校，教师注意到儿童对沙鼠的兴趣后，可以以了解沙鼠及其看护的有关知识为主题，和儿童一起来安排单元。在瑞吉欧·艾米莉亚学校中，主题课程被描述为"项目"。教师和儿童组成工作伙伴来发现感兴趣的信息，儿童以小组合作的方式来完成项目工作。在这种背景下，以项目为基础的课程有以下特点（Abramson，Robinson & Ankenman，1994/1995，p.198）。

- 教师在儿童学习中的角色既是辅助者也是合作者。
- 主题的选择要基于儿童的兴趣和经验。
- 儿童、教师和父母之间进行合作。
- 项目内容来自儿童的发展性理解而非预先设定好的活动。
- 采用多媒体去表达理解。
- 对不同目的的活动进行重复。
- 对某项目投入更多时间。

·项目是小组的而非整个班级的。

主题应与班级所有儿童及其所在社区相关联。在美国南部或者在夏威夷州居住的儿童对冬天的理解，与那些住在北部内陆州或阿拉斯加州的儿童完全不同。一个班级中儿童的文化差异会影响许多话题的学习，另外家庭差异也会影响关于家庭传统的单元主题活动计划。

为主题选择一个话题

要问的问题

1. 话题是焦点吗？是否足够具体？是否不贪图完成太多的任务？
2. 话题与教室中的儿童相关吗？
3. 话题对儿童的探究重要吗？
4. 主题课程是否可以围绕一个话题展开？
5. 是否有充足的可用资源支持话题？

儿童应尽可能成为话题的来源。儿童可以与全班同学分享一些有趣的新闻。例如，幼儿园有名幼儿叫凯文，他带了一个颜色鲜艳的黏土存钱罐来学校，并将它分享给整个班级，关于其他幼儿家里的存钱罐的讨论会引发关于在小型或大型银行存钱的问题的讨论。

围绕一个话题进行头脑风暴

一旦选定主题，教师和儿童就可以共同探讨有助于拓展原有知识的信息和活动。对学前班儿童来说，这样的讨论可能是非常综合的，教师需要从儿童提出的众多观点中筛选出有价值的建议，或从自己的观点出发引导讨论的过程。在从儿童身上获取足够多的信息后，教师可以自己继续进行头脑风暴。

头脑风暴的关注点应是与话题相关的创新点子以及设计和确认能够支持主题活动开展的课程。教师和儿童共同讨论在主题活动中儿童想要学习哪些内容。同时，教师也会尝试拓展集体头脑风暴的范围，将可能作为单元主题活动一部分的信息囊括进来。教师会把所有和话题有关的可能的活动列举出来，凯茨和查德建议教师在纸条上写下每种可能性，不论用何种方法，一旦可能的活动确定下来，就可以建立一个网络（Katz & Chard，2000）。

以树叶为话题的单元主题活动可以作为一个例子。这个主题活动源于儿童对在操场上收集的落叶的好奇心，由实习教师丽莎设计。丽莎和她的学生住在新英格兰，那里的秋季以树叶变色并从树上落下为典型特点。如果儿童住在夏威夷州或亚利桑那州，那么不同的自然特点可被选作单元话题。在设计单元时，丽莎被要求使用包括如下要素的单元计划格式。

单元话题

单元主题活动概述或基本原理

发展阶段

头脑风暴网络

活动清单（分为教师指导的活动、教师和儿童共同发起的活动和儿童发起的活动）

概念、技能和过程

单元目标

单元主题活动概要

丽莎先列举了一些她和儿童想到的且能做的了解树叶的事情。经过和儿童的最初讨论，他们列举了一系列活动，如下。

进行一次自然漫步活动去发现树叶

参观一个植物园

画树叶

收集树叶

用树叶作画

比较树叶

"写"关于树叶的故事

丽莎研究最初的想法，然后继续进行头脑风暴，进一步扩展这个主题单元的可能性。她进一步将活动观点纳入使用树叶的活动和关于树叶的活动中，扩展了可能的活动清单，如下所示。

进行一次自然漫步

参观一个植物园

使用树叶的活动

　　制作树叶的拓片

　　描述树叶的特点

　　数树叶的种类

　　制作树叶的美术拼贴画

　　测量树叶

　　按共有特点对树叶进行分组

关于树叶的活动

　　口述关于树叶的故事

　　口述自然漫步和参观植物园的故事

　　制作海绵印染的树叶的图片

讨论可以作为食物的树叶

唱关于树叶的歌曲

听关于树叶的故事

参加音乐运动活动（如儿童假装自己是秋天的树叶）

发展一个头脑风暴网络图

丽莎现在准备画一个头脑风暴的网络图（见图7-1）。她聚焦于课程的发展领域，并将所有想法放入网络图中的适当类别中。因为发展领域已被整合到活动中，所以大部分活动适合两种以上的类别。丽莎目前还没有确定针对单元可以开展哪些活动。她想在各发展领域之间寻找一个平衡，也在考虑为了给儿童提供有意义的、有目的的发展适宜性经验，哪些活动是具有最大价值和最大潜能的。她再一次和儿童进行讨论，选择将进行的活动。

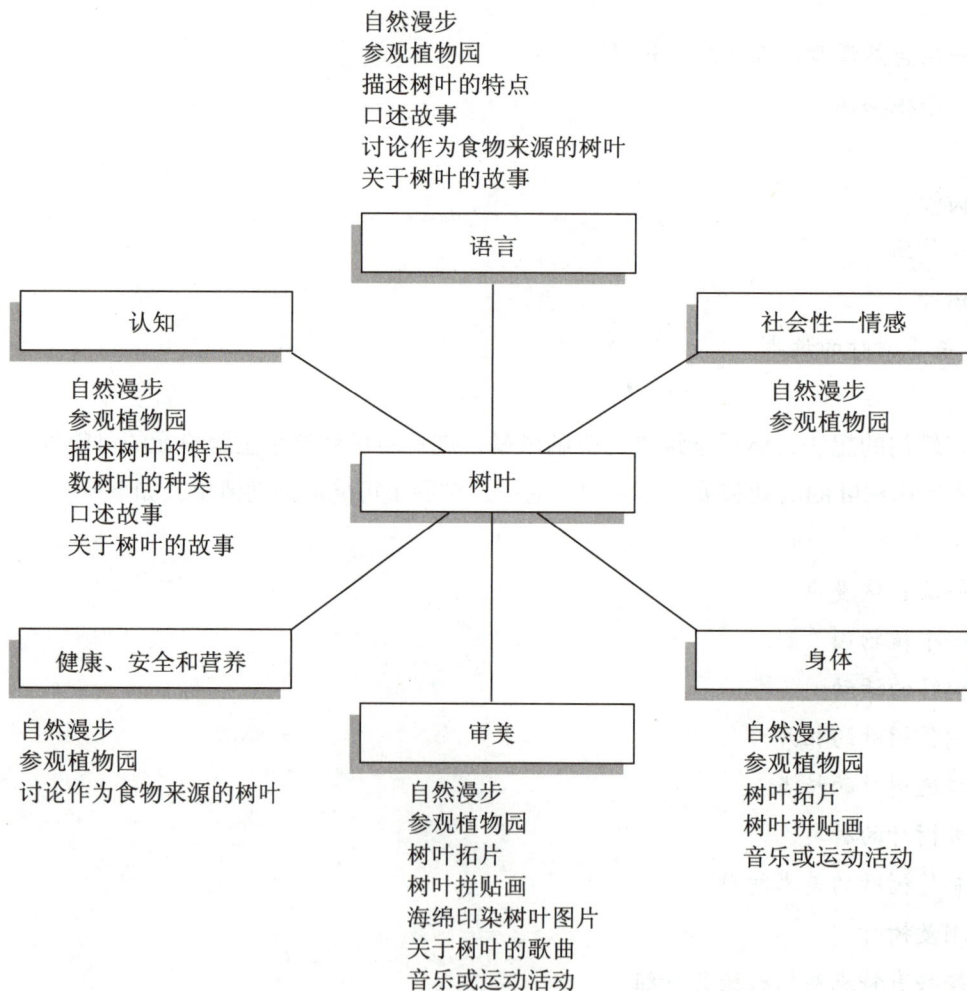

自然漫步
参观植物园
描述树叶的特点
口述故事
讨论作为食物来源的树叶
关于树叶的故事

语言

认知

社会性—情感

自然漫步
参观植物园
描述树叶的特点
数树叶的种类
口述故事
关于树叶的故事

自然漫步
参观植物园

树叶

健康、安全和营养

身体

自然漫步
参观植物园
讨论作为食物来源的树叶

审美

自然漫步
参观植物园
树叶拓片
树叶拼贴画
音乐或运动活动

自然漫步
参观植物园
树叶拓片
树叶拼贴画
海绵印染树叶图片
关于树叶的歌曲
音乐或运动活动

图7-1 头脑风暴网络图

选择单元活动

规划主题课程的下一步是选择将被用于单元的活动。想法和活动在头脑风暴中得到发展，形成头脑风暴网络图，并被考虑是否进入最终的单元设计中。另外，当教师和幼儿开始考虑如何安排和设置活动时，就会考虑活动的可能组合或对最初的活动想法进行扩展。

丽莎认为树叶单元作为一周的课程是合适的。她认为到植物园做一次野外徒步超出了活动可能性范围，但在学校周围和附近公园进行一次自然漫步活动以发现和收集树叶是开始课程活动和项目的一种合适方式。她和儿童也决定围绕落叶聚焦单元活动，而不是拓宽单元内容来包括更多的树叶。丽莎将活动数量缩减到 12 个，并制作了一个最终的活动列表。在这个阶段的计划过程中，她和儿童都觉得制作一个单元活动手册将是一个很好的活动，海绵印染的树叶图片可以被用作个性手册的封面。然后丽莎要明确各个活动是教师指导的、儿童发起的还是教师和儿童共同发起的，她想保证教师指导的活动与儿童发起的活动之间有一个平衡。丽莎将最终的活动列了出来，如下。

> 自然漫步，然后口述关于散步的故事（教师和儿童发起）
> 讨论树叶的特点（教师指导）
> 计数、测量和按共同特点将树叶归类（教师和儿童发起）
> "写"关于树叶的故事（在教师的帮助下由儿童发起）
> 随音乐做动作（教师指导）
> 唱关于树叶的歌曲（教师指导）
> 收集树叶（教师和儿童发起）
> 画树叶图画（儿童发起）
> 制作树叶拓片（儿童发起）
> 制作树叶拼贴画（儿童发起）
> 制作海绵印染图片（教师和儿童发起）
> 制作个性化的单元手册（教师指导）

确定概念、技能和过程

丽莎想要弄清楚儿童能够从树叶这一单元主题活动中学到哪些概念和技能，也想回顾一下学习过程即儿童与关于秋天树叶的信息的互动。她将儿童可能获得的知识与技能列了出来，如下所示。

· 在秋天，一些树叶从树上落下之前颜色会改变。

· 树叶有不同的尺寸、形状和纹理。

· 树叶能被用来计数。

· 我们可以按共同特点对树叶分类。

· 通过分类，我们可以对树叶的特点加以描述。

· 我们能用很多方式表达对秋天树叶的理解和欣赏，我们能制作树叶拓片、画树叶图画、制作树叶拼贴画、唱关于树叶的歌曲以及模仿树叶随音乐做动作。

描述发展性主题单元的目标

　　一旦确定了哪些教育活动和项目应被整合进主题单元以达成教师与儿童对主题活动的学习预期，教师就需要对这些已确定的活动做进一步研究，以更具体地确定这些活动所能达成的学习目标。教师还必须做出一项重要决策：决定选用某种类型的目标来描述期望的学习目的。传统上，师范生在学校学习的是使用行为目标来描述（Mager，1975）。行为目标由3个要素构成：学习者将会展现的行为，行为发生所需要的条件，以及应呈现的最低水平的行为表现。例如，在树叶主题活动中，丽莎设计的活动之一是对树叶进行分组计数。针对这个活动，丽莎可以确定如下活动目标：儿童能够准确无误地数到5。在这个例子中，行为是儿童的计数能力，行为发生的条件是在计数活动中使用树叶，被期望的行为水平是儿童能准确无误地数到5。

　　在教育领域——特别是早期教育领域——存在一个争议，即行为目标是否总适合描述幼儿的学习目标。对行为目标的批评认为它太过具体，容易将课程切割成无意义的片段，而且整合课程强调要为幼儿提供主动发起和管理学习活动的机会，因此不适合用行为目标来描述幼儿的学习。行为目标的支持者则指出，很多学校都奉行教师主导的教学模式，而且学区和州教育委员会也都要求学校使用行为目标，例如"玛德琳·亨特教学理论与实践模式"（Hunter，1979）的学校就需要行为目标。个别教育计划为有特殊需要儿童制定课程目标时使用的也是行为目标（Orlich et al.，1990）。

　　在这里，我们建议在两种对行为目标的态度之间寻求一种折中的方式。因为学习的过程比达到某一行为特点水平更重要，所以行为表现标准将被忽视，但行为的条件和期望的行为被保留。学习发生的环境条件可以从计划的活动中得出。行为可以是儿童参与计划好的活动时展示出的。

　　丽莎已明确了通过参与树叶主题活动她的学生将获得哪些具体的概念认知和能力。她的行为目标被转化为儿童应理解的和他们有能力做的。她将这些目标列举如下。

・通过自然漫步寻找树叶，然后开展班级讨论，儿童能描述在秋天树叶是如何变色并从树上落下的。

・通过自然漫步去寻找树叶并辨识收集的树叶，儿童明白有不同类型的树和树叶。

・通过检查和讨论树叶的特点的活动，儿童能画不同颜色、形状和大小的树叶。

・通过检查、讨论叶子的特点，并按儿童自己发现的特点将树叶分组，儿童能展示树叶可按共同特点来组织。

・通过检查、讨论叶子的特点，儿童能比较树叶的特点。

・通过参与落叶的集体活动，儿童能"写"（书写萌发）关于树叶的故事。

・通过参加教师指导的、用落叶开展的活动区活动，儿童能够按照自己的标准计数、测量和收集树叶。

・通过在艺术区用树叶、纸和胶水进行操作，儿童能够做创意树叶拼贴画。

・通过在艺术区用树叶、纸和蜡笔进行操作，儿童能够做创意树叶拓片。

・通过将海绵剪成树叶的形状，用海绵在纸上印画，儿童能够做创意海绵印染画。

· 作为完成艺术活动的结果，儿童有能力制作一个关于树叶的单元活动手册。

· 儿童有能力通过团队合作在操场上搜寻树叶。

· 户外教导时儿童将能够表现出适宜的行为。

按州教育标准校正目标

《不让一名儿童掉队法案》于 2001 年颁布以后，州教育部门不得不纷纷制定自己的教育标准。这些标准成为设计课程和按照《不让一名儿童掉队法案》要求实施标准性测验的基础。

现在许多州都已将教育标准下延至学前班教育，教师需证明他们在课程发展和建设上采用了这些标准。在制订单元计划时，丽莎使用的是新泽西州教育委员会颁布的《学前班教学和学习目标：质量标准》。

描述整合的单元活动

制订单元计划的最后一步是撰写一个包含单元学习经验中各个活动的总结。对单元活动进行简洁阐释的目的有两个：预测在活动过程中将要发生什么，以及理解活动服务于促进儿童整体学习的目的。

丽莎对其所设计的系列单元活动做出了解释，其中两个活动如下所示。

自然漫步

教师为儿童提供一些大的购物袋，儿童带着购物袋在操场和学校附近的公园里漫步。教师和儿童对看到的不同种类的树、地上各种各样的落叶以及可能看到的其他自然特点进行观察。儿童用购物袋收集树叶，以供接下来的活动使用。他们也被鼓励去收集种子和其他可以找到的东西。教师还会提供手持放大镜，供儿童去探索环境中有趣的方面。这一活动包括了认知发展，即如何在科学实验中使用概念。它把活动讨论过程中的语言能力发展、漫步过程中得体举止的运用和实验过程中的社交互动融为一体。漫步及收集树叶和其他东西的过程需要大量的精细动作技能。安全是必须时时刻刻关注的问题。在漫步过程中，儿童彼此间的讨论也会促进其审美能力的发展。

树叶拼贴画

自然漫步过程中收集的树叶和其他东西被放置在艺术中心。教师教儿童如何用胶水把收集的树叶和其他东西贴在一张纸上，从而创造他们自己的拼贴画。这一活动通过让儿童创作自己的作品来促进审美能力的发展。在操作材料和使用胶水的过程中，儿童的小肌肉动作技能也得到了发展。

在完成了单元活动设计的所有步骤后，丽莎就可以使用前面提到的格式来撰写最后的单元计划。她解释了设计该单元的理由以及儿童所处的一般发展水平（前运算阶段）。

设计教育活动

一旦最后的单元设计完成，教师就需要更详细地设计该单元所包含的各个教育活动。单元主题活动目标的制定是按其所包含的活动来进行的，包括主题活动实施的程序、所需的活动材料及活动评价计划。那些正准备成为教师的学生可能需要把活动纳入课程计划。

丽莎被要求撰写她的树叶单元活动的课程计划。她采用了以下课程计划格式。

计划的标题：

概念、技能、过程：

目标制定：

该课程所涉及的州教育标准：

涉及的概念、技能和学习过程：

活动程序：

　　大组活动

　　小组活动

　　　　－ 基于学习中心的学习活动

　　　　－ 合作学习活动

所需材料或资源：

评价：

　　教师评价：

　　活动评价：

　　儿童评价：

在制订一个教育活动计划时，教师首先会通过确定标题来界定这个活动，如果这个计划包含不止一个活动，那这个标题就应反映所有活动及其目标。确定标题之后，教师应描述这个课程所涉及的概念、技能和教学过程，以及这些概念、技能和教学过程在该教育活动中的具体应用。

在确定的单元活动目标类别时，教师选取与每个教育活动相关的单元目标，将其引入相关的教育活动。

活动程序会对如何实施各个活动做详细说明。教师先决定采用哪种活动形式。大组活动通常适用于整个班级，例如实地考察、班级讨论或者其他对儿童有益的活动。当活动大约只有 5 名儿童参与，且要给儿童平等的机会和对个体的关注时，教师通常会采用小组活动。基于学习中心的活动的选择主要考虑儿童的兴趣和发展需要，在教师先前的指导下，儿童应可以单独或者和其他儿童一起完成中心的绝大多数教育活动。教师或其他成人偶尔会在学习中心指导活动。一些涉及合作性的活动是儿童在教师的指导下直接参与的。

每种活动的挑选都需要经过以下 3 个步骤：引入或规划，课程或活动发展，总结或回顾。引入或规划是活动的第一步。如果活动是由教师指导的，教师便会计划如何引入启动活动；若是儿童参与规划的活动，一开始就要向儿童个体或群体征求意见；若是中心活动，教师就要给出使用指导，以便儿童制订、挑选计划。第二步是课程或活动发展，在这一步，教师描述课程主要内容的计划，课程的顺序安排，包括问题和步骤，会得到详细说明。中心活动一旦实施，教师的角色则仅为儿童参与所选择的活动的促进者。第三步是总结或回顾，用来概括活动或做总结。教师引导活动的最后一步通常是总结课程。更重要的是，这是儿童回顾课程和提供理解反馈的重要机会。如果是中心活动，儿童可抛开素材总结活动。儿童和教师面对面讨论他们是如何进行活动的并回顾各自的经验。如果是互相合作的活动，则由团队向其他儿童汇报他们的工作。

为了所选活动的成功实施，除了规划课程主旨外，教师还需要预测其他必要因素。在制订材料或资源投放计划时，教师需确认开展活动所需的人力、技术及其他材料，其中包括书籍、艺术品、磁带或食物，所需工具可能包括烹饪用具、投影仪或电脑。

适应课程计划的多样性

计划中非常重要的一部分是确定如何调整项目、课程和独立活动以适应教室中不同类型的儿童。教室里是否有说不同语言的、需要与单元相关的词汇帮助的儿童？是否需要用儿童的母语开展一些活动？这个主题单元对有语言多样性的儿童来说有意义吗？是否有一个多元文化维度可激励语言的使用（Abramson et al.，1994/1995）？或者，在教室里是否存在有身体缺陷的儿童？活动是否会将他们排除在外？如何为这些儿童调整活动？在一些活动或项目中，成人或其他儿童为有身体缺陷的儿童提供帮助或许是很有必要的。一个有特殊需要儿童能否和善于协作的儿童配对，共同参加一些活动？教师需要充分考虑不同能力儿童需要的帮助及课程经验的调整。

这个课程计划的最后一部分是评价，教师应计划如何评价这个课程。在评价计划中，应描述教师的角色、活动本身以及儿童的学习是如何被评价的，接下来则给出关于评价的作用和它是如何被实施的更多信息。

评价设计

此部分要说明与个别教学计划相关的课程和指导是如何被评价的。为了与刚才讨论的课程计划的评价相符，接下来将阐述对教师、活动和儿童学习的评价过程。

教师评价

教师希望进行持续性评价，以判断自己在和儿童一起活动及促进期望的学习上的效能。反思小组、集体教学的方式，从而评价教师在集体管理、调动儿童在活动中的兴趣、材料的使用效率及活动时间长短控制方面是否成功。教师应记录教学活动的积极和消极方面，从而持续提升教学和管理能力。

就丽莎的课程而言，她可以通过问自己一些具体的问题来评价自身的效能：她是否使儿童完全准备好在活动中参与制作树叶拼贴画？她指导讨论的方式能否使儿童理解如何使用描述性词语来讨论树叶？

活动评价

不论学习经验是主题单元的一部分还是课程中单独的一部分，活动和课程在早期教育项目中都是持续发展的。教师在将活动用于学前课堂之前就应思考其适宜性。随着商业设计材料的使用及教师对设计活动的参与，教师也应反思在完成目标时材料和活动的有效性，还应考虑儿童在活动中的兴趣。

教师在决定将来是否使用材料或活动时应基于对已完成的活动的评价。

在丽莎的课程中，她想知道儿童是否喜欢树叶拼贴画活动，她也想知道这个活动对于她的学前学生来说是否合适。在描述叶子的课程中，她想评价她执行的课程计划对于儿童是否有效。她也想知道她使用的树叶是否适合儿童描述，她引导儿童的问题能否让儿童在回应时进行更有效的描述。下面展示了丽莎的两个课程计划。

儿童自发的主题活动设计：树叶拼贴画

目标制定

在艺术区用树叶、纸和胶水创作树叶拼贴画。

涉及的州教育标准

科学期望 2：儿童观察和研究合适的目标。

学习结果 2.1：获取和运用关于植物（树叶）的基础词汇。

语言艺术 / 读写能力的期望 4：儿童倾听和回应环境中的声音、动向和对话。

学习结果 1.3：为各种各样的目的而听，听他人说完后再加入对话中。

活动过程：小组活动

引入或规划

在集体活动时间解释活动。教师描述如何使用自然漫步时收集的树叶和其他物品来制作一幅画。需要预估儿童在使用胶水和收集存放材料时所需的指导。

课程或活动的开展

在中心活动时间，儿童创作自己的拼贴画。一个家长志愿者会提供帮助并展示最后的画作。

总结或回顾

在集体时间和接下来的中心时间，教师和儿童讨论画作，儿童被鼓励去解释和描述他们选择及制作画作的过程。

需要的材料 / 资源

家长志愿者

大的五颜六色的纸张

胶水

收集的树叶和其他发现的物体

评价

教师评价

儿童可以根据给出的介绍理解这个活动吗？

材料合适并充足吗？

活动评价

儿童喜欢这个活动吗？

儿童在帮助很少的情况下能完成这项活动吗？

儿童学习评价

是否所有儿童都参与活动并创作了树叶拼贴画?

是否所有儿童都能适当地使用树叶和艺术材料?

教师指导与儿童自发相结合的主题活动设计:描述树叶

目标制定

儿童在活动中检查并讨论树叶的特点后,能够比较树叶的特点。

涉及的州教育标准

科学期望2:儿童观察和研究合适的目标。

学习的结果2.1:获得和运用关于植物(树叶)的基础词汇。

语言艺术/读写能力的期望4:儿童倾听和回应环境中的声音、动向和对话。

学习的结果1.3:为各种各样的目的而听,听他人说完后再加入对话中。

活动过程:小组活动

引入或规划

在科学和数学区中,让儿童围着桌子坐下,教师从收集的树叶中拿出两片,并向儿童描述它们。围绕颜色、形状和独有的特点,讨论它们的相似性和差异性。

课程或活动的开展

儿童将被要求在收集的树叶中找到两片他们感兴趣的。每名儿童轮流描述他们的树叶,并被引导着观察树叶的颜色、形状以及其特点。当一个儿童描述完他的树叶后,其他儿童可以进行评论。

总结或回顾

引导儿童总结他们在描述树叶时所运用的描述性词汇。可以在黑板上制作一个单词清单或一个语言体验图表。当清单完成时,教师和儿童可以一起读单词。图表可以被保存下来,并被运用到后续的活动中。

材料/物质准备

收集的树叶

体验图表

记号笔

评价

教师评价

课程进展是否顺利?

课程持续的时间是否适宜?

教师的提问是否有效?

儿童是否理解活动的目的?

活动评价

　　活动是否适合儿童？

　　儿童是否参与课程？

　　是否对树叶进行适宜的讨论？

儿童学习评价

　　儿童能否理解如何描述树叶？

　　儿童能否用描述性词汇描述树叶？

　　儿童是否使用新的描述性词汇？

儿童学习评价

　　教师也想确定儿童能否成功地达成单元或其他以发展为基础的课程的学习目标。在进行了涉及新概念或技能的活动后，教师想开展一个关于儿童个体理解的评价。由此，在给儿童提供足够的材料和机会后，教师会在小组活动时间观察儿童的独立活动或任务完成情况。

　　教师需要确定评价的目的是要检验儿童的学习是否达到某一个水平，还是聚焦于学习过程。如果需要具体的信息，教师可设计一个任务或课程活动以获得各种各样的关于儿童成就的信息。例如，如果教师想知道儿童是否理解 1～5 的数字概念，那么就可以运用一个让儿童证明其理解力的任务。在某些情况下，儿童需要表现出某一特定的能力水平。与此类似，需要保存评价的记录，以保存关于学生进步的信息。

　　研究界倡导教师和儿童使用档案袋评价，从而展示儿童的发展成就。如果使用档案袋评价，则需要从单元主题活动作品中选取能够反映儿童发展进步或技能掌握水平的作品。在丽莎的单元中，艺术工作的作品则是儿童参与单元活动的一个重要例子。口述故事也可为评价儿童对单元概念的理解提供资料。

　　本章所描述的学前班课程没有对行为表现水平提出要求，而且教师对儿童解决问题的能力以及在整合活动中表现出来的发散性思维更感兴趣。教师评价的是儿童的身体发展是否得到了促进，而不是技能是否被掌握。在丽莎的课程设计案例中，她注重学习过程的评价。在制作树叶拼贴画的艺术活动中有儿童学习评价部分；在描述树叶活动中，她感兴趣的是儿童描述树叶特点的方法否描述树叶间的相似和不同之处，而不是某种技能发展水平。

单元活动的时间安排

　　主题单元设计的最后一步是确定活动在何时开展。这一步要确定日程表中哪段时间最适合某一活动。教师要考虑活动是否需要教师的帮助与支持，儿童能否根据之前的准备和计划独立进行活动。此外，如果活动需要教师的解释说明或指导，教师就必须明确集体参与活动是不是最适合的，或者是否应与小组活动交替进行以使全班儿童的收获最大化。思考并确定这些问题的答案后，教师就能够完成单元活动的时间安排了。

　　丽莎是一位教学实习生，她所教班级的课程开发和实施整合了发展性主题法。在她的单元活动周计划表中，她将发展性主题日程表的元素与学前教育模式中的其他元素相结合。表 7-1 展示了丽莎的单元活动是如何在为期 5 天的学前课堂上实施的。她的一些活动安排在集体时间，以便全班都能参与设计、回顾和学习资料；有些活动是小组活动，它们给予了教师促进活动或进行直接指导的机会；中心时间被广泛用于创造性和探究性活动，儿童每日都要到语言中心，教师鼓励儿童浏览与落叶相关的书籍。

表 7-1　"树叶"单元主题活动：一周计划

日程安排中的各类活动	第一天	第二天	第三天	第四天	第五天
集体活动	设计自然漫步	规划中心时间	规划中心时间	规划中心时间：有关树叶的歌曲	规划中心时间：有关树叶的歌曲
小组时间		讨论树叶的特点	对树叶进行计算、测量、分类	将树叶排列	制作单元册
中心时间	*图书馆：*有关落叶的书	*艺术：*拼贴画 *图书馆：*有关落叶的书 编写落叶的故事	*艺术：*树叶拓印 *图书馆：*有关落叶的书	*艺术：*海绵拓印 *科学—数学：*对树叶进行计算、测量、分类	*科学—数学：*对树叶进行计算、测量、分类 *图书馆：*有关落叶的书
集体时间	有关树叶的歌曲	重新口述故事	使用树叶进行音乐活动	阅读关于树叶的书籍 用耙子耙树叶	音乐活动
总结和回顾	回顾自然漫步 口述故事	回顾中心时间 讨论个人的树叶拼贴画	回顾中心时间		
户外时间	自然漫步			用耙子耙树叶	回顾单元小册子 讨论个人的画作和故事
个人时间		回顾个人关于树叶的故事		口述树叶的故事	

实施发展性主题课程

　　在教师准备开始单元活动之前，最后一些工作也应准备就绪。教师要收集资源，环境的安排也必须适应专门的单元活动，要与儿童一起进行进一步计划，让他们参与新的学习主题的准备过程。

资源收集

　　如果教师计划得很细致，那么他在设计单元主题活动时就已列出所需材料和资源的清单。现在要研究清单，明确哪些材料是已有的，哪些材料要想办法获取。艺术材料必须组织起来为中心活动和小组活动做准备，这些活动将在一周的单元活动中进行。可以去学校图书馆或者其他场所找一些与秋季及树叶变化相关的书，也可以将带有秋天落叶插图的书放到教室内的图书角。教师要确定哪些书可以分享给儿童，以及哪些书可以借阅。

　　儿童可以从家里带来一些单元主题所需的材料。如果活动所需的某些材料是可以从家庭中回收利用的，教师就可以和儿童讨论对材料的需求，并发给家长一份说明，让家长准备项目所需材料。一些学校有使家长成为积极志愿者的项目，家长可帮忙寻找所需要的资源，但不是购买材料。当必须购买一些物品时，热心的家长可以在教师工作时替教师采购。应组织好已有资源，以便能够将其有效地运用于单元活动。

　　家长本身也可能是主题单元活动过程中所需的资源。如果教师在小组时间和中心时间需要帮助，家长志愿者的参与就能够帮助活动顺利开展。如果学前教育教师比较幸运，在教室中有足够多的助教，可能就不需要家长担任主要助手；然而，在活动进行过程中额外的成人支持通常是受欢迎的。

环境规划

　　尽管学前教室的学习中心或活动区经常被重新安排以提供多样性并使儿童保持兴趣，但开始新的单元主题前还要对环境布置进行重新评估。教师会检查计划以确定哪个学习中心会受到影响，需要重新组织安排。艺术材料、道具箱、摆件及其他相关资源被摆放在适当的学习中心和活动区。有时学习中心可能被安排在教室中其他位置，以促进单元活动的展开。

　　在丽莎的单元活动案例中，树叶主题使她在教室中增加了一个科学和数学区，她搬来了一张大桌子以方便儿童对树叶进行测量、计数和分组，小组时间的介绍活动也在桌子边进行，之后儿童能够在中心时间独立地进行活动。

　　丽莎使用树叶重新布置艺术区，以促进多样化的创造性活动的开展。与主题活动不相关的艺术材料仍放在艺术区以供选择，有额外的空间用于单元的特殊活动。

和儿童一起制订计划

　　正如之前提到的，在活动开始前，和儿童一起制订、修正计划是很重要的。除了参与确定相关的资源外，儿童也作为活动的热情支持者来准备教室，他们能组织图书区和教室中的其他区域。在为单元活动重新安排和组织环境时，他们要参与关于新主题计划中活动的最后讨论。

评价在学前班课程中的作用

　　本章已经对制订单元活动和课程计划的过程进行了描述，也涉及评价的内容。在描述课程计划时，我们讨论了评价教师效能、课程活动和儿童学习的可能性。在此部分，我们将针对更广泛的学前项目评价作用、对儿童发展和学习的测量以及评价学前项目的组成部分等进行论述。

对儿童发展与学习的评价

评价的作用

在第五章，我们介绍了成人应如何监测婴儿和学步儿发展方面的信息。在儿童快速成长和发展的几年中，常用的发展性评价可用于监测更年幼儿童的发展进程。在学前班阶段，儿童发展速度较慢，但有意识地了解儿童的发展变化仍然很重要。学前教育阶段是儿童学习潜能及其身体、智力和社会性发展的重要时期。因此，关于儿童个体发展的信息对于评价其学习能力、筛查发展滞后性、确定为其提供何种早期干预服务来说非常重要。

在学前班期间，父母、医务人员、学校人员和儿童保育机构对儿童进行评价。他们使用发展检核表和其他工具，依据年龄标准来衡量儿童的发展特点，使用发展指标对语言能力、运动技能、社会性和认知发展进行评价。儿科医生频繁使用如开佛儿童发展筛选测验第二版（Frankenburg, Dodd, Archer, Shapiro & Bresnick，1990）等工具进行快速发展评价，学校和私人儿童保育机构可以使用类似于在第四章介绍的沃瑟姆儿童发展检核表等工具，其他资料包括儿童发展中心和公立学校使用的发展指标，它们是当地根据文献设计形成的（Beaty，1998；Wortham，2008a）。

学前班教育期间发展评价的一个重要作用是识别发展滞后。在听觉、视觉、运动觉和语言方面存在困难以及认知发展或其他发展滞后的儿童，都能从早期识别和干预中获益（Greenspan, Meisels & the Zero to Three Work Group on Developmental Assessment，1996）。发展性问题可以通过各种标准化工具进行筛查，如早期筛查量表（修订版）（Meisels, Marsden, Wiske & Henderson，2005）和学习评估发展指标（Mardell-Czudnowski & Goldenberg，1998）。如果发展滞后借助于筛查工具得以识别，医学或心理学专家就能对儿童进行更全面深入的测试，以使对发展滞后的诊断更具体，并在干预服务中为儿童提供合适的项目。

在儿童早期，出于各种目的，标准化测验被频繁使用。发展性筛查测试、准备状态测试、智商测试和其他标准化工具被用于确定儿童是否应在早期教育项目中留级，或者是否应留在学前阶段而不是升入一年级。由于在学前阶段的标准测验结果并不准确，而国家使用这些测验进行针对儿童的发展跟踪和学校安排，许多测验专家、学前教育专家和组织机构反对在儿童早期进行不适当的儿童测验，特别是在学前项目中的儿童。全美幼教协会1997年出版了《3～8岁早期教育项目中适宜课程内容和评价的指南》，国际儿童教育协会出版了立场声明《标准化测验》（Perrone，1991）。联邦教育部学前教育专家协会和全美幼教协会也都重新梳理了它们反对将不适宜的标准化测验用于学前班儿童的理由，此外还努力为替代标准化测验的评价以及评估目的提供信息（Fair Test，1990；National Education Goals Panel，1998；Wortham，2008a）。

对学前班儿童的评价

有一些策略可供成人评价儿童的发展与学习。教师观察、操作性任务、活动与作品的样例和档案袋都是常见的评价儿童发展与学习过程的方法。

学前儿童在活动中展现成长和学习。由于儿童通过活动任务和游戏来学习，所以观察是理解儿童进步、儿童思维或行为方式的主要手段。教师可以定期对儿童个体进行系统性观察，以更新儿童在语言发展、小肌肉和大肌肉运动技能方面的信息；或为特定的目的进行观察，例如通过观察发现不适当行为的原因。检核表可用于评估儿童的发展特点。不同类型的观察工具，如轶事记录或时间取样法，可用于获取描述性信息（Beaty，1998；Boehm & Weinberg，1997；Wortham，2008a）。

更加结构化的学习评价过程可以通过让儿童去完成教师预设的任务以及其他操作任务和活动来实现。在教师指导的小组或个别活动中，教师可以要求儿童做一个任务，然后观察儿童口头语言和肢体动作的回应以获得想要的信息。以类似的方式，教师可以通过与儿童进行讨论以确定儿童通过语言来表达对概念的理解的能力。教师也可以根据评价目标观察儿童在中心活动中使用材料的情况（Wortham，2008a）。

越来越多的教师使用档案袋收集评价信息。班里每名儿童的档案可使用不同的容器来储存，例如比萨盒、可扩展的文件夹、纸质公文包、办公用品盒、塑料箱等（Barbour & Desjean-Perrotta，1998）。档案袋可收入艺术作品、即兴文字、检核表、观察记录和其他能够记录儿童近段时间学习与发展的相关材料，并分享给家长（Jervis，1996；Wortham，1998，2008a）。

档案袋可以作为评价系统的一部分，在这种情况下，人们要有计划地使用档案袋来报告儿童发展的进程。此外，档案袋除了包含反映儿童学习与发展的各种案例，还将教师所开展的评价的结果组织起来，以进一步记录儿童所取得的成就。通过每年对儿童的发展和学习进行2～3次详细的说明和总结，档案袋里的内容可形成体系（Wortham，2008a）。

对服务于有特殊需要儿童的教师来说，干预活动的设计和评估过程有特别的要求。儿童进入项目之前接受的诊断性评价要明确儿童特点并详细说明干预的需求，以便儿童在个别教育计划中得到个性化的服务。该计划明确了将要采用的干预策略，持续评价可以确定干预活动的效果和儿童发展的过程。尽管有人质疑标准测量对有特殊需要儿童诊断和持续性评价的有效性（Fewell，1983），甘特仍建议将北卡罗来纳州个人行为报告（Simeonsson，Huntington，Short，& Ware 1982）作为一个有效观察幼儿园的工具。

对学前班课程要素的评价

课程评价是整个学前教育评价的重要组成部分，通过关注室内和室外的环境、课程和教师来评价项目质量。

学习环境对学前儿童的发展和学习至关重要。因为学习是积极的，而且身体活动是儿童全面发展的一部分，因此环境的设计和安排要通过游戏和以儿童为中心的活动来促进其学习。室内和室外环境的设计都应促进儿童的身体、社会性和情感、语言以及认知的发展。在评价环境的质量时，观察者要寻找可促进全面发展的环境特征，这些必要的显著特征包括各种活动的设计、适合集体和小组活动的场地、适合该年龄段的设计、发展适宜性材料和设备，正如美国早期教育项目研究院在其制定的《资格认证指南》中所描述的那样。

户外环境也应满足这些条件，另外还应符合安全标准。评价户外环境质量的信息也可在《资格认证指南》中找到。关于优质户外游戏场地的更全面的信息及评价学龄前儿童的高质量、安全的游戏环境的方法，可在《游戏和儿童发展》中获得（Frost，Wortham & Reifel，2008）。

对课程效果的评价是整个课程质量评价的一部分。教师想要得到关于课程是否较好地适合学前儿童的学习需要的反馈。《资格认证指南》提出材料、活动和日常安排是影响课程适宜性的因素。日常安排要确保动静结合，应有适用于户外活动的周期安排，需要小组活动和集体活动相结合。所使用的材料需具有民族性且无性别歧视。发展适宜性材料包括教具、积木、艺术材料、表演游戏材料和沙水游戏玩具。

总之，教师评价和教学评价都是课程质量评价的一部分。成人与儿童互动的质量是影响教学有效性的关键因素之一，作为评价内容的互动包括教师和保育人员管理儿童学习经验、规划环境和参与儿童活动方式的影响。教师和保育人员为儿童提供的机会、指导语言、社会行为、日常安排、工作和游戏经验都是衡量教师在教学中角色质量的重要指标。教师的任职资格对教师评价同样重要（National Association for the Education of Young Children & National Association of Early Childhood Specialists in State Departments of Education，1991；National Association of Early Childhood Specialists in State Departments of Education，2000；National Association for the Education of Young Children，2001）。适宜的早期教育培训不仅应成为就业先决条件，还应成为贯穿于每学年的教师专业成长机会。

小 结

无论是从历史视角还是从理论视角来看，学前班项目都有着重要价值。现存各类学前班机构的发展受到了多种因素的综合影响，在这些影响因素的作用下，不同类型的学前班所采用的教学模式也存在差异。此外，教师的个体教学行为也受到多种因素及其自身经验的影响，如他们对于如何开展班级管理工作的看法。

在设计高质量学前班教育模式时，开发人员通常也会以有关儿童发展与学习的历史及当今的研究成果为基础。被理论化的积极影响得以保留并被整合进新的模式，用于当今的幼儿。

没有一个模式能够被原封不动地迁移到所有学前班中。另外，教师很可能在其教学实践中融入其他因素。为了能够使教师在不同情境下设计和管理教学，我们建议更多地运用发展性主题课程来设计和管理教学，并针对如何使主题课程适用于不同类型的学前班提出了具体建议。

在设计主题或整合课程时要采用合乎逻辑的步骤。此外，有不同的方式将主题课程融入日常安排。学前教师必须仔细地设计活动以最好地实现他们的目标，确定他们需要什么资源来完成学习活动。教师必须与儿童一起制订单元主题活动计划，共同对班级学习环境和材料、主题所包含的教育活动及完成长期项目的时间予以调整。

学前班阶段的早期教育专家相信，当儿童发现学习目标及各内容之间的关系时，他们的学习效果就会更好。教师在学前班课堂中把学习经验提供给儿童，并提供机会使儿童通过与新概念的互动建立知识间的联系。发展性主题学习能够促进儿童在不同学习情境中对知识的重构，这些学习情境都适宜学前班儿童发展。对课程、儿童学习和教师教学方法的持续性评价能帮助教师针对儿童的进一步发展来改善教学活动。

作为一个整体，评价被进一步实施。一年中对儿童全面发展和学习的评价策略能指导项目设计并促进与父母的交流。通过对学习环境的评价，能够了解室内外学习环境是如何支持儿童的学习与发展的。教师及教师角色也是学前班项目评价的一部分。教师提供适宜于儿童发展的设备、材料和活动的能力是评价教学有效性的重要指标。班级课程应反映儿童对发展适宜性活动和材料的有效利用。职前教师培养也应致力于帮助准教师奠定扎实的儿童发展理论基础，助其了解高质量学前班项目的构成要素。

🔍 思考题

1. 当代的早期教育模式如何影响了早期教育项目的本质？

2. 你认为哪两个理论家对学前班教育发展有很大影响？解释你的选择。

3. 为什么不同教师对什么是优秀的早期教育项目的看法是不同的？

4. 为什么在早期教育项目中实现创新需要很多年？

5. 为什么教师发现把新的教学方法迁移到他们已有的教学中是很困难的？

6. 皮亚杰的认知发展理论是如何影响现代发展适宜性早期教育实践的？

7. 为什么皮亚杰儿童思维发展理论中儿童学习过程的概念能支持整合课程的发展？

8. 有意义和有目的的学习意味着什么？

9. 用于设计认知发展适宜性课程的过程是什么？

10. 基于主动建构知识的概念，主动学习的要素是什么？

11. 为什么学前班教室的学习环境需要灵活的布置安排？

12. 活动区的"计划—工作—回想"活动流程是如何帮助儿童实现对知识的重构的？

13. 发展性主题课程如何与整体教学结合起来？

14. 如何将发展性主题课程用于不同类型的早期教育项目？

15. 为什么在整合课程中对儿童发展领域和学习内容领域采用主题网络分析法是有帮助的？

16. 如何使儿童参与发展性主题课程的设计过程？

17. 如何使头脑风暴网络成为组织早期教育课程的工具？

18. 为什么在主题单元活动开始前精心设计活动和教室布置很重要？

19. 在主题课程中评价的作用是什么？

第八章

学前班课程：3～5岁儿童的语言和认知发展

本章目标

阅读完本章，你将能够：

· 解释幼儿语言是如何发展的；

· 解释幼儿语言是如何产生差异的；

· 描述教师如何使用听、说、读、写来为语言发展制订计划；

· 描述教师如何设计富有表现力且易接受的课程；

· 通过与阅读准备进行对比来界定读写萌发的概念；

· 讨论环境是如何支持语言和读写能力的；

· 描述一些提升阅读和写作能力的活动案例；

· 解释幼儿如何发展概念；

· 讨论教师如何为概念的发展制订计划；

· 解释教师、环境及游戏在幼儿认知发展中的作用；

· 描述数学和科学的学习经验；

· 讨论如何有效设计整合课程以促进幼儿的语言发展；

· 讨论如何为有特殊需要儿童设计认知课程。

简 介

第四章介绍了语言发展的本质——那些研究人们以何种方式获得语言的研究者所描述的婴幼儿学习说话的过程，还探讨了婴儿和学步儿如何完成学习说话的第一步，以及父母和其他照料者是如何鼓励婴儿和学步儿使用语言的。本章，我们将进一步强调为什么理解儿童的语言发展十分重要，不论是对于设计一个儿童语言发展项目来说，还是对于延伸拓展儿童的早期读写能力来说。

20世纪30年代至70年代，早期教育工作者认为儿童学习阅读的起始时间应为小学一年级。根据格塞尔的成熟理论（Gesell，1925），人们认为儿童在6岁时已经做好了学习阅读的准备，建议学前班和幼儿园教师在儿童发展成熟或"准备好"之前不要对其开展正式的阅读教学。

20世纪五六十年代，关于儿童发展的新理论和研究结果开始质疑阅读起步的成熟理论模式。研究表明，儿童在口语获得方面扮演着主动学习者的角色。皮亚杰认为语言发展与认知发展类似，儿童建构语言的过程与建构知识的过程类似（Bloom，1972；Brown，1973；Cazden，1972；Chomsky，1965）。更深层次的研究将这个理论扩展至阅读的习得。研究者研究了读写能力的获得，他们认为早期儿童通过建构他们自己的规则和关系来习得写作。理解早期儿童如何学习说话有助于我们理解他们如何学习写作和阅读（Dyson，1985；Goodman，1986；Snow & Tabors，1993；Sulzby，Barnhart & Hieshima，1989）。

在此章，我们会探讨儿童的认知发展如何在学龄前期帮助他们获得语言、读写能力、数学能力和科学概念。认知发展的课程除了语言和读写能力外，还包括数学和科学的经验。

语言发展课程

学前儿童如何发展语言

正如我们在第四章讨论的那样，关于儿童如何获得语言，不同理论有不同观点。行为主义者认为语言通过强化获得，成人选择性地强化儿童的说话方式（Skinner，1957）。此外，行为主义理论认为儿童通过模仿学习语言，先学说话，然后学语法。

一些研究者，如斯洛宾、麦克尼尔和乔姆斯基都支持一个与行为主义不同的观点，即人类天生具有习得语言的能力，我们有学习语言的内在能力。这一观点的支持者认为儿童并非模仿或重现他们所听到的，相反，儿童学习一系列的规则，并用这些规则来创造他们自己的说话方式。他们不断地尝试他们的语言，通过这个过程来提炼和精细加工自己的语言。语言的规则是有限的，但儿童可以使用这些规则产生无限的句子（Jewell & Zintz，1986；Spodek，1985）。

互动理论者和建构主义者认为学习语言的方法建立在语言的成熟和互动作用的基础上。这一观点的支持者认为，当儿童成熟到能对他们所处环境中的语言做出反应时，他们就具备了说的能力。和语言的互动使他们能假设和尝试交流的规则。皮亚杰认为语言的发展和儿童思考能力的发展是平行的，在儿童经历感知运动阶段、前运算阶段、具体运算阶段和形式运算阶段的发展过程中，他们使用自己的思考方式和语言互动来学习语言。

维果茨基也同意语言和思维在儿童语言习得的过程中是相互关联的，然而他认为语言先于思维发展（Vygotsky，1967）。儿童通过说话才第一次意识到他们是可以交流的。根据维果茨基的观点，人的意识是通过文字发展的。他强调了成人在确定儿童概念和语言习得方向上的重要性，通过与成人的互动，儿童发展了他们对语言规则和功能的理解，与成人的口头交谈提供了概念使用的语境。

尽管已经有各种各样的理论帮助我们理解语言的习得，但仍然有一个重要因素需要考虑：社交能力。学前儿童不仅需要学习语言，也必须学习恰当地使用语言。社交能力包括在不同的社交场合说恰当的话的能力，以及使用语言规则来进行交流（Genishi & Fassler，1999）。在接下来的部分，我们将会看到语言规则的类型以及儿童如何学习使用它们。

语言的形式

尽管语言习得的本质仍是个谜，但我们知道所有儿童都要学习语言的一些要素：音系、句法、语义和语用。语言的音系即发音系统，各个发音单元即音素，它们组合成有意义的话。语言的句法规则就是语法，儿童必须了解这些规则，即了解语素（意义的最小单元）是如何在一个句子里组合的。语言的语义传送交流的意义，儿童学习语言中蕴含的各种线索，这些线索将语言的意义带入口头语言和书面语言中。每名儿童居住在一个独特的群体中，在这个群体里语言被用作交流的工具。不管儿童所属的语言群体有何差异，无论是说当地方言这种细微的差别，还是不讲英语这种较大的差异，儿童学习语言形式的顺序都是一样的。

语用是语言的另一种形式，涉及说话者想交流什么。相同的说话方式可以表达不同的意义，这依赖于音调变化、肢体语言和面部表情的区别。例如，一个人吃了一份非常辛辣的食物时会说："我希望这道菜有更多的调味品。"伴随夸张的翻白眼，这个说话者真正想表达的是这份食物过分辛辣了。

语用也与有效的交流相关。学前儿童学习如何举止礼貌并使用礼貌用语交流。当一名儿童得到礼物时被告知要说"谢谢"，或者教师说："问问他，你是否可以玩那辆卡车？"这些都是教儿童如何在社交环境中使用正确交谈的例子（Snow & Tabors，1993）。

如果儿童想很好地使用语言，他们就必须理解语用。语用也包括如何在交流中轮流说，如何进入谈话，以及如何改变交流的主题（Christie，Enz & Vukelich，1997）。

学前儿童的语言差异

到了4～5岁，儿童已经在家掌握了基本的语言技能。尽管要完全掌握这种技能还需要进一步的发展，但儿童已经能够较好地使用语法正确、发音无误的句子了。詹妮士和法斯勒尔将这一过程的特点总结如下（Genishi & Fassler，1999，pp.65–66）。

第一，语言是一个包罗万象的复杂系统。人们通过这一系统表达和交换自己的观点，主要包括语义（意义系统）、音系（发音系统）、句法（句中语素组合原则）、语用（交流的隐性规则）。

第二，模仿并不是掌握语言的关键。通过让儿童积极思考，猜测词义，对他们予以指导，以及让他们与人们进行交流，来逐渐为他们指明语言和交流的复杂之处。

第三，对于一般儿童而言，他们在自己的社交群体中不断发展社交能力。不同交际圈的谈话和交流方式也许有很大差异，研究者才刚刚开始在非中产阶级的社区研究交流方式，因此我们无法评价哪种社交内容更好，或者社交内容中的哪个独特方面对儿童的交流技能的发展是最基本的。

值得注意的是，虽然儿童有不同的文化背景，而且这些文化在教儿童学习语言方面有自己的看法，但儿童都能从文化背景中学到其中的社交及语言规则。

有些儿童与其家人使用的方言会与标准英语，即在学校中使用的语言，有所不同。因此，有些儿童会在学校说不同的方言，如说黑人英语，这种语言和标准英语会有结构上的差异。黑人英语曾被认为是标准英语的一种低级形式，但有人发现它有成熟的语法结构，讲黑人英语的人会用一些不属于标准英语的有趣表达。讲黑人英语和其他英语方言的儿童需要学习标准英语，将之作为他们的第二语言。这些儿童既保留了他们在家中使用的方言，还能学着自己决定何时转换成标准英语。

帮助儿童建立黑人英语和标准英语之间的联系

拉尼夫人帮助那些讲黑人英语的非洲裔儿童分辨他们讲的黑人英语和标准英语之间的区别。不仅如此，她还为这些儿童提供机会去使用和理解这两种不同的语言。

拉尼夫人所用的一种方法是将儿童在不同语境中使用的语言录下来，然后让儿童听他们在课堂活动中所讲的各种方言。

戏剧表演也是用以分辨方言和标准英语之间差别的一种方法。儿童在表演过程中会被要求说标准英语，然后他们可以回顾在不太正式的场合中他们是如何使用黑人英语的。

拉尼夫人的目标不仅是锻炼儿童使用标准英语，还要让儿童明白在何种情况下适合使用更正式一点的标准英语，在何种情况下更适合使用黑人英语（Genishi & Dyson，1984，p.201，as cited Genishi & Fassler，1999）。

对于那些家中不讲英语的儿童而言，他们也需要学习标准英语。在美国，最普遍的非英语语言是西班牙语，当然也有其他语言。在一些城市或乡村小学中，儿童讲 4～5 种不同的语言也是常有的情况，而且他们可能说的是不同语言的方言。在过去的几十年间，人口结构的变化导致非英语族群学生在美国很多城市中占多数。尽管近些年学校改革做出了一些努力，但非英语族群学生仍面临学业失败的风险（Gutierrez，1993）。

很多不讲英语的儿童目前接受的是双语教学课程，这些课程的重点是向英语过渡，尽管也有一些课程将儿童的母语和英语一起用于指导教学中。还有一些学校将英语作为第二语言进行教授。双语课程的成功是存在争议的，在一些州已经取消这种课程，加利福尼亚州便是第一个。家长对于儿童接受双语教学也有不同的观点，尽管有些家长希望儿童在双语教学中使用两种语言，但也有一些家长认为儿童应集中于学习英语，于是反对双语教学课程（Wong-Fillmore，1991）。不论那些不讲英语的儿童接受怎样的课程，他们学习英语的速度和学习英语的意愿都存在差异（Hudelson & Serna，1997）。

教师面临的更为复杂的挑战是表达技巧有限、无法流利地讲任何一种语言的儿童。这类儿童可能来自父母与儿童很少交流的家庭。双语儿童的母语和英语技能可能都很有限。对于那些缺乏表达技巧的儿童而言，他们需要特殊的照料。首先要确定他们语言局限的原因，然后准备一些特别的活动以帮助他们发展语言。语言技能的缺乏可以归因于社交的不成熟、在学校没有安全感、感到不舒适、听力障碍或发育迟缓等。不论是什么原因，儿童应尽早参与适当的早期教育课程以接受干预和治疗。

有些儿童表达不流畅，他们可能无法快速讲话；或者有时说得过快，有时说得过慢。不流畅的一种表现是口吃。有些儿童吐字不清晰，他们可能在发音方面有问题，也可能听力弱，或大脑有损伤（Christie et al.，1997）。学前班的语言教育可促进存在不同类型语言差异的儿童的语言能力发展。对那些入学前就已掌握了丰富语言的儿童而言，他们的语言技巧也将得到提升。

对于有不同文化和语言背景的儿童而言，哪种早期教育课程是最好的呢？学前阶段是儿童快速掌握语言和词汇的时期，双语和英语学习者项目之间的持续争论往往会延伸到学前班的教学中。然而，关注早期儿童语言的专家已描述过早期教育课程的特点，这些课程将极大促进儿童在小学阶段的学习。

第一，早期教育课程注重儿童的母语和家庭。课程会与儿童的家庭建立伙伴关系，同时会有一些反映儿童家庭文化的课堂活动，会体现出对母语的尊敬（McLaughlin & Mcleod，1996；Ordonez-Josis & Ortiz，2006）。

第二，课程反映了儿童是如何学习的。教师懂得学习是一个反映社会文化发展过程的社会性过程。学习是一个建设性过程，儿童与人们及周围环境的交流互动过程可促进他们的语言发展。学习也是儿童的文化、语言背景与学校文化不断协调的过程。那些与儿童说同一母语的年纪较大的学生可以提供社会性和语言支持，以帮助在家庭和学校之间建立学习经验的桥梁（McLaughlin & Mcleod，1996；Tobors Paez & Lopez，2003）。

第三，文化活动应将父母的第一语言和家中进行的读写活动纳入。为父母提供用他们的第一语言写的各种读物，让他们用这些读物和儿童交流，这将有助于活动的发展。鼓励家长在家给儿童讲故事和了解他们的文化历史。尽管很多父母的英语表达有限，但他们丰富的家庭语言足以让他们与儿童交流分享（Ordonez-Josis & Ortiz，2006）。

以上特点可能与双语和英语学习者项目关于教非英语儿童的方法的分歧背道而驰。这种课程并不认为母语的教育价值逊于英语，它为儿童提供了从家庭过渡到学校时所需的文化和社会支持。

在所有学前教育方案中，哪个才是将有文化和语言差异的儿童都吸纳进来的最佳方案？一个方案想要满足所有儿童的需要，那就不得不保证平衡，并且要提供各种不同的训练。虽然建构主义方案被认为是适宜的，但也有人对此表示怀疑。这种平衡包括直接教授语言技巧和整体性、探索性的语言活动。下面将探讨有助于促进学前班儿童语言发展的一些课程要素，还将介绍适用于学前班儿童的课程经验。

制订学前班儿童语言发展计划

语言发展课程的首要目的是增进儿童的口语习得。通过说话来发展交际能力的最佳时期是3～5岁。在此期间，儿童也迈出学习书面语的第一步并不断发展。在设计语言发展课程时，教师应考虑将口语和书面语都纳入。在以下几部分中，我们将探讨游戏、教师和家长在儿童语言发展中的作用，然后我们将探讨学习环境如何促进教育活动中儿童语言和读写能力的发展。

游戏在学前儿童语言和读写能力发展中的作用

我们都知道，游戏是儿童学习和发展的一个重要工具，对于语言学习而言尤其如此。儿童会在游戏中用口语彼此沟通并跟成人交流，同时他们会在游戏中通过口语来表达自己。儿童在自己玩游戏时也有可能自言自语。当他们与他人一起玩游戏时，可能会使用元沟通，或与他人一起讨论或修正游戏的内容（Davidson，1998；Wortham，2008d）。

在研究社会戏剧游戏时，史密兰斯基发现家庭较富裕的儿童玩的是形式更丰富的角色游戏，这也会使他们日后在学校学习中更加成功（Smilansky，1968）。同时，研究者还发现成人参与游戏将会扩展低收入家庭儿童的幻想游戏（Johnson，Christie & Yawkey，1999）。

语言对游戏来说至关重要，游戏对语言发展的重要性也是如此。作为对成人语言的模仿，语言被用来假设和安排游戏。弗罗斯特引用了莱维对游戏在语言和认知发展中的作用的研究（Levy，1984），具体如下（Frost，1992，p.40）。

· 游戏刺激了语言的创新（Bruner，1983；Garvey，1977）。

· 游戏引入和区分了一些新的词语和概念（Chukovsky，1971；Smilansky，1968）。

· 游戏促进了语言的使用和练习（Bruner，1983；Garvey，1977；Garvey & Hogan，1973；Smilansky，1968；Vygotsky，1967）。

· 游戏促进了对元语言功能的认识（Cazden，1976）。

· 游戏促进了对口头语言的思考（Vygotsky，1962）。

伯克进一步解释了为什么维果茨基认为游戏可促进语言发展（Berk，2001）。首先，维果茨基提出社会活动影响儿童的思考方式。其次，语言是儿童间交流的首要方式。游戏尤其是具有代表性的游戏能够提供假设的环境，这种环境将鼓励社会活动和语言的使用。伯克关于社会角色游戏的研究表明，在社会角色游戏上花更多时间的学前儿童将在社会上更有竞争力且智力发展得更快。

教师在学前儿童语言和读写能力发展中的作用

教师在语言发展过程中扮演着促进者、指导者和模范的角色。教师通过为儿童设置室内外的游戏环境来促进语言的发展。一些创造性表达游戏、建构游戏、大动作游戏和角色扮演游戏可为儿童提供锻炼口语和书面语的机会。教师在教师指导的活动和结构化学习经验中扮演着指导者的角色，他们将概念和语言发展结合起来，并为书面语言的发展提供机会。通过和儿童进行口语互动，教师成为儿童在语言发展方面的示范者。观察儿童在游戏过程中的语言使用情况时，教师会提供各种机会以增强儿童的游戏和语言能力。教师会提供各种方法扩展角色游戏的主题和模式，而且在游戏过程中丰富儿童的语言和书面读写经验（Johnson et al., 1999；Morrow & Rand, 1991；Wortham, 2008d）。教师在游戏过程中和儿童一起玩，并且通过读、写为儿童示范书面语。教师在儿童做游戏时经常对他们进行提问（Fields & Hillstead, 1990），为他们提供各种有意义的活动，以促进他们口头语言和书面语言的发展（Fields & Spangler, 2000）。

家长在学前儿童语言和读写能力发展中的作用

家长在他们孩子的语言发展中扮演了重要的角色。许多家庭有大量的给家长自己和给孩子的书。家长为孩子提供书写材料，和孩子广泛地交流，每天给孩子阅读故事书。

教师可以做许多事情来帮助父母创设一个丰富的家庭读写环境，书面交流、家长工作坊及家长会都可以帮助家长熟悉如何通过阅读、讲故事、和孩子说话来帮助孩子学习语言。教师也可以利用家长分享的书在教室设立图书区，可以将阅读活动配套的录音带赠送给家庭，以便家长和儿童能够听或跟随录音带阅读。

斯诺就阅读故事书和口语发展的关系做过研究（Snow, 1983）。父母应学习一些特定的策略，包括阅读故事书，以促进儿童语言的发展。特雷西提出了父母对待幼儿的 10 条建议（Tracey, 2000, pp.50–51）。

·让儿童说话。儿童通过说话和问问题学习。

·帮助儿童理解故事。有时儿童不能理解书中发生了什么，定期检查儿童是否理解了故事。

·表扬儿童。儿童喜欢听父母说"你很棒"，当儿童提了一个很好的问题、说出某本书中有趣的地方或读得很好的时候，要让他们知道你为他们感到骄傲。

·把图书与生活联系起来。将图书作为出发点，告诉儿童生活中的一些有趣的事。

·在读故事书的过程中问儿童一些有趣的问题。最能促进儿童发展的问题是那些有很多答案的问题（开放式问题）。

·等待答案。在你提出问题后，给儿童时间去回答。

·对于年幼儿童，要指着文字阅读。对于幼儿而言，指着文字阅读可以帮助他们学习词汇，从左向右进行阅读，读完一页上的所有文字后再翻到下一页。

·对于年龄较大的儿童，可采用轮流阅读的方式。

·认真选择图书。很多书都很有趣，但最能帮助儿童的是那些难度适当的书。

·记得要开心。尝试为儿童提供愉悦的图书分享体验。

环境在学前儿童语言和读写能力发展中的作用

学前班的教室应是一个对儿童充满魅力的环境，它被设置为学习和活动的场所，这个场所提供创造性的、建设性的、戏剧性的和操作性的游戏。活动区里有许多材料，这些材料允许幼儿进行项目工作，通过艺术和写作材料来表达自己，参加假扮或角色扮演游戏，演木偶戏，或者通过表演再现故事。

儿童根据他们自己的工作或游戏计划来选择可以在学习中心进行的活动，其他由教师设计的活动可以含有教师为儿童提供的直接指导或间接指导。

教室包含社交成分和物质成分。环境的物质成分包括空间和材料的安排，社交成分包括作为调停者的教师、教师与儿童间的口头和非口头的互动。

奥斯特罗斯和凯瑟提出了改善语言环境设置的 4 个步骤：使语言成为儿童的日常工作的一部分；提供有趣的材料和活动；提供成人和同龄人示范，这些人会鼓励儿童使用语言，并对他们的尝试做出回应；在获得材料或帮助与使用语言之间建立一种偶然性联系（Ostrosky & Kaiser，1991，p.124）。

鉴于环境对语言发展的作用，教师应采取一系列措施让整个幼儿学习环境成为"富含书面语言的环境"。根据弗里曼和哈奇的观点，"富含书面语言的环境"意味着书面语言以标签、目录、标志、表格、海报等形式随处可见（Freeman & Hoach，1989）。书面语言材料出现在活动区以支持儿童在游戏过程中发展读写能力。戏剧表演中心应有根据戏剧主题而变化的读写材料。例如，当表演或学习主题包括一家杂货铺时，中心里就可以有贴着熟悉标签的空食品盒，用纸和笔来制作货品清单和价格签（Fields & Hillstead，1990）。一项以邮局为主题的社会研究应有给儿童的邮箱、信封、邮票和贺卡（Hatch & Freeman，1988）。艺术中心为书写和口述关于图片和其他艺术作品的故事准备写作材料。

显而易见，图书馆和语言中心是支持读写能力发展的主要区域，包含了语言课程所有组成部分的材料，包括听、说、读、写。中心的写作区域有一系列写作材料，包括纸、铅笔、马克笔、蜡笔和钢笔。阅读区有书架来放置大量的绘本、图画故事书、写实文学、有关真实生活的故事书、易于阅读的书、新闻书、有寓言和民间故事的书、无字书及诗集。一些书架可以用来储藏书，另一些书架则是开放式的，让书的封面吸引儿童（Morrow，2000）。至少有一个书架是特别预留给有关研究主题的书籍的。教师读过的大开本图书也可以给儿童，让他们再读读。

听力中心提供有声读物的录音带，每个耳机中都存有录音带的副本，为儿童提供在整个活动期间听故事的机会。中心也可以配置有垫子的摇椅、地毯、豆袋椅等软座位区域，以及可以吸引儿童个人或团体浏览和阅读的其他设备。

语言经验图表、电脑及制作书籍的材料可提高语言中心的质量。一张字母表对于刚开始认识、使用字母的儿童来说是有用的，悬挂在儿童视线范围内的留言板上可以有与学校有关的功能性信息。

教师在环境中的角色是给儿童读书，参与研究话题的讨论，让儿童为语言经验图表口述他们的成就，讨论并分享书和故事，和儿童一起念诗歌和玩手指游戏。儿童在环境中的活动是每日书写，探索新书，复述熟悉的书籍，听故事，参与假扮和角色表演，口述故事，以及讨论工作和参与活动（Burns，Griffin & Snow，1999；Freeman & Hatch，1989；Gothard & Russell，1990；Teale，1987）。更多关于这些活动和语言发展课程的内容可以在接下来的语言和读写部分找到。

设计学前班语言发展课程

在设计语言发展课程的时候，虽然教师会有意将口语放在首位，但同时他们也会注意到要设置一些活动来促使儿童将口语转化为书面语。促进口语发展的课程可以通过一些有助于儿童接受性语言和表达性语言发展的活动来组织。表达性语言涉及语音、句法、语义和语用等儿童在讲话时会用到的元素，接受性语言包括那些儿童可以听懂却无法用自己的话表达出来的语言。

　　儿童在使用涉及写作和阅读的书面语时，他们的读写能力也在发展。学前期的语言发展课程为儿童提供一些活动，这些活动为儿童读写能力的形成奠定基础。教师会从中挑选一些，鼓励儿童积极参与，以重新塑造儿童对读写能力的理解。一些儿童参与、教师指导类的活动能够让儿童明白口语如何转化为可书写、可阅读的内容，通过这些活动，儿童逐渐变为读者和作者。

提供有助于儿童表达性语言发展的经验

　　有些活动能促进儿童使用口语，通过这些活动，儿童的表达性语言发展水平也会得到提高。一些活动需要用到描述性语言，或需要与成人、其他儿童进行沟通。儿童参与这类活动时，他们的表达性语言也会得到扩展和深化。莫罗将促进表达性语言发展的方式分为以下几类（Morrow，1997，p.101）。

　　·不论在哪个发展阶段，都要给儿童自由使用语言的机会。这种语言可以是方言，也可以是几种英语的混合，甚至可以是西班牙语。儿童想要与人交流的愿望应得到鼓励、接受以及尊重。

　　·引导儿童正确发音。

　　·帮助儿童增加口语词汇量。

　　·在儿童成长的适当时期，鼓励儿童使用完整的句子表达。

　　·为儿童使用各种语法结构提供机会，如形容词、副词、动词、介词短语、从句、复数、过去式、被动等。

　　·鼓励儿童与他人进行交流，这样能够促进别人对他们的理解。

　　·为儿童提供使用语言的机会，使他们在表达自己的情感、观点和动机或解决问题的过程中从社会角度和个人心理角度使用语言。

　　·为儿童提供机会发展包括数学关系和逻辑关系的语言，如描述大小和数量、进行对比、确定集合和等级、逻辑推理等。

　　·为儿童提供在不同场合讲话的机会。

　　为促进儿童的口语发展，将教室布置成学习和游戏的区域并为儿童安排大量的整块时间在中心活动，这是教师的基本任务。儿童使用表达性语言与同伴或教师讨论活动，并参与家务主题活动。当儿童与他人分享或反思自己创作艺术品的过程时，他们在艺术区获得的学习经验，如绘画和陶艺，会促进其表达性语言的发展。儿童在手工或科学和数学区进行互动、寻求指导、给予建议及描述活动时，表达性沟通则产生。教师在中心活动中的角色至关重要，因为他们要对儿童提出问题。儿童在不同区域活动或游戏时，教师要参与儿童的对话，另外还会就拓展活动和主题游戏提出建议。例如下面的"医生"游戏中教师与儿童的对话（Ishee & Goldhaber，1999，pp.70-71）。

　　"让我们来玩过家家的游戏吧！"

　　"好啊！我要当医生。"

　　"可以，这里是医生的家。"

　　"然后医院在那边。"

"你来当妈妈。"

"我不想当妈妈，我是医生。"

"那我们都当医生吧！"

"耶！"

在家务中心或其他地方进行角色扮演游戏，可以最大限度地为儿童主导的表达性语言发展提供机会。儿童设计并参与角色扮演活动时，会优先选用语言来进行交流，以便自己在角色扮演游戏中进行互动（Spodek，1985）。需要引起注意的是，室外活动也同等重要。在室内外活动中，女孩比较倾向于以家庭为主题的游戏，而男孩更倾向于在室外活动中参加一些他们喜欢的主题游戏，如超级英雄游戏（Johnson et al.，1999）。

教师指导的游戏同样会促进表达性语言的发展。儿童在分享或交流环节就计划的或已完成的活动进行课堂讨论，这时要用到表达性语言。教师可以鼓励儿童复述故事，或讲一些发生过的重大事件。戏剧游戏中的复述故事活动就会运用到表达性语言（Ishee & Goldhaber，1990）。在教师的引导下，儿童使用无字书进行讨论，这同样能鼓励儿童用他们自己的语言将书上的图片描述出来（Raines & Isbell，1988）。另外，教师还可以使用木偶戏来促进儿童表达性口语的发展。

提供有助于儿童接受性语言发展的经验

如果想让儿童的语言发展到接近成人语言的水平，那么让他们有足够的机会听语言同样是非常重要的。儿童从成人那里听到的接受性语言反映了成人语言的本质，如果家长和教师能够正确发音，并花时间去与儿童进行交流、为他们解释，那么儿童就有机会以成人的语言为模板来拓展他们现有的语言技能，进而使他们能够用口语表达自己。莫罗提出了促进接受性语言发展的方式，具体如下（Morrow，1997，p.101）。

第一，为儿童提供一个随时都能听见语言的环境。

第二，儿童可以将他们所听见的语言与快乐、愉悦联系起来。

第三，给儿童提供机会，让他们能够区分他们所听见的声音。

第四，儿童应定期听到大量新的单词。

第五，让儿童有机会听他人说话，并表示他们听懂了。

第六，让儿童有听从指示的机会。

当儿童进入校园环境，他们则有更多的时间去听。正是通过听，儿童才能获得接受性语言，而接受性语言最终又会变成表达性语言的一部分。教师和家长可以通过多种方式来丰富儿童的语言。

贾隆格在主动的听和被动的听之间做了区分（Jalongo，2007）。他认为儿童应学会有效地倾听，这种听包括沃尔文和柯克丽提出的以下几个特点：输入，即接收一些口头或非口头的信息；参与，即努力将注意力完全集中在信息上；赋予含义，即通过特定的文化内容或个人智力和情绪发展的过程来解释或理解信息（Wolvin & Coakley，1996，p.13）。

讲故事或读故事是提高儿童听力、增加儿童词汇量的重要手段。故事不仅能够为儿童展示新的单词，还可以让他们获得新的知识（Genishi & Fassler，1999）。磁带、听力中心及广播中的故事可以为儿童提供听故事的经验。给儿童读诗，他们会感受到单词的韵律。手指游戏则会增加诗歌的动感。

教师通过一天的对话来传达消息、发出指令、与儿童分享信息。作为教室日常活动的一部分，课堂语言增加了为儿童示范语言的机会。在角色扮演中，教师扮演着演员、导演的角色。教师在室内外活动中与儿童进行一些非正式的互动，这些由教师指导的活动增加了儿童口头语言发展的机会。去郊外旅行不仅有教育意义，而且对儿童来说很有趣。请一些与活动相关的人到教室做客，让儿童听他们讲话。这些活动都为儿童提供了额外的机会去听并模仿成人的语言。

建构读写能力的发展基础

什么是读写能力？它在什么时候得到发展？读写能力发展是一个持续性的过程，从出生即开始，在儿童学习理解并运用口语和书面语的过程中不断推进，对书籍和故事感兴趣和通过对话与人沟通都是这个发展过程的一部分。在跟儿童说话，给儿童读书、讲故事，教儿童写字，指明环境中的文字，激发儿童兴趣和能力的过程中，成人扮演着儿童口语和书面语能力发展的促进者角色（International Reading Association and National Association for the Education of Young Children，1999；Teale & Yokota，2000）。

本章第一部分强调的是语言在读写能力发展过程中的重要性。语言是儿童发展过程中的重要部分，并且是使儿童读写能力成功发展的因素之一。在这一部分，我们一起来看看在当前环境下促进学前儿童读写能力发展的其他几个重要因素。但首先我们要明确一个一直以来都有争议的问题：在阅读和写作的初始阶段，儿童应在什么时间以怎样的方式接受指导和训练？

解决开展读写能力教学方面的一些问题

本章开篇介绍了在20世纪30年代至70年代普遍开展的教学实践，在这一时期，正式阅读教学开始前的儿童成熟度和准备程度被认为是非常重要的。同时，我们也讨论了关于语言和读写能力习得的最新研究成果是如何反映一种开启阅读和写作的建构主义方法的。这一方法反映了阅读准备是在获得经验后才形成的，而且儿童在获取读写能力的过程中扮演着一个重要的角色。

到20世纪80年代末，关于读写准备的观点受到了读写萌发概念的挑战。读写萌发否定了儿童在接受正式阅读指导之前必须有阅读准备的观点，其倡导者们认为儿童读写能力发展的过程很早就开始了，而且这一过程是阅读和书写的结合，阅读和书写在相互补充、相互关联中发展。读写萌发源于儿童积极参与世界，以及参与涉及口语、书面语交流的有意义和有目的的活动（Teale & Yokota，2000）。

全语言教学法是20世纪80年代的另一项运动，它的出现取代了传统的基本阅读材料。传统材料以语音为基础，其他阅读技能则是另外单独教授的。全语言教学法不采用将阅读和书写学到极致的练习，而采用一些有目标的活动。对语音和其他阅读技巧，教师不在全班面前系统地、整体地教授，而单独教给那些有明显意愿去接受这方面知识的儿童。到20世纪80年代中期，以文学为基础的新的基础材料对学校来说也较容易获得。

20世纪90年代，人们开始对全语言教学法做出回应。美国儿童健康及人类发展研究所进行的一系列研究指出，有必要对阅读中的音素意识和语音进行必要的指导（Lyon，1998）。这一观点得到了另一个关于儿童应如何学习的综合研究的认可，这一研究来自《全美阅读研究小组：来自各阅读分委会的报告》（*National Reading Panel：Reports of the Subgroups*）（National Institute of Child Health and Human Development，2002）。全美阅读研究小组强调对儿童进行音素意识技巧、语音技巧和阅读理解的指导有助于儿童的阅读，而这份报告却遭到普雷斯利在国家阅读会议上发表的一篇文章的质疑（Pressly，2001）。对于全美阅读研究小组的大部分研究成果，普雷斯利是同意的，但他觉得这些研究成果分得太细了。他认为有效的阅读指导是将技巧教授、整体阅读和书写训练融为一体的。还有人认为，使用建构主义方法，教学的均衡发展课程构成了阅读开端的高质量课程的基础（Roskos，Christie & Richgels，2003；Snow，Burns & Griffin，1998）。

建构主义方法包含在一个均衡发展阅读项目中进行技巧指导和读写萌发的内容，全语言教学法就支持了这一观点。在读写开端中教师扮演着引导、教导和支持的角色，儿童则扮演着参与、亲历和表现成就的角色。

儿童在发展读写能力时需要知道些什么

尽管在读写的初始阶段强调音韵和语音等阅读技巧是十分重要的，但研究仍强调应注意读写能力发展的复杂性（Gambell & Mazzoni，1999；Pressly，2001）。要想真正成为一个好的读者和作者，儿童仍有很多东西需要知道，其中包括与词汇及字母相关的知识、音韵学意识、语音、单词理解以及阅读的意义。

儿童读写能力的培养目标

我们已经了解了儿童要习得读写能力所需掌握的东西，那么有效培养读写能力的早期课程应包括哪些内容呢？早期读写能力指导的 8 个基本策略以及促进这些基本策略发展的活动，为学前儿童提出了大致的目标框架，以及发展适宜性均衡发展课程应包含的活动，下面的内容将对其进行具体阐述（Roskos et al.，2003）。

早期读写能力的有效指导会为儿童提供发展适宜性设施、环境、教材、活动及来自社会的支持，有助于将早期阅读和书写形式发展转化为成熟规范的读写形式，其具体为 8 个基本策略，这 8 个基本策略与早期读写能力和小学阅读成绩有一定的关系。应注意的是，游戏在策略 5、策略 6 和策略 8 中占首要地位。对于儿童而言，将读写能力训练和游戏结合在一起是把读写能力训练变得更加有意义、更加愉悦的最有效方式之一。

策略 1：丰富的教师语言。

让儿童参与到小组、大组及一对一的交谈中。和儿童说话时，教师要做到以下几点。

·尽量使用儿童在日常谈话中很少接触到的词汇。

·引导儿童谈话，使之更具有描述性，语法准确。

·与儿童进行一些具有认知挑战的讨论，如一些非当下的话题、关于整个世界的话题、鼓励儿童将语言当作客体进行反思的话题。

·聆听并回应儿童所说的话。

策略2：读故事书。

每天在课堂上为儿童大声朗读2 ~ 3次，为儿童展示一些有意思的故事、诗歌和信息类图书。在朗读前、朗读中和朗读后开展一些积极的讨论活动。反复阅读儿童喜欢的故事不仅可以增加他们对故事的熟悉程度，还可以增加他们的兴趣，这样他们就会自己尝试着去读这些书。

策略3：音素意识活动。

为儿童准备一些活动以增强他们对语言的发音的意识。这些活动包括玩游戏以及听故事、诗歌和音乐，内容要包括以下几点。

·押尾韵——认识一些以相同音节结束的单词（如：Jack and Jill went up the hill）。

·押头韵——认识一些以相同音节开始的单词（如：Peter Piper picked a perk of pickled peppers）。

·发音连线——找出那些以特定音节开始的单词（如：向儿童展示一些鸟、狗、猫等的图片，然后让他们找出哪个动物是以 d 的发音开头的）。

尽量让这些游戏生动有趣。

策略4：字母游戏。

给儿童一些能够让他们区分字母表中字母的材料，并让他们参与学习。这些材料包括：识字课本、字母词板、字母积木、字母拼图、字母表。用直接教学方式教儿童一些对他们个人有意义的字母（如：看，Jennifer 和 Joey 的名字开头是同一个字母。那这个字母是什么呢？对啦，是 J！）。

策略5：对儿童阅读萌发的支持。

鼓励儿童读一些书或者一些来自以下各处的读物：藏有大量优质图书并且设计得很好的图书馆；儿童反复听过并且很喜欢的读物（这类书儿童比较熟悉，教师要鼓励儿童独立阅读）；与课堂活动有关的功能性文字（如每日活动安排表、值日表、玩具架上的商标等）；与游戏相关的文字（如标识牌、菜单、餐厅游戏使用的职工名牌等）。

策略6：对儿童书写萌发的支持。

鼓励儿童使用一些简单的书写形式，如潦草的随手划、随意的字母以及他们自己创造的拼写，而这些都是在以下情况下完成的。

·书写中心有足够的钢笔、铅笔、马克笔、纸及自制图书的材料。

·教师将儿童陈述的内容记下来并且展示出来。

·提供一些与课堂活动有关的进行功能性书写的机会（如学习中心的签到表、图书借出条、"请勿触摸"的标识等）。

策略7：共享的读书经历。

给儿童读一些比较大的或将文字放大的书，一边指一边读。在介绍或者阅读书时，要让儿童的注意力集中在书的内容上，如图片和文字的不同之处，从左到右、从上到下的顺序，书的概念（封面、题目、页码等）。为儿童反复读一些他们喜欢的故事，鼓励儿童跟读一些他们记住的片段。

策略8：综合的、内容聚焦的活动。

创造机会让儿童研究一些他们感兴趣的话题，目的是让儿童使用口语，联系阅读和书写，以便认识这个世界。一旦确定话题，儿童便可以进行以下活动。

- 听教师读信息类书籍上与话题相关的内容，然后再自己阅读。
- 通过观察、实验、询问等手段得出一些结论，然后将这些结论集中起来。
- 运用书写萌发记录观察和信息。
- 参与角色表演，以巩固和表达所学到的东西。

通过以上这些活动，儿童的语言和读写能力都会有很大提升，同时他们也学到了很多有用的知识。

在下面的内容中，我们将会介绍更多关于书写萌发和阅读萌发的信息，并提供支持早期读写能力学习的 8 个基本策略的活动。

书写萌发

我们知道，读写能力的发展是一个持续性的过程，从出生时便开始，贯穿于整个学前时期。莫罗解释道，这一发展过程最初是学习用非语言进行交流，再学习语言，随后进行有象征意义的游戏，然后画画就出现了（Morrow，2000）。

书面语言在用于交流之前是一种游戏。在纸上做标记是最初尝试书写的行为，此时儿童并不理解字母象征语言的作用。之后，儿童理解了字母是用于表达语言的，书写是语言的一种表现（Ferreiro & Teberosky，1982）。

研究人员就儿童如何从理解书写转变为使用书写进行了研究。两组研究人员从不同方面归纳了这一阶段的特点，他们所提出的书写能力发展上的不同特点对于理解儿童如何学会书写是很有帮助的（Fields & Spangler，2000；Sulzby et al.，1989）。

萨尔兹比及其同事将书写分为 6 类，他们没有按发展顺序排列，而是展示儿童尝试书写的几种方式，具体为：画画，潦草的字，有点像字母的形式，对一些简单易学的拼写单元的重造（如他们熟悉的字母排列——儿童名字的拼写等），自己发明创造的拼写，常见的拼写（Sulzby et al.，1989）。

戴森认为书写没有什么发展顺序，她指出书写萌发只是一个大过程中的一部分，在此过程中，儿童探究如何用他们全部的象征性能力去认识这个世界，这种能力包括使用画画、游戏、跳舞、唱歌等机会。戴森认为课程安排应围绕儿童及他们对这个世界的好奇心展开，而不是围绕所谓的读写能力展开（Dyson，1993）。

学前儿童将画画与书写结合起来，然后再逐渐将二者区分开。一些 3 岁儿童通过类似字母的潦草笔迹来区分二者。如果让他们画画，他们会用很多种颜色，还可能在纸上自由地来来回回地画。

4 岁的儿童所写东西的一致性会更强一些，他们会在纸上从左到右地画线条。如果让他们画画，他们就会从纸的正中间画起。如果儿童经常画画和书写，那么他们使用和区分两者的能力就会有所提高。将画画和书写融入各种课堂活动将会强化儿童对书写在日常生活中的作用的理解（Baghban，2007；Love，Burns & Bill，2007）。

巴格班（Baghban，2007）在菲尔茨和斯潘格勒（Fields & Spangler，2000）早期研究成果的基础上，将儿童从 3 个月到 8 岁在画画和书写方面的发展总结了出来。表 8-1 呈现了学前儿童书写能力发展历经的几个阶段以及各阶段中儿童发展的行为表现。

表 8-1　书写萌发阶段

书写形式	发展特点与假设
乱涂乱画	随意涂鸦，不能区分是图画还是文字
画画	画面讲述的是一个故事
重复按线书写	所写的东西是按一条线排列的，且形状、大小基本一致（重复的），看上去像速记
临摹规范书写	写出的东西有的按线条排，有的不按，但其中已包含真实词汇的某些要素
记忆型书写	能够写出一些常用词汇和重要词汇，如爱、妈妈、爸爸、自己的名字等
字母式书写	能够写出字母的某些元素，看起来像字母；彼此相邻的相似形式不超过两个
量化原则	能够写出的字母数量大幅增加 证实了词汇学习必须以掌握足够的字母量为前提这一假设 能够以响亮的名字对重要的事情加以命名 在口语表达中使用的音节数量大幅增加
质化原则	所使用的字母都是非常重要的
在拼读自己的姓名时开始创造性拼写	证实了字母学习对拼读和拼写儿童姓名的重要性
简化发音	所写出的每个词或每个音节都只有一个字母，只有主要音节，很少出现元音
高级创造性拼写	尝试在读音和符号之间建立某种合理联系，能够使用一些元音，所写的字词能够被读出来
标准拼写	能为了达到规范书写的标准而自我纠错

促进书写萌发的活动

3～5岁的儿童在读写方面的发展各不相同，有些可能喜欢随便乱画，有些则喜欢临摹单词或自己创造一些拼写。教师应准备一些活动，将各个发展阶段的儿童组成小组，还要给儿童准备一些能够引起他们兴趣的材料。除了给他们提供一些书写机会，教师还要为教师引导的和儿童自发的游戏制订好计划。教师可以用一些特定的方法来向儿童展示如何书写以及如何用书写来进行交流。教师通过在一个有意义的情境中使用书写来给儿童做示范，儿童可以每天观察黑板上或经验图表上的书写。听写活动在日常个人或小组活动中进行，可以采用书写经验图表中的故事的形式。小组中的儿童进行了有趣的讨论后，轮流为经验图表贡献一些故事。教师可以给每个儿童写一些纸条，并且让他们分辨这些纸条是写给家长的还是写给教职工的（Hayes，1990；Morrow，2000）。

听写活动及发展语言经验故事①

当儿童看见自己所说的话被写下来，他们开始理解说、写和读之间的关系，了解到书写也是交流的一种方式。

校园一日生活中有很多进行听写的机会。听写的内容有时只有一个单词，有时则是一个完整的陈

---

① 这里所讲的听写活动，是指儿童口头描述、成人写下儿童所讲的话的活动（译者注）。

述或好几句陈述。不同的陈述方式会对儿童语言发展产生不同的影响。幼儿园教师可以不买什么教材，每天让儿童画一幅画或讲一件事。一些讲西班牙语的作为英语学习者的儿童可能只能讲一个单词，而英语为母语的儿童的故事能写好几页。讲西班牙语的儿童会逐渐将一个单词扩展为两个单词，最终扩展为长一点的陈述句。

在条件极其有限的情况下，听写依旧是可以进行的活动。对于那些只有黑板和粉笔的非洲教师而言，听写是推动儿童读写能力发展的最有效方式。每名儿童有一块自己的小黑板，这样他们就能自己练习写字。

一名儿童可以进行听写活动，一个小组甚至一个班级也都可以进行。听写有很长的历史，是一种使用语言经验故事的活动。故事可以从儿童感兴趣的话题中选，可以从一堂课中选，也可以从引发课堂讨论的事件中选。

除了在一天的各种情境中所进行的听写活动及发展语言经验故事，儿童还可以通过教师为其准备的其他活动对书面语进行模仿。后面我们将会对进行这类活动提出一些建议。

教师计划好的活动及在游戏中出现的非正式机会都能用来发展书面语言。生日卡片和生日故事通常是庆祝生日活动的一部分。一些特别的课堂活动如外出或聚会后，儿童可以自己写感谢卡片，或儿童说、成人写感谢卡片。儿童可以为建造活动和项目标上标签，也可以记录工作，将其作为综合性学习活动的一部分（Hayes，1990）。在课堂活动和学习的过程中，教师和儿童要始终注意书写的练习。

听写活动及发展语言经验故事的小贴士

听写活动小贴士

- 儿童说话的时候，准确地将其所说的记录下来。
- 通过一些问题和评论来鼓励和拓展儿童进行听写活动。
- 给儿童时间来思考和表达自己（对于作为英语学习者的儿童尤其重要）。
- 让儿童有机会去抄写你写给他们的话。

在什么时候进行听写活动

- 在早上，对儿童提出问题并尽量得到他们的回复（你今天穿的衣服是什么颜色？你今天怎样去学校？等等）。
- 一堂课或一段学习结束后，让儿童谈谈他们今天都学到了什么，或他们在今天的活动中有什么感受。
- 在动手操作活动后开展听写活动，如艺术活动以及涉及动物、花朵或其他自然物的科学实验。
- 在快放学时和儿童一起总结当天的学习和工作。

如何发展一个语言经验故事

- 教师将语言经验故事限定在5句话以内，把每个故事写在黑板上。如果小组的人数很多，那么教师应将故事重复数遍。

·在听写故事的时候准确地记录。

·用某些方式突出标点符号，让儿童明白句子是如何开始和结束的。

·在写故事的时候应指着句子，这样可以吸引儿童的注意力，让他们明白说话和写字之间的关系。

·在开始学习阅读和书写的阶段，可以反复使用语言经验故事这种方法。儿童能够区分单词、字母、名字等，可以将故事中的单词抄写下来，或者将故事中的某些东西画下来。

阅读萌发

3～5岁的儿童在生活中是如何学习阅读的呢？其实，在母亲将儿童放在腿上向他们展示图片的时候，儿童的阅读过程就开始了。每次看书的时候，儿童都会努力理解书上每一页出现的符号和他们所听见的内容之间的关系。蒂尔指出，儿童在一些社交场合和一些重要他人一起进行的阅读活动是儿童读写能力发展的关键（Teale，1982）。同时他还指出，儿童对阅读和写作的学习其实是在日常生活情景中发生的。儿童参与一些活动，在这些活动中读写在有实际意义的情景中被使用（Teale，1986）。在学前阶段，儿童会观察父母阅读，自己每天也会读些东西，他们看成人写字、读书、看信，然后就会明白学习书面语的目的。

有证据显示，儿童在很小的时候就理解了写作的目的。学步儿着迷于身边的符号，他们能够认出麦当劳的金色拱门标志以及他们喜欢的食品包装上的图片。由于儿童不论在家还是在外面都能看到大量的符号，因此他们理解周围标志和符号的能力发展得很快。研究者认为，儿童早在3岁时就能认出身边经常出现的一些单词了（Hiebert，1986；Mason，1980）。

经常阅读的3～5岁儿童通常在学习阅读方面取得非常显著的进步。除了能够理解文字是怎样被组织和使用的，他们对图书也有更多的了解，且知道图书是怎样被使用的。怀斯曼和罗贝克描述了幼儿从阅读经验中获得的与图书有关的知识，包括知道图书的开头与结尾的差异、从哪里开始阅读、怎样翻页、图画与文字之间的差异、自左向右的文字阅读顺序（Wiseman & Robeck，1983）。

本书作者所采用的方法

每一天，儿童都被邀请去确定当天的关键词。教师在每张马尼拉纸（一种高强度的纸）的顶部写上当天的关键词，让儿童画一张与这个单词有关的画。然后儿童将画交给教师，并向教师讲述这幅画的内容。这个关键词还会被写在小卡片上，小卡片被放在儿童喜欢的盒子里或其他地方。

儿童学完 10 ～ 15 个单词后，将小卡片装订起来。单词卡片被用于儿童复习、临摹他们所喜欢的单词，或在电脑上做单词表。儿童可以重读他们所讲的故事。

当天计划

每天早上，教师将一天的计划写在经验图表上，作为他们当天要讨论的活动。教师和儿童一起反复地阅读这些计划，然后将经验图表放在儿童很容易摸到的地方，这样儿童就可以随心所欲地用它来练习写字和阅读。他们可能会选择临摹一些单词，或者将某些句子写在他们自己的纸上。

日记

这种方法适用于年龄较大的学生，但也适合年幼儿童。每个儿童都获得一个由空白纸组成的日记本，儿童和教师每天都会在他们的日记本上写字，过一段时间后，一起回顾他们的日记本上的所有内容。儿童也许会先在日记本上画画，再逐渐地开始"书写"，然后用一些字母，直到自己创造一些拼写。

班级册

班级册是对写作和绘画作品的收集，这些作品是从主题学习或特别课程中获得的。班级册将儿童的画作收集起来，然后放到图书馆里供所有人欣赏。班级册的名字由全班选定，并写在封面上。

主题盒子

将与主题有关的材料和物品收集起来放在盒子里，盒子里有主题表演所需要的写作和阅读材料。莫罗和兰德认为，信纸、报纸、电话、电话号码簿、地图、打字机、钢笔、铅笔等报社里有的物品能促使角色扮演的孩子努力写作（Morrow & Rand，1991）。

句子练习条

将小组或个人故事中的一些句子写在标签条上，然后将纸条剪开，儿童将句子重新组合，然后誊写下来。同时他们还可以根据一个句子写出更多的句子。

在促进学前儿童阅读方面，父母和教师可以做什么？朱厄尔和青茨分析了影响儿童阅读能力发展的家庭因素（Jewell & Zintz，1986）。第一，不仅是儿童，他们的母亲也常常参与即时阅读和对日常生活环境中出现的文字的阅读，母亲可引导儿童将注意力放在食品的标签和电视广告中熟悉的产品上。第二，家庭中既有适合父母阅读的材料，也有适合儿童阅读的材料，可将各种类型的图书——故事书、儿歌书、童话书——一次又一次地读给儿童听。第三，父母是儿童的阅读榜样，父母经常阅读，儿童就会通过观察意识到阅读对他们来说是一项重要且积极的活动。第四，在家中儿童可以随时取用与书写有关的各种材料，在不断获取有关字母形式的知识以及运用字母来沟通彼此观点的过程中，儿童逐渐学会在阅读萌发和书写萌发之间来回转换。第五，家人对儿童尝试阅读和书写的努力能够给予回应和鼓励。此外，虽然家长为儿童提供的帮助不是正式的、系统的，但能够对儿童随时提出的问题和要求做出及时回应。

学前儿童在集体教育环境中获得的早期读写经验在其家庭环境中同样可以获得。通过阅读各种类型的图书和故事，以及从外部环境中获得大量早期读写经验，学前儿童奠定了发展早期阅读能力的基础。

故事再现

故事再现是重述故事的一种形式。当儿童讨论情节、事件的顺序和人物角色的时候，故事的戏剧化表现将促进口语交流。因为儿童在重现故事前必须全神贯注地听故事的内容，所以他们的听力会得到提高（Han，1991）。通过把一个故事表演出来，儿童强化了他们对故事的理解和记忆。再现是社会戏剧游戏的一种形式，需要来自教师的指导和指引，因此教师应帮助表演者在他们的故事再现中采用有趣的表演（Ishee & Goldhaber，1990）。

这种主题幻想表演使用的是熟悉的故事。《三只蜜蜂》和《三只小猪》是儿童熟悉的故事，常被建议用来开展故事再现活动。教师应确保故事已经被频繁地分享并且儿童已经很好地理解了故事的各方面。道具和服装很重要，教师需确定哪种道具对于故事叙述是很重要的。教师和表演者回顾故事的顺序。幻想表演中，教师可以提示和暗示，按故事的顺序引导儿童（Johnson et al.，1999）。因为儿童通过练习发展他们的再现技能，所以再现会重复数次，教师继续承担指导者、讲述者和扮演者的角色。但当儿童渐渐可以独立完成更多时，教师需调整自己的每个角色（Ishee & Goldhaber，1990）。

故事再现有助于培养儿童的社交技能，因为儿童必须一起计划和表演。他们必须学会轮流，并协商他们各自承担的部分，这和他们自发的幻想表演是一样的。他们要学习如何合作和参与群体活动（Han，1991）。

大书活动

大书是幼儿图书的放大版本，它和其他故事书有着同样的功能，但鉴于它的尺寸，它尤其适合集体活动，因为所有儿童都可以看见图和文字。读完故事之后，书可以用于接下来的活动，例如一些类似于集体听故事的活动。在阅读和重读这本书的时候，教师用一只手指着文本，让儿童把故事和书面文字联系起来。在反复阅读故事时，教师可以突出不同的书面规则（如标点符号），指出字母和声音的联系，从而指向口语和书面语的联系，并检测儿童的理解技能，如猜想故事接下来会发生什么。举个例子，在重读一本大书中的故事时，教师可以做下面的一件或几件事。

· 注意标点符号。教师和儿童可以比较句号、问号和感叹号的作用。

· 识别字母或单词。给儿童一个写着字母或单词的卡片，儿童可以将其与故事中某一页出现的字母或单词进行配对。

· 识别故事中字母的发音。教师可以指出某一页上一个重要的单词，帮助儿童识别单词开始的发音、结束的发音以及发音的字母。

· 发展有关书的知识。儿童可以学到诸如现在读到了书的哪一页、何时翻页、书的开头和结尾在哪里等知识（Cassady，1988）。

· 识别字母的大写字体和小写字体。提供有大写字体和小写字体的字母卡片，儿童可以在大书上找到每个字母的大小写。关于大写字母和小写字母使用的讨论可以作为活动的一部分。

听写故事

用于开展大书活动的教育策略同样适用于群体听写故事。在重读听写出的故事后，教师可以选择故事涉及的书面知识，组织有助于促进儿童文字意识和文字理解发展的教育活动。使用大书开展的教育活动也都可以用听写出的故事开展，因为这两类活动都需要使用大尺寸的文本，这对于集体活动的开展是非常有益的。

可预测的图书

可预测的图书和故事存在一种重复的模式，使儿童在教师阅读故事时可以把它唱出来。儿童在写自己的故事时也会使用可预测模式。例如，《三只坏脾气的雄山羊》和《加了米的鸡汤》具有可预测模式。在诗歌《越过草地》中，语言的重复模式体现为数字 1 到 10 按顺序反复出现。通过反复阅读这类诗歌和故事，儿童能够掌握诗歌的韵律或句式并喜欢上阅读。当把重复模式用于他们自己撰写的作品时，或者创造他们自己的重复句式时，儿童的创造力获得发展，词汇量也将增加。

为语言发展存在差异的儿童设计语言课程

母语非英语的儿童和英语能力有限的儿童要经历一个将英语作为第二语言来学习的过程。已有研究支持这样一种观点：儿童通过和学习母语相同的过程来学习第二语言，他们可以通过同样的萌发过程获得读写能力（Abramson，Seda & Johnson，1990；Hudelson & Serna，1997）。

在美国许多州，儿童说各种不同的母语。教师有时并不能选择是使用"英语学习者"方法还是双语方法，或不能顾及多种不同的语言，不得不聚焦于英语教学。

在这些机构中，教师在每节课和每个活动中都应强调第二语言的习得。教师使用命名、示范、重复和其他类似的策略，把词汇、语法、概念和技巧纳入所有学习活动中。读、写和语言发展一体化的学习经验会帮助儿童在一个有意义的环境中获得语言和读写能力。听写故事、写日记与读书和故事同等重要。教师应该对这些儿童在语言上的局限性很敏感，并且接受他们在早期努力中有限的词汇和句法。

对这些儿童而言，他们在口语交流时需要时间来思考如何用新语言做出回应。

存在语言差异的儿童获得的读写策略可能与说标准英语的儿童不同。教师持有的错误观念会导致不适宜的实践。有一种观点是，存在语言差异的儿童需要通过有组织的语言和技巧指导来补习英语；另一种观点是，这些儿童没有准备好或者不能够参与读写萌发活动，因为他们的语言有局限；还有观点认为，儿童的家庭环境缺少可促进他们在校读写活动的读写经验（Gutierrez，1993）。

不同背景的儿童可以得益于和其他儿童一样的读写经历，然而教师必须了解儿童的语言优势，了解什么类型的读写活动是常见的。食品杂货店清单、给朋友和家人的便条以及功能性阅读活动都可以在家庭中使用。除了本章讨论的常规读写活动，教师可以关注课程涉及的且家庭环境中常见的读写功能。让儿童研究食品标签及其他环境中的书面文字是将功能性读写机会纳入课程的例子（Au，2000）。

在得克萨斯州南部的一个双语项目中，一个学前儿童家庭读写项目利用了全语言教学法来促进英语读写。讲西班牙语的父母自发地参与发展英语读写能力的活动。活动的设计者使用这章讲到的策略，并且将综合主题融入学习过程。父母和儿童一起写故事，随着这些学习者在写、说和读英语方面能力的提升，活动设计者强调接受语码转换的必要性（即西班牙语和英语的同时运用）。语码转换是掌握和使用英语过程的一个本质性部分（Quintero & Huerta-Macias，1990）。

在项目中运用的主题课程遵循一定的顺序。主题学习从话题的讨论开始，作为讨论的一部分，家长获得信息以了解如何与儿童进行有意义的对话并拓展他们对语言的使用。讨论过后，父母和儿童一起参与一个动手实践活动。接下来，一个语言经验活动使父母和儿童参与一个写作项目，儿童听写一个故事或者写一段留言，父母自身的读写水平决定着教师需要提供多少支持。读故事是第四项活动。一个针对父母和儿童的在家参与的活动是最后一个活动。因为这些活动对于那些英语使用有限的儿童来说是很合适的，它们也适用于那些须特别注意教师的语言和期望与儿童的语言能力之间的匹配的班级。艾布拉姆森等人认为，教师必须使用类似于简化语言的保姆式语言，这种保姆式语言常用于婴儿和学步儿，可通过标记、分类和拓展帮助正在发展中的说话者（Abramson et al.，1990）。

通过仔细计划，教师可以对所有儿童开展语言课程。虽然儿童参与水平各异，或者特殊的语言差异使课程不得不调整，但课程的过程和原则是不变的。教师会调整个别儿童的学习阶段，将个人优势和局限相结合，并且找到一些儿童可以参与的、增强读写能力的活动。

为有特殊需要儿童设计语言课程

读写萌发是读写能力习得的一个过程，这个过程很灵活，适用于不同的发展水平。它的灵活属性适用于那些在学习方面有特殊需要的学前儿童。许多课堂经验几乎不需要修改，因为它们不是只适用于某一参与水平的。例如，米尔斯和克莱德描述了一个智力障碍儿童在学前班教室的家务中心用纸和笔参与关于出租房间的扮演游戏，他按自己的书写技能水平制作了一份关于房屋物品的清单（Mills & Clyde，1991）。

调整课程以适应听力障碍或者失聪儿童的需要时，教师要进行更多的计划和思考，因为手语与口语不同，韵律的音乐特点在翻译成手语的过程中消失了。多德推荐将肢体语言和视觉图片线索作为替代品，来帮助有听力障碍的儿童理解歌曲《鹅妈妈》的节奏（Dowd，1991）。

　　每名儿童的发展障碍或者发展障碍的组合都是不同的，个别教育计划包含帮助儿童获得更多学习材料的策略。为使每名儿童都有相同的机会获得和使用语言，对教育计划的调整必要时应包括对教学法的修改。

认知发展课程

　　在学前班阶段，儿童拓展着他们关于这个世界的知识。他们通过与世界的互动来建构自己的理解。皮亚杰指出，3～5 岁儿童的认知发展已经度过了感知运动阶段，开始运用前运算思维来理解外部世界。在这一年龄段，学前儿童通过问题解决、推理、抽象概念形成来发展自身的认知能力（Bredekamp & Copple, 1997）。在这部分，我们将会探讨 3～5 岁儿童认知的性质，以及教育者用何种方式建构环境、活动和行为以促进认知发展。我们将会讨论用于科学和数学的认知发展（作为社会研究内容的社会性发展或认知发展将在第九章进行探讨）。我们将会讨论一个以语言和认知发展为特色的整合的主题性课程案例。

　　学前班阶段迫切需要引入高质量的认知课程，因为与其他工业国的学生相比，美国学生在数学和科学方面较落后，有必要在国家层面采取措施以改进这些领域的课程。在学习上的差距甚至早在幼儿园和一年级就出现了（Price, 1989；Stevenson, Lee & Stigler, 1986）。对早期教育机构中的儿童教育者而言，这意味着认知发展，特别是关于数学、科学概念的研究，应成为学前教育课程的一个强有力的组成部分。

学前儿童如何形成对概念的认知

　　第四章描述了儿童早期认知发展的过程。前运算阶段的儿童形成了符号思维，能够在头脑中表征物体和事件。儿童被他们看到的和感知到的事物控制。因为他们在一段时间内只能集中于某一种特点或属性（如物体的向心性），所以不能使用正确的分类来组织物体。例如，如果儿童被要求观察两组物体以确定它们是否相等，物体的数量、物理大小或排列都会影响儿童的反应（Dutton & Dutton, 1991）。儿童没有能力处理多种比较和守恒问题。

　　儿童对概念理解的建构过程包括使用具体材料的动手活动。3～5 岁儿童会通过重复探究材料呈现的可能性来发展自己的概念图式。一种关于认知发展的解释证实了皮亚杰的理论，即儿童遇到新信息时发生的不平衡或认知冲突会挑战儿童已有的认识，然而，前运算阶段的儿童的认知局限会阻碍儿童解决问题或清晰认识到概念的新方面，儿童的内在能力不足以解决已有认识和新信息的冲突。学前儿童需要支架和成人的指引，以及与其他儿童的互动，才能组织一个理解的连贯系统（Landry & Forman, 1999）。为了参与这个过程，儿童需要充足的时间探究、调查和反应，就如图 3-2 展示的那样。儿童需要教师使用图 3-3 展示的策略有技巧地介入。儿童也需要在一个教师和儿童是伙伴关系的社会环境中工作，就如项目教学和瑞吉欧·艾米莉亚项目一样（Landry & Forman, 1999）。最后，应向儿童介绍并且让其拥有与语言和符号相关的经验，这是学习科学和数学的一部分。

制订学前儿童认知发展计划

为了教导3岁、7岁或其他年龄的儿童，教育者必须了解儿童是如何获得已有知识的，以及这些知识是如何与青春期和成人联系起来的。表明从出生至青春期发展的现有理论是皮亚杰的理论（Kamii & Ewing，1996，p.261）。

关于学前阶段儿童如何获得概念，现已有广泛的研究。此外，关于科学、数学概念发展顺序的信息也是可得的。在设置认知发展的课程目标时，教育者必须熟悉认知发展过程的性质，这种知识帮助我们组织认知课程，以及制定学前儿童教育的目标和宗旨。

儿童通过操作、观察和发现获得概念。根据皮亚杰的理论，一种对概念的理解是通过身体知识获得的，即儿童与信息的身体互动（Kamii & DeVries，1993；Piaget & Inhelder，1969）。

维果茨基认为，社会传递不仅影响知识结构，也影响儿童的思维过程（Bodrova & Leong，1996）。皮亚杰和维果茨基都认为，儿童在他们自己的操作和发现中建构自己的理解，儿童个体的图式在内容和速度上存在差异，这取决于经验的频率和结构。在前运算阶段，儿童通过辨别、分类和一一对应发展了与数学、科学有关的概念理解能力。虽然儿童缺少守恒和处理多种比较问题的能力，但他们能够关注特质并做总体比较。儿童可以辨别形状、大小和颜色，对特点的区分能力可以用来对物体进行分组，并确定哪些属于或不属于某一组。

一一对应是计数、加减的先决条件。对多组物体进行配对先于对数字的理解，排序则会发展按大小、质地、数量和其他属性进行组织的能力。虽然儿童仍处于前运算阶段，但为了在数学和科学方面有更高层次的认知，他们的技能正在发展提升。

对前运算阶段的儿童而言，学习如何计数是理解数字最主要的一步。儿童通过一系列步骤或观察规则来学习计数。首先，儿童了解到他们需要使用相同的计数数字或标签，但他们的计数数字排序可能是非常规的。然后，儿童了解计数数字总是遵循相同的排序。接下来，儿童可以在数字和计数过程之间建立联系（Copley，2000；Gelman & Gallistel，1978）。

为学前儿童准备的数学经验应考虑儿童的认知局限并呈现最少的认知困难。达顿等人建议应用具体的材料来进行操作、表演、排序和分类（Dutton & Dutton，1991），提供的物品应与儿童的日常生活中的物品类似，纽扣、钥匙、瓶盖、大理石和岩石都是儿童的生活环境中可提供有意义数学经验的物品。儿童应用不同的方式使用操作材料。教师应为儿童提供充足的时间进行试验和尝试错误。同样，教师应鼓励儿童找到材料的不同使用方法并提出建议，但要避免给他们问题的答案（Blake，Hurley & Arenz，1995；Copley，2000）。

科学学习源于思考或理解物体、事件或情境间的关系时所用到的一系列概念。通过观察和辨别，儿童开始给他们的经验分类，首先发展大类，随后是子类。因此，在理解动物的分类和狗、猫、牛、马等子类之前，所有四条腿的动物都被儿童看作和狗是一样的。通过对相似和差异的辨别，儿童确定哪些属于或不属于某一分类。

一旦儿童有一个广阔的概念基础，可以认识到概念间的联系，概括的能力就形成了。形成概念的

3 个过程——区别、分组和标记——使儿童能够理解在环境中的实践。在环境中的实践以及与教师和同伴建构概念的经验是获得科学概念的基础（Scully，Seefeldt & Barbour，2003）。

同样地，科学概念通过发现、探索以及教师搭建的支架被习得。处于前运算阶段的儿童发展了一个熟悉的现象世界，为日后的科学学习奠定了基础。当儿童探究和试验周围环境时，他们获得了科学思维的过程——形成概念和解决问题。与此同时，他们获得了关于科学结果的知识（生物的和物理的科学）（Kamii & DeVries，1993；Landry & Forman，1999；Worth & Grollman，2003）。

认知发展目标：数学和科学

数学是关于数字及它们的运算的科学。对于前运算阶段的儿童来说，学习数学是一个建构数学概念知识和参与问题解决的过程。通过探究、分组和整理题目以及做对比，学前儿童理解了数字以及它们与测量的关系。对儿童而言，初级目标是在建立规则的基础上获得对数学的理解（Campbell，1999）。全美数学教师协会已经为数学学习制定了从前幼儿园（Pre-k）到小学二年级的标准（The National Council of Teachers of Mathematics，2000）。标准的分类包括数字和运算，模式、函数和代数，几何学和空间知觉，测量，数据分析和概率。

在 2003 年，全美幼教协会和全美数学教师协会联合发布了一份立场声明，讨论如何为 3 ~ 6 岁的儿童在数学方面提供一个良好的开端，随后的文章描述了知识和技巧的例子，包括数字和运算、模式/代数思维、几何学和空间知觉、测量、分析及展示数据这些类别（表 8-2）（National Association for the Education of Young Children & National Council of Teachers of Mathematics，2003）。

表 8-2　典型数学知识和技能

内容领域	典型知识和技能		教学策略
	3 岁	6 岁	
几何学和空间知觉	开始匹配和命名二维和三维图形，一开始仅限于大小和方向相同的图形，后来拓展至大小和方向不同的图形（例如，一个大三角形的一个角朝下，一个小三角形的一条边朝下）。	识别和命名不同的二维和三维图形（例如不规则四边形、梯形、菱形、六边形、球体、立方体），描述图形的基础特点（例如边和角的数量）。	引入和标注各种各样的（如锐角三角形、钝角三角形、棱镜）和朝不同方向的（如将一个正方形或三角形的角朝下，将一个圆柱立着或水平放置）二维和三维图形。儿童参与建构图形并且讨论它们的特点。
	用某种图形拼成另一个图形。 用方位词,如"上"和"前",来描述物体位置。用玩具模型,如房子、车和树,构建简单但有意义的"地图"。	通过各种图形的组合制作一个图片。 构建、绘制或仿造熟悉地点的简易地图,如教室或操场。	鼓励儿童使用积木、纸制图形片或者其他材料制作熟悉物体的图片或模型。 鼓励儿童制作和讨论用积木和玩偶模型进行的建构。 儿童尝试用胶带标记一条从桌子到废纸篓的路,然后绘制一条地图路径,沿着路径添加物体的图片,如桌子或画架。

续表

内容领域	典型知识和技能		教学策略
	3岁	6岁	
测量	识别和标注物体的属性（例如，我需要一段很长的线；它是否很重）。 根据这些属性比较和分类（如多和少，重和轻；这些积木太短，不能建桥）。	尝试用不同的方法和工具进行测量，并注意到用不同方法取得的不同结果（例如，当我们不使用同一种测量单元时，会发生什么）。 使用非标准化测量工具或传统工具测量，如一个水杯或者一把非标准直尺（例如它是3把直尺长度）。	在建构和讨论测量时使用比较性词汇（例如，这本书掂起来比那块积木重；我猜这个积木塔比桌子高）。 利用和创设情境，吸引儿童对用不同测量单元测量物体的注意力（例如，将花园用相隔距离为"四只鞋"的行分开，先用一只教师的鞋，再用一只儿童的鞋）。
模式/代数思维	注意并复制简单的重复模式（例如，墙砖的排列是长、短、长、短……）。	注意并讨论算术的模式（例如，给任何数字加1，产生下一个自然数）。	鼓励、示范和讨论模式（例如，什么不见了？为什么你认为这是个模式？接下来我需要一个蓝色的）。鼓励儿童在周围环境中寻找颜色和形状模式，以及日历和表格中的数字模式（如用数字1～100）、算术的模式（如认识到一个数字加0后不变）。
分析及展示数据	给物体和数量分组，比较分出来的组。 制作简单的图表（例如，当每名儿童把自己的照片放在自己喜欢的零食——椒盐饼或小甜饼——后并排成一排，统计图表也就形成了）。	通过简单的数字表示形式来组织和呈现数据，如条形图。	邀请儿童将收集的材料按照颜色、尺寸、形状等分类和组织。要求他们比较各组，以找到哪组最多。 使用"不是"来帮助儿童分析他们的数据（例如，所有这些都是红色，那些都"不是"红色）。 和儿童一起进行简单的数字总结，如表格和条形图，比较数据的各部分。
数字和运算	数1～4个物体，开始理解最后数到的数字代表物体总数。	以10为一组，一直数到100。	在日常环境中向儿童示范并指导儿童以组计数，强调每个物体对应一个数字。 ❤ ❤ ❤ "1……2……3……" 以10秒为一组，示范按10秒计数（例如，10，20，30……或者14，24，34……）。
	快速地"看见"并用数字标记含有1～3个物体的集合。	快速地"看见"并用数字标记有图案的集合（如多米诺）和没有图案的集合，每个集合至多有6个物体。	让儿童快速地扫一眼一组物体，问他们一组有多少个。
	当数字很小时，采取非口语方式增减（例如，把一个球放入盒子中，再把另一个球放入盒子中，知道盒子里有两个球）。	利用数数的策略来计算加减（例如，计算5加3时，数道："5、6、7、8。"），但数字和计算得出的和都不超过10。	讲述涉及数字和问题的真实生活故事。提出类似"有多少"的问题（例如，剩下多少？现在有多少？它们是以多少开始的？增加了多少？）。 向儿童展示使用物体、数字、计数、猜测、检查来解决问题。

科学的认知发展遵循一个有细微差别的过程。儿童构建一个理解的框架，该框架建立在观察、思考及反思他们处理相关环境中的经验的基础上。在科学探究的过程中，儿童使用已有的经验形成假设、收集数据、形成结论并进行数据分类。科学程序包括以下几步（Brewer，2004；Scully et al.，2003）。

- ·观察：儿童查看行为或信息。
- ·分类和比较：儿童比较信息并进行分组和分类。
- ·测量：儿童通过不同类型的测量进行数据收集。
- ·交流：儿童分享他们的发现和收集的数据。
- ·实验：儿童处理结论（例如尝试用一种新的方法骑自行车，或者尝试用不同的方式来搭建积木）。
- ·联系、推理和应用：儿童记录关系或者确定因素和效果。

为学前儿童设计的涉及科学程序的项目可以使用的主题有：动物、植物、空间、水、空气和光。科学课程也应通过科学类别进行组织，科学类别包括生物、物理和地球科学。教师不论使用何种组合计划课程，都应以一种有意义的、以儿童为中心的方式组织它们，以鼓励儿童去发现、探索、对经验做出反应以及呈现对所学知识的理解。

沃斯和格罗尔曼描述了一个高质量的科学项目的特点。他们总结的特点如下（Worth & Grollman，2003）。

- ·它建立在儿童的初级经验、背景和早期概念的基础上。
- ·它引起儿童的好奇心，鼓励儿童追寻自己的问题，形成自己的观点。
- ·它吸引儿童在一个精心准备的环境中长期探究一个主题。
- ·它鼓励儿童反思、表现和记录自己的经验，并与他人分享和讨论自己的观点。
- ·它融入儿童的日常工作和游戏，并与其他领域结合。
- ·它为所有儿童提供获得科学经验的途径。

综上所述，认知的发展并不是独立发生的。就像数学和科学不能分开，认知的发展也不能同身体、社会性和语言发展相分离。发展性学习是整合的，进一步说，科学和数学领域的认知发展最好在真实生活经验中获得，这也促进了儿童表现、表达关系和学习其他技能的机会。

教师在学前儿童认知发展中的作用

成人在促进儿童认知发展中的作用之一为制订包含教师主导、儿童主导的活动和经验的计划。利用中心时间、小组时间、集体时间及一天中的其他日程安排，抓住机会让儿童参与那些帮助他们发展和扩展认知的活动。懂得了学前儿童学习的过程后，教师就会考虑如何将观察、操作、检验假设、推理和其他程序纳入经验活动，这可以提升使用数学概念的科学思维和探究（Worth & Grollman，2003）。

教师在支持儿童在其最近发展区学习、为其提供有效的支架方面发挥着重要作用。最近发展区是儿童独立完成任务时能达到的发展水平和在他人帮助下能达到的发展水平间的区域。教师应使用各种策略为儿童提供所需的帮助。

辅助行为可以来自成人或同伴，它可能源于他人为儿童提供线索、提出问题或论证时的互动行为。支持可以通过创设有助于儿童活动的环境来实现。教师可以身体力行地向儿童示范所需的技能或提供实践机会。

根据最近发展区理论，不同儿童有不同的获得帮助的需要。一些儿童在少量帮助下可以迅速发展，而另一些儿童则可能需要广泛的帮助才能取得一点儿小成就。教师应根据儿童的优势和兴趣给予不同类型的指导或帮助。

最近发展区是动态的。当儿童从辅助行为向独立行为发展时，最近发展区的水平就提高了，儿童则处于一个更高的发展水平。根据博得洛娃和梁的观点，儿童过去依靠帮助才能完成的行为变成现在的独立行为，然后当儿童解决了更困难的任务时，一个新水平的辅助行为就会出现（Bodrova & Leong，1996）。

教师也要注意学习的顺序,应确保其对学前儿童的发展来说是适宜的,对课程设计来说也是合理的。从具体到抽象的顺序让儿童最初先使用操作材料或真实的物体，如植物、动物和食物，来探究一个概念。从简单到复杂的顺序是为了使学习经验遵循儿童理解新信息的逻辑层级。例如，理解数学概念时，教师会在介绍数字名称前先介绍许多与数字相关的经验；同样地，在计数、给物体分组以及正确数物体的组数之前，儿童需要建立对掌握数字和数字名称的信心。

教师想要为儿童提供很多机会去使用体验和表征的顺序，尤其是在理解科学概念时。体验是科学过程中观察、操作、排序和分类的一部分，儿童先要直接体验概念。表征是儿童对自身理解做出反馈的机会。在科学项目中，对数据的推理或针对假设提出结论都是使用表征去反馈已习得的知识的方法。儿童在数学活动中可以使用表征去实践或适应所学知识。

教师也应考虑如何更好地组织学习经验。何时是教师主导的探究活动的时间？何时是儿童自己自由探究的时间？儿童对概念进行试验时,需要教师多少指导？例如,如果儿童正在学习有关植物的知识，在种植种子和监控浇水周期方面，儿童需要成人多少指导？何种类型的教师主导学习活动对小集体最好？大集体活动何时最有效？以儿童为中心的学习过程是适宜的，教师应结合数学和科学概念发展的特点，为儿童设计有意义的、有趣的活动。

环境和游戏在学前儿童认知发展中的作用

如果想要儿童积极地探究科学和数学的概念，环境就是必要的因素。教室中需要有一个探索数学和科学材料的区域，这个区域需要有各种可用于探究数字的常见物体。可从社区收集许多不同的物体来为数学活动服务，纽扣、瓶盖、干豆子、螺帽、贝壳和其他天然材料都可以成为数学区的资源（Perry，2004）。

科学区包括昆虫笼子、小动物笼子、放大镜、玻璃容器、显微镜、养鱼池、岩石和矿石、植物和许多其他资源（Barufaldi，Ladd & Moses，1984）。作为全年主题单元的一部分，可以增加一系列不断变化的附加项目。物理科学活动应是环境的一部分,儿童需要机会来探究物体的物理属性,探究水、沙、滚动的物体和积木（Sprung，1996）。

巴顿和可可斯基认为高质量的儿童早期教育环境应展示科学、数学和技术。他们列出了以下要素（Patton & Kokoski，1996，p.39）。

· 一个科学和数学区。

· 一个明确的图书馆或资源中心，有丰富的科学、数学、技术信息和文学作品。

· 活的植物和动物。

· 足够数量的建构材料和物资（如木屑、碎布、盒子、颜料、胶水）。

· 电脑、计算器、显微镜、放大镜、多媒体，并且全天可用。

· 对儿童计划、发明和建构作品的展示。

· 自来水、水槽和充足的电源插座。

· 环境中的嘈杂声源于有效率的工作，儿童积极参与计划、协商并四处走动。

柯普丽认为，下列内容在学前班教室里应是环境和数学材料的一部分："物理环境，包括儿童可得到的数学材料，是数学课程的一部分。数学材料包括具体的教具（如积木、计数器、十进制积木、有图案的积木、形状积木、双色计数器、塑料人、多个容器、测量工具、七巧板），符号材料（骰子、多米诺骨牌、数字线、图表、特殊的计算机项目和其他视觉模型），以及更为抽象的指代物（塑料数字、百分比图表、商店里的价格标签、食品杂货铺储存清单、建筑计划、计算器、计算机和电话本）。"（Copley，2000，p.15）

物品单中没有的都是自然物体，或者能在前面的描述中找到。一个材料丰富的环境应包括所有类型的自然物体，儿童可以用分类图示对其进行计数、测量、称重和组织。

不要忘记户外环境的意义。如果将数学和科学作为儿童世界的一部分来理解，户外环境应是一个可以开展很多工作的扩展教室（Perry，2004）。一项关于天气的研究可包含很多户外活动，儿童可以探究气候现象，如风、雨、太阳、云和天气的变化（Huffman，1996）。周围的社区也可以用来探究材料，扩大儿童对概念的接触机会。

如果儿童通过自由探究进行学习，那么游戏在认知发展方面就是一个必要的成分。大部分习得的知识不是源自计划好的课程，而是源自游戏过程中的意外情况。当儿童观察到树叶在风中摇摆或者雨水落向大地时，他们就学习了关于气候的知识。儿童在室内的戏水桌上游戏，在游戏体验期间，他们通过实验学习了关于水的质量、什么物体可以在水中下沉或漂浮的知识。

对概念的指导性发现也能得到相似的结果。教师可以指导戏水桌游戏，讨论漂浮和下沉的概念，介绍和观察实验。关于风动的指导性观察可以通过在有风的天气使用一条彩纸带的团体活动进行。需要注意的是，不是所有概念发展都是教师计划的结果，儿童可以通过所有室内学习中心的游戏和室外无指导的游戏学习概念，教师也可以使用偶然发现的游戏机会来指导儿童对自然和其他科学部分的意识和理解。更重要的是，户外环境应被视为科学知识发展的最重要场所。

设计认知发展课程

我们将认知发展放入数学和科学领域中加以描述，需要指出的是，这些内容领域是有重叠的，尤其是学前教育阶段认知经验涉及相同的过程时。在为学前儿童设计的课程里，认知经验间的相互关系反映了前运算阶段儿童思维的天性。

下面所描述的各项活动是有助于促进学前儿童主动参与和主动发起活动的典型教育活动。依据

第四章所介绍的沃瑟姆儿童发展检核表，这些典型活动是按照水平和知识技能类别划分的，适用于处于水平Ⅲ、Ⅳ、Ⅴ的儿童，活动内容涉及数量和问题解决、概念学习及发展状况（识别、辨别和分类技能）；主要是数学和科学领域的活动，通常同时涉及儿童在这两个领域的学习与发展。

促进认知发展的数学经验：测量

漂亮的丝带

检核表技能（水平Ⅲ，识别、辨别和分类技能）7：辨别物体尺寸的区别（大—小，长—短）

剪出6～8条两种长度的丝带，一种明显比另一种短。通过区分出一种丝带长而另一种丝带短，来向儿童介绍活动。要求儿童找到另一组长的和短的丝带。在完成寻找长短丝带后，要求儿童把所有长丝带放一起、把所有短丝带放一起。

所需材料：6～8条剪成两种长度的丝带

手的测量

检核表技能（水平Ⅳ，数量和问题解决）6：比较尺寸的不同（更高—更矮，更长—更短，更窄—更宽）

使用颜料制作儿童的手印，或者让儿童使用蜡笔沿着手画出轮廓。识别手印，并让儿童将手印剪下来，使用手印来比较手的宽度。儿童可以比较两个或更多的手印来确定哪个最宽或哪个最窄。一组手印可以按从窄到宽的顺序进行排列。手印也可以用来测量书或者其他教室里的物体的长度。

所需材料：纸、颜料或蜡笔、剪刀

直尺活动

检核表技能（水平Ⅴ，数量和问题解决）11：比较与独立物体的距离（高度、宽度）

设计这个活动是为了使儿童熟悉使用直尺进行测量。向儿童介绍直尺，讨论尺上的标记。用直尺比较一系列物体，儿童必须确定每个物体是否比直尺长或短。

所需材料：30厘米的尺子、5～10个长于或短于30厘米的物体（拼装玩具棒、铅笔、不同长度的线、纸带等）

走路和测量

检核表技能（水平Ⅴ，数量和问题解决）11：比较与独立物体的距离（高度、宽度）

给儿童展示如何通过大步行走进行大距离的测量。在操场上，让儿童练习测量两个物体间的距离，如相隔几米的两根跳绳或两块石头。一旦儿童熟悉用步数测量两个物体间的距离，就让他们比较距离。他们可以比较树、操场设施或其他物体间的不同距离。

所需材料：可以使用大步行走来测量的物体

促进认知发展的数学经验：数字

数彩蛋中的物体

检核表技能（水平Ⅲ，数量和问题解决）2：通过死记硬背从 1 数到 5

使用塑料的复活节彩蛋，在每个彩蛋里放 1～5 个小物品。让儿童轮流打开一个彩蛋并数物品的数量。也可以给儿童一组彩蛋，每组最多 5 个，并让他们数彩蛋数。

所需材料：塑料彩蛋、可以放置在蛋里的小物体（如豆子或干玉米粒）

图片配对

检核表技能（水平Ⅳ，数量和问题解决）7：学会一一对应

使用一些成对的图片卡片，把它们图片朝下放置，让儿童轮流尝试把它们翻过来后找出成对的图片。

所需材料：成对图片卡片 10～20 张

数级数

检核表技能（水平Ⅳ，数量和问题解决）1：通过死记硬背从 1 数到 10

走一段台阶时，不论向上或向下走了多少级，都和儿童一起数走过的级数。儿童熟悉了这个计数过程后，教师在某一级台阶上放置一个物体，然后让儿童轮流数他们距离这个物体有多少级台阶。让儿童轮流为他人在台阶上放置物体，供其计数。

所需材料：台阶、可以作为标记的大的物体

比较鞋带

检核表技能（水平Ⅴ，数量和问题解决）7：比较不相等的集合（比……多—比……少）

这个活动结合了一一对应、计数和绘制图形。选择衣服的各部分进行比较。让身穿蓝色裤子的儿童站起来。使用珠子和鞋带，让每名儿童每看到一条蓝裤子就穿一个珠子，最后数鞋带上珠子的数量。对其他颜色的裤子、衬衫或不同种类的鞋等重复这个过程，每条鞋带穿不同颜色的珠子。当每串珠子都完成后，用衣架或木棍将之悬挂起来，标记每条鞋带，让儿童比较哪条鞋带的珠子最多、哪条最少等。可将这些穿了珠子的鞋带按顺序排列来制作一个图表，说明图表与数字的对照关系。也可以用一堆不同颜色的积木块进行类似的活动。

所需材料：珠子、鞋带、纸标签、记号笔、衣架或木棍

鸡蛋包装盒的数字

检核表技能（水平Ⅴ，数量和问题解决）2：解释 1 到 10 的概念

在鸡蛋包装盒每个格子的底部按随机顺序写上数字。为儿童提供豆子、干玉米粒或者其他小物体，让儿童按每个格子的数字数出相应数量的物体。

所需材料：底部带有按随机顺序写的 1 到 10 的鸡蛋包装盒、豆子或其他可以用来计数的小物体

2、4、6、8

检核表技能（水平Ⅴ，数量和问题解决）6：将物体按相同的数量分组

将物体分为数量相等的不同组，每组最多10个。给儿童其中一组并要求儿童将其分成数量相等的两组。要求儿童给每组计数以确保每组的数量相同。对其他物品数量为偶数的组重复这一过程。

所需材料：可被分组的物体

促进认知发展的数学经验：几何学

分类

检核表技能（水平Ⅲ，识别、辨别和分类技能）6：辨别物体形状的区别（圆形，正方形，三角形）

收集教室里的玩偶、积木和圆形、正方形、三角形的物体，在画纸上大大地画出每个形状，鼓励儿童检查物体的形状并把它们放置在相应的形状图片上。

所需材料：教室里圆形的、正方形的和三角形的物体

我的形状书

检核表技能（水平Ⅳ，识别、辨别和分类技能）1：应要求指出基本的形状（圆形、正方形、长方形、三角形）

制作各种形状的小册子并分发给儿童。给儿童提供杂志图片，上面有要学习的形状。让儿童把形状剪下来并把它们贴在相应形状的小册子上。此外，还可让儿童绘制包括形状的图片。

所需材料：形状书、剪刀、胶水、蜡笔

珠子饰品

检核表技能（水平Ⅳ，识别、辨别和分类技能）5：识别两三个物体之间的相同和不同（形状、尺寸、颜色）

给每名儿童一根线和一些珠子，展示如何制作一个珠子饰品。要求儿童复制你的饰品。当儿童熟悉了这个过程，让他们轮流制作一个饰品供其他人复制。

所需材料：线、不同形状和颜色的大木珠子

促进认知发展的数学经验：推理

制作楼梯

检核表技能（水平Ⅴ，识别、辨别和分类技能）12：按照尺寸给物体排列顺序

给每名儿童一些边长为2.5厘米的正方形纸片。将正方形纸片拼成一个个纸条，而且每个都比前一个长一点，从而向儿童展示如何制作楼梯。可以用木块进行同样的活动。

所需材料：边长为2.5厘米的正方形纸片或木块

坚果分类

检核表技能（水平Ⅴ，识别、辨别和分类技能）8：给食物分类（水果、蔬菜、肉类）

准备一些不同种类的坚果（核桃、花生、山核桃等），要求儿童将坚果分类（所有的山核桃、所有的花生等），然后要求儿童确定一个分类的标准（大小、质地等）。可用贝壳进行一个类似的分类活动，因为对贝壳可以进行更复杂的分类。

所需材料：各种类型的坚果

纽扣游戏

检核表技能（水平Ⅴ，识别、辨别和分类技能）11：通过形状识别同类物体（圆形、矩形、三角形、椭圆形、正方形）

准备大量的纽扣，在游戏开始时教师按形状、大小或颜色对纽扣进行分组，要求儿童猜测一组的共同特点。另一组则使用另一个标准，如洞的数量或纽扣的质地。鼓励儿童使用纽扣的不同特点轮流分组。

所需材料：大量的纽扣

促进认知发展的科学经验：观察

下面的活动会使用在前面已经介绍过的科学过程（Scully et al.，2003）分类进行描述，并且不用配合检核表技能。此外，经过改编，它们已适合3～5岁的学前儿童。

泥潭

在一个下雨天，把儿童带到一个可以观察泥潭如何在土里形成的地方。讨论为什么在一些地方可以形成泥潭，而在另一些地方不可以。如果雨持续一段时间，可以测量和比较泥潭的大小。雨停后，在水蒸发的过程中可以继续观察和测量泥潭。也可以指导儿童观察地面、树等干燥的过程。

所需材料：用来测量泥潭长度和宽度的尺子

观看云朵经过

把儿童带到户外的某个地方，在这里他们可以躺下观看云朵经过。让他们在有风的时候观察云朵的移动，以发现云朵的变化。他们可以重复观察多次，注意不同类型云朵的差异、云朵的数量以及下雨时云朵的形状。大一些的儿童可以讨论不同种类云朵的名字。如果每日观察云朵，可以使用日历记录在过去一段时间里观察到的云朵的类型。

所需材料：无

户外的声音

带着儿童在户外散步，提醒他们注意所听到的声音，讨论不同种类声音的差异，如鸟叫或其他自然的声音与自行车、机器等人造的声音的差异。散步后，让儿童共同创作一个小组口述故事，或者让每名儿童绘制一幅在散步时观察到的事物的画，为这幅画配上一种声音或口述一个故事。

所需材料：记录口述故事的纸、记号笔、蜡笔

促进认知发展的科学经验：分类和比较

给动物分类

使用不同种类动物的图片，如动物园动物、农场动物及宠物，让3岁儿童讨论一种类型的动物。在讨论一类动物，如农场动物里的每一种动物后，将一些农场动物的图片和动物园动物的图片混合，鼓励儿童辨别哪些是农场动物、哪些不是。用更多的图片重复这个活动。

年龄稍大的儿童可以比较3组动物。在分别讨论每组动物后，混合所有的图片，并要求儿童把它们分到正确的动物种类中。给他们一张动物种类的线索图片作为分类的指导。

所需材料：动物园动物、农场动物及宠物的图片

促进认知发展的科学经验：测量

测量植物

种植一些长得很快的植物，如豆子。将纸板箱剪成不同颜色的条，以分别用于7.5厘米、15厘米、22.5厘米和30厘米的测量。植物发芽后，每周测量一次。绘制植物生长的图表，直到它们长到30厘米。可以比较各种植物生长的速度。儿童可以尝试用不同尺寸的测量工具来测量，以确定哪个是当日测量的最接近植物高度的数据。

所需材料：豆类植物，长度为7.5厘米、15厘米、22.5厘米和30厘米的测量工具

促进认知发展的科学经验：实验

调制新颜色

把装有三原色颜料的容器放在儿童可以够到的位置。给每名儿童一些小的透明塑料杯和一把勺子，向儿童展示如何混合两种原色以形成新的颜色、如何在他们的杯子里制作新的混合色。鼓励他们观察和比较自己的混合色与其他儿童的混合色，指导他们讨论为什么他们的颜色不一样。活动后接着给儿童提供机会，让他们用原色在画板上绘画，做更深入的实验。

所需材料：装有三原色颜料的三个容器、小塑料杯、勺子

烹饪工具和机器

准备手提式电动搅拌器、手动打蛋器、马铃薯搅碎器，了解儿童对于这些厨房设备和工具知道多少。计划制作一些炒蛋或土豆泥。为电动搅拌器和手动打蛋器准备一些鸡蛋，分别讨论两个工具如何搅拌鸡蛋、有何相似和不同的地方。指导一个相似的讨论——比较电动搅拌器和马铃薯搅碎器。如果烹制

两种食物，儿童可以观察和讨论为什么鸡蛋在炒之前被混合和搅拌，而马铃薯在蒸之后被混合和搅拌。

所需材料：手提式电动搅拌器、手动打蛋器、马铃薯搅碎器、鸡蛋、马铃薯、烹饪鸡蛋和马铃薯的设备

食品碾磨机

准备一整块牛肉和绞碎的牛肉，讨论两种牛肉的结构，并讨论在制作汉堡时如何准备绞碎的牛肉。帮助儿童猜想肉和其他食物是如何被搅碎来制作食物的。给儿童展示一个还没有组装的手动食品碾磨机，帮儿童组装这个碾磨机，并预先告知儿童碾磨机不同部分的作用。碾磨机组装好并放在地面上后，搅碎一些熟鸡肉或奶酪来制作三明治，搅碎泡菜或其他材料也是试验搅碎过程的一部分。让儿童搅碎食物并混合，加上蛋黄酱来制作一个三明治。

所需材料：手动食品碾磨机、碾磨用的熟鸡肉或奶酪、蛋黄酱、用于混合的碗和勺子、制作三明治用的饼干或面包片

整合课程

前面描述的语言及数学和科学领域认知发展的活动，是针对3岁、4岁和5岁的学前儿童的具有发展适宜性的活动示例，它们也提供了针对前运算阶段儿童早期教育项目的语言和认知发展课程内容的例子。这些活动表明了学前儿童通过参与活动获取新概念的经验的本质，它们需要儿童的积极互动。此外，它们还包括动手操作的材料以及和实物教材、手工制品打交道的经验。然而，这些活动被描述成孤立的或独立的，与课程的其他部分没有必要的联系。

研发课程的一种更有效的方法是把经验融入有意义的内容中。从简单到复杂、从具体到抽象、从体验知识到表征知识的机会都源自一系列有联系的活动，允许儿童通过一系列的接触来探究和反馈信息。在这部分，我们将会讨论语言和认知发展的相关经验是如何鼓励儿童探究和理解学习的连通性的。广义上讲，我们将会讨论所有发展领域是如何关联并统一到课程中的。创造力也是整合课程的一个重要成分，主题单元利用课程的各个组成部分来整合课程，这些活动也促进了创造性表达。

儿童发展与整合课程

我们要考虑如何把儿童发展的各个领域统合或整合到项目或主题单元中。我们需要提醒自己的是，儿童发展的所有领域之间都是相互联系、不可分割的。儿童的语言发展水平会影响其与他人的社会性互动。同样，儿童的小肌肉动作发展水平与其书写萌发和参与主题项目或活动也密切相关。儿童发展的每个领域都与其他发展领域相互支持、相互助益。因此，整合课程也会加强儿童各发展领域之间的联系。

创造力与整合课程

虽然这章集中探讨的是儿童语言发展、早期读写能力及认知发展，但创造力和创造性表达也是整

合课程的重要因素。音乐、艺术、戏剧性角色表演和表达性艺术的鉴赏拓宽了我们对于"相关"和"整合"这两个术语的理解。因此，正如我们把项目和单元作为整合课程的一部分来讨论一样，我们认为整合课程包括所有发展领域和创造性表达。

整合课程为创造性表达提供了很多机会。艺术项目是常见的儿童反思所学知识的方法，壁画、绘画、油画和雕塑是通过艺术表现创造力的一些例子。与主题单元相关的在学习中心的角色扮演和故事，可通过戏剧性艺术增强儿童的表现力。

对于语言、读写能力以及数学和科学而言，音乐是一个美妙的工具。研究发现，使用音乐进行乘法表教学与包括字母表和语法的早期读写技能间有积极关系（Standley & Hughes，1997）。

歌曲，包括新歌和熟悉的歌曲，都是发展整合课程的资源。它们是灵活的，因为它们可以与身体运动结合，使用听觉和触觉去听和演奏乐器。音乐可以帮助儿童探究不同节奏、朗诵诗歌和儿歌，培养其创造力。歌曲的音量和速度可以调整，以适应认知和语言发展迟缓儿童的需要（Riggenberry，2003）。

儿童故事书是发展主题单元的常用资源，一些故事还有延伸出的歌曲，比如《越过草地》（Cabrera，1999）、《棕熊，棕熊》（Martin，1996）和《划船曲》（Goodhart，1997）。当被加入词汇、听写、艺术和科学活动中时，故事歌曲就成为整合课程的重要成分。

主题单元作为设计整合课程的聚焦点

一个被称为"科学开端"的以科学为基础的课程正在纽约州罗契斯特市发展并开展了实地试验（Conezio & French，2002）。课程的目标是为儿童构建一个关于他们周围世界的综合的知识体系。每日的经验提供了科学研究的资源。举个例子，儿童学习落叶以及如何用耙子收集落叶；当儿童在画架上绘画，意外地发现蓝色和黄色混合可以产生绿色的时候，另一个主题就产生了。项目开发者希望除了发展界定、分析和解决问题方面的技能外，探究科学主题的过程也能拓展接受性语言和表达性语言的技能。开发者进一步提出，以科学为基础的整合课程涉及更复杂的语言使用和读写能力，而不是将内容作为单独的课程领域来教授。"提前开端"项目的教师利用"科学开端"课程在语言和读写能力方面的益处，做了如下标注（Conezio & French，2002）。

· 非小说的书成为儿童与成人和同伴交流的一种有力基础。

· 儿童先前的知识和每日的经验促进了词汇量的增长，而且伴随着观察和实践活动。

· 接受性语言（听力理解）的培养发生在儿童听教师大声朗读和谈论科学活动的时候。

· 表达性语言的培养发生在教师引导儿童进行一系列科学推理，尤其是当教师支持儿童报告他们的发现的时候。

· 科学帮助那些作为英语学习者的儿童参与课堂和学习英语。

最后，"提前开端"项目的教师和项目开发者注意到，科学很容易联合数学、艺术表达和社会性学习组成整合课程。

一个关于比萨的项目单元

在伊利诺伊州，一个遵循项目教学活动（见第三章）的比萨项目得到开发，以达到州的数学标准

（Worsley，Beneke & Helm，2003）。教师在儿童从一系列想法中选择了比萨，并和儿童围绕主题绘制出网络图，以找出儿童关于比萨已了解多少（见图 8-1）。在项目的初始阶段，儿童探索制作比萨的工具。在儿童有一定关于它们的经验后，工具的种类被添加到网络图中。

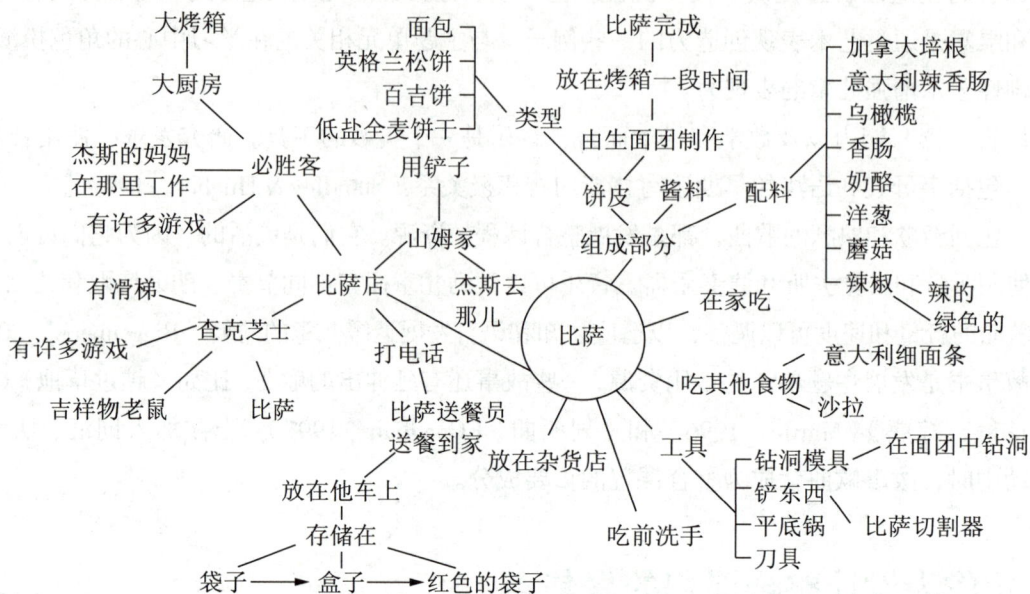

图 8-1   儿童关于比萨的了解网络图

在这个阶段，儿童出于各种各样的目的使用工具。他们绘制、建构、标记和使用工具，来参与艺术、写作和实验（科学）活动。儿童也探究不同种类的比萨配料。

在这个阶段有进展后，儿童会参观比萨店两次。儿童会临摹用来碾碎香肠和奶酪的机器，他们也制作自己的比萨面饼。

在教室里，儿童把角色表演中心转换成比萨店，并且做碾磨机和比萨加热器的模型。在单元的最后，教师会为儿童的家人举办一个比萨聚会，家长观看儿童外出参观的影片，并观看绘画、写作、涂色和模型作品的展示。

计划进行到评价阶段时，教师开始聚焦于满足州的数学方面的标准。在现实中，他们发现整合课程符合早期学习标准的所有领域。教师意识到，通过项目的实施，整合课程可以用来满足许多州对于儿童发展和学习的期待。

一个建立在瑞吉欧·艾米莉亚项目教学法基础上的生成课程

一个学前教育教师想要开发一个课程，使儿童关注环境以及生态在保护环境中的重要性。她用一条金鱼来引起儿童的兴趣，以金鱼为中心的课程持续了一个学年，并且随着教师不断关联儿童日益增加的兴趣和问题而不断发展。根据瑞吉欧·艾米莉亚项目教学法中档案记录的做法，教师使用图片和陈述，在墙上的一个大表格中记录研究的开始、由儿童兴趣引导的工作方向及在金鱼去世后的项目活动高潮。关于金鱼研究的生成课程的发展过程如下所示。

发展一个生成课程的过程

相比于成套的课程计划和目标，生成课程是一个过程，大致遵循以下步骤。

第一，选择一个主题，主题反映儿童在交流中表达的兴趣，或者教师猜想他们可能感兴趣的主题。教师带了一条金鱼到学校，猜想儿童对鱼的关注会引发他们探究与环境有关的主题的兴趣。

第二，单独或与同事一起头脑风暴，多样化的经验开发途径确保这个主题有丰富的"生产力"潜能（Perkins，1992，pp.92-95）。随着它的推进，项目不一定会像头脑风暴出的那样发展。

第三，使用一些具体的物体——来自儿童、家庭或教师——来激发内在的兴趣并保持。这些具体的物体可以是教师记录下来的儿童自己的语言。教师使用儿童关于金鱼的问题作为许多工作的开端，在一整年里，她记录、保存、研究了儿童的对话，并坚持使用他们的语言引起进一步兴趣。

第四，当儿童做出反应，教师要对他们所说的词汇进行录音或做笔记。研究他们的话，以判定什么东西能真正地引起他们的兴趣。教师可以根据自己的安排，用一天或更多时间来提升儿童的参与度，给自己留出时间以研究他们的词汇。

第五，不断用儿童的话来与其交流。"周一时你说养鱼的水太脏了。乔伊说里面有好多鱼的便便，那你愿意和我一起清洗鱼缸吗？"

第六，开展新活动之前先想象一下可能发生什么。因为教师想要发展儿童的环境意识，她准备了一个盛脏水的盆。当儿童问她为什么要留着这些脏水时，她反问道："你们觉得我们可以用这些脏水干点什么呢？"她记下儿童的回答，然后以此来唤起他们的环境意识。

第七，用儿童的话、一些他们独创的小玩意儿或是在这一过程中的照片，来激发儿童以后的活动。

第八，记录儿童在每个步骤中所获的学习经验。教师用儿童的语言记录某个生成课程项目制定与实施的完整过程。同时，还可以采用拍照、收集儿童绘画或其他作品以及类似于新闻记者复述的方式来记录儿童在生成课程中的探究过程。

为有特殊需要儿童设计认知发展课程

为早期儿童设计的认知活动的本质使它们可适应一个范围的发展水平。因为这些活动主要是具体的经验，那些发展迟缓的儿童也能从互动行为中受益，这些互动行为提供给他们机会以使用感觉和认知能力进行学习。然而，教师必须对有特殊需要儿童的需求保持敏感。

那些有视觉障碍的儿童必须用触觉代替视觉。当学习一个概念（如形状）时，他们需要很多机会来探查和使用触觉技巧来体验不同形状的物理结构。发展迟缓的儿童将需要更多时间来参与围绕一个单独形状的试验，然而其他儿童，尤其是4岁和5岁的儿童，也许能够探究不止一个形状并且区分它们。

存在语言差异的儿童需要大量机会来扩充词汇量，这将有助于他们习得新的概念。对于母语非英语的儿童来说，最初的学习需要运用他们的母语词汇，当他们能够掌握新知识时再加进英语语言学习。所有儿童都需要许多机会来讨论与学习相关的信息，然而语言发展存在差异的儿童更受益于教师对他们学习目标词汇进展的关注。不论儿童个体发展有何种特殊需要，教师都应做好调整课程的准备，使之更易于有特殊需要儿童接受。通过对每名儿童的长处和学习风格的了解，认知发展课程可以组织成对所有学前儿童都有意义的课程。

印第安纳州的两位教师合作开发主题课程，以促进处境不利儿童的语言发展。其中一位是语言发展方面的教师，他和一位学前教育教师合作。这种整合课程的目的是为在正常教室环境中的处境不利学习者提供支持性语言，促进其读写能力发展。

他们的一个主题课程是以迈尔的《在我的壁橱里有一个噩梦》为基础进行的单元主题活动，其中一个活动旨在帮助语言受限的儿童。教师在一周中每天重读故事，儿童逐渐能够在教师读出句子的前半部分时接上后半部分。在读过一些故事后，一些儿童能够根据记忆将这些故事以合唱的方式唱出来。另一个活动是让儿童把图书中所讲的故事表演出来。为增进儿童对故事涉及的概念和事件的理解，教师设计并制作了一些道具箱，供儿童围绕故事开展戏剧游戏时使用。通过在全纳早期教育机构中合作制订课程计划，教师发现在此过程中他们自身的专业发展也得到了促进。他们认为，主题课程是满足所有儿童发展需要的一种有效方法，同时也为有语言发展需要的儿童提供了重要的学习经验（Bergeron, Wermuth, Rhodes & Rudenga, 1996）。

小 结

在学前阶段，语言和认知发展的课程建立在对早期儿童如何获得概念和语言的理解的基础上。虽然教育者过去常常认为读写能力的获得建立在掌握了一系列阅读技巧并获得阅读开端的基础上，但现在的理解是读写能力建立在每名儿童认知发展过程的基础上。促进语言习得和其他形式认知的内在认知机制也可解释儿童如何获得读写能力。

关于语言习得有相互对立的观点，但普遍认为儿童通过成熟以及有机会去听和运用语言来发展运用语言的能力。他们学习一系列规则，使用这些规则来创造他们自己的说话方式。在人生最初的5年，他们掌握了所在语言环境中的语言的形式。

获得读写能力的模式与学说话的模式相似，开始于婴儿期。婴儿在接触故事、书和书面语时逐渐获得读写能力。儿童读写能力的进步建立在家庭环境中的语言和读写经验的基础上。

到儿童进入早期教育项目时，他们已经获得一定水平的语言和读写能力。然而，由于家庭环境的多样性，他们也会有差异。教师的作用是创设学校环境和课程以鼓励进一步的发展。教师为儿童使用口语和文学经验发展持续的可能性，还提供机会及物质资源来鼓励戏剧性表演、写作、艺术和阅读萌发活动。

教师使用相似的计划过程来提升儿童在科学和数学方面的认知发展。皮亚杰认知发展理论中与前运算阶段儿童有关的内容，反映在为学前儿童提出的数学和科学认知主题类别中。

环境对儿童了解数学和科学有重要作用。含有一系列变化的自然和人造资源的学习中心提供了机会，让儿童在这两个领域探究、实验、假设、反思现象和概念。户外环境为计划的和自然的经验提供了一个天然的学习中心，天气、太阳的轨迹及其他自然元素可以在日常生活中体验。

教师组织课程时应平衡儿童计划的活动和教师主导的活动，应在一个包含一系列丰富的材料、合并课程所有方面的环境中探究数学和科学。

虽然发展适宜性的个体活动有益于学习，但使用整合方法的语言和概念发展经验会更有意义。整合课程的一种方式涉及儿童文学，另一种方式是使用主题作为课程发展的资源。如果把早期儿童的一本书作为课程设计的刺激物，学习中心活动、小组活动和大组活动则被设计为书中内容的扩展和扩充。另外，一个主题单元起源于一个探索的主题，为主题选择的活动不仅集中于与主题有关的知识，也合并了所有发展领域中有意义的、允许概念和技巧应用的活动。语言、读写能力、数学和科学的认知发展是习得的理解方式的一部分，这些可以通过综合主题单元完成。

🔍 思考题

1. 儿童如何习得语言？

2. 早期读写能力的获得与语言习得如何关联起来？

3. 为何学前阶段儿童的说话能力存在差异？

4. 对于学前教育语言课程，儿童的语言差异有何意义？

5. 学前班儿童的书写萌发是何种形式？

6. 游戏是如何成为儿童语言学习的一个必要部分的？描述游戏在儿童语言发展中的作用。

7. 教师在鼓励儿童使用表达性语言方面扮演着何种角色？教师如何扩展接受性语言方面的经验？

8. 何种形式的语言经历会促进学前班儿童早期读写能力的提升？

9. 在哲学方面，阅读准备和阅读萌发间的区别是什么？两种方式是如何影响课程的？

10. 学前班课程中的书写萌发活动和正式的书写课程之间有什么区别？

11. 在家庭中，有助于提升 3～5 岁儿童早期读写能力的最有意义的活动是什么？

12. 作为获得早期读写能力的一部分，儿童对印刷品上的文字了解多少？

13. 对于母语非英语的儿童而言，读写能力发展的本质是什么？为什么他们有独特的语言和读写能力的发展需要？

14. 为什么操作材料的物理经验对于设计学前班儿童的认知课程非常重要？

15. 为什么在学前班课程中数学目标与科学目标类似？

16. 为什么教师主导的活动和儿童计划的活动在认知发展课程中都很重要？

17. 整合课程如何支持学前班儿童在所有领域的发展？

第九章

学前班课程：3～5岁儿童的社会性和身体发展

本章目标

阅读完本章，你将能够：

· 理解儿童的社会性发展以及影响儿童社会性发展的生活变化；

· 描述学前班阶段儿童社会性发展的目标；

· 列举社会科学的构成要素；

· 解释教师、环境和游戏对儿童社会性发展的作用；

· 描述社会性发展课程和社会科学课程；

· 解释如何设计社会科学整合课程；

· 了解学前班阶段儿童的身体发展；

· 了解教师、环境和游戏在儿童身体发展中的作用；

· 描述如何设计身体发展课程；

· 解释如何为有特殊需要儿童设计身体发展活动。

社会性发展课程

理解社会性发展

学前班时期对儿童社会性发展非常重要。在这个时期，学前儿童发生转变，成为社会人。在婴儿和学步儿时期，他们关注自身，通过看到的来认识世界。在学前教育阶段，儿童通过社会互动进入世界，并学习在社会世界为自己创造一片天地。学步儿与他人交往时采取的试验性步骤进一步发展出更深刻的意义。儿童对与其他儿童交往和被社会群体接受产生了兴趣。

学前班儿童正经历被埃里克森称为"自主—害羞和怀疑"以及"主动—内疚"的阶段。当儿童寻求自主时，他们学习自我控制和自我主张。在 4 ～ 5 岁，儿童开始对走向世界产生更多的兴趣。儿童想要主动引发戏剧游戏，并想要成为集体游戏活动中的一部分。4 ～ 5 岁的儿童正在发展领导力，他们喜欢在集体中参与制订计划和做决定。然而，相比于从实现目标中寻求满足感，他们更喜欢使用他们的热情来发起一个计划（Hendrick，1998）。

这些儿童处于前运算阶段，因此他们的社会性发展与他们在认知方面的进步有关。他们思维的自我中心属性影响了他们的社会互动，他们或许不能意识到自己的行为对他人的影响，也很容易被误导的线索迷惑。例如，一名儿童可能在发起与其他儿童一起游戏的活动方面存在困难，因为他使用了不恰当的行为来吸引其他儿童的注意。

3 岁儿童会惊讶地发现妨碍其他儿童用湿沙子做雕塑是不恰当的。当儿童在 4 ～ 5 岁开始去自我中心时，他们就对他人的想法和感受越来越敏感，这种意识将会促进其社会交往行为（Santrock，2002）。

年龄较大的学前儿童受到学习如何交朋友和维持友谊的挑战，学习如何与他人交往以及如何调整他们自身的行为以适应个体的期望是建立友谊的主要任务。此外，儿童必须意识到，与成人的社会交往和与同伴的交往是有差异的。同伴关系是相互的和动态的，朋友之间必须协商关系并合作制定出界限。一旦越界，如果他们还想继续友谊的话，就必须和解（Burk，1996）。

自我概念是学前儿童社会性发展的重要部分。当开始去自我中心时，幼儿的自我感知觉发展就更加稳定。儿童已能感知自我并对自己进行积极或消极评价，此时的目标是让他们建立自信和积极的自尊。社会交往和友谊影响儿童对自我能力和成功的感知（Bredekamp & Copple，1997）。

社会性发展聚焦于儿童不断增长的参与社会群体互动的能力，因此，针对社会性发展使用术语"课程"似乎是不适合的。事实上，亨德里克提醒我们，社交能力发展不应通过人为的、不自然的集体教学活动，而应发生在儿童与成人和同伴交往的日常经验中（Hendrick，1998）。社交能力的发展是 3 ～ 5 岁儿童社会性发展的主要目标，与此同时，他们也开始能够理解他们生活的更大的世界，学前班课程可以集中于这两种类型的社会性发展。

生活变化影响学前儿童社会性发展

在第一章，关于儿童多样性的观点已经被讨论。不同类型的差异被提及，包括家庭的差异和家庭的变化对儿童的影响。这些生活变化会影响儿童的社会性发展。德瓦尔和卡希尔把生活变化分为3类——发展性变化、重大变化和灾难性变化（Devall & Cahill，1995）。发展性变化是正常的，并且每名儿童都会经历。大部分儿童面临的变化源于发展，如第一次入学。重大变化是那些使儿童的生活发生重要转变的变化，搬到新家或新社区以及经历新生儿的到来都是重大变化。灾难性变化是严肃的、不被期待的，严重影响儿童和家庭。意外、家庭成员的去世或者经历暴力事件都是灾难性变化的例子（Jewett & Peterson，2003）。

有影响的生活变化不都是消极的，积极的生活变化也会影响儿童的社会性发展。母亲要上班这一现实迫使子女做出调整，现在许多父亲在家中和在与儿童相处时扮演更积极的角色。丈夫在双职工家庭中承担更多的儿童抚养责任，想要花更多时间陪伴孩子并建立更亲密关系的父亲的人数在增长（Holcomb，1994）。

并不是所有儿童都会面临由生活变化带来的社会性发展困难，主要的差异在于儿童如何应对发生在他们生活中的巨大变化。很多儿童具有心理弹性，也就是说，他们并不会受到变化带来的压力的消极影响。个体的性格特点影响儿童的心理弹性，儿童面对的风险因素数量也会有影响，风险因素越多，儿童的发展就越可能经历困难。在一段持久的关系中，一个富有同情心的成人能帮助儿童免受变化的消极影响。

在我们的社会中，快速的社会变化可能导致儿童生活的灾难性变化。然而，埃尔金德认为，我们正朝着一个更稳定的社会前进，"活力家庭"就是一个例子（Elkind，1992）。活力家庭更关注社会和家长的责任，尤其对于早期儿童和处境不利儿童。家长在活力家庭中既关心事业和他们成功的需要，也关注一个健康家庭的需要和每个家庭成员对爱和归属感的需要。

重大变化和灾难性变化并不会影响所有儿童，但很多变化在美国文化中变得普遍。在所有严重事件中，可以被归为重大变化或灾难性变化的事件有儿童虐待、暴力、重大疾病和死亡。

儿童虐待

儿童虐待有许多形式，它们对儿童的行为有不同的影响。儿童可能遭受身体虐待或性虐待，身体和情感忽视也是虐待的形式。被虐待的儿童总是沉默寡言或抑郁的；遭受身体虐待的儿童可能对肢体接触比较排斥，或穿着不合适的衣服来包裹他们的身体。受到性虐待的儿童可能会表现出低自尊，不能与同伴正常交往；他们也可能会开展不适宜的性游戏，还可能会在游戏中表现自己的性魅力。

身体受到忽视的儿童会频繁缺席或迟到，并且他们在学校时经常无精打采或疲劳。他们可能在饿的时候偷东西，或向同桌索要食物。情感受到虐待的儿童的行为表现可能会两极分化，从消极、被动到好斗、攻击性强。他们或许有习惯障碍，如吸吮和摇摆等，或者在游戏活动中很犹豫。很难发现虐待和忽视的长期影响，虽然一些原因和影响已经被记录，但它们是复杂的和不确定的（Starr，1990）。尽管如此，教师也需要对儿童的社会性困难和表现的症状很敏感，他们可以为遭受虐待的学前儿童提供一个安全的学校环境，并且致力于减轻他们受到的伤害，促进其社会性的积极发展。

教师也可以通过积极主动地发展关系和强化家庭来阻止儿童虐待行为发生。在一个名为"支持教师，强化家庭"的项目中，全美幼教协会提出了一系列为教师和儿童家庭提供帮助的策略。一项针对早期教育者的调查显示，在管理儿童有挑战性的行为及就不同主题与家庭沟通方面，教师需要得到帮助。

全美幼教协会提出了6条策略来保护儿童免受虐待和忽视，具体如下（Olson，2007，p.59）。

· 通过发展适宜性实践提供高质量的保育和教育。

· 与家庭发展互惠关系。

· 意识到虐待的信号以及儿童面临虐待风险的情境，并且给家庭提供恰当的支持。

· 理解并帮助家庭了解儿童的挑战性行为。

· 依靠儿童和家庭的力量。

· 保持对职业责任的了解，并注重专业发展。

"支持教师，强化家庭"项目最初的作用是培养可以在当地社区有领导力的早期教育者。为了制订包含6条策略的一个或多个行动计划，这些领导者与全美幼教协会合作（Center for the Study of Social Policy，2004；National Association for the Education of Young Children，2004；Olson，2007）。

暴力

从20世纪50年代到现在，社区暴力事件的数量已经翻倍。许多市内社区的幼儿遭受暴力的比例很高，以致儿童在教室内的社会性和情感调适也受到影响。在儿童生活中的社会性支持是儿童调适的一个积极因素，那些得到社会性支持的儿童比没有社会性支持的儿童受到更少的影响（Oddone，2002）。

儿童也可能是家庭暴力的见证者或受害者，有多少儿童见证这类暴力事件还不可知。生活在母亲被暴打的家庭中的儿童也更可能受到身体虐待。学前儿童在面对家暴时是很脆弱的，因为他们目击了父母的相互攻击。经历家暴的儿童很可能在发展过程中表现出痛苦、不成熟的行为及发展上的倒退（Osofsky，1995）。

反复经历暴力情景的儿童可能表现出创伤后应激障碍。有创伤后应激障碍的儿童会周期性地闪回到令其恐惧的事件中，开始变得沉默寡言，或表现出发泄行为。儿童会因为创伤性事件责备自己，并试图回避可能会引发更多负面感受的事件。遭受创伤后应激障碍折磨的儿童还会出现睡眠不足、夜惊、高度警觉及频繁的惊跳反射。与这些心灵受到创伤的儿童一起工作的教师需要为其提供具有稳定性和可预见性的学习生活。这些儿童需要成人为其提供安全感，与之建立稳定的治愈性关系。

重大疾病和死亡

许多儿童经历过重大疾病并且必须住院，也有一些儿童经历过家庭成员或家人的朋友得重大疾病的事情。重大疾病对儿童来说是很难理解的，住院或去医院探望他人也许是十分可怕的。儿童需要被提前告知并对医院的性质和工作情况有所了解。不论是他们自己住院还是探望在医院的他人，这都是正确的做法。

经历朋友或亲人的去世对儿童来说更为难受。3～5岁的幼儿可能不理解时间和永恒性，因此会将死亡看作是临时的，或许会将死亡与睡觉联系在一起。已经经历过亲人死亡的儿童可能对与父母分离感到焦虑、害怕入睡并寻求关注，他们或许会希望待在家里不去学校。如果父母中有一方去世，他们会害怕另一方也会去世，因而不希望离开家（Westmoreland，1996）。

当一名儿童去世，其同学和同伴也会受到影响。许多学校会为那些经历过这种事件带来的震惊和悲痛的儿童提供咨询服务和干预（Hopkins，2002）。高曼认为，儿童和父母需要被告知关于某个儿童死亡的事实，他们或许会从参与为去世儿童举办的纪念活动中受益（Goldman，1996）。

本章的重点是介绍促进儿童社会性发展和社会科学课程的方法。接下来，我们将描述社会性发展项目的上述两个方面，社会性发展项目中的社会性发展计划和社会科学课程计划的目标将被分别讨论。

制订社会性发展计划

社会科学的研究对象是人，通过学习社会科学，儿童获得对他人的认识（Jarolimek，1996）。然而，在儿童理解和欣赏他人之前，他们必须理解自己。因此，社会性发展是理解社会科学的首要条件。

有学者指出："直到儿童发展出积极的自我观，他们才有可能发展积极的他人观；直到儿童欣赏自己的文化，他们才有可能欣赏别的文化；直到儿童发展了自尊，他们才有可能尊重别人；直到儿童体验了成功和自我价值，他们才有可能把他人视为有价值的。儿童通过自己的心理看世界，他们看到自己有什么，就倾向认为别人也有什么。这些镜面反射的结果出现在儿童在社会世界与他人的交往中。"（Schickedanz，York，Stewart & White，1990，pp.282–283）

社会性发展的成功在学前班阶段很重要，因此为促进3～5岁儿童的社会性发展而制订的计划有重大意义，它们会影响儿童的自主和勤奋的发展，通过社会性发展经验建立的基础反过来会促使儿童对世界产生扩展性理解并欣赏他人。

社会性发展的目标

学前儿童处于一个学习与他人和谐相处的过程中，包括与成人和其他儿童相处，所以社会性学习与理解如何与他人相处有关。在社会性发展的计划中，教师必须记住发展与学习的关系。社会性发展的目标应建立在儿童发展社会性的需要上，并且包括自我概念、性别认同、社会化以及对多元文化的理解和敏感性。

自我概念

儿童需要发展一个良好的自我形象，如果教师和家长可培养出学前儿童的这种特点，儿童其他方面的发展会得到促进。儿童对于他们自身的积极概念源于与环境的成功接触，那些在生活中经历了成功的人际交往和事件处理的儿童倾向于将他们自己评价为重要的人。在支持性环境中的支持性成人是儿童建立积极自我概念所需要的因素。

性别认同

3～5岁的儿童开始意识到他们的性别，5岁儿童经常讨论什么是男孩或女孩"应做的"。这一过程开始于父母按婴儿性别所做出的不同行为。在幼儿园时期，儿童发展出一种对被期望的性别的恰当行为的意识。近年来有大量努力用于鼓励父母和他们的孩子之间形成非性别歧视关系，尽管如此，父母和其他成人与儿童性别有关的行为仍影响了儿童的个性和自我概念，父母和教师与男孩和女孩的已分化的关系导致了不同的期待和互动。

种族认同的意识平行于性别认同的意识。当儿童意识到他们是男孩或女孩时，他们开始意识到适用于他们的行为和要求。学前儿童也开始意识到他们的种族认同，以及他们的家庭和文化所期待的性别角色。

在一个多元文化的世界，性别认同更加复杂，性别期待因种族和文化群体的不同而不同。学前儿童如何理解家庭、同伴和他们的社会环境会影响他们的社会性别。此外，社会变化影响所有的种族和文化群体。对学前儿童而言，理解性别和种族认同是一个复杂的任务。当性别角色在儿童所处的环境中不是死板的和不被模式化定义时，这种理解有促进作用（Berk，2001；Trawick-Smith，2005）。

社会化

社会化，或者说与他人友好相处的能力，很早就开始发展了。当儿童学会合作、分享和助人的技巧时，他们的社会化水平就得到了提升。当儿童的社会化水平达到学校的期望时，他们会发现适应学校或儿童保育中心的生活变得容易很多。如果儿童的社会化水平不符合社会公众或学校环境的期望，他们会发现适应学校或儿童保育中心很困难。成功的社会化反过来也要依赖其他的发展技能，如适宜地控制和表达情绪，发展共情以及发展亲社会技能。

非常年幼的儿童必须学会以适宜的方式控制和表达他们的情绪。这一过程在婴儿和学步儿时期开始，并在学前阶段逐渐完善。3～5岁儿童有一项困难的任务，即学习如何以正确的方式表达愤怒以及如何向成人用语言表达自己的沮丧。此外，儿童必须学习如何处理其他儿童的愤怒和沮丧。儿童理解他们有多种情绪——恐惧、快乐、愤怒、吃惊和满意。识别自身的情绪并正确地对待它们是社会化过程的一部分。

当儿童开始去自我中心并对他人更加敏感时，他们开始意识到其他儿童的感受和经历与他们并不全然相同。意识和敏感性引发共情，儿童开始发展对他人的积极关注。在学前时期，共情会产生大方、同情和关心的行为，获得共情的儿童能够对他人的情绪和遭遇做出恰当的反应。因此，学前儿童会安慰正在哭泣的儿童，或帮助沮丧的儿童完成困难的拼图。能够表达并对共情做出回应的儿童也在发展社会化技能。

社会化需要其他能力，这些能力经常被描述为亲社会技能。亲社会技能是一种策略，能使儿童进入一个社会群体并成功地与这个群体交往。儿童必须学习如何索要玩具，参与分享，在集体游戏情境中获得认同，处理其他儿童不恰当的行为。这一过程开始于学步儿时期，一直持续到小学阶段。在学前阶段，亲社会技能的成功或失败逐渐变得重要（Hendrick，1998；Maxim，1997）。

对多元文化的理解和敏感性

种族偏见和误解在非常年幼时就产生了，但对种族和文化的理解与接纳也可以在非常年幼时开始。学前儿童开始习惯于人们肤色、种族和语言的差异，教师、其他儿童和整个社会能培养他们接受这些差异，并将其视为正常的和同等价值的。早期教育机构应提供玩具、书以及其他材料和活动，以积极的方式反映多样性。儿童从而变得敏感，并且学会欣赏其他儿童和他们家庭的相似性和差异性（Pattnaik，2003；Ramsey，1987）。

社会公正的教育

美国怀俄明大学早期教育和保育中心致力于帮助儿童尊重和重视多样性，它也致力于与家庭分享关于社会公正的哲学。教师举办一场家长会来解释为什么教师采取反歧视课程来促进和平及解决冲突，他们希望家长理解下列几点（Williams & Cooney，2006，pp.75-82）。

- 购买特殊材料的基本原理，如多元文化玩具以及帮助有特殊需要儿童的设备。
- 儿童使用玩具和设备的计划。
- 儿童可能会问的问题和教师如何回应。
- 确保家庭能够参与和得到反馈机会的保障机制。

关于儿童对不同种族群体的接纳性的研究结果是鼓舞人心的。一些研究表明，同伴接纳通常与种族无关（Howes & Wu，1990）。研究者通常认为，在帮助儿童理解彼此以及促进跨文化同伴关系建立时，学校扮演着一个积极的角色（Trawick-Smith，2005）。

社会科学的目标

在前面的内容中我们曾提到，社会性发展的目标就是培养早期儿童理解和评估自身并与他人友好相处的能力。社会性发展是理解社会科学的基础。反过来，社会科学的主要目标是培养人们的自尊和自我价值并使人们成为对社会有贡献的人。达到这一远大的目标是终身的过程，开始于非常年幼的儿童的社会化。

在小学阶段，社会科学被理解为一个内容领域，包括心理学、历史、地理、经济学、社会学及人类学，这些领域的学习贯穿于整个正规学校教育。虽然学前儿童不能理解这些社会研究组成的专业领域，但他们可以发展理解的基础。

心理学

心理学包含理解人类行为，对于学前儿童而言，理解与自我概念相关。儿童能理解他们是独特的、有能力的个体，他们也开始理解在家庭、家人和个人间存在个体和群体的相似性与差异性。

历史

历史是学习过去的事件以及造成事件发生的推动力和变化。幼儿还不能理解时间的流逝，但他们能理解他们自身的历史和过去。他们了解他们自身、他们在发展过程中经历的变化以及家族史中的趣事。他们对听过去的故事及探究早期的手工艺品很感兴趣。

地理

地理关注于地球的环境特点以及不同环境和人之间的关系。学前儿童不能理解地理的距离，但他们能联系熟悉的和当地的特点。他们参观附近的环境来理解地域差异的意义，以及从一个地方去另一个地方旅行的意义。他们开始熟悉物理特点和他们社区中的地理差异。

经济学

幼儿不能理解一个民族经济的综合特点以及商品、服务和货币系统作为交换工具的作用，但他们可以说出影响他们自身生活的经济概念。年幼儿童开始意识到电视上的商业活动和其他广告媒体的目的。他们开始理解"需要的"东西和"期望的"东西之间的差异。他们凭借一个人拥有钱财的多少来做决定。他们也可以理解人们如何购买服务和物品，以及人们如何为了自身需要彼此依赖并获得钱财。

社会学

社会学是研究人们如何在群体中生活和交流的科学。虽然学前儿童不能理解人们如何组织自身形成群体、社区和民族以及社会阶层和制度如何发展，但他们可以理解与自身经验接近的社会群体，能够理解家庭是一个社会单元，并将这个概念扩展到学校及家附近的社区。

人类学

人类学是研究文化和多种生活方式的科学，它研究不同文化的艺术、音乐、制度、信仰、服装、食品、宗教和庆典。虽然儿童不能说出不熟悉文化的文化差异，但他们能够叙述自己社区内的文化多样性。他们通过持续的活动学习文化的多样性，此外，他们还会欣赏文化和社会差异以及社区内不同文化群体所做出的贡献。教师通过促进对多元文化的理解处理和防止当今社会中普遍存在的偏见、歧视和刻板印象（Santrock，2002；Seefeldt，2004）。

社会性发展和社会科学的目标是相似的，前者关注儿童和他们的社会世界，后者关注社会群体以及社会群体如何起作用。幼儿首先与他们眼前的世界和社会群体建立联系，因此，社会性发展和对社会科学的研究起源于环境和世界。在接下来的部分，我们将会讨论环境和教师在促进社会性发展方面的作用。游戏作为一个社会化工具在儿童的环境中的重要性也将会被描述，尤其是游戏作为儿童社会性发展的工具（如表演游戏）。

游戏在学前儿童社会性发展中的作用

婴儿和学步儿更可能独立游戏或在其他儿童旁边进行平行游戏，而 3 ～ 5 岁的儿童则进入真实的社会游戏世界。他们在所有类型的游戏中尝试社会交往，例如在复杂的攀爬架上进行身体运动时、在玩轮胎游戏或探究沙和水时，但学习社交技能的最佳机会是戏剧游戏。

当非常年幼的儿童可以在他们的游戏中使用假扮能力时，他们就可以参与表演游戏了。当他们开始去自我中心并在假扮游戏中与他人合作时，他们就能够在社会戏剧游戏中与他人交往。关于社会戏剧游戏益处的研究已经表明，社会戏剧游戏和社会性、认知能力间存在相关性（Garvey，1977；Smilansky，1968）。通过与同伴进行幻想游戏，儿童习得了社交技能。此外，幻想游戏的数量和频率也可预测儿童的社交技能、受欢迎程度和积极社会活动的参与情况（Connolly & Doyle，1984；Johnson，Christie & Yawkey，1999；Wortham，2008d）。

贝蒂描述了社会戏剧游戏的一些特殊益处（Beaty，1992）。当儿童参与扮演社会戏剧游戏的角色时，他们学习社会化技能。幻想游戏情节包含对恰当的社会行为的同伴压力以及对攻击行为的负面社会影响的理解。当看到其他儿童使用成功的策略时，儿童学习如何解决人际冲突。角色扮演允许儿童尝试不同的角色，如扮演妈妈、爸爸、兄弟姐妹或朋友。通过参与计划和实施幻想游戏主题，儿童理解领导者和追随者的角色。当他们在社会戏剧游戏中使用想象和创造力去表现主题和角色的时候，他们便了解了幻想和现实间的差距。

社会戏剧游戏允许儿童表达他们的情绪。学前儿童不能用语言表达他们的情绪，通过游戏，他们可以表达积极的情绪（如高兴、满意）和消极的情绪。

社会戏剧游戏可以用于宣泄情绪。儿童用社会戏剧游戏理解创伤的经历，反复地模拟这个事件，直到他们紧张的情绪消失。同样地，儿童可以通过社会戏剧游戏来表达被侵犯的消极情绪并克服它们（Landreth & Hohmeyer，1998；Wortham，2008d）。

学前儿童在社交能力和游戏方面存在个体差异。那些在同伴交往中能力较弱的儿童往往在小学阶段表现出社交性差异。社交能力的多样性可源于性别、教养方式、抚养儿童效力以及有效的同伴关系（Rubin & Coplan，1998）。

如果教师为学前儿童提供社会戏剧游戏的机会，那么他们必须设置有利于幻想游戏主题的环境，并鼓励恰当的社交行为。此外，他们必须对自己在促进儿童发展社会化技能方面的角色非常敏感。

环境在学前儿童社会性发展中的作用

因为游戏是学前儿童社会性发展的重要组成部分，所以学前班教室环境也在社会性发展和社会科学课程中扮演着重要角色。在儿童参与社会戏剧游戏之前，室内和室外都要有足够的空间和材料。家务中心和戏剧游戏中心是公认的幻想游戏场所，但在现实中，儿童也会在街道中心、艺术中心和教室中的其他中心进行社会戏剧活动。当儿童在户外玩表演游戏时，游戏的主题可能由结构复杂的攀登架引发，也可能源自某个游戏，然后转移到操场上。

环境的设置会影响社会技能的发展和运用。如果教室的组织便于儿童获得游戏材料，那么积极的社会行为会被更多地使用。儿童需要时间和空间进行恰当的交往，此外，游戏机会和游戏材料必须一直挑战和吸引他们。贝蒂认为，在学习环境中，下面的因素会导致不恰当的行为：过少的活动和材料，活动和材料不适合儿童的发展水平，用来到处跑的空间太大，活动区域没有明确的界定，教室环境的创设仅适宜开展集体活动而不适宜开展个别活动和小组活动，受欢迎的玩具或材料每种只有一个，没有更换旧的材料、书和玩具（Beaty，1992，p.206）。

一日生活常规和日程表也可以用来培养儿童的各项社交技能。学前儿童需要在日复一日的生活中获得由可预测的常规带来的安全感，每天都知道接下来的日程安排是什么，这样会让他们感到舒适。当例行安排更改为郊游、节日庆祝或在其他特殊场合的活动时，儿童在之后的常规活动中可能会表现得过度兴奋而难以适应各项常规活动的要求。当常规安排不可避免地要被改变时，如果儿童事先对常规变更做好了充分准备，那么他们就能够更积极地加以应对。

对可预测性的需要延伸到了教室规则和对恰当行为的预期。当儿童理解某种类型的行为在不同的教室和户外活动中被接受时，他们会做更好的准备，以恰当的社交技能展示他们的合作。他们需要在制定课堂规则方面有发言权，并经常对是否成功遵守规则给予回应。在他们的行为失控以及必须采取严格的措施重建规则之前，3 ～ 5 岁的儿童需要大量的机会来学习教室的各种流程并被不断提醒。儿童想要使用恰当的行为，若教室的安排对积极参与挑战活动极为重视，并且对恰当社会行为的期待被清楚地理解，儿童则更可能用他们正在发展的社交技能进行积极的回应。

教师在学前儿童社会性发展中的作用

教师在帮助儿童获得社会技能和实现社会性发展方面有直接作用。教师必须为社会戏剧游戏和恰当的社会行为准备环境，且学前儿童在控制他们的行为方面也需要教师帮助。教师需要提供策略帮助儿童管理他们的行为，组织活动来发展和提升社会戏剧游戏，并计划社会科学课程（Gartrell，2002）。

尽管教师尽最大努力来营造鼓励儿童发展亲社会技能的班级氛围，学前儿童在保持适宜的社会交往行为方面仍然存在困难。因此，当非社会冲动导致儿童行为失当时，教师就必须对其行为予以干涉。当儿童违反行为规则时，教师必须采取措施对其行为加以纠正。如果有儿童尝试采用身体攻击行为去伤害其他儿童，教师则必须立即采取有效措施禁止该儿童做出伤害他人的进一步行为（Smith & Bondy，2007）。为帮助儿童逐步形成长久的自控力，教师有必要为达成该目标采取一系列具体措施。教师可以帮助儿童了解活动规则，提醒其违反规则的可能后果；可以引导儿童选择更适合的活动；可以将出现违规行为的儿童暂时与其他儿童隔离开，与其讨论感受，并请其在感觉自己可以回到活动中且不会再违规时告诉教师；或者帮助儿童选择其他活动（Hendrick，1998）。儿童必须知道在情绪或行为失控时应采取的适宜行为是什么，并且确信在适宜的社会交往行为范围内教师会采取各种方法帮助他们。

有时儿童表现出不恰当的行为是因为他们不知道如何使用亲社会技能，不知道如何通过积极的行为与他人交往，这些儿童则需要有关做出正确行为的直接建议。儿童需要关于如何为团体游戏做出贡献或在一个团体活动旁边游戏直到被团体接受的示范。他们应被教导如何轮流使用玩具，或当他们意外（或故意）伤到另一个小朋友时如何道歉。当儿童做出正确的行为时，教师给予赞赏和积极的回应。

幼儿园教师的目标是帮助儿童成为有社交能力的人。教师可以使用许多策略完成这一目标，包括使儿童意识到他人的情绪，帮助儿童在正确的行为方面进行持续的讨论。教师通过指导儿童提高他们的社交技巧增强社交能力，以发展积极的关系（Smith & Bondy，2007）。当遇到拒绝与他人一起游戏的情况时，儿童也应学会轮流、与他人谈判及在拒绝别人提出的游戏请求时使用积极语言。最重要的是，教师应尽量减少不适宜的取笑和欺凌（Gartrell，2002；Katz & McClellan，1997）。

和平式问题解决

第一得克萨斯营火委员会开发了一个名为"连接四项成功"的早期教育项目，旨在帮助教师对那些有较强攻击性的儿童和易怒儿童给予更多的关注。该项目的3个构成要素分别是创设支持性学习环境、识别情绪以及学习和平地解决冲突。

创设支持性学习环境的关键因素之一是设计一个"和平区"和教室中的一个可供儿童解决冲突的区域。"和平区"通常放置诸如镜子、指偶或手偶、橡皮泥模具和音乐资源等材料，以支持儿童的问题解决过程。下列策略可供教师和儿童在解决冲突时使用（Levin，2003）。

· 帮助儿童陈述问题。
· 帮助儿童进行头脑风暴以寻找解决问题的方法。
· 讨论这些方法。
· 帮助儿童就解决问题的某一方法取得共识。
· 帮助儿童尝试该方法。
· 回顾该方法是如何对儿童起作用的。

该项目获得了成功，现在正不断扩展。学前儿童家庭也被鼓励采用上述解决冲突的过程性策略来增进子女之间的感情（Lamm，Groiux，Hansen，Patton & Slaton，2006）。

相似的直接和间接的教师行为可以用来培养和拓展儿童的社会戏剧游戏。虽然教师应避免在儿童的游戏中过度干预，但观察显示，儿童可从成人参与、拓展和进一步发展游戏中受益。教师可以作为游戏伙伴加入儿童的某个游戏情节，但将游戏主题的决定权交给儿童。教师关于材料和设备的建议可以拓展游戏，成人可以为社会戏剧游戏开创新的方法，也可以通过提问或回应儿童的行为和口头表达来指导他们。最重要的是，教师可以通过表达对游戏活动的赞成和表现出对儿童幻想游戏主题发展的欣赏来鼓励更深层次的社会戏剧游戏（Johnson et al.，1999）。

教师在发展社会科学课程方面的作用同样重要。许多教师认为学前班儿童太小，不能理解社会研究，因为他们缺少经验和认知能力，无法与课程的构成要素产生关联。早期教育教师可以让幼儿参与符合他们水平的社会科学课程，这不仅能促进他们作为社会群体成员的发展，而且还能增加在他们及他们的家庭所生活的社会世界中的经验。

设计社会性发展课程

培养社会性发展

我们已经讨论了学前教育阶段社会性发展的意义和学前儿童社会性发展的目标。我们也解释了社会性发展的课程是社会性学习，幼儿可从他们生活环境中的日常经验获得。在指导儿童学习如何与他人交往方面，没有书面的可以指导教师组织集体活动的课程或课程主题，但有一些类别的社交发展技能可供教师和儿童在学前班课堂上讨论。儿童在社交世界必须掌握两大主要的社会技能——自我管理技能和社会参与技能。为了达到这个目的,教师使用集体讨论和游戏经验策略,以发展儿童的这些技能。下面是可供教师促进儿童社会性发展的活动，这些活动建立在关于儿童的同伴接纳和社会交往的研究基础上（Kemple，1991）。

培养社会性互动的活动

培养社交技能

缺乏社交技能的儿童可向社交技能强的儿童学习。教师可以安排特殊的游戏课程，在游戏中，社交技能发展不太好的儿童与较好的儿童配对。通过游戏，社交技能较差的儿童可以学习更有效地进行游戏。

消除社会隔离

一些儿童能理解社交技能但不会使用，将这些儿童与更年幼的儿童分为一组可能会给予他们所需要的自信。当社会隔离儿童与更年幼的儿童一起游戏时，他们可能会变得更加乐于参与社交，因为他们与更年幼的儿童在一起时感到舒适。

学习社交替代选择

许多儿童使用攻击性行为是因为他们不会用替代选择策略解决冲突。教师可以通过计划的活动来告诉儿童替代选择策略优于攻击性行为，如发起滑稽短剧、木偶活动及包括假设情景的集体讨论，儿童可以参与解决问题和确定替代选择的解决方法。儿童被鼓励增加他们可以尝试的策略的数量。

学习亲社会和共情行为

受欢迎的儿童都乐于助人并善于合作，许多儿童之所以不乐于助人是因为他们没有意识到他们处于提供援助的情境。通过观察，教师确定儿童是否有共情能力以及是否知道如何与他人合作和帮助他人。教师为儿童创造提供帮助的机会，或为儿童指出可以帮助有需要或处于困难中的他人的情境。

我可以玩吗?

许多年幼儿童在参与集体游戏时存在困难，一个解决方法是教师指导被孤立的儿童参与小团体或一个更有合作性的群体的游戏。教师辅导儿童确认游戏主题，想出一个可以扮演的并对群体游戏有益的角色。

提高社会交流技能

在维持游戏情节方面有困难的儿童不能与游戏伙伴有效地交流，教师可以就如何在游戏中清楚地交流给予指导。教师可以教儿童如何更具体地解释，教导不受欢迎的儿童对他人的负面情绪线索保持敏感，这些线索暗示了其他儿童不喜欢这个不受欢迎的儿童的行为或行动。

帮助没有朋友的儿童

教师不应强迫其他儿童与某一儿童游戏，但可用一些方法提高这名儿童在同伴群体中的被接受度。教师向其他儿童解释这名儿童的积极意图，并指导他们帮助这名儿童成功地与他们进行游戏。教师的策略会促进同伴理解并提高存在交友困难的儿童的共情能力。同伴群体可帮助这名儿童在游戏交往中变得更加成功。

设计社会科学课程

在前面我们讨论了社会科学课程的组成部分以及它适用于 3 ～ 5 岁儿童的方式。在这一部分，我们将描述这些组成部分如何用于发展适宜性的学习经验。因为儿童在认知和经验方面有他们自身的限制，课程设计有以下两条标准：一是课程强调直接活动，如参与郊游、利用人才资源和检验真实的事物；二是课程应以儿童为中心。

幼儿会在有意义的环境中最大可能地了解这个社交世界，因此，整合课程是制订计划的最好的框架。教师基于社会科学主题设计单元，这些主题允许幼儿运用自己的感觉、表达性语言和接受性语言来反映他们接触的知识。如果课程建立在儿童自身的基础上，学习单元应集中于他们的生活经历、家人、家庭和情感。他们也会扩展他们的社交世界，包括他们的同伴、学校和社区。谢克丹兹等人认为，社会科学课程应围绕两大主题组织：理解自己和家庭，理解人类和社会。这两类课程又被进一步划分为以下这些可以开展的主题活动（Schickedanz et al., 1990）。

理解自己和家庭：理解自己，每个个体都有价值和尊严，个体的历史，以合适的方式表达情感，死亡是生命的一部分，离异与学前儿童，处理危险的情境。

理解人类和社会：家庭单元是社会的基础，人类有权利，人类有责任，人类有需要和欲望，在集体中生活需要规则，人类生活在社区中，人类生产、消费商品和服务，人类做不同种类的工作，人类以不同的方式旅行和发送消息，人类代表多元文化，过去和现在的重要人物，理解文化多样性，价值、习俗和文化。

这些主题会被进一步简化以使它们适合学前班中 5 岁或更小的儿童，它们在社会科学课程中呈现许多有意义的主题，这在前面已经讨论过。当设计一个单元时，教师会与儿童一起设计单元的活动，以使所有儿童在单元中表达他们的兴趣以及他们可能会从单元经验和活动中找到的信息类型。下面描述的活动举出了一些与儿童的社交世界有关的主题的例子，这些将会拓展他们对于社会科学概念的理解。然后，我们将描述一个主题活动的例子，来展现如何将直接经验与其他发展领域整合以丰富社会科学活动。

社会科学活动

理解历史时间

学前儿童对于过去和未来的理解有限。由于前运算思维模式，只有当事件被描述成与现在相关联时，他们才能理解过去和未来的事件。他们基于每天的事件来理解时光流逝，讨论在一天中已经发生的事情和将会发生的事情会帮助他们理解时光流逝的特点。

庆祝生日和制作月历会帮助年龄大的儿童形成时光流逝的意识。儿童通过参加活动形成初步的历史视角，活动包括将家庭成员按年龄大小排序。

祖父母和他们的口述史

儿童对他们的家人在很久以前发生的事情感兴趣，他们对与家族历史相关的真实生活经历深深着迷。可以讲这些故事的人对这个活动来说是不可或缺的。如果祖父母或扮演祖父母角色的人能拿出代表他们早年生活的物品并和儿童分享，儿童就会对他们的社会遗产产生有意义的认识。例如，祖母带一个奶油搅拌器到教室去，向儿童讲述如何使用它制作奶油。祖母展示当她是一个小女孩时居住的房子的照片，儿童就能讨论现在的房子和祖母以前住的房子有何区别。他们也可以比较我们现在获得奶油的方式和祖母小时候必须自己搅拌奶油的方式有何区别。

死亡和生命周期

很小的儿童也需要理解生命存在一个周期，以死亡结束。许多儿童经历过宠物的去世或看见过死去的昆虫或植物。关于植物生长的经历会帮助他们理解生命周期，教师和儿童可以种植种子、培育生长的植物和观赏植物成熟时开的花；儿童也需要经历生命周期的其他部分，即植物的死亡和腐烂。他们可以讨论植物发生了什么改变，以及种子如何从开花到结果以繁衍新的植物。通过葫芦、南瓜或者马铃薯等植物，儿童可获得相似的体验。

了解交通运输

所有儿童都会注意到有不同类型的车辆经过他们的学校、幼儿园或自己的家，他们可以学习不同车辆的交通运输用途。儿童可以讨论在一段时间内经过某个角落的不同类型的车辆，教师记录车辆的名称或给车辆拍照；接下来儿童研究照片，讨论车辆在运输什么，确定车辆的用途是载人、运输物品还是完成一项服务。

附近的建筑物

组织一个相似的关于附近建筑物的活动。儿童步行一小段距离，记下他们看到的建筑物类型，并确定它们是住房、商店还是用于其他用途。他们可以讨论社区内的不同种类的建筑物。作为后续活动，他们用积木搭建自己社区的建筑物或用硬纸箱制作模型。

理解变化

帮助儿童理解时光流逝带来了什么和人们如何在同一社区生活的一个方法，是提供给他们表现事物如何变化的活动。儿童在学校或保育机构附近步行一段路，记下路上正在建造或正被改造的建筑；接下来，他们寻找显示磨损或老化的地方，如路面有裂缝或凹坑，或建筑物的油漆剥落；可以让儿童识别需被重建或改建的区域。活动的目的是让儿童理解变化是生活的一部分。

想要和需要

儿童需要区分他们想要的东西和他们需要的东西。对差别进行讨论后，儿童可能会翻阅杂志寻找图片，把他们想要的东西放在一边，把他们需要的东西放在另一边。在这个二选一活动中，一组壁画就完成了。

学校工作人员

儿童开始意识到在学校或保育机构有为他们提供服务的不同的人。教师带他们走访工作人员并观察他们在做什么；然后工作人员参观教室，讨论通过他们的努力，儿童如何享受了服务；儿童口述关于每个工作人员的故事，并给故事画图示；用这些故事可制作一本班级书。

在社会科学领域设计整合课程

社会科学概念在有意义的环境中得到最好的学习。如果学前儿童要理解关于社交世界的概念，他们则需要获得真实的经验。需要强调的是，社会科学活动与个人生活紧密相连。与学前儿童相关的主题之一是理解他们自己。接下来描述的名叫"美丽的我"的整合社会科学课程单元，可以与社会科学主题"理解自己"和"人类代表多元文化"联系起来。处于人种和种族多样化社区中的学前班教师可以设计一个名为"美丽的我"的主题单元,该主题单元帮助班级里的儿童识别和欣赏身体特点的多样性。创造性写作和艺术项目可支持对多样性主题的理解。

该主题单元的第一个目标是介绍照片书，鼓励关于多样性的讨论，拓展儿童能使用的描述性词汇来描述他们自己和他们的朋友。班级围绕照片书展开讨论，思考关于人种、种族和残疾的刻板印象，帮助儿童意识到他们的共性、欣赏他们的差异。

该主题单元的主要部分是为儿童提供机会，让他们使用纸、蜡笔、颜料和马克笔来描绘他们自己和他们的朋友。为达成主题设定的单元目标，教师可以开展的教育活动包括为每一名儿童绘制真人大小的身体轮廓，为家庭成员量身定做人偶，制作个性化的书籍供儿童描述自己、家庭成员和朋友。其他可以开展的相关活动有：读有关头发类型和风格差异的照片书，利用旧杂志和商品目录制作具有不同身体特点的人的拼贴画，制作关于教室中儿童的眼睛颜色和头发颜色的曲线图，请儿童制作一本关于他们自己的书——《美丽的我！》。

儿童文学可以用来帮助儿童理解自我和来自世界其他地方的人，以积极的方式描述来自其他文化的儿童的生活故事，帮助儿童理解多样性。对于生活在美国而家族发源于其他国家的儿童而言，有关他们祖先国家的儿童故事会帮助他们搭建桥梁，使其欣赏两种文化。

除了理解人类多样性外，儿童文学还能帮助幼儿理解老人和有缺陷的人士。当有年龄和能力差异的人以一种积极的方式呈现时，儿童倾向于对这类人形成相似的积极态度。另一个好处是儿童可意识到人类以不同的方式生活并形成与他人的共情（Feeney & Moravcik，2005）。

设计反映学前儿童生活的变化的整合课程

这里描述的整合课程包括多样化家庭群体的概念，它对许多儿童并不生活在由父亲、母亲和孩子组成的传统家庭中这一现实是很敏感的，其他儿童生活中的差异也必须在整合课程中有所安排。威尔豪生描述了一个这种类型的社会科学单元：关于家庭的研究对于儿童来说是合适的主题，然而儿童生活在不同类型的家庭中；一些儿童无家可归，生活在避难所；可以用一个网状图来说明不同家庭环境中的儿童如何理解家庭的概念，包括房子的类型以及谁住在里面；在图9-1中，房子的类型包括避难所、移动式房屋和独立产权公寓（Wellhousen，1996）。这是将儿童经历的生活变化纳入课程主题的一个例子。

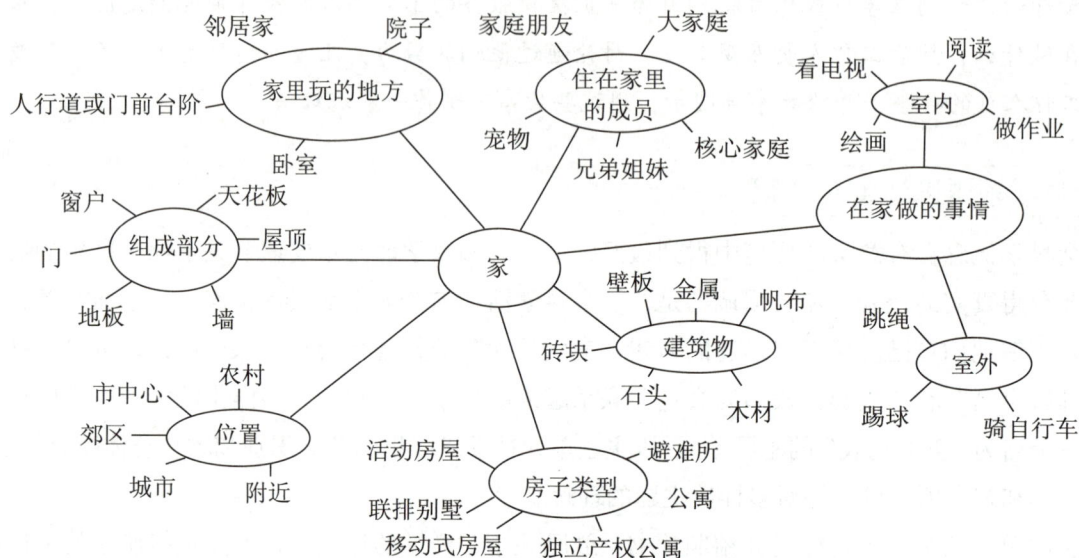

图 9-1　家庭的简单网状图

在前面我们讨论了整合课程单元应来源于儿童的兴趣和需要，课程应以儿童的计划为中心而非总由教师设计。单元主题可以聚焦于儿童在教室中遇到的生活变化，研究主题来源于儿童生活中的关键事件。

学前班阶段的单元主题活动的设计来源可能是任何一个领域的发展，然而，就像多次指出的那样，其他领域的发展也与整合课程相连接。对儿童的身体发展来说尤其如此，当儿童学习和游戏时，他们的身体也在参与。但学前班项目仍应包括身体发展课程，这类课程超越了自我发起的或非正式的游戏活动，包括大肌肉动作和小肌肉动作技能。下面将讨论学前班阶段身体发展的特点以及鼓励身体活动的恰当课程。

皮特·保罗和阿莫斯

　　皮特·保罗和阿莫斯坐在树下喝柠檬汽水，他们刚才在皮特·保罗家的后院围着树追逐嬉戏，现在很渴。他们用力咀嚼花生曲奇饼干，这是皮特·保罗的妈妈给他们制作的点心。阿莫斯吃完后爬上了树的一根矮枝，并寻找更多他可以攀爬的树枝。"我可以爬很高。"他对皮特·保罗说。
皮特·保罗不甘示弱，丢掉了柠檬汽水并跑向附近的另一棵树。

"我也可以。"他对阿莫斯说。

"不如我高。"阿莫斯挑衅道。

沉默几分钟后，两个男孩又慢慢地向上爬了几英尺。

"我和喷气机一样高！"阿莫斯对皮特·保罗说。"我和天空一样高！"皮特·保罗回应道。

身体发展课程

学前期对儿童的身体发展至关重要。儿童在牙牙学语和蹒跚学步期间学到的运动技能将在学前期得到提高。学前班的各项活动分配时间以锻炼儿童的大肌肉运动技能和小肌肉运动技能，儿童都在室内和室外的活动上花大量的时间。本章这一部分将要讨论为什么身体发展是3～5岁儿童课程中的重要部分，以及教师应如何为儿童的运动锻炼准备合适的环境并制订计划以提高儿童的运动技能。

了解身体发展

身体发展指身体动作发展，因为儿童在身体活动中会用到大肌肉运动和小肌肉运动。它还可被称作感知运动发展，因为知觉与运动技能之间有一定的内在联系。运动行为和运动技能的变化是随知觉行为而变的。

在第四章，我们曾描述过3～5岁儿童身体发展的特点。沃瑟姆儿童发展检核表描述了每个发展水平的小肌肉和大肌肉运动技能发展的重要里程碑。本章我们将讨论涉及感知运动发展的身体发展。当儿童发展出处理更复杂的感觉输入的能力时，更熟练的运动行为会随之而来（Jambor，1990）。感官和肢体动作的互动性元素的组成成分构成了感知运动发展。

感知运动发展的构成要素

学前期是儿童发展各种基本运动技能的重要时期。弗罗斯特将这些运动技能分为以下各类（Frost，1992，p.46）。

- 大肌肉运动活动：投掷、接球、踢、跳跃、摇摆。
- 小肌肉运动活动：剪花边、捶打、缝纽扣、浇水。
- 身体意识活动：命名、指、识别、移动身体部位并用身体部位执行任务。
- 空间意识活动：通过行走、跑步、抓握、滚动等行为来探究、定位、比较、做标记。
- 方位意识活动：借助身体的不同部位和各种运动器械移动、驻留、指示、识别和模仿。
- 平衡活动：用平衡木、平衡板、跳床和跳板进行走、跳和鼓掌。

· 整合活动：击打运动中的球，跟踪物体的移动，匹配视觉和运动反应，应对听觉信号。

· 表现活动：艺术、音乐、舞蹈和戏剧表演工作。

这些技能可以被进一步解释如下（Gallahue，1993）。

· 大肌肉运动活动：运动技能，剧烈运动。

· 小肌肉运动活动：运用手指和手的运动技能，这些技能可以促进手指的力量和柔韧性的发展。

· 身体意识：能区别身体各部位并了解身体是如何运作的——身体能做哪些事。

· 空间意识：通过知觉运动的发展，儿童可以辨别方向，其中包括他们身处什么位置，以及如何在一定的空间内给自己和物体定位。

· 方位意识：方向性和偏侧，儿童能够理解和他们身体位置有关的位置和方向（左、右、上、下、前、后）；也指在空间中看到或理解方向的能力，儿童必须能够辨别书面英文的字体方向以能够阅读。

· 时间意识：指身体和时间之间的关联，关系到身体的协调性、节奏感、同步性，这些都是身体协调能力所需要的。

儿童对自己身体的控制力会影响其他方面的发展。对大肌肉运动和小肌肉运动技能的掌握会影响儿童对自身能力的感知，而且对于自身其他方面的发展也有一定的影响。如果儿童认为自己有良好的身体能力，那么他们会对在社交和认知活动中取得成功充满信心。

加拉修认为儿童在锻炼其运动技能的时候遵循了一定的过程（Gallahue，1993）。如果儿童在早期未能正确地锻炼这些技能，那么他们可能在以后的运动和游戏中失败。他认为，感知运动发展不能听天由命，基本运动技能是儿童运动发展和运动教育计划的基础。这些基本运动技能的发展顺序形成身体发展的大致框架。儿童学习基本运动技能的时候有差异，这是因为他们自身的运动经验和遗传因素不同，因此运动课程的发展应重视运动技能的发展顺序，而且增强身体能力的方法应根据每个人的实际情况而异。

制订身体发展计划

正如儿童在语言、认知和社交发展方面各不相同，儿童的身体发展方面也不能一概而论，教师在安排运动场所、制订运动计划时应注意到这些不同之处。感知活动和运动项目会促进儿童身体的发育，因此需要对其制订一系列的计划安排。

尽管儿童在日常的室内室外生活和游戏中已经掌握一些运动技能，但教师还应制订全面的身体发展计划。教师辨别每名儿童当前的运动水平，然后为他们选择适合每天做的小肌肉和大肌肉运动。教师可以用木板、石块或平衡木来锻炼儿童的平衡感，还可以通过剪纸来让儿童练习使用剪刀。无论是大肌肉运动还是小肌肉运动都要格外注意，这些运动对于学前儿童发展来说都应是适宜的。

教师在为大肌肉和小肌肉运动技能制订活动计划的时候，可能会从下面的活动单中选择（Beaty，2004）。

大肌肉运动活动：步行，抛、接，平衡，单脚跳、跳远、跳高，跑步、冲刺、跳绳，攀爬，爬行、匍匐、快走，使用带轮的器械。

小肌肉运动活动：装拉链、缝纽扣、打结，编织、旋转，浇花，剪纸，印刷、临摹、绘画，注射。

教师应在室内外设置有助于儿童大肌肉动作发展的运动活动。每天的活动可以利用一些障碍课程、室内攀岩设备、灵活的运动技能设备。对大肌肉和小肌肉运动技能的训练还应在每周或每天进行的其他区域活动、教师主导的课程和小组活动中加以体现。将每天计划的活动与平时的游戏结合起来之后，儿童将会获得一个知觉运动的平衡，这种知觉运动可以使他们完善和深化身体的发展（Hendrick，1998）。

游戏在学前儿童身体发展中的作用

游戏在各种发育过程中都有重要的作用，但其在身体发展方面的效果更加明显。体育锻炼常常与户外游戏联系起来，在 20 世纪使用的大部分运动场地设施是为锻炼运动技能而设计的。

就我们所关注的问题而言，游戏对于学前儿童来说要远比单纯的大肌肉运动锻炼重要，在理解游戏重要性的同时需要考虑小肌肉运动技能。3 ~ 5 岁的儿童每天会在游戏上花费大量的时间，如果他们参加保育机构或学前班，那么室内和室外的游戏应与结构化的活动交替进行。游戏的过程中，儿童在进行大肌肉和小肌肉运动锻炼的同时，还会进行相关的语言练习、社交练习和认知学习。儿童会选择他们的运动内容，因此，运动项目是以儿童自我或小组为主导的。有些儿童在游戏中扮演领导者的角色，并且儿童参与的游戏活动支持儿童的游戏意愿。

环境在学前儿童身体发展中的作用

游戏环境影响儿童身体发展的效果，最重要的一点是游戏器械必须是安全的。出于对身体发展游戏设计的安全性和设施结构的考虑，儿童游戏活动的开展应考虑游戏的空间类型、游戏的材料以及游戏的方式等问题（Johnson et al.，1999）。

儿童在室内的游戏与在室外的游戏有所不同。儿童在室外会进行一些大型运动项目，因为室外空间更加广阔，有足够的设施进行大肌肉运动。室内更适合一些指示性活动，因为室内有很多障碍物、可操作的材料、艺术和写作材料。男孩和女孩在室内和室外的游戏也有所不同。学前的男孩较女孩而言更喜欢室外活动，而且他们更喜欢在室外玩一些角色扮演的游戏；而女孩则更喜欢室内游戏，她们更喜欢在室内玩一些表演类的小游戏，相较于男孩而言，她们更倾向于小肌肉活动（Johnson et al.，1999）。

室内环境

室内环境应为大肌肉和小肌肉运动做好准备和安排。通常而言，小肌肉运动活动的材料和想法在艺术中心、操作中心和语言中心比较容易获得。

在艺术中心所进行的所有活动都有助于小肌肉运动技能的培养。有助于促进小肌肉运动的输出性活动有绘画、剪纸、和面、做拼贴画、用到粉笔或蜡笔的活动等，儿童在这些活动中以不同的方式锻炼、使用了手掌和手指。

操作中心也有助于各项小肌肉运动活动的进行。拼图、积木、乐高以及一些建构材料均有助于儿童小肌肉运动的发展，因为在玩这些玩具的时候儿童会尽可能地进行探究。蒙氏材料的感官性质对于小肌肉运动的发展特别有用，教师在教授穿衣技巧时可以进行打结、拉拉链、扣纽扣和使用按扣等活动，用于认知发展的可操作的蒙氏材料也可以与身体操作课程经验结合起来。

学前班的语言中心也为小肌肉动作技能的使用提供了条件，书写需要小肌肉训练，读写萌发游戏也需要。

大肌肉运动技能也可在室内培养。除了之前提到的便携式攀登设备和临时的翻越障碍课程，儿童还可以通过在积木区玩沙、玩水与玩不同形状的木块和车辆工具来参与大肌肉动作活动。工作台活动也吸引了男孩和女孩，为他们提供锯断、锤击、钻孔的机会，儿童在此过程中使用大肌肉和小肌肉技能。

贝蒂强调，教室内应有大肌肉运动区，用于大肌肉运动技能的练习活动（Beaty，1992）。她建议不断变化区域中的设备安排以鼓励特殊的大肌肉运动技能锻炼。教师主导的提升大肌肉动作技能的活动可以作为儿童自发选择的大肌肉运动游戏的有益补充。

室外环境

虽然许多大肌肉运动活动可以在室内进行，但室外环境是所有大肌肉运动活动都可以自然发生的地方。在室外，学前儿童可以最大自由地跑、跳、飞奔等，大空间给大肌肉运动活动更多自由。除此之外，特别的设备和设计可为身体活动创造更多类型的机会。

复杂攀爬架或综合游乐架是游戏器械的核心特征，这类器械的结构包括一些平台和附加装置以供一系列大肌肉运动活动的开展；这些附加装置可以包括滑梯、消防杆、梯子、攀登桥、吊架和坡板。儿童利用复杂攀爬架既可以练习上肢动作，又可以练习下肢动作。摇摆装置是游戏器械的另一标配，可供儿童愉快地开展大肌肉运动活动。一条可以骑车、推车或拉车的小路也是学前班操场的重要组成部分。

自然特征也可以为攀爬、跑、滑、平衡和滚动等活动提供可能性，地点的设计包括高地、小山、树桩和死去的大树。在大的开放区域安排的其他自然特征也可鼓励游戏中精力充沛的活动（Frost，2008）。

学前班的游乐器械也应为小肌肉动作活动提供机会。许多艺术和工艺活动可以在室外环境中进行。室外的玩沙和玩水活动促进了大肌肉动作和小肌肉动作的发展，园艺和一些戏剧性游戏活动也有这种作用。

为学前儿童提供的室内和室外环境应为感知运动发展提供机会。如果在设计好的环境中有可用的设施和材料，一些活动就会自然而然地发生，而其他经历则需要教师有意识地计划。

教师在学前儿童身体发展中的作用

在考虑如何为身体发展进行计划时，教师承担的最重要的责任或许是认真地设计学习环境和室外游戏区以锻炼大肌肉动作和小肌肉动作技能。正如之前所描述的那样，教师关于游戏对身体发展的作用及环境对早期身体能力发展的作用的理解必须转化成室内和室外的身体活动安排，拓展学前儿童身体活动的范围。

教师第二重要的责任是了解每名儿童的身体发展需要。通过对儿童游戏的日常观察，教师应对儿童掌握的身体技能很敏感，如注意到一名儿童对某一游戏设备或运动技能感到困难。示范、模仿和指导能使儿童从尝试爬消防杆或梯子到爬复杂的攀爬架；相似地，教师可以展示给儿童如何抓住一个塑料球拍，击打海绵球使它离开球座，且监测儿童成功击球的成果。教师需要积极地参与儿童的大肌肉和小肌肉动作活动，以便在必要的时候提供指导和鼓励。

教师的第三个责任是设计课程活动。一些活动被设计在室内开展，而另一些在室外组织。一些活动被计划为大肌肉运动时间，另一些则与其他发展领域的活动整合在一起。影响因素是教师对大肌肉运动发展重要性的敏感度，他们不应把户外自由游戏时间归为体育锻炼的唯一选择。那些热衷于在整合课程中合并语言、社会和认知经验的学前班教师同样有能力并且想要将身体发展纳入。接下来的部分将讨论教师如何为学前儿童设计感知运动经验。

尽管教师在促进学前儿童身体发展方面扮演重要的角色，但更重要的是，应记住学前儿童需要充足的时间进行自由游戏，尤其是室外游戏。儿童需要时间和空间来进行自发的、自然的游戏，应允许他们独自或与朋友一起参加游戏活动。此外，他们需要在身体运动游戏中获得社会交往、社会性戏剧和认知方面的经验。由于放学时父母还在上班，或者考虑到室外环境的危险性，儿童往往不被允许在户外游戏，而参加了提供放学后服务的正规机构。鉴于这种情况，学前教育机构将儿童的自由游戏时间作为其身体发展项目的一部分就显得尤为重要（Wortham，2008d）。

身体发展和身体健康：儿童肥胖

在21世纪，儿童肥胖是影响儿童身体健康的一个主要问题。20世纪80年代至2006年，超重儿童的数量已增加2倍（Anderson，2006）。肥胖的首要原因是缺乏身体运动，另一个影响因素是营养不适当。当两个因素同时作用时，学前教育工作者应更加关注身体健康而不是身体发展的知识。早期教育课程正做出更多的努力来处理身体健康和良好营养问题（Anderson，2006；Pica，2006）。教师应与家长合作，以做到在学校和在家里同时关注儿童身体健康。同时，教师可以将更多身体活动纳入课程，并使之与提供营养信息的活动配合。在学前班准备膳食的厨师也可以成为合作者，通过回顾菜单提升餐食和点心的营养价值。

设计身体发展课程

教师可能对教室中可用于促进学前儿童认知和语言发展的材料和设备都非常熟悉，他们也可能确信自己非常清楚积木和操作中心如何促进儿童大肌肉和小肌肉动作技能的发展，但他们对于如何通过一个综合性项目来纳入各种活动，从而促进学前儿童大肌肉和小肌肉动作的发展知之甚少。贝蒂讨论了一系列活动和设备，包括以下类别：扔、抓、扭转、旋转、倾泻，切断，印刷、描绘、绘画，带轮子的设备，插入，拉拉链。表9-1展示了一些儿童在综合的大肌肉动作发展项目中可以培养的身体动作技能。

表 9-1　大肌肉动作发展的活动和技能

地点	活动和技能
大肌肉运动中心	在木板上保持平衡
	轻松地上下台阶
	持续奔跑
	轻松地攀登
	轻松地从高处下来
	双腿跳跃过物体
	轻松地骑有车轮的设备
	扔球或豆子袋
	接球或豆子袋
操作 / 数学中心	轻松地堆叠物体
	扣紧或解开纽扣
	拉上或拉开拉链
	用绳子来穿物品
	系鞋带或花边
	轻松地拼拼图
	给物体描边
	在某一区域内很好地用蜡笔作画
	参加活动直到结束
艺术中心	在没有教师或其他成人帮助的情况下操作材料
	用刷子绘画
	用手指绘画
	玩黏土或面团
户外操场	在没有成人帮助的情况下荡秋千
	自信地使用滑梯
	爬到攀爬架的顶部
	在没有帮助的情况下从高处跳下
	持续奔跑
	跟他人一起游戏

　　詹博描述了一些早期儿童的知觉运动活动，它们通过室外经验来促进知觉的发展，如表 9-2 所示（Jambor，1990）。他描述了运动、平衡、身体和空间知觉、节奏和暂时的意识、回声和空气传播的运动、投射和接收运动所需要的活动和设备。尽管大部分促进身体发展的活动更适合在室外组织，但许多活动也适合在室内进行。

表 9-2　有助于促进儿童知觉运动发展的室外活动

知觉运动	具体活动方式
行进	·把手臂放在不同位置，在平的和倾斜的草地上向不同方向滚。 ·缓慢爬行，匍匐前进，走过或跨越不同质地的地面（以增加感官的输入）。 ·爬行通过"太空洞"，如滚筒、两端未封闭的箱子、一个安置好的轮胎、轮胎隧道、低的游戏室窗户。 ·缓慢爬过一块宽木板。 ·攀爬山、斜坡、楼梯、多级平台、轮胎连接而成的攀爬设施、绳网、梯子、多用途攀爬架、矮树的树枝、在高处的多方向的绳子。 ·一级级地爬平台、原木、轮胎、树桩、大而宽的木块。 ·在平坦的跳板、大而软的放平的轮胎、内胎、气垫（蹦床被认为是危险的而不被推荐）上跳跃或弹跳。 ·从不同的高度跳下，如轮胎、木制平台、石头、土块、树桩、助跳板。 ·跨过"自然的"物体，这些物体由成人准备（如放置于两个可调节的支撑点之间的水平竹竿）。 ·原地双脚跳，或两只脚轮换着跳；在放倒在地上的梯子的梯级之间来回跳跃。 ·跑过或走过桥，在开放草地上的自然斜坡及人工斜坡跑上跑下。 ·利用大部分游戏设备和空间进行追赶和"抓住"游戏。 ·双手交替地爬通向高处的梯子。 ·来回荡秋千。 ·拉或推一辆玩具货车。 ·玩需要手脚协调地推拉和蹬的有轮子的玩具或通过障碍路线。 　这里的许多行动和活动，以及接下来的那些，可以通过听提示停止、开始和行动强度的音乐进行控制和提高。
平衡	·在平衡木、垂直掩埋的轮胎、移动式桥梁、水平悬吊的绳子上站立并保持平衡（先用双脚，然后只用一只脚），成人可以用手扶着他们。站立和行走时要求儿童闭上眼睛，以充分感受整个过程。 ·在不同高度、宽度和跨度的木梁、垂直掩埋的轮胎、大直径钢丝绳、消防软管上行走。 ·在较宽的木梁上行走，两臂伸直，其中一只手或双手拿着某个重物。 ·在安置在地上的较细的钢丝绳装置上行走。 ·一只脚站在马路牙子上、放倒的梯子边缘、水平放置在地上的大直径轮胎边缘，另一只脚站在地面上，向前行走。 ·跟随教师在操场上的各个障碍训练场地做活动。
身体和空间知觉	·用大镜子来查看自我和特定的身体部位，实验这些部位起作用的方式。 ·认出身体部位，并将其与某种运动活动相关联。 ·在攀爬或平衡设备上，回应使用某个身体部位的要求。 ·协调身体各部分，在游戏场地和设备上表现身体力量和灵活性。 ·通过胳膊和腿的运动创造"雪/沙天使"。 ·为他人推秋千。 ·使身体适应不同的空间：盒子、大型轮胎、货车、游戏室、玩具船或车、桥、旋转的轮胎、滑梯的上端（数量和尺寸关系的概念）。 ·在有限的空间内协调跑或其他运动。 ·爬上、爬下、绕着爬、穿越爬等，到左边或右边去（身体—物体关系和方向性）。 ·任何需要在某一空间里的运动。

续表

知觉运动	具体活动方式
节奏和 时间感知	·反复出现的节奏：荡秋千（通常是有安全带的婴儿座椅、悬挂的轮胎或绳子、可旋转的轮胎，被安置在门厅前面的平台或门廊），可摇晃的小船，带轮子的玩具。 ·在大轮胎、轮胎内胎和跳板上有规律、有节奏地弹跳。 ·跳过固定放置的或在四分之一圆的范围内有节奏地摇摆的绳子。 ·跟着音乐急速穿过操场，手里拿着节奏类乐器或拍手打节奏。 ·跟着拍子进行身体动作的加速和减速。 ·在斜坡道或山坡上跑上跑下。 ·投掷、抓取、踢开和躲避物体（如不同大小的球、豆子袋、气球）。
反弹和 空中运动	·在跳板、床垫、大轮胎和轮胎内胎上弹跳（伴随不同曲风和节拍的音乐）。 ·跳到床垫上，跳进沙堆、小卵石堆里，或在其他高度不同、有弹性的地面上弹跳。 ·通过手的抓握或腿的卡扣在攀登架、吊杆、低矮的树枝上悬吊。 ·抓住悬吊的绳子在空中摇摆；蹬离物体以继续摇摆或在空中做其他动作。

设计促进学前儿童身体发展的整合课程

　　学前班教师可以利用前述的贝蒂和詹博的指南为学前班儿童开发有质量的身体发展课程；此外，可以将关注身体发展的活动并入整体课程中，在持续的关注与教师在艺术、语言、数学和科学方面的直接指导下，许多技能可得到发展，它们作为整体课程的一部分自然而然地发生。其他机会来源于使学习跨越发展的区域的尝试。教师有意识地通过身体活动的选择来帮助儿童整合认知概念，例如艺术活动可能与书写萌发结合以发展小肌肉动作技能。

　　室外自然研究可以将身体活动与所有领域的发展（包括环境教育）整合到一起。在一个名为"跳跃的青蛙和小径漫步"的单元主题活动中，科学也是不可或缺的一部分（Woyke，2004）。有学者对户外活动和欣赏自然环境的重要性进行了描述："从事环境教育的教师需要给儿童机会来运用他们的感官——去户外看、摸、闻、听大自然。在大部分情境中，儿童和教师可以感受雨，在水坑中溅起水花，抓住落在手套上的雪花，听风声，闻新鲜的草或花，或者在秋天的落叶里嬉戏。"

　　"跳跃的青蛙和小径漫步"单元主题活动以在自然研究实地考察中开展多项户外活动为特色。在散步的时候，儿童观察和收集自然物品，之后在教室中使用创造性和建构材料展示他们的经历。沃伊克就如何在室内外将环境教育整合到教学中提出了建议，详见表9-3。

　　早期教育工作者将更多的身体活动整合进课程中，从而回应肥胖和身体健康不佳问题。整合课程基于一个前提，即思想和身体不是分开存在的，而是有一个连接。在早期儿童使用行为和进行运动时，思想也在建构知识（Page，2008；Pica，2006）。教师设计整合课程时有意识地强调身体运动，不论在室内还是室外，都将会促进身体健康。

　　当教师考虑如何更有目的性地关注身体健康时，他们可能会使用一些技巧以确保儿童更积极活跃。他们在课程计划中安排更多积极的游戏和体育活动，使用操场设备设计锻炼肌肉力量和灵活性的身体挑战。与此同时，他们可以减少或取消被动活动和看电视的时间。身体健康的组成部分，如心肺功能、肌肉力量和耐力、身体灵活性进一步细化了健康所需的体育活动类型。表9-4描述了为发展身体健康的不同要素而建议的活动。

表 9-3　环境教育整合课程的学习中心

领域	建议
操作领域	增加与自然有关的拼图、游戏和小图画。进行小肌肉动作活动，将树叶、苹果或动物的图片放在纸板上，然后围着图片的轮廓打孔。提供给儿童一些粗纱线或鞋带，让他们把粗纱线或鞋带穿过孔。在积木区，放置鹅卵石、树皮、伐好的木头或活着的树的一部分、带有动物和树的图案的积木。
感知系统	除了沙子和水外，还要为虫子添加污垢，并加上色彩明快、鲜艳的落叶，加入各种松果，在沙中放入贝壳，并在水中放入玩具青蛙，从而进行池塘学习。提供漏斗、放大镜和勺子来进行探索和实验。
音乐领域	播放有自然录音的磁带和 CD，如风吹在树上、海浪、雨水和春季青蛙的声音。使用天然材料（如树豆荚和贝壳）做乐器。
艺术领域	天然材料是自由的、真实的、具体的，易于打印和拓印。在室外散步时可寻找多样化颜色。
戏剧性游戏	将传统家务中心改造为毛绒动物医院、秋天的水果摊、花店、冬眠的洞穴或野外露营帐篷。
语言和读写领域	引入自然杂志，例如《你的大后花园》（来自美国野生动物联盟）；班级自制的关于自然经验的书，花、植物和其他自然物的目录，动物木偶，动物角色和故事，关于自然界的故事和歌曲录音带。教师可以挑选一些有美丽的插图和照片的书来培养儿童对大自然的热爱，如《树真好》（作者为贾尼思·梅·伍德里），《下雪天》（作者为艾兹拉·杰克·季兹），《蝾螈室》（作者为安妮·梅泽），以及埃里克·卡尔的任何书籍。
户外活动	许多幼儿都渴望去探究非结构化的自然世界，他们想在水坑里面扑腾、用手指玩沙子和泥土，教师应鼓励这些活动。人行道也可以提供机会来观察自然，如观察一群蚂蚁或发芽的杂草。 学校和保育中心都可以在自己的场地内建造一个自然区域，可使用小鸟供料器和小鸟池，或者放置木屑、岩石、泥土、树桩和沙子。在这个区域，儿童和教师可以种植花儿或放置诱饵来吸引蝴蝶，可以在花园的容器中种蔬菜和花儿。

表 9-4　身体健康的活动

身体健康类型	活动
肌肉力量和耐力	将球扔一段距离
	爬山
	悬挂并摇摆
	负重
	跳跃
	拔河
	保持某项运动一段时间
身体灵活性	柔和地伸展身体
	假装爬梯子
	系鞋带
	投篮球使之进入篮筐
	在低单杠上悬挂并晃来晃去

设计促进有特殊需要儿童身体发展的课程

身体有缺陷的儿童在参与大肌肉运动时面临着困难，尤其是身体游戏，教师必须考虑调整活动以适合每个学前儿童的身体特点。游戏环境也应适合每个有缺陷的个体，成人需要让儿童为身体活动做好准备。

有视觉障碍的儿童可以在帮助下自己适应空间和时间，参与大肌肉运动，但教师须注意他们的视觉障碍。下面是针对为身体有缺陷的儿童计划活动的建议（Wortham，2008b）。

·成人通过计划活动为儿童提供帮助，计划涉及游戏材料、其他儿童、特殊设备。

·操场应提供感官线索，如有不同质地的路面，以引导儿童游戏。教师可以帮助儿童适应其想要使用的设备或材料。

·在游戏之前，成人可以帮助儿童练习使用将会用到的材料或设备。

·在游戏活动的过程中，教师指导和鼓励儿童。

运动性残疾儿童在参加身体活动和利用环境方面可能存在困难，因为这些活动和环境未能考虑到有特殊需要儿童身体发展和身体运动的需要。尽管在运动上受限，这类儿童仍然可以参加一些活动。游戏环境必须做出调整和改变，以便为运动性残疾儿童获取游戏体验提供更多机会，使教师在游戏体验中为运动性残疾儿童找到合适的位置，同时为教师促进运动性残疾儿童的身体发展提供更多机会。调整和改变游戏环境的目标是为运动性残疾儿童提供替代性方式以使其参与需要身体运动的活动。游戏环境应设计为无障碍环境，使用轮椅的儿童和使用步行器的儿童对无障碍环境的需求是不同的，游戏设备和活动的无障碍环境应依据儿童的身体限制而进行不同的调整。下面是身体节奏活动的示例。

身体运动节奏

介绍一个简单的身体动作，然后让儿童重复这个动作直到他们发展出一种节奏，如下面这个例子。

踩脚，拍手，踩脚，拍手。

拍，拍，踩，踩。

拍，踩，拍，踩。

拍，拍，打响手指。

拍，拍，踩，拍，拍，踩。

身体打击乐

指导儿童站成一个圆圈。重复下面的节奏词。

我们走，我们走，我们停（静止）。

我们走，我们走，我们停（静止）。

我们走，我们走，我们走，我们走。

我们走，我们走，我们停（结束）。

进行曲

在钢琴或其他乐器上演奏不同的节奏，如打着节拍跳跃、轻快地跳过、滑翔、走、跑、踮脚走、快走，使儿童可以跟着节奏运动。

🦉 小　结

学前儿童正忙于成为社会人，他们学习如何生活在一个每人都有自己的情绪和想法的世界中。儿童正认识到一些与他人互动的方式比另一些方式更有效。他们希望被团体游戏接纳，并且在发展成功与同伴相处的技巧和使用恰当行为以满足成人的期待两方面探索自己的方式。

学前班社会性发展课程的目标之一是帮助儿童对自身和他人感到舒适。社会性发展课程建立在环境设置和活动的基础上，帮助儿童和谐地生活和游戏。

儿童的社会化包括恰当地控制和表达情绪的能力，发展共情能力，以及使用亲社会技能。儿童必须学习如何理解他们自己的情绪以及如何以一种可接受的方式对这些情绪发挥作用。他们学习识别其他儿童的相似情绪，以及如何对这些情绪做出反应。当他们能够以一种共情的方式对其他儿童做出回应时，他们就已经开始体验移情。

教师在帮助儿童发展社交技能方面有重要作用，可以使用一些技巧使社交变得更容易。教室、一日常规和日常活动都可以被组织，以促进和谐和减少儿童间的冲突。然而，因为早期儿童只学习成功的行为，所以教师必须在指导他们时扮演积极的角色。那些愤怒、有攻击性行为或在其他方面行为不恰当的儿童需要成人的干预和重新指导，以学习正确的行为。

教师在指导儿童理解和接受多元文化差异方面也有作用。因为种族偏见可能很早就产生，所以教师须培养儿童认同不同文化价值的观念，学前班和社会性发展课程应以一种积极的方式反映文化的多样性。

社会性发展也包含社会科学。学习与他人相处是理解和参加更广阔的社会这个更大目标的一部分。以后对历史、地理、经济学、社会学和人类学的学习也建立在学前班社会科学课程的基础上。在一个整合的、有意义的环境中，社会科学课程得到最好的学习，因而计划的经验应帮助儿童拓展对他们自己以及他人的理解，帮助联系儿童的生活和经验。学习主题单元内的社会科学话题能够使儿童更深、更宽地理解他们在社会中的身份。

在学前班阶段，儿童的身体发展取得显著的进展。在通过游戏锻炼身体方面，3～5岁的儿童尤其活跃和精力充沛。感知运动发展依赖于感官和身体发展的交互作用，通过更具技巧性的小肌肉动作可获得更复杂的感官输入。

儿童的身体发展包括大肌肉动作和小肌肉动作技能，涉及身体意识、运动技巧以及身体的、空间的、时间的和方向的意识。不论是室内还是室外环境都应被计划和配置，以鼓励这些类型的感知运动发展。另外，教师计划活动以促进发展，尤其是大肌肉动作和小肌肉动作活动。除了确保儿童有充足的时间进行室内和室外游戏，教师计划的大肌肉动作和小肌肉动作活动之间的平衡是身体发展课程的一部分。

教师必须意识到儿童体育活动中个体的需要。由于儿童身体发展的水平存在差异，参加室外身体活动的机会也存在差异，所以教师要提供符合个体差异的身体锻炼和练习机会。通过参加持续的学前班活动,大肌肉动作和小肌肉动作活动的机会在一天中自然而然地产生。小肌肉动作通过学习中心活动、游戏时间及教师组织的活动发展，活动也可以在主题单元内计划。

　　有身体缺陷的儿童需要被给予特殊的考虑，室外游戏设备需要适用于没有移动能力以及必须使用步行器或轮椅的儿童。需要身体活动的课程活动也许需要被修改或调整以适合有身体缺陷的儿童，教师的目标应是使有特殊需要儿童在某些能力方面尽可能地参与活动。

🔍 思考题

1. 为什么学前班儿童每日需要游戏经验以帮助他们发展社会技能？

2. 学前班儿童如何在与他人交往中形成正确的行为？

3. 在学前班项目中，社会性发展课程的本质是什么？

4. 良好的自我形象如何影响社会化技能的发展？

5. 当儿童发展共情能力时，他们使用什么类型的行为？

6. 教师如何培养学前班儿童的多元文化敏感性？

7. 为什么社会戏剧游戏对社会化和社会科学课程来说都很重要？

8. 教师应使用何种类型的策略以减少或消除不恰当行为？

9. 为什么社会科学经验需要与儿童的生活经验相联系？

10. 什么类型的活动可以提升感知运动的发展？

11. 如何安排室内环境以锻炼大肌肉运动技能？

12. 室内环境需要包括什么特点以促进大肌肉运动技能的发展？

13. 计划身体发展经验时，为什么教师对儿童游戏的观察很重要？

14. 身体发展的活动能成为整合课程的一部分吗？请解释。

15. 学前班教师应如何在身体活动中将有身体缺陷的儿童纳入？

16. 教师为有身体缺陷的儿童调整操场安排时，为什么儿童个人的身体缺陷对这一过程有重要影响？

第十章

面向 5～8 岁儿童的课程设计①

本章目标

阅读完本章，你将能够：

· 理解小学低年级儿童的发展变化是如何影响其学习的；

· 理解游戏在小学低年级课程中的作用；

· 描述满足小学低年级儿童发展需要的适宜课程；

· 描述面向 5～8 岁儿童的课程模式的构成要素；

· 解释年级贯通式小学课程模式的构成要素；

· 解释设计小学低年级主题课程的步骤；

· 解释系统化教学为何是主题课程的一部分；

· 描述评价在幼儿园和小学低年级课程中的作用；

· 解释幼儿园和小学低年级课程评价的目的；

· 描述幼儿园和小学低年级课程评价的类型。

---

① 美国面向 5～8 岁儿童的教育机构为幼儿园和小学低年级，幼儿园（kindergarten）是在学前班（preschool）之后的教育机构，往往附属于小学，顺序为学前班—幼儿园—小学（译者注）。

本章内容为面向 5 ～ 8 岁儿童的课程设计和实施。在本书中，我们通篇强调了学习与发展（特别是幼小衔接时期的学习与发展）的连续性。同时，我们还介绍了理解儿童发展的过程对于教师设计适宜儿童后续发展的课程至关重要。在第四章中，我们把 5 ～ 8 岁这几年描述为过渡期，因为从学前机构进入小学时，儿童不仅经历了学习环境的改变，而且在各领域的发展都会发生重要变化。

有人可能会疑惑，为什么 5 岁这一年龄同时属于学前课程与小学低年级课程。这是因为有必要在学前班与小学之间架设连接的桥梁，以强调儿童早期教育的连续性。对此，不同的类型早期教育机构在招收儿童的年龄上采取了不同的做法，有一些招收 3 岁、4 岁、5 岁儿童，还有一些招收 5 岁儿童。其中，私立早期教育机构和教会举办的早期教育机构招收儿童的年龄通常不会超过学前班招收儿童的年龄，原则上主要招收 4 岁和 5 岁儿童。而公立学校在设置早期教育项目时则有更大的灵活性。对于没有设置前幼儿园的学校来说，幼儿园就是儿童进入小学后首先接触的早期教育服务。在本章中，小学低年级课程被认为是学前班课程的延续。尽管了解如何让儿童运用更复杂的思维相当重要，但仍须谨记儿童是沿着发展的连续统一轨迹进行过渡的。因此，对于教师来说，加深对于儿童发展进步的理解同样重要，因为这可以帮助他们选择更加多样的教学策略。教师想要设计能够满足不同儿童个体发展需要的课程，以确保所有儿童都能获得成功。本章将探讨如何在连续性教学与综合性教学、主题教学及课程之间寻求平衡的问题。此外，我们还会介绍一个高质量的年级贯通式小学课程模式，详细说明该课程模式的设计与实施过程。

小学低年级阶段儿童发展变化的重要意义

总的说来，5 ～ 8 岁儿童的生长发育速度与前几年相比慢了许多，但小学低年级仍是儿童读写能力发展的关键期。由于发展变化是以自然的方式进行的，因此儿童发展时间的个体差异对教师制订课程与教学过程中的灵活性产生影响。

身体发展

小学低年级儿童仍然处于发展自控能力的过程中。他们能够在较长时间内保持坐着的姿势完成任务。在许多体育游戏如飞盘、棒球和足球中，他们锻炼了大肌肉动作技能。小肌肉动作技能也通过手工制作、拼搭建筑模型及演奏乐器等方式得到了训练（Berk，2001；Santrock，2002）。

因为小学适龄儿童还处于发展大肌肉动作技能的过程中，他们需要在学校中进行身体活动。如果想要完善运动技能，他们就需要获得频繁的体育锻炼的机会（Bredekamp，1987；Bredekamp & Copple，1997）。日常参加体育活动对运动协调能力和身体力量的发展至关重要。此外，进行体育活动有助于产生幸福感。目前，强调知识技能的现状已经导致了对于身体发展的忽视。许多地区的学校为了更多地教授阅读及其他学术课程，限制了儿童体育课、自由游戏或休息的时间（Manning，1988）。

问题是，学龄儿童是否真的需要休息和非结构化游戏的时间？休息和非结构化游戏的支持者对许多儿童在校外没有机会进行自由游戏表示担忧，他们认为这些活动对身体有益；而反对者则将休息和自由游戏视为社交活动，认为它们可能造成儿童间的攻击、欺凌，还会使儿童远离学术课程。

在幼儿园及小学低年级中，组织儿童参与集体体育活动时应十分谨慎，不能掉以轻心。虽然儿童对体育运动很感兴趣，但他们的骨骼与肌肉尚未发育成熟，巨大的外力会导致骨骼和肌肉损伤。而过度活动会对身体造成伤害，如扭伤或骨折（Harvey，1982；Stoner，1978）。让所有儿童参与游戏和体育运动非常重要，然而，过分强调在有组织的体育运动中进行长时间的练习可能会有损大肌肉运动技能的发展。

认知发展

前文已经讨论过，5～8 岁儿童的思维正从前运算阶段过渡到具体运算阶段。在具体运算阶段，幼儿认知方面的主要成就是思维和解决问题能力。通过这种心智能力，或称元认知能力，儿童开始发展组织和记忆信息的系统。当儿童开始能够运用他们的元认知时，他们就可以为游戏做计划，理解谜语及他人的想法和感受。适宜的小学低年级课程是基于对幼儿认知能力发展的理解而设计的，明确认知是渐进的、具有个体差异的。学前儿童还需要积极重构他们的知识，而实际动手操作的机会和材料将使他们在遇到新信息时有具体的参照点（Katz & Chard，2000）。教育者应依据书写萌发者所处的不同阶段设计书面作业、补充具体材料。

入学的头几年（从幼儿园至小学三年级）对发展学习动机也有重大意义。早期认知能力的萌芽让儿童能够评估与反思他们在学业上的成功或失败。儿童非常清楚他们是不是熟练的学生，以及他们是否能够掌控自己的成功（Rotten，1954）。家长与教师对儿童学习努力的反馈会对其产生积极或消极的作用，进而影响他们对自己能力的看法。

不适宜的课程材料与教学策略假定所有儿童在一年级时都达到了具体运算阶段，这种观点会使许多儿童面临学业失败的危险，还会使他们失去对自己学习的掌控。学前班与小学一、二、三年级的课程应帮助儿童从前运算阶段进行过渡。同时，运用可操作材料的机会应被列为课程的一部分，以确保处于不同认知发展阶段的儿童在过渡过程中获得学业成功的最大可能性（Berk，2001；Santrock，2002）。

社会性—情感发展

小学低年级儿童的一项主要任务是与同伴一起工作并进行有效互动。不能成功建立积极同伴关系的儿童容易出现低自尊、低学业成就，并更容易在之后的生活中出现问题。在 5～8 岁儿童发展自控能力及社交技能时，父母与教师扮演的角色十分重要。研究表明，成人的干预可以有效帮助儿童与同伴发展成功的社会关系。使用积极引导技巧的教师能帮助儿童提高社会竞争力。通过塑造适当的行为如让儿童参与班级规则的制定、吸引儿童进行小组学习合作活动等，教师能对儿童的自制力及责任感产生积极的影响（Katz & McClellan，1997）。

同时，不恰当的教学方法导致的胜任感或发展上的失败也会影响社会性与情感的发展。当儿童被期望的学习技能超出他们的能力时，他们会遭遇失败，因为他们并没有像其他人一样快速掌握。此外，他们会把自己视为不成功的学习者，因而更可能出现低自尊（Elkind，1987）。根据第二章提及的埃里克森的社会心理理论，儿童在这几年中会发展出勤奋感或自卑感。正如教师需要灵活调节学习计划以适应认知与动作的发展一样，他们同样需要应对社会性及道德发展的个体差异。

对小学低年级社会性与情感发展的个体差异的敏感性会影响教学和管理的做法，并将为年幼儿童的社会竞争力提供支持。

游戏在小学低年级课程中的作用

在从学前班过渡到小学低年级的过程中，随着儿童在认知、社会性、生理方面的不断发展，他们游戏的方法也发生转变。在学前班阶段，社会戏剧游戏与前运算思维占主导地位。随着儿童发展至具体运算阶段，他们的游戏兴趣会逐渐改变。在学前阶段，各种结构游戏是为体育活动和游戏主题服务的，身体技能的掌握也是通过游戏完成的。而随着儿童进入小学低年级，规则游戏与有组织的运动就变得更加重要了。

在当前评估与问责的环境中，管理者、教师和家长都感到压力倍增，减少了儿童的休息时间，可能还会将体育课的时间用来让儿童学习。然而，新老研究都表明年幼儿童能够从游戏活动中受益（Bergen，2004；Chenfield，2006）。尽管那些主张小学低年级儿童"游戏无用论"的人会产生一定影响力，但肥胖儿童数量不断增加的现状不能不唤起人们对小学生需要运动与游戏的意识。此外，在允许室外游戏的学校内，肥胖儿童可能无法自由活动与奔跑，他们可能被同龄人取笑，并且以后更可能遭遇健康问题（Levine & Aratani，2008）。

英国为改变学校中的肥胖循环采取了积极行动。在小学中，甜食和甜饮料已经被淘汰了。所有年级都必须提供至少 2 小时的体育课程，当时的目标是到 2015 年达到 5 小时（Riley & Jones，2007）。

在一些小学中，教师有这样一种倾向：不赞成将室外活动视为日常课程的一部分，认为对儿童的身体发展来说有成人指导的结构化体育教育活动就足够了。然而，持这种观点的教师忽略了在儿童身体持续发展的过程中开展游戏的目的，游戏不仅是为了发展儿童的身体技能（O'Brien，2003），它同样有助于儿童社会性与认知发展。小学阶段是一个同伴关系日渐重要的时期，随着儿童参与自发游戏，同伴群体也在发展与变化。而在小学中，这样的群体占主要地位（Coplan & Rubin，1989；Hartup，1983）。

同伴文化是通过游戏传播的，儿童从同伴那里学习，群体接纳所必需的行为及社交技能也是通过游戏来学习的（Bodrova & Leong，1996）。群体中经验更丰富的儿童负责教授俚语、笑话、故事、谜语；一些成员教骑自行车，另一些成员教做"轮胎"或跳过壕沟。

在小学，与儿童一起工作的成人可以利用儿童的新兴能力，通过室内外游戏进行教学。在学校中，结构化与非结构化游戏可以增加儿童担当领导角色与参与合作游戏的机会，进而培养儿童的领导力与合作能力。同样，在游戏情境中，家长与教师可以发现儿童的优势与劣势，从而提高他们的同伴接纳程度。我们不应假定儿童发展过程已经不再需要自由游戏了。在童年的后几年中，身体、社会性与认知不断发展变化，且每一方面都同样重要。这些年中，同伴群体间不受成人指导的游戏的意义极其重大（Wortham，2008e）。

锻炼与学业成就的关系

研究显示,学校为满足《不让一名儿童掉队法案》的目标而削减体育课程的做法可能是错误的。在一项以 163 名超重儿童为被试的研究中，这些儿童被分为 3 组，第一组儿童在放学后进行 20 分钟体育活动，第二组儿童每天进行 40 分钟的日常体育锻炼，第三组儿童没有进行特别锻炼。

每天花 40 分钟进行追逐游戏及其他活动的儿童在认知发展的标准化测验中取得了最大的进步，而每天进行 20 分钟体育锻炼的儿童取得的进步只有他们的一半。

为确认小学生对体育活动及游戏的需要，许多类似的研究是必要的。尽管由于准备考试，现在很少有人会关注这类信息，但不断增长的肥胖儿童数量可能会使我们意识到在学校中进行体育锻炼及游戏的必要性（Exchange Every Day，2008）。

适宜于 5 ～ 8 岁儿童的课程介绍

如果我们认同儿童在 5 ～ 8 岁的发展是正常的，那么从幼儿园到小学三年级的教育就应反映出他们在这一阶段的发展需要。具体来说，幼儿园和小学一、二、三年级的课程应适应儿童的个体发展差异，而不是在一个狭隘的技能掌握框架中描述对他们的成就期望。我们同样需要扩大我们对于发展变化的理解，除了一般儿童，还应包括那些有较极端特点的儿童。天才儿童属于一个极端，而智力低下的儿童则属于另一个极端。有身体残疾的儿童也不在正常的发展变化范围内。

5 ～ 8 岁儿童将各自的独特背景及发展水平带到教室中。有研究者描述了教师在处理学生表现出的复杂的发展和文化差异时必须做出复杂决定的根源，他们认为应以下列内容为基础采取适当做法（Bredekamp & Copple，1997）。

·关于儿童的学习与发展我们知道什么——与年龄有关的人格特点知识使教师能够依据年龄对儿童进行一般性预测，包括什么样的活动、材料或经验是安全、健康、有趣、可行的，同时还对儿童具有一定挑战性。

·关于小组中每一名儿童的优势、兴趣点及需要我们知道什么，如何对个体变化做出回应从而使他们能够适应。

·了解儿童生活的社会文化环境，以确保他们的学习经验是有意义的、基于生活经验的，同时尊重儿童及其家庭的参与。

满足儿童持续发展需要的课程介绍

当谈到小学低年级儿童的学习发展需求时，人们会发现它们其实有许多相似之处。这些儿童都是活跃的学习者，他们通过个人与信息的交互作用重建知识经验。他们入学时已经有着不同背景与经验，在身体、社会性和情感以及认知方面的发展情况也都有所不同，有不同的学习与社会化风格，也可能有不同的文化背景与家庭经验，这些都会影响他们接受的学校教育。

最重要的是，这些儿童正在经历儿童早期的最后几年。他们正处于前运算阶段的后期，并开始发展具体运算思维。虽然他们的阅读和写作技能正在不断发展，但其读写能力在过渡时期的发展情况不同，因此需要一门课程以确保每名儿童的成功。这一阶段的儿童渴望在学校获得成功，并能逐渐意识到自己能力的局限性。他们将自己与其他儿童进行比较的做法有利也有弊，同时还会影响他们的学习动机（Hills，1986）。他们会形成一定的学习倾向，如渴望阅读或运用已经学到的数学技巧（Bredekamp & Copple，1997）。

在小学低年级中，满足持续发展需求的课程是针对儿童的个体发展的。此外，它们能促进儿童发起的活动以帮助儿童重构知识。正如我们在讨论中所强调的，学前儿童学习联系与关系是通过有意义、有目的的活动完成的。整合课程将相关联的学科知识整合起来，提供有意义的学习环境。同时，整合课程让儿童自己选择活动，可以合作进行或独立工作，使个体间的发展差异相互补充，而非相互竞争。

整合课程能为处境不利儿童提供支持性环境。实施整合课程的课堂为儿童形成共同体意识提供机会，可帮助高风险儿童在学校获得成功。当儿童通过专题项目进行合作学习时，他们在学习共同体内持续进行沟通与合作（Wolk，1994）。课堂可以通过提供家庭生活中缺少的条件或要素来减少生活变化给儿童带来的影响（Charbonneau & Reider，1995）。

系统化教学同样适用于小学低年级，它是儿童发起与教师指导的平衡点。伴随着升学，儿童需要掌握特定的知识和技能（Seefeldt，2004）。系统化教学由教师安排课程组成，目的是介绍及练习特定的概念与技能。某些情况下，概念和技能是连续的或按等级划分的。也就是说，他们的学习是有一定顺序的。例如，儿童在学习加法之前应先认识数字，并了解数的概念。在其他情况下，教师应意识到儿童需要将一个概念或技能理解为学习其他内容的工具。例如，在三年级社会课的一个学习单元里，儿童需要能够在电话簿中查找地址。而在实施单元活动前，教师应围绕字母顺序开展一系列课程。

教师引入系统化教学以确保儿童能掌握技能，促使他们进步。通过系统的教学活动，在儿童达到一定熟练水平时，教师坚持进行有意义的教学，并教授相关技能（Helm & Katz，2001；Katz & Chard，2000）。在有意义的环境中，小学低年级课程实现了非正式的儿童自发课程与系统的教师计划课程之间的平衡。

有人担心建构主义课堂可能会忽视技能的发展。整合课程的倡导者认为，儿童将在有意义的课程背景下学习他们需要的技能。虽然对于一些儿童来说是这样的，但对于其他儿童来说，如果这些技能都被要求掌握，他们就需要更宽泛的结构化教学。这并不意味着进行技能教学就要放弃整合课程，但显性教学与综合性学习确实是适宜的（Harris & Graham，1996）。

　　小学低年级教师不应期待儿童能在主题课程中获得所有技能。与阅读、数学相关的日益复杂的技能需要教师的具体规划与指导。同时，教师需要通过自己选择的任务与指导持续评估儿童的学习需要并教授复杂的学习技能（Katz & Chard，2000）。研究者在《发展适宜性早期教育实践项目》（*Developmentally Appropriate Practice in Early Childhood Programs*）中描述了教师是如何使用多种策略保障班级所有儿童以适宜的方式开展学习的（Bredekamp & Copple，1997）。

为就读于小学低年级的 5 ～ 8 岁儿童设计课程

　　小学低年级教师正在经历对于小学生标准化测验成绩的期望不断上升的时期。此外，各州已经制定了各年级都应掌握的课程目标指导方针。新的严格的教学要求给教师带来了挑战，他们必须适应儿童发展的个体差异。在这场改革运动中，儿童遇到的问题是由 2001 年《不让一名儿童掉队法案》引发的，许多小学低年级儿童面临学业失败的风险。这个问题的解决办法是多种多样的。

　　目前关于预防小学低年级儿童学业失败方法的探究，聚焦于如何采取更为有效的策略来设计适宜于 5 ～ 8 岁儿童学习与发展的课程与教学。将学前班与小学"一体两翼"地设置于同一校舍或分设于不同校舍是目前正在采用的一种策略，该组织模式可以将同处于儿童早期的学前班儿童与小学生安排在一起学习。教师与管理者可以对课程进行重构，使之聚焦于儿童早期的发展性，并利用适宜于儿童早期发展的课程资源使其学习效果最大化。

　　另一种调整小学低年级课程的选择是取消年级制，有不止一种重建小学等级的可能。一种可能的安排是"循环"，它包括 2 ～ 3 年的经验。在一个"循环"中，一名教师会一直陪伴一个班级。还有一种可能的划分方式是混龄分组，这类班级中的儿童年龄不一。我们将在后面的内容中描述所有的例子，它们都是已经在美国及其他国家使用过的。

英国幼儿学校的课程模式

　　英国的幼儿学校已经拥有一个实行多年的升学体系。儿童 5 岁入学，一名教师一直陪伴他到 7 岁。这名教师会与儿童共度 3 年，每年都会有一些满 7 岁的儿童毕业，而新的满 5 岁的儿童则加入其中。教师回应儿童的兴趣、发展情况及成就水平，针对他们的个体需求设计课程。虽然会进行小组与大组教学活动，但儿童同样可以将个人项目作为在校生活的一部分。而教师运用"综合日"这一概念，通过研究话题把相关的主题联系到一起。一天中的大部分时间都用于整合课程（Rothenberg，1989）。

　　借鉴英国的幼儿学校，使小学低年级不分年级的一种调整为让儿童进入一个班级与一位教师或一个教师团队共同度过 3 年，年龄范围可以是 5 ～ 7 岁或 6 ～ 8 岁。在课程中，儿童大多进行专题学习，并伴随着一系列针对不同发展与成就水平而设计的活动。儿童以兴趣和主题特点为导向，用单独或团体的形式来开展项目与主题活动。在第三年结束时，儿童的成就会与一般三年级儿童完成课程后的典型期望进行比较。如果一所学校遵循持续进步或基于结果的教育，那么儿童会在接受适宜他们当前成长水平的教学后都进入中年级；而如果一所学校的学生必须达到最低水平才能升级，留级则不可避免。

　　系统化教学，不论是集体的还是个别的，都通过课程目标为儿童的进步提供支持。而针对成对的儿童以及由成绩和能力参差不齐的儿童组成的小型学习共同体进行的同伴教学则抵消了对教师额外计划的要求。同伴教学指成对的儿童讨论知识，并对已学到的知识做出反馈。此外，学得更快的儿童可以带领其他儿童由课程学习转向技能实践。合作学习小组在解决问题特别是解决主题经验问题时十分有效。儿童混合小组可以一起工作，寻找并汇报有关主题的信息。小组计划并设立规则，在教师的指导和监督下，每个人都承担自己的责任。在学习与管理环境时，儿童的自发经验与责任感得到了强调。

团队教学

　　教师队伍可以通过组织课程及教学更好地满足小学低年级儿童的学习需求。根据团队组织的要求，每2～3个班级被组合在一起。教师共享课堂环境，分摊主题与系统化教学的计划及教学责任。各位教师各自侧重于系统化教学中某具体领域的内容。

　　部分课程是按主题单元设计的，教师可以合并话题以适应各种学习水平。学习目标中应包括选定的话题与教授的技能，一个班级中儿童的学习目标是一样的。然而，教学责任的重点在于关注所有儿童的个体学习与发展进步过程。不同水平的儿童对于技能和概念的应用都被纳入主题经验，教师通过具体技能给予支持。

　　团队教学采用综合主题和系统化教学的方式，可以接纳不同的成就与能力水平的儿童，是比单个班级的课程计划更有效率的方式。教师可以与不同能力水平的儿童一起设计课程。此外，教师还可以关注有学习困难的儿童，为他们提供早期干预，实现他们的学业成就最大化。

混龄分组

　　混龄分组指把不同年龄的儿童组合到一起，时间超过1年。在这种组织模式中，儿童分组是按照发展相似性而不是按照年龄。课程设计灵活，以促进3年（而不是1年）内儿童的学业成就，这对于不同背景的儿童来说尤为重要。学习机会根据儿童个体学习的速度而不是根据固定的课程提供。每3年儿童就被重新分组一次。

　　这样做的目的是通过系统化教学与持续的专题教学让儿童完成课程目标。儿童在第三年末完成三年级的全部课程，但重点在于选择与儿童的发展特点相符的学习类型。我们之前讨论过的不分年级的结构并没有完全解决关于留级的问题，虽然三年级时儿童的发展更加平稳，但仍然有一些儿童无法与同学一起完成三年级的课程。学校体系需要确定，在升入小学中年级之前，对那些需要额外辅导或留级的儿童应做些什么。

　　团队教学也可以用在混龄分组中。在混龄班级中，教师进行合班式教学或分班开展合作性教学。为配合儿童的个体学习需求，教师会开展联合的主题活动及针对系统化教学的儿童交流活动。分组是很灵活的，频繁的重新分组保障了儿童的进步能够得到鼓励。

　　混龄分组、英国幼儿学校中的混龄课堂与团队教学在美国教育中都有先例可循。19世纪末20世纪初，乡村学校中不同年龄的儿童在一起学习。20世纪70年代，混龄分组与团队教学被用于开放课堂与传统教学机构中。直到 20 世纪 90 年代，一些学校仍在使用这些方法。

另一种混龄分组的做法是"循环课堂"（the looping classroom）。在这种分组实践中，一名教师陪伴一个班级的时间达到一年以上。"循环"通常持续两三年；但在德国，教师会从一年级起陪伴儿童到四年级。

"循环"的益处在于，当儿童可能在生活中经历许多变化时，教师的连续性和稳定性可以保持。这对于英语学习者来说特别有用，因为他们可以在充满英语的环境中通过同班同学逐渐熟悉美国文化，发展自信心（Hitz, Somers & Jenlink, 2007）。

近期一些研究表明，混龄分组对儿童成就有积极影响，特别是当其与团队教学、小组合作、整合课程与发展适宜性策略共同使用时（Johnson & Johnson, 1994；Kinsey, 2001）。同学间的互动能为学习提供支持。课堂上教师对于混龄学习活动的有意促进是混龄课堂取得成功的关键。

合作学习小组与同伴教学可以被纳入混龄分组中。班级团体不是按年级划分的，混龄小组进行的是跨年级的持续课程，主题课程是学年中衔接教学的源泉。

小学低年级课程的特点

不论小学课堂采用哪种组织模式，对小学年级的调整有一些共同特点。它们的主要目的之一是为小学低年级儿童从前运算阶段到具体运算阶段的正常认知发展提供适宜的课程。所有这些方法都在各个能力水平上体现了某种形式的课程连续性。这些共同的特点将在下一部分中进行具体描述。

发展性课程

这里描述的小学课堂具有发展性课程的特点，考虑 5 ~ 8 岁儿童的能力。学习经验包括操作、问题解决、创造性活动及其他将儿童视为主动学习者的动手活动。这些积极的经验能促进儿童的自发学习，为他们的学业成功提供保障，即使他们在认知、健康和社会性方面的发展程度可能不同。学习经验是开放且足够灵活的，儿童在阅读和写作的各个阶段都能成功地进行合作。

整合课程

这种小学课程是综合性的。单元主题包括所有相关的课程内容，如阅读、数学、科学、社会学、健康与安全、美术、体育等，其大部分内容会在有意义的情境中进行。由于这类课程的计划涉及儿童，所以提供的经验和活动也要融合他们的兴趣和能力。儿童通过相关联的学科获得认识，而不假定这些学科都是相互独立或不相关的。此外，全语言教学法的语言艺术使儿童在阅读与写作时能结合自己的兴趣和想法，从而发展他们在这些领域的能力。在综合性课程中完成的活动确保所有儿童共同参与，将儿童之间的发展差异降到最低。

成功的途径之一是运用项目活动。儿童会选择那些他们能完成的项目。所有儿童都能经历这种成功，因为这些项目会让能力不同、兴趣相异的儿童以一种互补的方式一起工作。由于儿童有权选择他们探究的内容，因此本质上他们是积极参与项目的（Wolk，1994）。

系统化教学

该课程还包括与主题单元分开教授的内容领域教学。在主题教学中，儿童虽然有机会获得并学习与正在研究的主题有关的信息和技能，但综合教学可能同样需要按照一定顺序来制订关于技能的教学计划，如数学及某些情况下的阅读。例如，在数学中，概念的获得有一种顺序或分层的模式——在引入乘法之前，儿童必须先掌握与加法有关的概念和技能。教师运用系统化教学确保每一个概念都被理解、练习并掌握。不分年级的小学模式包括系统的教学计划，在教师指导的课程中，教师为某一特定概念和技能设计活动，随后为儿童提供练习和实现技能的机会。技能教学会越来越多地进入综合主题课程中。然而，由于小学课程目标中具体概念与技能的数量不断增加，系统化教学也被纳入以确保儿童的稳定发展。有组织的教学是与个人需求和发展相匹配的。数学与阅读的技能教学结合了对技能与概念的有计划的指导，在主题学习中与情境教学相融合。集体系统化教学是罕见的，相比之下，更适合个人学习需求的是小组教学与一对一教学。

合作学习小组

合作学习小组指儿童以小组或团体的形式进行学习活动。不同学习成绩、学习方式及学习能力的儿童一起合作，努力解决问题，并围绕既定的学习目标进行汇报。合作学习小组通常通过头脑风暴和问题解决来达成完成项目的共识。例如，一年级时，小组可以运用头脑风暴在有限的时间内想出尽可能多的由某一辅音开头的单词；三年级时，小组则可以合作找到某一地点的位置。

在不分年级的小学，学生拥有合作进行学习活动的能力。由于认知和社会性发展方面正发生转变，他们可以从小组合作中获益，从而提高各自的学习成绩并相互帮助。在合作而非竞争的氛围中，儿童读写能力的差异可以被利用，因为在小组中儿童可以根据自己的能力来完成不同的任务。读写能力更强的组员可以在阅读和记录信息时发挥领导作用，而读写能力发展相对缓慢的组员可能会在艺术活动或操作活动中发挥领导作用。儿童将在一起解决问题、完成项目，并在完成任务的过程中促进他人的学习。教师引导活动的设计与实施，以使所有儿童都能在合作活动中发挥领导作用并获得成功体验。

同伴教学

在不分年级的小学中，学生可以通过参与教学活动来发挥领导作用。由于小组中汇集了年龄不一、发展水平各异的成员，他们便可以利用自己的能力进行同伴教学。所有儿童根据各自的优势，都能担当领导角色。不过，年长的或在读写及数学方面发展更快的儿童更有可能作为教师的伙伴来指导年幼的或发展较慢的儿童。当所有儿童都被鼓励承担他们能力范围内的任务或活动时，年龄差异就被最小化了。

计划与管理教学

在本章前面的部分，我们论述了分年级小学中主题课程与系统课程的必要性。在这一节中，我们将讨论如何在不分年级的学校结构中规划并完成每一类课程。我们将解释教师和儿童的角色分别是什么，以及主题和系统化教学是如何让儿童始终是主动的学习者的，这涉及儿童的自主权与儿童自发的选择权。此外，这一节还将描述发展适宜性课程的课堂环境组织。

环境的作用

为 5~8 岁儿童或这一年龄范围内的混龄儿童服务的教室，必须拥有适合这些儿童的发展和学业水平的学习材料与资源。环境会被用于系统化教学与主题课程，因此对空间的组织必须为所有类型的活动做好准备——团体项目、个人工作、小组教学及集体教学。设计并实施单元主题活动时，灵活的安排将能适应不断变化的需求。

活动室环境创设

有各种各样的方式可以描述教室环境，而所有描述方式都帮助教师理解环境安排如何为符合儿童兴趣的活动提供机会。和学前班教室一样，小学教室里的空间被用于儿童工作、游戏及参与教师主导的课程。课堂安排可以考虑某些儿童感兴趣的领域，或建立学习中心，以便同时进行各种类型的活动。

在这里，我们需要强调在小学中使用学习中心或活动区的重要性。虽然在学前班中学习中心的历史悠久，但小学低年级教师并不总认为其对于小学生来说是适宜的。存取材料、进行个人及小组活动、开展项目工作与主题课程需要许多空间，由于越来越强调探究概念与想法，工作空间也成为必需。关于空间安排的一些不同概念将会在下文中进行描述。

西斐德将教室描述为一个小型社区或工作坊，虽然她认为与自然的室外环境相比，教室属于人造环境，但她建议教室中的空间安排应界限分明，这样能让儿童以小组或个人的形式进行有意义的学习。她还建议学前班与小学的教室中有能提供社会戏剧游戏、数学、艺术、阅读、操作材料游戏、玩沙、玩水、木工、音乐及读写活动的区域（Seefeldt，2004）。

我们可以从个人和小组项目两方面来描述学习活动。空间安排要能容纳为完成 3 种活动而进行的大型项目：建造活动、调查活动和戏剧表演。它同样要支持儿童进行个人活动，因此使儿童单独持续工作的空间必不可少（Helm & Katz，2001；Katz & Chard，2000）。

戴提出了开放空间与封闭空间的概念（Day，1983）。他认为，开放空间（让儿童能自由移动的空间）与封闭空间（提供安全和私密的空间）的平衡应在布置教室时得到实现；应评估教室中开放和封闭的活动区域是否支持项目目标，空间是否能支持大团体、小组和个人活动，儿童是否能按自己的意愿来使用这些区域。

组织小学低年级兴趣区的方法之一是设置几个包含丰富活动的区域，一个大的区域就是语言艺术区。在这个兴趣区中，有写作活动、图书馆、听力中心设备与资源以及其他阅读课程材料的空间。活动区包括小组调查和个人工作的空间。

艺术与创意戏剧为另一个区域。角色游戏所需的各种材料、玩偶以及其他戏剧游戏的材料，与艺术材料、集体和个体创造性活动工作台共享同一空间。沙水区的设置扩展了儿童的创造性与建造游戏（Seefeldt，2004）。

理想情况下，各种尺寸的工作台可替代在小学教室中常见的单人课桌。儿童每天把书和材料放在自己的柜子里，然后在各式各样的工作台上工作。如果必须保留桌子，则可将它们分成 4～6 组，以供集体工作或作为更大的工作台。

如果采用大型组合区域的教室安排，3 个中心区域会分别位于教室的 3 个角落，教室的中央会被用于大型团体活动和大型项目工作。而在第四个角落则放置教师的办公桌、教学材料，同时还可以安排小组的个人工作或教师指导空间。儿童的柜子也会放在相邻的位置，这样当他们需要时可以及时拿到学习材料。

以下几则技巧或许对从没接触过活动区的教师能有所帮助。

· 一个时间段内只设置一个区域，在增设另一个区域前，确保这个区域已经能够顺利运行。

· 为每个区域制定规则或程序，确保儿童理解这个区域的运作方式及可容纳的最多人数。

· 区域也可以设置在狭小的空间内，教师的一张办公桌、壁橱、几张儿童用的课桌或工作台都能成为一个区域。展示区可以利用织物墙或电器箱来设置。教师在发现和使用廉价材料方面的创造力能使工作区更加具有吸引力和功能性。

不论选择怎样的安排，在设置环境时都应考虑两个附加因素。其一，将儿童纳入规划与布置教室环境的过程中。在为每个主题单元调整空间时，这一点也同样重要。其二，对室外环境的利用也是一个重要因素。由于室内环境是人造的，所以不论何时，儿童都应参与相关的室外活动。喧闹的项目、科学与艺术活动、创意戏剧及许多语言艺术活动都可以在室外进行。

活动区是不可行的？

随着小学日益强调学业成绩，许多学校的管理者认为活动区没有价值或不允许设置活动区。在这种情况下，如果需要的话，为了项目活动，可以在大桌子上设置工作区。如果只有在学前班教室中才能设置永久性的活动区，那么小学教室可以设临时工作区，用于支持课堂活动。可以将箱子和硬纸板放在小工作台或桌子上作为隔挡，让小型临时工作区成为内容主题区和个人工作区。

设置学习中心的程序同样适用于项目或技能工作区。儿童必须了解如何使用工作区，以及如何维护和储存材料。

教师的角色

不管幼儿园和小学的组织模式如何，课堂上都会有背景和能力不同的儿童，有可能儿童的第一语言不是英语、有特殊需要或身有残疾。教师的职责是在设计课程和教学时，将每一名儿童的学习能力、发展情况与兴趣都考虑进来。教师在决定是否进行全班教学、小组活动或设置活动区时，都要考虑群体中的各个儿童。教师要通过差异教学来引导儿童在自己能力和局限的基础上取得最大的进步。

就有特殊需要儿童而言，"个别教育计划"会为其制订学习计划。第一语言非英语的儿童将接受"英语学习者"项目的服务，该项目诊断儿童的英语发展水平，并通过差异化教学使每名儿童获得英语的读写能力（Boyd-Batstone，2006；Cox & Boyd-Batstone，2009；Quiocho & Ulanoff，2009）。在不同学习选择中，在系统化教学和主题课程中，教师与支持专家一起在教师发起的活动、合作小组和学习中心活动中对课程和教学进行差异化调整。

设计主题课程

主题课程是特别适合不分年级的小学与年级制小学的混龄班的一种课程。由于一个单元包含各种各样的项目和活动，因此发展与学业成就各不相同的儿童都能找到适合自己的活动。不同年龄、能力的儿童可以在一个项目上共同合作，年幼的儿童可以向年长的同学学习。年幼的、学业水平较低的儿童能找到可以成功完成并激发他们学习动机的活动。年长的、学业水平较高的儿童能发现具有挑战性的活动，并能对自己感兴趣的实验和项目进行计划。课程是由教师和儿童共同设计的，课堂应考虑文化多样性并将多样性包含其中，因为主题本身是为文化差异服务的。

蔡斯描述了缅因州持续了一学年的"南瓜生长"主题单元（Chase，1995）。由于教师可以带这群儿童 3 年，所以可以进行这个长期项目。这个项目从春天（5 月底）播种南瓜开始，夏天时需要给植物疏苗和除杂草，这些工作大多由儿童自己完成。到了秋天，他们收获南瓜并卖给学校里的学生。因为这个项目每年都会开展，儿童可以对比历年的收成，计划如何根据课堂需要使用经费，并改进下一次种植的方法。

由于主题课程会持续一段时间，所以探索、调查和表达都能在一个从容不迫的环境中完成。环境中从容、自然的氛围使其能将有特殊需要儿童纳入。如果有特殊需要儿童被纳入班级，教师可以设计满足他们特殊需要的适宜活动，这对残疾儿童、情绪不安儿童或天才儿童来说都是适用的。教师应分析单元计划，以确定每名儿童如何在单元课程的学习活动中发挥特殊作用。

学前班和小学主题课程之间有明显的相似性：主题网络被用来设计相关的话题及活动，儿童参与设计，而且课程具有整合性。不过，由于儿童能力的发展，他们的参与过程会更加积极。此外，儿童能够理解更多复杂的概念，单元持续的时间也能延长。为适应不同个体的兴趣，更多活动也会被纳入。当能力不同的儿童在项目活动中相互支持与帮助时，他们一起工作的机会便能得到维持。

选择一个主题

和学前班单元主题活动一样，确定一个主题有不同方法。教师同样可以运用内容领域教学法，单元的重点可以放在课程中的某个领域，如科学、数学、社会学或语言艺术。虽然其他领域的内容也会被整合在单元中，但被选定的主题是课程中的主要关注点。

另一种方式是从一个重要事件或节日开始。一年一度的情人节可以引导出关于情人节卡片或情人节由来的研究。此外，许多社区和州每年的庆祝活动会反映出它们的历史和社区特点，可以研究庆祝活动的一些方面，以帮助儿童理解并拓宽他们对于当地文化历史的了解。

对于偶发事件的兴趣也可以衍生出一个项目。一名儿童的独特经历或对于自然现象的发现都可以引发一个全班性的兴趣课题。同样，一个有趣的话题也可以成为主题，它可以是教师在进行专业阅读时、观看有趣的电视节目时或其他任何时候发现的。凯茨和查德认为，选择主题的标准应包括主题是否与儿童的生活有关，所需材料和设备是否足够，以及学校和社区是否有需要的资源（Katz & Chard，2000）。迪尔登认为，选择主题时应考虑给儿童了解他们生活经验的机会，特别是了解他们所处社区的机会（Dearden，1983）。主题给儿童拓展知识的机会，并为他们今后的生活打下基础。所有选择主题的方法的共同特点是：在获取和拓展知识和技能时，它们要为儿童提供有意义、有目的的学习经验。

围绕主题展开头脑风暴并设计主题网络

一旦选定了主题，教师要准备好为这个单元进行头脑风暴。与学前班的单元主题一样，教师要在自己头脑风暴的同时融合儿童的想法。但面对小学低年级儿童，教师可以让他们一同参与主题活动网络的构建过程。第一个头脑风暴网络图是头脑风暴活动的产物；初级网络图最开始可能由教师构建，但当儿童准备好探究时，就应让他们参与其中，这也包括对项目活动可能性的分析。教师还要考虑与当地社区，最好是学校附近地区有关的主题。

一个关于主题课程的例子是玛丽·安为幼儿园至三年级儿童设计实施的单元。她在一所不分年级的小学工作，她的课堂自成一体，为正在研究的单元灵活地安排活动区域。全年中她都使用主题课程，但同时会在每天的课表中穿插系统化教学。玛丽·安的单元计划格式如下所示。

　　单元主题
　　单元概述或逻辑依据
　　发展阶段
　　头脑风暴网络
　　项目活动表（按教师指导、教师儿童共同发起或儿童发起进行分类）
　　单元目标
　　概念、技能和过程
　　课程网络
　　对整合活动和项目的总结

玛丽·安选择了重点在社会研究领域的"面包店"作为单元主题，她考虑了多种与面包店有关的儿童可能研究内容。因为在一个城市中的大型社区工作，她考虑了当地面包店中可见的各式烘焙食品，从普通的切片面包和面包卷到民族食品，如皮塔面包、意大利面包棒、百吉饼和玉米饼。一个名叫"特雷维诺之家"的面包店位于学校附近，因此玛丽·安重点关注了这个面包店中烘焙食品的类型。"特雷维诺之家"位于一个受西班牙文化影响较大的社区，所以除了典型的美国面包和糕点外，还售卖反映西班牙传统的商品。玛丽·安在最初的想法中确定了四类她希望儿童学到的关于面包店的内容。在她的头脑风暴网络中，她组织了四个次级主题：在面包店工作的人、面包店出售的食品、制作和销售面包需要的设施设备、购买面包的人。玛丽·安最初的头脑风暴网络图参见图 10-1。

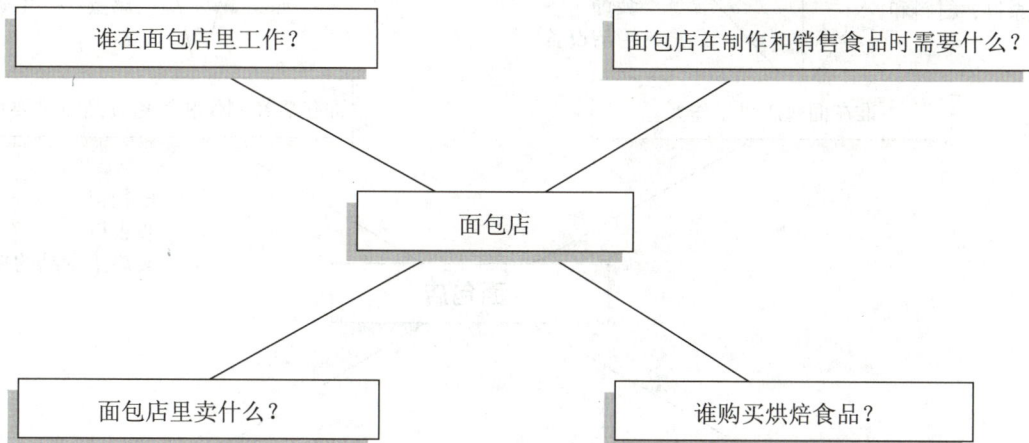

图 10-1　头脑风暴网络图（最初版）

之后，玛丽·安准备好与儿童一起扩展头脑风暴网络图。她引导儿童对前一天午饭吃的饼干进行讨论，并与他们探讨了主题。一旦面包店被确认为饼干和其他烘焙食品的来源之一，儿童就准备好进行主题网络的细化了。在这个过程中，他们就不同文化中的烘焙食品与那些专门生产各种文化的食品的面包店进行了讨论。随着讨论的进行，他们分别讨论了各个议题，并延伸和扩展了之前的主题网络图。玛丽·安将儿童的想法写在黑板上，这样所有儿童都能了解主题网络图的进展。

当主题网络图完成时，儿童就能讨论他们想要进一步学习的有关面包店的活动和项目了。图 10-2 展示了玛丽·安最终的头脑风暴网络图。

与儿童一起计划并挑选单元活动

当玛丽·安和儿童讨论想要学习的内容时，他们列出了找到更多关于面包店和烘焙食品信息的方法。儿童提出他们感兴趣的事情，玛丽·安列出了相应项目活动清单。第一次列出的清单如下。

参观面包店

寻找烘焙食品的食谱

做面包、饼干、蛋糕和派

找到有关面包店工作的信息

开一个教室中的面包店

为面包店和烘焙食品写故事

了解不同食品是怎么制作的

制作食谱册

销售人员

与消费者交谈
填订单
使用收银台

管理人员

记账
支付账单
订购原料、材料和
设备

厨师

混合配方
制作产品
装饰
清洁设备

厨房

炉具
烹饪锅
搅拌碗
电动搅拌器
量杯
勺子
食谱

原料

面粉　　香草精
糖　　　巧克力
油　　　香料
鸡蛋　　牛奶
盐

谁在面包店里工作？

面包店在制作和销售食品时需要什么？

储物柜
收银机
装烘焙食品的袋子

面包店

面包店里卖什么？

谁购买烘焙食品？

玉米饼
白面包
黑麦面包
全麦面包
裸麦面包

面包
饼干
蛋糕
派
甜甜圈
面包卷

巧克力蛋糕
香草蛋糕
胡萝卜蛋糕
生日蛋糕
周年纪念日蛋糕
结婚蛋糕
德国巧克力蛋糕
纸杯蛋糕

学校
餐厅
居民
酒店

糖
曲奇饼
巧克力曲奇饼
花生酱曲奇饼
姜饼猪
山核桃饼干

巧克力派
樱桃派
苹果派
南瓜派
柠檬派

早餐面包卷
晚餐面包卷
全麦面包卷
土豆面包卷
牛角面包
百吉饼
甜面包

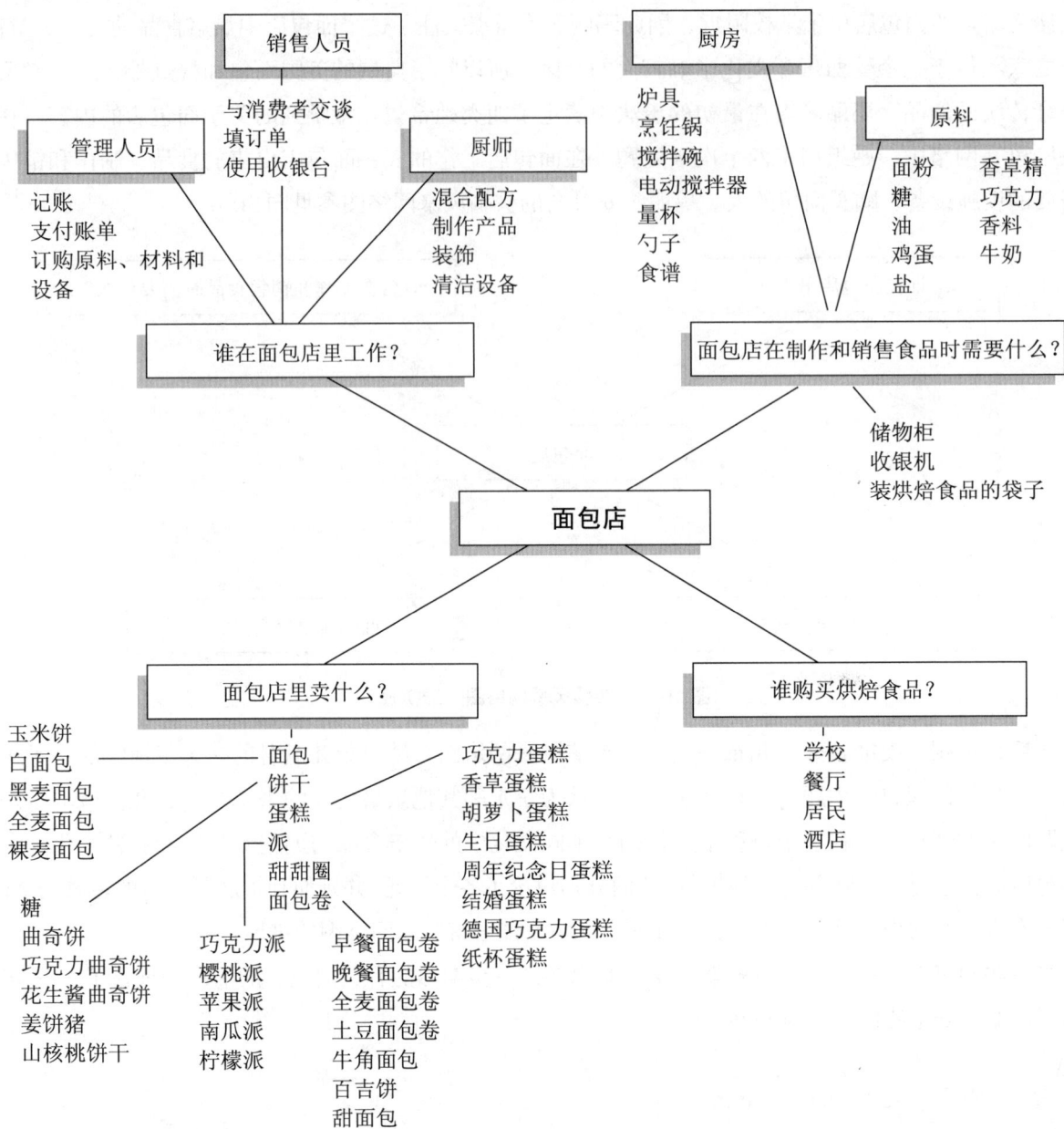

图 10-2　头脑风暴网络图（最终版）

后来，玛丽·安继续研究，进一步精简并重新组织了清单。她把活动安排到项目中，不适合采用项目形式的活动则被设计为个性化活动。她又进一步对每个活动进行归类，标出各活动是属于教师指导的、教师儿童共同发起的还是儿童发起的。她修改后的具体清单如下。

活动

参观面包店（教师儿童共同发起）

记录参观面包店的故事（儿童发起）

制作食谱册（教师儿童共同发起）

制作一幅有关面包店工作的壁画（教师儿童共同发起）

项目

建造一个教室中的面包店（教师儿童共同发起）

举办"面包日"来售卖烘焙食品（教师儿童共同发起）

烤蛋糕、饼干和玉米饼（教师儿童共同发起）

收集食谱

收集烘焙用的器材

列出制作每种食品所需的原料

购买烘焙原料

烘焙并打包食品

在"面包日"时向全校儿童售卖食品

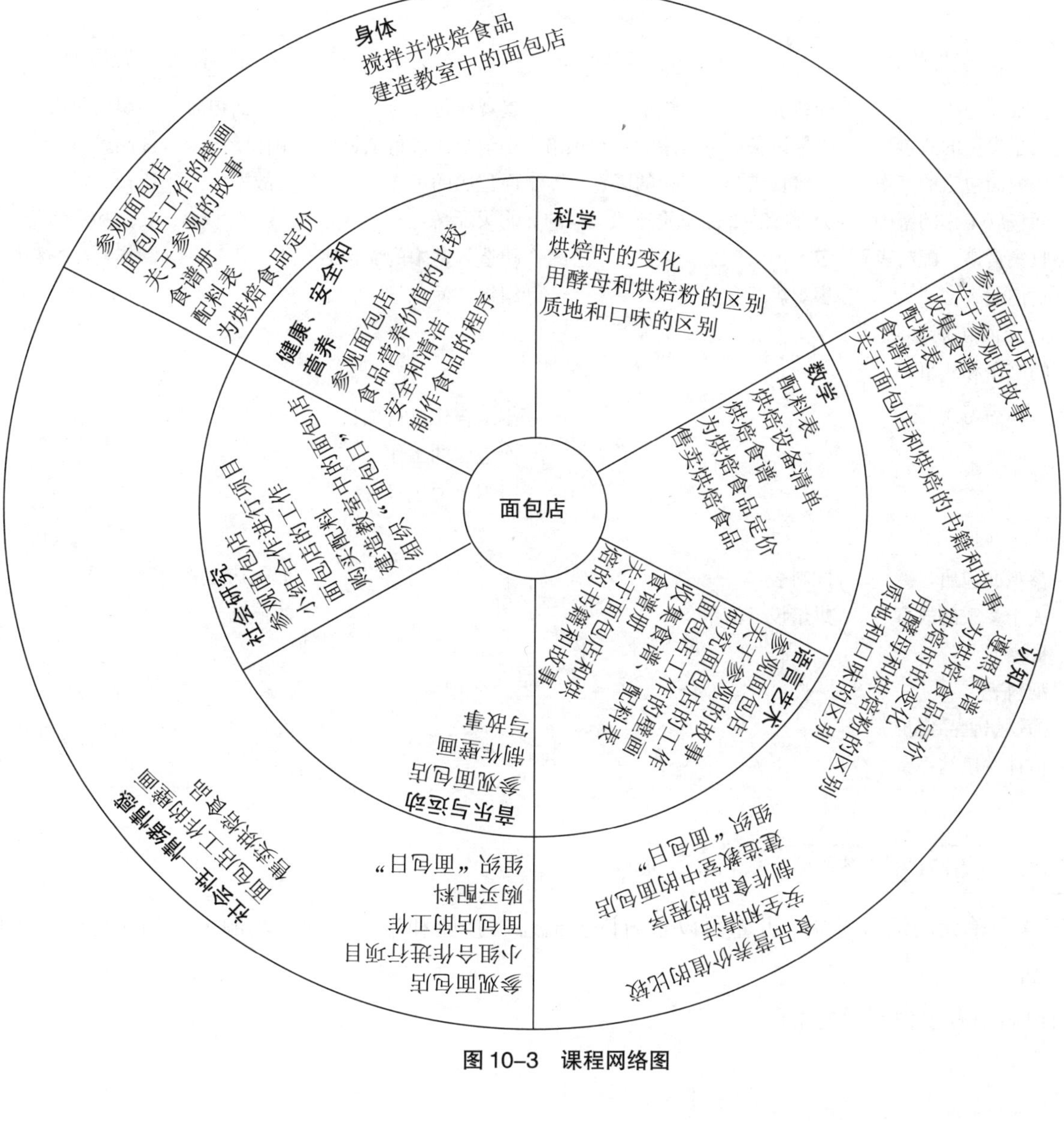

图 10-3　课程网络图

　　在最后的清单中，玛丽·安确定了哪些活动能够适应儿童的能力，她将所有儿童都纳入课程的不同部分中。她同样确定了对于儿童来说烤什么是最易于控制的，考虑到制作的难易程度与种类的差异性，她选择了杯子蛋糕、饼干和玉米饼。她选择的饼干都是特定文化的传统食品：墨西哥姜饼猪、中国杏仁饼、苏格兰脆饼，这些食谱都是从家长那儿征集到的。每种饼干的口感不同，混合比例与烘焙的准备过程也不同。

　　玛丽·安增加了一项去面包店工作的活动，因为她想为所有儿童提供一个创造性的机会来提高能力。为确定单元经验的平衡性和整体性，玛丽·安构建了一个课程网络图，这使她能把单元经验整合到课程内容与发展类别中。图10-3展示了玛丽·安的课程网络图。她对活动的分配非常满意，同时认为课程内容的范围以及与儿童发展区域之间的联系定义明确。

　　玛丽·安还使用了一个表格来比较各项活动，表10-1展示了这个比较。确定了儿童在面包店中学习的内容后，玛丽·安和儿童首次将学习的想法转化为了概念、技能和流程。接下来，玛丽·安就开始制定单元目标了。

表 10-1　单元活动表

	语言艺术	数学	科学	社会学	表现艺术	健康/安全
认知发展	参观面包店 关于参观的故事 研究面包店的工作 面包店工作的壁画 收集食谱、配料表 食谱册 关于面包店和烘焙的书籍和故事	配料表 烘焙设备清单 烘焙食谱 为烘焙食品定价 售卖烘焙食品	烘焙时的变化 用酵母和烘焙粉的区别 质地和口味的区别	参观面包店 小组合作进行项目 面包店的工作 购买配料 建造教室中的面包店 组织"面包日"	参观面包店 制作壁画 写故事	参观面包店 食品营养价值的比较 安全和清洁 制作食品的程序
社会性—情感发展	参观面包店			小组合作进行项目 面包店的工作 组织"面包日"		
身体发展	参观面包店 关于参观的故事 食谱册 配料表 为烘焙食品定价 搅拌并烘焙品	配料表 烘焙设备清单			面包店工作的壁画	

确定概念、技能和操作流程

　　由于这个单元的综合性质，儿童可以学习许多概念、技能和操作流程。玛丽·安和儿童确定了以下几个方面。

　　·面包店中有多种不同的角色。

· 面包店售卖多种烘焙食品。

· 准备大量烘焙食品时需要专门化的工具。

· 每种烘焙食品都有自己的食谱。

· 如果想要保证烘焙质量，烘焙师必须遵循食谱谨慎操作。

· 要计划每天烘焙食品的数量，保证足够但不会太多。

· 所准备的烘焙食品因一年中不同的时间和节假日而有所不同。

制定单元目标

由于主题单元的目标是针对不同年龄与不同能力的儿童而设计的，所以玛丽·安概述了目标。她以儿童能了解和能做什么为依据，对目标进行分类。在第七章中也提到过这种描述条件和行为的过程。玛丽·安的单元目标如下。

· 通过参观面包店及观察面包店的食品，儿童了解面包店售卖的各式烘焙食品。

· 通过参观面包店及观察面包店职员，儿童了解面包店工作人员的不同职责。

· 通过参观面包店及观察面包店的运营过程，儿童知道经营一家面包店所需的设备和材料。

· 通过参观面包店并与面包店雇员进行讨论，儿童能够描述面包店工作人员的职责。

· 通过参观面包店并研究食谱，儿童能够确定在烘焙饼干和蛋糕时需要哪些配料和烹饪设备。

· 在与教师一同进行计划后，儿童能够建造一个教室中的面包店，并能进行销售活动。

· 通过研究食谱及讨论如何解释配方术语，儿童能够遵循食谱制作烘焙食品。

· 通过合作计划单元项目，儿童能够以小组为单位完成计划中的项目。

· 通过练习为烘焙食品定价及找零，儿童能够为出售烘焙食品进行简单的货币交易。

· 通过参观面包店、参与关于面包店的讨论并阅读关于面包店的故事，儿童能够写出关于面包店的故事。

· 通过研究家长贡献的烹饪书籍和食谱，儿童能够为饼干、蛋糕和玉米饼选择食谱。

· 在烘焙好饼干、蛋糕和玉米饼并就烘焙时食品的变化进行讨论后，儿童能够包装食品并为烘焙食品定价。

· 通过选择、使用饼干和蛋糕的食谱，儿童能够制作食谱册。

· 在讨论面包店的工作并对如何展现这些工作进行计划后，儿童能够绘制一幅描述面包店工作人员职责的壁画。

· 在完成小组合作的壁画项目，建造好教室中的面包店并烘焙饼干、蛋糕和玉米饼后，儿童能够参与"面包日"，将烘焙食品出售给其他班级的儿童。

将目标与州标准匹配

在第七章中，我们讨论了州教育部门是如何制定符合 2001 年《不让一名儿童掉队法案》的标准的。而在这里，玛丽·安使用的是《得克萨斯必备知识和技能——一年级》。

规划课程活动和项目

直到在更多细节上探究了项目和活动，规划过程才是完整的。教师要考虑每个活动和项目需要的所有步骤和材料，还要确定这些活动能够在何时以何种方式融入课程表。在项目中，教师需要考虑应为项目预留出多少时间、如何使儿童主动策划及参与项目。活动将被描述出来，这样教师和儿童都可以明确接下来会发生什么。

玛丽·安研究了她的单元活动，并为每一个活动撰写了说明。此外，她还就每个活动属于课程中的哪个领域进行了描述和讨论。她对"参观面包店"这一活动的描述如下。

参观面包店

在计划好去面包店要看什么之后，儿童、教师和家长志愿者将步行至两个街区外的面包店。经理将与他们见面，并对烘焙食品的制作过程和贩卖过程进行解释。儿童将准备好观察不同的厨房设备及销售货架上的各式烘焙食品。不同小组的儿童将会有学习不同种类面包、饼干、蛋糕和派的任务。一些小组将观察生产不同食品时厨师混合、烘焙、撒糖霜及装饰的过程。活动的重点属于社会研究。将会有不同角色的人参与满足社区需求的讨论，具体为讨论面包店对于当地社区的贡献。此外，该活动还包括语言艺术，进行口头讨论后，儿童将记录下这个面包店售卖的食品的类型。

每个活动都以相似的方式进行概括，但项目仍需要更详细的规划。玛丽·安与儿童讨论了每一个项目及完成每个项目需要的材料，儿童关于他们兴趣点的讨论同样是项目的一部分。他们被鼓励选择他们想参与的项目，由于所有儿童都想进行烹饪活动，班级就被分为若干小组分别制作蛋糕、玉米饼和饼干。收集食谱、准备搅拌和烘焙设备及烘焙配料等其他责任同样也被分配至各小组，儿童根据他们的能力和兴趣承担责任。不同能力的儿童被分到同一小组中，小组选出的组长需要确定每个成员的职责。

当单元活动和项目的计划完成时，玛丽·安就完成了单元计划。她采用了与学前班的单元主题活动相同的通用格式。但玛丽·安制作了额外的课程网络图，以帮助她解释如何对课程中的有关经验进行整合。

玛丽·安同样以个别课程为例描述了最终的单元活动计划，描述的内容包括课程或项目活动、对课程步骤的描述、进行活动或项目所需的材料以及评估计划。玛丽·安使用的格式如下。

计划的标题：

预期达到目标：

预期达到的州标准：

发展的概念、过程和技能：

活动步骤：

    集体活动（教师指导）：

    小组活动（教师儿童共同发起）：

    个体活动（儿童发起）：

> 所需材料或资源：
>
> 评价：
>
> 　教师评价：
>
> 　活动评价：
>
> 　儿童评价：

　　玛丽·安为小学低年级儿童制订的课程计划与丽莎为学前班儿童制订的计划是有一些差异的（详情见第七章对于丽莎计划的讨论）。玛丽·安的计划中包括了基于小组活动的系统化教学课程，项目和合作活动也同样以小组为单位进行；儿童能更多地参与评估过程，评估他们自己的学习，并能与其他小组成员和教师一起对小组项目的结果进行评价。

　　玛丽·安的计划与学前班课程计划也有许多相似之处。在活动范畴中，对课程各部分的描述再次使用了"三步法"：引入或规划，课程或活动的开展，总结或回顾。

　　描述一个计划有很多种方法。如果活动是由教师指导的而非教师和儿童共同发起的，那么会更多地描述课程的进度安排，而不是活动开展的过程。一个例子如下。

> ### 课程进度安排
>
> #### 课程介绍
>
> ·聚焦活动：做些什么以集中儿童的注意力。
>
> ·目标：与儿童谈论在本次课结束时他们将会学到什么或能够做什么。
>
> ·与已有经验的联系：该内容将与之前的课程或其他单元活动具有的联系。
>
> #### 课程规划
>
> ·解释：模型或建模、定义、实例、流程步骤等。
>
> ·指导下的练习：操纵活动或动手活动、写作练习等。
>
> ·挑战活动：能让儿童运用他们正在学习的知识或技能的活动，能以个人、两两配对或小组的形式进行。
>
> ·改编：在课堂中进行变化调整，以促进教室中不同需求、能力和发展水平儿童的学习。
>
> ·再次教学：如有需要。
>
> ·小结：总结这节课以使课程对儿童有意义，可能会采用与儿童回顾讨论的方式，或由儿童口述学到的内容，列出一个书面表格，等等。

　　遵循这种实施课程的方法，上面对计划的描述则需要修改，增加有关所需材料、资源及评价程序的信息。和学前班课程一样，课程计划中的每一个要素都应与活动类型、班级规模及灵活的教师角色相适应。教师主导的课程以介绍课程目标为开端，通过进行不同步骤帮助儿童学习，最后以概括课程要点为结尾。小组合作项目是教师和小组首先对活动进行计划，然后进行实际项目工作，在工作结束时整理工作区、放回材料，接着对项目的进展进行回顾和评估。同时，如果需要的话，可以进行一定调整。下面是一个玛丽·安关于小组合作课程的计划。

计划的名称

    理解食谱

预期目标

    在研究食谱并讨论如何解释配方中的术语后，儿童能够按照食谱制作烘焙食品。

预期州立标准（得克萨斯州）

    数学

    理解根本性过程和数学工具，儿童应用一年级的数学知识解决与日常经验和学校内外活动相关的问题。

    ·识别日常生活中的数学。

    ·伴随教师指导，能用理解问题、制订计划、执行计划的过程解决问题，并对解决方案进行评估。

    科学

    理解科学概念，儿童知道发生了许多类型的变化。儿童被期望实现以下两点。

    ·观察、测量和记录尺寸、质量、颜色、位置、数量、声音和运动的变化。

    ·识别和测试热量可能引起变化的方式，如加热使冰融化。

    英语语言艺术与阅读

    阅读各种文本，儿童为不同目的、从不同渠道进行广泛阅读。儿童被期望使用图形、图表、符号、说明文字和其他信息文本获取知识。

使用的概念、技能和过程

    每种烘焙食品都有自己的食谱。

    如果想要烘焙食品的质量有保障，在烘焙过程中必须认真遵循食谱。

活动步骤

    此活动为集体活动（教师发起、小组合作）。课程中，把班级分为若干合作小组，各组分别学习如何理解和遵循食谱。

    引入或规划

    教师把食谱呈现在一个大图表或投影屏上，除用文字说明度量外，还应为年幼的、能力较弱的儿童呈现形象的图画。

    课程或活动的开展

    ①第一步

    教师和儿童一起阅读食谱，如下面这个花生酱曲奇的食谱。

    原料：1 杯起酥油，1 杯砂糖，1 杯红糖，2 个鸡蛋，1 茶匙香草精，1 杯花生酱，3 杯强化面粉，2 茶匙苏打，1/2 茶匙盐。

    将 1 杯起酥油、1 杯砂糖、1 杯红糖、2 个鸡蛋和 1 茶匙香草精完全混合，搅拌成糊状，加入 1 杯花生酱，混合均匀。加入 3 杯过筛后的强化面粉、2 茶匙苏打和 1/2 茶匙盐，搅拌直至混合均匀。用圆形茶匙将材料舀到未抹油的烘焙纸上，并用沾有面粉的叉子压制出十字交叉纹路。将曲奇放入烤箱，180℃烘烤约 10 分钟，直至表面出现浅棕色。配方中的量大约能做 60 个花生酱曲奇。

②第二步

教师和儿童讨论他们将要做的饼干所需的材料。为研究食谱，每个合作小组都列出一个配料清单，他们的清单会与教师的清单放在一起进行比较。

③第三步

再次阅读食谱，教师和儿童重点关注需要量取、过筛等操作的原料，合作小组列出需要的测量、混合、烘焙用具。

④第四步

这个食谱被用来研究制作饼干的面团和烘焙饼干的步骤，教师要强调需遵循的流程和步骤。接下来，合作小组列出整个过程并弄清每个步骤的意义。同样，每个清单都会与教师的进行对比。

总结或回顾

食谱被最后一次阅读，教师要引导各小组确定虽然食谱里没有特别提到，但在制作饼干时仍需要的厨房用品（如锅架、储存容器等）。

需要的材料和资源

食谱

图表或幕布，投影仪

为儿童反馈而准备的铅笔和纸

评价

教师评价

儿童可以理解食谱和各个程序吗？他们能够在教师最小化的支持下完成小组任务吗？尽管有学习差异，是否所有儿童都能参与其中？

儿童学习评价

所有儿童都能参与小组活动吗？他们对采用有效的方式帮助所在小组完成任务感兴趣吗？

活动评价

儿童可以理解食谱和各个程序吗？他们能够在教师最小化的支持下完成小组任务吗？尽管有学习差异，是否所有儿童都能参与其中？

计划课程评价

在玛丽·安这一课程示例中，教师进行了 3 种评估活动以评价课程及课堂教学的有效性。她在课程中对教师、儿童学习和课程都进行了评价。

对教师的评价

作为团体活动或课程的一部分，玛丽·安为评价她的教师角色的有效性制订了计划。在进行主题体验时，相比于教师主导的活动，她更多地扮演促进者的角色。作为促进者和指导者，她思考如何帮助儿童更好地达到活动目标。她对自己在帮助儿童实现计划活动过程中作为资源的作用进行了评价。

当玛丽·安在系统化教学中发挥更多指导作用时，她通过儿童的学业成就来评估自己，她有时也对儿童掌握的特定技能感兴趣。被要求上交儿童成绩的教师需要非常具体地了解儿童在获取知识和技能方面的表现，对系统化教学中教学有效性的评价涉及教授的经验如何有效地帮助儿童在学业上获得成功。在玛丽·安的教学例子中，她利用评价来确定她帮助儿童在烹饪活动单元中获得所需技能的结果，并在同一时间评估儿童在小组工作的过程中为达到学习目标而获得的成长。

对儿童学习的评价

玛丽·安还想了解儿童的学习。同样，她的评价目标是根据不同学习目标的性质而制定的。在这个课程中，她想对儿童的领导能力、问题解决能力和其他合作任务需要的能力进行评价，这些能力是完成协同任务所必需的。

玛丽·安同样评估了儿童对特定知识和技能的获取，她想确定儿童是否已经充分掌握了现有的知识和技能。她还想对儿童达成课程目标的程度进行评价。玛丽·安按照州指南制定了内容领域的学习目标，这些目标中的一部分可以在主题教学中完成，而系统化教学重点关注基本技能。

对课程的评价

在玛丽·安的班上，需要评估不止一种类型的课程。当她评价主题课程时，她会考虑用于直接经验和项目的活动、材料及设备的有效性。她研究主题活动所需的时长，并评估活动的时长和价值是否匹配。

当玛丽·安进行系统化教学时，她会对教师设计或使用材料的适宜性和她设置的学习目标的达成程度进行评价。玛丽·安想知道她对儿童进行的活动是否做出了很好的选择，使他们通过努力能够掌握特定的知识和技能。她还想知道为促进儿童学习，课程是否提供了足够的时间和活动。

上文中玛丽·安的课程计划也描述了她评价课程的计划。她使用的是一些有代表性的策略，以小学低年级儿童为评价对象，评价目的与过程。关于小学低年级评价的更多内容，本章后面的部分将进行讨论。

实施主题课程

与儿童和家长一起计划

当玛丽·安准备实行面包店单元时，她与儿童一起扩展了计划。为此，她联系了家长志愿者，请他们帮助她做最后的决策。家长帮助她确定了能够获得单元活动和项目所需资源的地方，一些家长还承担了项目活动的责任，或同意在中心与儿童一起进行艺术和语言艺术活动。随着父母成为成人指导活动的资源和支持者，儿童也被允许志愿成为项目的领导者。

成人和儿童一起计划如何为新的单元活动准备好空间。玛丽·安和家长引导儿童就如何建造一个面包店及设置烘焙区所涉及的步骤进行了讨论。儿童还讨论了如何研究食谱及制作食谱册，他们还就何时开始准备与如何准备好所有项目和活动所需要的资源进行了计划。他们计划借用学校的烹饪车，并在学校厨师完成一天工作后的下午时段使用学校厨房中的烤箱进行烘焙。

日程安排

计划和实施每周和每日的日程安排后，需要定期进行回顾和再计划。玛丽·安制订了一个反映她的活动的周计划，计划中包括集体计划、小组计划、小团体教学、个体互动与项目工作。与学前教育模式相同，对活动的计划及活动后的回顾都被纳入每天的日程安排中。表 10-2 展示了玛丽·安实施面包店单元时第一周的日程安排。

表 10-2 面包店单元的日程安排

日程安排	周一	周二	周三	周四	周五	学习中心
8:00—8:15 集体计划	计划参观面包店的行程	计划开始小组项目	为这一天做计划	为这一天做计划	为这一天做计划	全体儿童：周二写个人关于去面包店参观的故事。食谱组：周二到周三研究食谱书，选择、复印食谱并贴到经验图表中。壁画组：研究面包店工作人员的职责。
8:15—8:30 小组计划	小组计划去面包店要收集的信息	建造面包店组 食谱组 壁画组	为小组项目解决问题	与各项目小组开会 烘焙组	烘焙组	图书区的书：关于面包店及其产品的图书和故事。
8:30—9:30 小团体教学	参观面包店	数学系统化教学	数学系统化教学	阅读系统化教学	阅读系统化教学	建造面包店组：计划并建造面包店。壁画组：为面包店的每种工作设计壁画板，列出每个壁画板展现的职责，合作粉刷壁画板。
9:30—10:00 个体互动						
10:00—10:45 项目工作	写面包店的故事	监管合作小组活动	监管合作小组活动	监管合作小组活动	各组汇报项目 回顾面包店的故事	食谱组：选择并复印食谱，确定所需配料。
10:45—11:15 集体回顾上午活动，为第二天做计划	回顾行程 讨论周二的计划	回顾小组项目	回顾上午的活动	回顾上午的活动	为下一周计划新的、可继续的活动	烘焙组：研究食谱书，确定所需的烘焙设备。

玛丽·安为单元工作和教学安排了一上午的时间，而下午的时间则留给了不能融入主题活动但仍需要进行的内容领域教学。每天上午，她会用最开始的 15 分钟与整个集体进行计划，并在接下来的

15分钟内与每个项目小组一起进行计划。每天她都用1小时对各小组进行系统化教学，之后会用半小时与各个儿童进行交流。在这段时间她可能会进行评估，致力于解决个别儿童遇到的技能困难问题，支持儿童完成工作，或者尝试用新方法解决问题。根据这一周的时间表，她用两天时间进行数学活动，并在接下来的两天切换为阅读活动。

在一段时间的系统化教学后，她安排45分钟的时间为项目小组提供支持并参与项目工作。在上午时段，儿童在学习中心内交替进行活动、项目、系统化教学和相关工作。在计划时间中，儿童可能会依据约定的或张贴在板子上的小组日程安排进行工作。项目小组的功能与合作小组类似，教师依据能力和成就，对不同水平的合作小组进行小组教学。这些灵活的小组可以在需要时进行重组，以便满足个体的不同需求，或让儿童能够按照不同速度发展。

日程安排中的学习中心部分列出了可能在一天或一周内进行的基础活动。一些活动是为个别儿童设置的，其他的则以儿童项目小组的形式进行活动。食谱组的项目研究始于图书区，当需要使用食谱为下一周的烹饪项目做准备时，他们便转向数学、科学或操作区。

进行单元学习的第一天被用于计划及实施参观面包店的行程。儿童知道自己要在探访面包店时寻找什么信息，从面包店回来后，他们有专门的时间用来书写关于探访经历的故事，这些故事会在接下来的时间中在语言艺术区内继续展开。

在上午的结束时段，班级会利用集体时间进行回顾，讨论一天内的进展，并制订第二天的初步计划。而在周五上午的结束时段，全班会一起回顾这一周的活动并讨论各自的项目进展。在周五上午的回顾阶段结束前，玛丽·安与全班儿童一起制订了第二周的项目计划，包括烘焙饼干、蛋糕和玉米饼，并于下周五在教室中的面包店内售卖产品。

这个特别的单元已经计划了两周。一个主题课程的时间取决于主题本身，可短可长。很明显，这个单元虽然很有趣，但它需要教师、家长志愿者和儿童做大量的准备。如果教师希望一直持续单元活动，那么他们在开展了一个要求复杂的单元后，可能想要计划一个不那么复杂的单元。这类复杂的单元可能很少被计划实施，而教师在能够计划下一个主题单元的各个步骤前，会把时间用于进行小型项目。一个教师团队的成员可以交替进行工作，由一位教师承担计划单元的主要责任，其他教师则作为资源支持其工作。这样，一个主题就能与另一个主题顺利衔接，作为课程重点的内容领域也可以轮换进行。

与系统化教学相结合

在20世纪末21世纪初，当生产商开始出版课程材料时，他们促使州教育委员会为州内的学区设置课程。在此之前，个别学区和地方教育委员会已为儿童设置了相关课程。伴随着城市化以及整合、建设拥有很多教室的大型学校，购买由专家开发的课程材料成为集中教学标准的一种保障形式（Cremin，1988）。

自商业化课程材料面世以来，该行业已经发展成熟。许多大公司正生产面向所有学段的教育资源，其中也包括学前班。在过去几年中，教师非常自然地按照编制的课程顺序进行教学，这些课程资源包括基础的阅读活动、语言艺术文本、数学系列活动和其他内容领域的资源。不幸的是，每个学段的各种文本和工具独立发展，在教学内容和教学方法方面没有什么共同点。

本书之前的部分批判了学前教育课程和教学，因为课程中加快的学习内容对幼儿不适宜。如果对某一特定学校为低年级儿童提供的商业资源进行研究，便很容易发现，在教授概念和技能时，至少有部分材料没有与技能的应用建立明显的联系。主题教学的运用填补了这方面的空白，它在技能和技能的应用之间建立了联结，同时还展示了课程内容与发展领域的关系。存在一个问题，即如何将基础教材整合到系统化教学中。这项任务可能很困难，因为教师可能需要使用教科书来进行这类教学，而依据幼儿的学习内容，同样的原则也必须应用于系统化教学中。教师必须适应现有的资源，让儿童能够重新建构知识，并有充足的机会通过实践活动获得相应的概念。

管理系统化教学

当教师选择运用系统化教学时，他们便知道有一些需要教授的概念或技能无法被主题课程涵盖。儿童可能在理解单词方面有困难，或没有注意到单词的结尾。一些包含技能的活动能够增强儿童对技能的理解和应用。在数学活动中，教师可通过一系列技巧，如非正式的评价，来判断班级中的哪些儿童需要特定技能的教学。教师将这些儿童编成小组，设定一系列课程来帮助他们达成数学方面的目标。确定系统化教学内容的来源还包括主题课程。在开展单元活动的过程中，教师可能发现某名儿童在完成单元项目时遇到技能方面的困难，则可以提供系统化教学，以促进这名儿童所需技能的提高。在玛丽·安的单元中，她注意到儿童不能理解食谱涉及的测量方法，因此她设计了课程，并让儿童练习用杯子和勺子进行测量，以帮助他们在正确测量后获得信心。

不管对系统化教学的需要来自哪里，教师都会根据主动学习和重构知识的需要来设计课程。这一过程进一步解释了《3 ~ 8 岁儿童项目适宜课程内容与评价指南》中的内容："儿童需要形成他们自己的假设，并通过心理动作和物理操作不断尝试。观察发生了什么，比较他们的发现，提出问题，发现答案。当客体和事件不适宜他们在心理上建构的这一工作模式时，儿童则被迫调整这个模式或改变心理结构，以解释新的信息（National Association for the Education of Young Children & National Association of Early Childhood Specialists in State Departments of Education，1991）。"

该指南进一步将学习的过程描述为一个周期，该周期包括从经验中产生认识、探究学习了什么及儿童能使用或应用所学的东西，展示了儿童如何使用自己发起的学习来获得新知识。重点在于系统化教学并不意味着教师将信息传递给儿童来让他们吸收和掌握，它和教师主导的教学有一定区别。在教师主导的教学中，教师主导并控制整个过程。而在系统化教学中，虽然活动鼓励儿童运用他们自己的能力学习以获得知识，但这些活动在教师心中是有明确的学习目标的。

因此，教师的职责是把那些将要学习的概念和技能介绍给儿童，即培养儿童的意识。探究技能或概念是通过动手或其他感官体验进行的，对个体来说只有这样才有意义。当儿童可以在各种应用情境中使用新的概念或技能时，真正的理解便发生了，儿童才能够将学习应用到新的情境中（National Association for the Education of Young Children & National Association of Early Childhood Specialists in State Departments of Education，1991）。

不论教师是发展自己的教育策略还是使用商业材料进行系统化教学，他们都想提供符合之前解释过的特点的相关经验。在这两种情况下，教师计划活动以确定它们的目的性。如果教材没有为获得概念提供各种实践探究活动，教师就必须修改课程，使课程包含这些活动。同样，如果学习活动中包括了纸笔练习但没有有意义的运用，教师应提供在有目的情况下运用技能或概念的机会。

平衡主题课程和系统化教学

不论教师决定在他们的课堂上是采用主题课程还是采用系统化教学，都需要找到二者间的平衡点。如果主题课程作为正在进行的项目的一部分，那么许多国家规定的课程目标中的技能就被包含在主题单元中，而系统化教学将对主题活动进行补充。主题课程使用得越少，系统化教学就越多地融入项目。如果只偶尔使用主题单元，系统化教学就成为教学的主要来源，而主题课程则成为辅助活动的来源。不论如何结合二者，教师需要牢记，幼儿学习的过程是通过发展适宜性教学促进的，是儿童中心的、有意义的。

评价在幼儿园和小学低年级课程中的作用

第七章已经讨论过学前班课程教学背景下评价的作用，对主题单元活动、教师有效性和儿童学习的评估被作为学校项目评估的组成部分。当对小学低年级进行评价时，这些要素同样存在。然而，随着不同目的的对儿童的成就测量增多，对儿童学习的评价变得更加重要。

在第三章中，我们讨论了对幼儿使用标准化测验的方法，以及在项目中为给儿童排名而出现的对测验的误用，这种做法将儿童排除在项目外，并给他们划分等级。标准化测验同样被用来评价小学低年级儿童的学习成就。然而，在评价儿童的个体学习时，团体成就测验有其局限性，而其他评价方法则更加适用于儿童个人成就的评价和报告。当儿童进入小学低年级，评价方法可能被用于评价和报告儿童的学习进展、评价和改进教学计划以及确定和解决学习中的问题，并且教师将结果反馈给家长。

在幼儿园和小学低年级开展评价的目的

评价和报告学习进展

家长、教师和其他学校工作人员必须掌握儿童在幼儿园和小学的学习进展的相关信息。这些信息应被用于判断每名儿童在教学活动中是否充分地发展，个体和群体的学习需求是否被满足，以及教学活动是否有效地为儿童服务。学区通常使用标准化成就测验评价个体和群体的学习进展，但这样的测验在评价小学低年级儿童的成就（特别是个体成就）时不太有效。在对群体成就进行比较时，它们可以作为评价语言艺术和数学领域教学质量的指标之一。

与标准化测验相比，评价儿童学习的非正式评价方式更为有效。它们能在有需要时及时发挥作用，教师能按需对其进行修改，同时还能自然地将其融入正在进行的教学。非正式评价可以通过观察、儿童的代表作、小组教学中完成任务的情况和其他一日生活中的活动来进行。教师要尝试尽可能多地进行评价，让评价成为日常教学中的自然环节，而不是单独使用一段时间进行测验（Wortham，2008a）。

非正式的评价策略包括教师设计的评价、商业设计的评价、观察、访谈、定向作业、作品取样、项目工作和儿童档案。如果需要对成绩评等级，教师会希望将包括评价策略在内的评价结果转换为等级。教师设计的评价、定向作业和作品取样能很容易地设定出等级，而项目工作和儿童档案则可以通过设计表现水平评分指南来进行质量评价（Wortham，2008a）。

教师设计的评价

第六章已经介绍了教师设计的具体评价任务，这些任务具有发展适宜性，用于评价学前儿童的学习进展。这类评价活动仍然适合幼儿园和小学低年级儿童。教师使用物体或图片，让儿童以动手操作或其他方式回应学习任务。当儿童进入小学低年级时，阅读和书写技能的获得使他们能够使用纸笔来回应学习经验任务。这种转变是渐进的，取决于儿童通过想象而不是使用真实物品完成任务的能力。此外，从教师对书写任务的定位看，印刷文字的使用也是逐渐发展的。一开始儿童被要求画圈、打叉，或在正确的答案下划线（Wortham，2008a）。之后，他们可以填补单词中缺失的字母，并开始进行更大范围的书面回答。在小学中，书面评价的使用应非常谨慎，教师应对其设计的针对学生书面反应的专一性和适宜水平的书面评价进行研究。

商业设计的评价

商业化教学材料经常配有儿童纸笔测验。它们可能有多种形式，如科学领域的单元小结评估、数学技能评价和基础读物末尾的测验。很多测验都是精心设计的，但有的测验既没有用又不适宜。若要对幼儿和小学生进行纸笔测验，教师需要确定这个测验是否最佳，是否适合获得有关儿童学习的信息。一项由教师设计的具体任务或一份书面工作表可能更有助于达成评价目标。

观察法

当教师进行教学，在学习中心与儿童一起工作或分配任务，留意课堂常规时，观察法是一种自然的策略。观察可以按计划进行，或根据评估时刻的出现来开展。观察可以针对个别儿童或一组儿童。教师需要用某种方法记录观察，观察记录可以是一个事件或成就轶事的记录，一张检核表或等级评定表，或者其他形式的记录单。观察适用于所有类型的学习，特别能记录一些书面评价不能表现的进展。当儿童面向一个小组进行朗读时，教师用观察来记录他们的阅读行为；或者当儿童做数学作业或在合作小组中成功地工作时，教师可以用观察来记录他们对数学进步的理解（Hills，1992；Wortham，2008a）。

访谈法

在访谈中，教师通过对儿童提出问题来确定他们的理解程度和在活动中使用的思维过程。教师不通过纸笔让儿童解决数学问题，而通过与儿童进行谈话了解他们解决问题的过程。

访谈可能是结构化或非结构化的。在结构化访谈中，教师在儿童到来前先确定要问什么问题；在非结构化访谈中，教师会在一个有意义的活动中确定如何与儿童谈论他们所从事的活动（Seefeldt，2004；Wortham，2008a）。

定向作业

定向作业是根据评价目标而设计的。教师指导儿童进行具体活动，这些活动被用于评价他们的发展进程和掌握程度。定向作业可以是一个工作表或位于学习中心的任务。所有儿童的任务可能相同，也可能因为个体的发展情况而有所区别。作业可以是书面形式或实践操作形式的。

作品取样

儿童每天需要完成各种工作，他们也会进行自己选择的感兴趣的活动。任何类型的作品都可以成为评价的工具。工作表通常被认为是典型的作品样本，也可以收集许多其他形式的作品。艺术故事案例、儿童写的报告书和合作小组活动的成果都可以作为作品样本进行收集，选择样本时应选择那些能很好地代表儿童进步的。

项目工作

项目工作与作品样本类似，但它更能代表一段时间内的工作。当进行主题单元时，儿童会经常设计他们想学习的单元的目标。他们可能会建一个花园进行研究，并记录他们的发现；他们也可能会从事某种形式的艺术扩展活动来表现他们的学习，或建造一个模型。所有这些项目工作都可以被用于表现他们的学习进展（Katz & Chard，2000）。

档案袋

档案袋运用各种各样能反映儿童活动和工作的材料，为回顾儿童一段时间内完成或学习的内容提供机会。教师和儿童从学年初就开始收集儿童作品的样本，并定期增加能代表一年中进步的材料。有关写作、艺术、课堂评估的样本和个人、小组、项目工作的记录都可以被收集到档案袋中。教师和儿童可以通过定期回顾收集的材料来评价他们的进步，并确定哪些样本应继续保留在档案袋中。

档案袋的设立可以有不同的目的，收集的条目取决于事先设定的评价目的。展示型档案袋意味着强调儿童的最佳作品，收集的内容主要由儿童选择，并与其他儿童、教师及家长一起分享。评估型档案袋是最常见的，其首要目的是为儿童评价提供参考资料，收集的内容可能由教师进行选择，但由教师和儿童合作进行选择是最好的，这样最能反映儿童的进步和成就。如果档案袋对成绩单上的分数有影响，那么就应包含各种类型的评估和评价工具，如记录成就水平的说明。

档案袋的设立可以从作品档案袋开始，这类收集可以不确定收集作品的价值。之后，当档案袋被用于评价或展示儿童的作品时，可以依据学习内容对收集的内容进行回顾和挑选。那些没有被收集到档案袋中的作品则可以让儿童带回家（Barhour & Desjean-Perrotta，1998）。

档案袋既可以为特定的内容设立，也可以包括所有领域的内容。档案袋同样可以被用于记录项目或单元工作。档案袋中的内容都能反映儿童在实施和完成项目过程中的努力和贡献。为项目工作收集的内容可能包括照片、录音带、录像带和其他用于展示儿童进步、问题解决和完成项目的材料。书面陈述也可能被纳入，用于解释儿童在项目中和为完成项目工作而扮演的学习角色（Helm & Katz，2001；Wortham，2008a）。

家长应尽可能参与到档案袋评价中。虽然下面将讨论用档案袋向家长报告儿童进步的情况，但家长同样可以参与选择材料，并贡献他们自己关于儿童发展的信息，以反映儿童在家中的活动。

向家长报告进步

虽然早期教育者常常反对打分，特别是在三年级前，但他们必须向家长和管理者报告儿童的进步。如果需要成绩单，教师则要负责定期以报告为目的进行评估；如果不需要成绩单，学习评价对于计划个别儿童的适宜性课程和评价课程目标的完成情况同样重要。不论是否需要成绩单，给父母的进展报告都要准确。不管是在主题还是在系统化教学中，评价与教学都紧密相连。如果运用一个发展适宜性的方式，评价需提供必要信息，从而有助于制订儿童未来学习经验的计划。

有效的儿童进步报告可以包括教师观察报告、非正式的教师设计的评价及商业测验的结果。可以与对儿童学习感兴趣的家长和管理者分享儿童档案袋。家长不仅对儿童的成果感兴趣，而且想知道儿童在主题单元中的学习信息。在单元项目和小组活动中拍摄的照片使家长看到他们的孩子参加了什么活动及在单元中学习了什么经验。单元项目中的课堂表现同样增强了家长对主题单元优势的欣赏。

教师很可能要指导不同家庭背景的儿童。因此，依据家长的兴趣点和需求，报告的风格可能有所不同。不会说英语或英语能力有限的家长可能在理解儿童学习与进步的过程中需要帮助，那些专业的家长可能对标准化测验或综合学习的意义更感兴趣，其他家长可能关心儿童参与的班级项目和关系到学业进步的信息，许多家长关注儿童的阅读水平，并需要有关其他评价方式价值的信息。教师要准备好应对家长在看待儿童的学习和成就问题时的差异。所有家长都对儿童是否能成功学习最感兴趣，教师有责任以一种对每个家长都有帮助的方式与家长交流儿童的进步。

识别和解决学习问题

在幼儿园和小学低年级中，一些儿童开始在学习中遇到严重的问题，这些问题在儿童时期后几年会超出发展差异的正常范围。如前所述，需要在婴儿期和学前期尝试识别和治疗先天缺陷或其他情况导致的能力缺失。这些存在能力缺失的儿童被识别出来后，被转介给相应的干预项目以尽早获得服务，从而最大限度地减少障碍，增加克服困难的机会，或寻找学习的替代途径。

尽管有这些服务，仍然有一些幼儿或一年级儿童虽然最初没有表现出严重的学习问题，但在几个月后出现了学习困难的表现。一些儿童在学习阅读时有困难，或不能理解多数儿童能理解的概念。当教师注意到学习困难时，可以采用一些帮助儿童的步骤。教师可以通过经常观察儿童尝试确定儿童遇到的具体困难和困难出现的原因，之后便是对儿童进行专业观察以确认其学习困难的具体表现。如果更深入的评价证实了学习困难，就要通过一系列标准化测验对儿童进行个别测试，以确定其学习问题的本质与最佳的帮助策略。如果儿童参与了由联邦法案 PL 94-142 资助的特殊教育计划，这些服务将由教师和教育专家共同提供（Meyen，1996b）。

小　结

　　5～8岁儿童的教育哲学是学前儿童学习哲学的延伸。从幼儿园到三年级的儿童处于童年期，正在从前运算阶段向具体运算阶段过渡。发展带来的变化使他们能够以自己的步伐获得阅读和书写技能。学习经验应以一种发展适宜性的方式扩展他们对世界的理解。

　　由于从幼儿园到小学三年级的几年中，儿童发展速度有很大不同，课程必须适应儿童的不同能力。现有的划分年级的教室结构限制了教师进行灵活教学设计的机会，而灵活的教学设计可以促进儿童的成功学习，无论他们存在怎样的发展差异。因此，要重视针对5～8岁儿童的其他学校组织形式，这些形式包括不分年级的班级和混龄小组。

　　本书选择的模型建立在最初为英国幼儿学校开发的混龄组织的基础上，改进后的方法更加适合美国从幼儿园到小学低年级的混龄班级。教师或教师团队计划并进行教学，纳入不同成就水平，使儿童能参与基于个体发展而非实际年龄的学习活动。

　　虽然模型使用了单元课程以促进幼儿自发的学习并适应发展差异，系统化教学同样适合这些儿童，它能确保儿童在个人成就方面获得持续学业进步的必备技能。同时，教师为个体需求规划课程（需要计划和评估个体的进步），教室内不同的年龄和不同的社会性发展水平使儿童可以在教育和学习中积极承担责任。合作学习小组可以完成团队学习任务，不同能力的儿童可以加入为其选择的合作小组，运用自己的优势和才能为团队做出贡献。同伴指导以及年长儿童（作为领导者）与年幼儿童配对的方式，让年幼儿童在获得更多关注和指导的同时增强了发展的自信。

　　为教学设计和实施做计划时，教师需要考虑如何平衡教师指导和儿童自发学习，同时需要确定如何结合系统化教学来完成主题课程。发展取得的进步使儿童在发展主题课程的过程中发挥更加积极的作用。此外，当主题活动由计划阶段发展到实施阶段时，儿童也承担了更多收集资源和安排教室环境的责任。教师或教师团队必须确定两种课程在教室中使用的程度，学区的要求、教师个人风格和对教学组织的期望都会影响教师对主题课程和系统化教学的强调程度。不管重点是什么，教学都应使用发展适宜性方法，这可能要求教师调整商业课程资源，使其适合为不同年龄组设计的课程方案。

　　学校的时间安排包括两种课程类型的安排，也应明确教师在管理各种活动时扮演的角色，这些活动与针对个人、小团体和全班的有组织的教学相结合。教师和儿童一起对每一天进行时间安排，以完成主题课程和系统化教学。儿童能够选择他们希望参加的活动和项目，同时，所有儿童必须对自己如何在任务中履行职责、想要在哪儿工作以及如何帮助其他儿童进行计划。

思考题

　　1.5～8岁儿童重要发展变化的特点是什么？

2. 对教师来说，为什么理解儿童在 5～8 岁这几年中的发展是渐进的以及发展具有个体差异这两点是重要的？

3. 5～8 岁这几年发展的性质对适宜性课程的设计有什么影响？

4. 教学实践如何影响儿童的学习动机和儿童能力的发展？

5. 在为 5～8 岁儿童设计学习经验时，教师如何考虑不同的能力水平、发展程度和学习风格？

6. 为什么典型的分年级课堂很难适应儿童的差异？

7. 主题课程和系统化教学如何互补？

8. 在小学低年级中，为什么需要一个替代分年级课堂的方法？

9. 主题课程如何适应混龄课堂中儿童的发展差异？

10. 合作学习小组和同伴教学如何帮助教师改善对指导时间的使用？

11. 使用主题课程的教室环境与学前班环境有什么相似之处？有什么不同之处？

12. 儿童在制定和实施主题课程时的作用是什么？

13. 儿童对开发头脑风暴网络图的参与如何促进他们对整合课程内容领域之间联系的理解？

14. 儿童在主题项目和活动中的选择如何促进他们的社会性发展和责任感的形成？

15. 在安排小学低年级的主题课程和系统化教学时间时，教师要考虑什么？

16. 教师可能会考虑进行怎样的调整以使商业化材料资源具有发展适宜性？

17. 商业化材料资源如何适应主题课程单元？

18. 教师如何确保系统化教学按儿童的需要开展，如当系统化教学作为主题课程的补充或日常安排中的单独组成部分时？

19. 在计划和实施 5～8 岁儿童的教学时，为什么对个体进步的评价变得更加重要？

20. 评价与教学如何满足个体学习与发展的需要？

第十一章

幼小衔接课程：5～8岁儿童的语言艺术课程

本章目标

阅读完本章，你将能够：

· 描述5～8岁儿童的语言发展进程；

· 了解有语言差异的儿童的不同语言需求；

· 为语言发展设计课程；

· 理解在幼儿园和小学低年级中儿童的读写能力是如何发展的；

· 解释环境、教师和技术在语言艺术项目中的作用；

· 描述读写能力习得的阶段；

· 解释组织语言艺术项目的替代方法；

· 描述促进阅读和书写的经验的案例；

· 解释设计课程时如何适应儿童的学习差异；

· 讨论如何在语言艺术领域使用整合课程。

对于刚上学的儿童来说，5～8 岁这几年是令人兴奋的。这一时期儿童经历了从前运算阶段向具体运算阶段的过渡。在读写能力上，儿童同样发生着改变，从幼儿园到小学三年级的这几年中，他们会成为真正的阅读者和书写者。本章针对相互衔接的幼儿园和小学低年级语言艺术课程和教学进行了探讨。

语言艺术课程

在第八章中，我们讨论了儿童在语言发展方面读写能力的获得。我们将语言技能表述为听、说、读和写的能力，并解释了儿童语言发展的相互关联性、个体差异性和早期读写能力的习得速度；我们还讨论了语言发展和早期读写能力是应通过技术方法教授来获得还是应顺其自然的问题。我们建议开展促进语言发展的活动，包括接受性和表达性口语、书写和阅读；此外，我们还介绍了包括主题课程在内的整合教学法。

在本章中，我们将讨论幼儿园、小学低年级和早期教育阶段后期的儿童语言发展和读写能力的进步。第十章谈及的发生在 5～8 岁或者说幼儿园至小学三年级这一过程中的跨越式发展，在本章也将进一步讨论。在这几年中，儿童从前运算阶段过渡到具体运算阶段，在语言艺术领域，转变的过程是由读写萌发发展为独立阅读和写作。

在小学低年级中，对语言的教学由启发式教学变为内容领域教学，这一转变从幼儿园开始。因此，学前班的口头和书面语言习得是在语言发展方面被探讨的，而在童年期的后几年，它被称为语言艺术。

语言艺术包括听、说、写和读，与在学前班一样，它们的学习过程是相互关联的。语言艺术课程的每一部分内容都依赖于且贡献于其他内容领域。因此，对语言艺术课程经验的描述是在整体中进行的，而非在单独研究领域进行。

在下面的内容中，5～8 岁儿童的语言艺术课程被描述为一个过渡的过程。它与学前班课程有很大的相似性，5～8 岁儿童需要的经验是以其三四岁的发展为基础的。然而，随着儿童读写能力的增强，阅读和写作能力迅速发展。能力过渡的一些阶段可以被描述，这些阶段经验和活动的种类能够促进读写能力的进一步发展。

儿童的口头语言和概念理解能力不断发展，因此我们将讨论连续性获得接受性语言和表达性语言的重要性。全美阅读研究小组的报告（National Institute of Child Health and Human Development，2002）引起了对早期阅读技巧指导的新关注，后面将详细解释这个关注点。我们将讨论教师、教学材料和适宜性活动在促进书写技能发展方面的作用。最后，我们将基于主题单元探讨语言艺术领域整合课程的设计，描述语言艺术领域中主题单元与系统化教学的平衡。

语言发展的持续过程

虽然多数儿童在幼儿园和小学一年级之前就已经从他们的家庭和社区习得了语言，但他们仍然会继续增强语言能力。5～8 岁的儿童已经能够很好地控制他们的语言，他们能创造性地使用语言，通常还能很好地表达自己的想法、指出方向和问问题。在小学低年级中，他们会发展出更大的词汇量，开发单词的新含义，并使用更复杂的语言结构。随着他们的认知能力持续发展，他们将能用语言表达更加复杂的想法（Scully，Seefeldt & Barbour，2003）。

与许多小学的做法不同的是，童年后期阅读教学的重点不应排除进一步发展口头语言的机会。不论儿童能够多好地表达自己，语言发展都是持续进行的。源一和费斯勒建议用以下方式来培养儿童的语言表达能力（Genishi & Fassler，1999）。

· 成人和儿童之间的谈话与儿童之间的谈话有多种用途和功能，即语言被用于通知、讲故事、提问、扮演、享受乐趣、讨论、做计划等。

· 由于谈话发生在人们有某些事情需要讨论或告诉对方的时候，教师应提供机会并让儿童参与有关活动和经验的谈话。

· 对儿童和教师来说对话应是舒服的。由于沟通者专注于他们之间的信息交换，且对话是有意义的而不是形式化的，因此交谈是顺畅的。

儿童需要亲身参与许多活动，同时需要有谈论他们在学习活动中的学习经验的机会。丰富的语言经验可引发读写能力，儿童以自己的个人发展水平对学习活动做出反应。一些儿童会以书面形式表达自己，而其他儿童最初则可能会用口头语言来表达自己遭遇的事情。不管儿童的水平如何，获得概念和语言的机会使儿童能够由语言基础进入个体读写阶段（Graves，1983）。

满足不同儿童的语言需求

使用非英语或方言的儿童特别需要机会来进一步发展他们的口头语言。由于这些儿童通过沟通学习语言，他们需要日常活动以促进伴随新信息的语言习得（Abramson，Robinson & Ankenman，1994–1995）。

如何找到帮助学习第二语言儿童的最佳方法是当前的一个热点议题。许多年来，双语理论的学者认为儿童在学习英语时也需要学习用母语教授的学科，而且他们认为第一语言的扎实基础能够支持儿童学习英语（Cummins，1994）。

这种语言教学法面临着严峻的挑战，有一个担忧是在双语项目中英语教学所占的时间很少（Tanamachi，1998；Traub，1999）。而正如第八章所提到的，不是所有双语儿童的父母都希望他们的孩子在双语项目中学习。

自20世纪90年代以来，出现了反对双语教育并提倡纯英语教学的趋势，一些州已经削减了双语教育项目。此外，最近的联邦政策也限定了母语教学的时间。但不管是双语项目还是纯英语项目，学习成功的决定性因素仍然是项目的质量（Green，1997；Hakuta，Butler & Witt，2000；Slavin & Cheung，2003）。

关于为母语非英语儿童提供语言教学支持的研究尚不能为最佳方法的选择提供方向指引，项目评估也是政策化的、有缺陷的（Gersten，1999；Zehr，2004）。同样，在两类项目中测试儿童成绩与评价儿童的做法不能可靠地比较项目的有效性（Slavin & Cheung，2003）。在当今学校中，许多母语不是英语的儿童参与了英语作为第二语言的项目，即为其他语言使用者提供的英语项目，因此矛盾和冲突频发。

有一些具体策略可供双语及第二语言学习者使用：儿童应在认识英文之前使用母语发展读写能力（Cummins，2005），他们的母语应被用于帮助理解英语；在开始两种语言的阅读教学时，教师应使用自然、可预测的文本；可以在分享阅读和小组阅读课上使用可预测的书籍，应给予儿童自主选择、独立阅读的机会；应鼓励他们书写母语和英语（Serna & Hudelson，1997）；在读写教学中，英语的熟练使用者和第二语言学习者或方言使用者的口头合作可以帮助许多英语学习者学习英语（Enright & McCloskey，1985）；当母语为英语的儿童和双语儿童分享他们的日记时，语言能力有限的学习者获取新词汇和自然写作的能力也会增强（Urzua，1987），且这种类型的写作活动使英语能力有限的儿童在能够用口语表达自己前就能阅读和写作了（Hudelson，1984）；教师应在阅读和写作活动中观察第二语言学习者，以确定他们两种语言的读写能力的发展（Serna & Hundelson，1997）。

面向英语学习者的差异教学是不断发展的，旨在提高小学中英语习得的效果。双语教育专家支持汤姆林森（Tomlinson，2005）关于差异教学的描述，但他们也指出，针对英语学习者的差异教学必须适应儿童不同的英语水平（Boyd-Batstone，2006；Cox & Boyd-Batstone，2009；Quiocho & Ulanoff，2009）。

理解儿童个体的语言能力是提供适宜性教学的关键。实现这一点的策略是通过检核表评价儿童的语言表现，以确定儿童使用的语言处于哪一个语言能力水平。博伊德—巴斯滕提出了从初学者到高级学习者的每一个水平的关键策略（Boyd-Batstone，2006）。

面向英语学习者的差异教学的另一个组成部分是关注沟通而不是基于语法的学习。情境中的语言学习使英语学习者能够结合班级日常情境和学习活动学习语言，教师和同伴提供了交流性和学术性语言（Cox & Boyd-Batstone，2009）。

有一个关于语言精通度的考虑：为确保儿童可获得教导，需理解儿童对文本和语言"脚手架"的需求。这种"脚手架"可以是小组活动中的教师观察和同学支持，英语学习者在情境化的学习活动中可获取新词汇的知识（Quiocho & Ulanoff，2009）。此外，还可以利用儿童文学作品来为儿童的故事学习提供情境"脚手架"。他们可以为每一本正在阅读的书绘制一幅阅读计划地图，并通过学习书中的词汇来增进对故事的理解。一幅网状图或地图通常包含故事发生的情境、事件、角色和遇到的问题，在这幅大大的网状图中，每一个故事要素都要经过大家的共同讨论。一个独立的文学作品阅读计划包含了阅读故事过程中应完成的各项任务，教师和儿童可以使用这个计划所包含的各项任务来确定并处理班级中每一名儿童在阅读时的个体需求（Cox & Boyd-Batstone，2009）。

英语读写项目的开发者认为社会互动是英语能力有限的儿童和第二语言学习者口语和读写能力发展的媒介，因而这个项目由家长、学龄前儿童和学龄儿童共同参与。研究人员基于文献综述提出了以下假设（Quintero & Velarde，1990，p.11）。

·在通常意义上的儿童学习和具体的读写能力发展中，社会背景极其重要。

·口语的使用是读写能力发展过程中一个不可或缺的部分，口语同样深受社会背景的影响。

·学习者进入学校，懂得书面语言是有意义的，但当出现单独的字母和读音时，他们不能理解书面语言的用途。

·读写行为不局限于书籍的使用，可包含许多社交和语言活动。

最后，教师要确保儿童成为有能力的英语沟通者，他们需要学习如何在学校中交谈，这样才能融入教室里的社交圈，而社交环境能促进他们获取能力（Genishi & Fassler，1999；Gutierrez，1993）。

后面的部分将给出一些给予儿童经验的指导和例子，这些经验能促进所有语言使用者在早期教育的后几年中的口语能力发展。口语课程遵循金特罗和费拉尔德的假设，即儿童口语技能的发展得益于幼儿园和小学低年级的社会环境（Quintero & Velarde，1990）。

设计语言发展课程

儿童通过与同伴和成人交谈发展他们的口语。教师设计口语发展课程的目标是将谈话的机会纳入学习活动中。虽然这似乎是显而易见的，但一个涉及多所小学的访问表明，在小学教室中的口头讨论并不是一种常规。在重视安静班级氛围的学校中，儿童之间交换想法、参与讨论的机会很少。此外，定期的阅读课程在个人学习中占有重要地位，儿童会花更多的时间以书面形式而非口头语言来进行阅读技能训练。但每天各种形式的口语讨论对语言能力的持续发展来说是必需的。

以下是一些培养幼儿园和小学低年级儿童口语能力的教室及室外活动类型。活动的时长和形式很大程度上取决于儿童的年龄、他们已有的经验和自信水平，但是，在对这些活动做一些修改后，它们可适用于5～8岁所有年级的儿童。

集体讨论

许多场合都可以开展全班的集体讨论。讨论可以依据小组经验，选择在儿童感兴趣的、不寻常的地方开展，或抓住某个解决问题的机会进行。例如，一天早上上学时，一场毫无预兆的暴雨突如其来，席卷了当地社区。开始上课后，教师把儿童聚集到一起，讨论他们在暴雨中上学的经历。见证不寻常的阴暗天空、狂风、席卷街道的暴雨和其他现象的经历，为儿童在班级讨论暴雨及其对社区的影响时提供了叙述性语言。另一个例子，在一间二年级教室中，儿童渐渐不能保持工作区域的条理性，教师和儿童讨论了这个问题，并确定接受哪些改善班级材料安排与环境布局的建议。

班级项目

与单元或主题研究活动有关的项目增加了儿童的口语经验，参与项目的各小组儿童可以讨论并报告他们的项目结果。儿童可以讨论在完成项目过程中遇到的问题与解决方式、完成目标所需的步骤、选择该项目的原因等。可以鼓励全班提出问题，观察小组工作，以及反思在主题研究中学习到的内容。

戏剧作品

幼儿园和小学一年级儿童喜欢表演熟悉的童话及流行的儿童故事，而小学二年级和三年级的大一点儿的儿童则喜欢写一个剧本并为班级中的其他儿童表演。不论作品采用何种形式，儿童都可以创作作品、设计服装、排练各个部分，并以丰富的语言来为戏剧作品做准备。教师可能需要对小一点儿的儿童的这一过程进行指导，但在面对大一点儿的、有在小组中发起和实施活动经验的儿童时，教师只需要作为一个在场外提供支持的人即可。当儿童在戏剧活动中开展对话并为要表演的戏剧设定角色时，他们需要大量地使用口语。

作为交往的集体活动同样可以促进语言发展。儿童主导的关于近期读书的讨论能促进语言的交流，阅读方面的集体讨论可源于短篇故事、网站或文章（Williams，Hedrick & Tuschinski，2008）。

现场考察

每一次现场考察都会关注新的经验——不论是在校外散步还是到离学校几千米的地方——这是发展新词汇的机会。在外出前，教师可以为儿童准备好可能遇到的重要新单词，这样儿童就可以对新的信息和词汇很敏感。例如，一个幼儿园班级正在研究树木，作为研究树木的一部分，儿童参观了贮木场，观看木材制品如何被用在建筑物中。教师让儿童注意木材制品，并记住新的单词。从贮木场回来后，儿童被要求回想他们看到的内容。他们列了一个木材制品清单，讲述了语言经验故事。教师提示儿童记住很多新的单词，如木材、用于木材建筑的工具及其他与贮木场有关的单词。

儿童文学

儿童读物提供了大量发展和使用口语的机会。语言发展的一个主要目标是通过儿童文学欣赏书籍中语言的创造性和审美运用。纽曼和博德坎普介绍了书籍为语言发展提供的机会，包括让儿童接触成熟的语言、接触不同的语法、体验比喻、听不同的方言、在语境中引入新词、呈现新单词、分享强调词汇意义的书籍和玩语言游戏（Neuman & Bredekamp，2000）。格莱泽将《小火车头做到了》和《100万只猫》作为经典儿童读物的范例，它们包含了与语言模式相关的游戏（Glazer，1986）。

在学校图书馆和班级中，儿童需要接触到丰富的书籍。图书馆和教室有为不同兴趣点而提供的书籍，不论它们是小说还是非小说。儿童可以自主阅读为学习主题而选择的书，因为儿童正在向积极主动、独立的阅读者发展（Williams et al.，2008；Young & Moss，2006）。

合作学习小组

合作学习小组活动提供了进行交谈和讨论的自然机会。为了完成活动，儿童必须进行互动，小组成员贡献自己的想法以解决问题。将语言能力不同的儿童分在一组将有利于他们在频繁的口语交流中交换词汇和语法。

语言发展课程不是语言艺术课程中的独立部分，它也不与其他内容领域的活动分离。在先前提出的建议中，口语活动需要与正在进行的课程教学方法和课程整体的相关策略交织在一起，具体的活动也要为这个目的服务，它们涉及概念的发展、艺术、问题解决、科学及语言艺术，更可能以个别儿童或小组的形式而不是集体活动的形式进行。

读写能力发展的持续过程

幼儿园和小学低年级阅读学习的趋势和话题

幼儿园到小学三年级是最关键的时期，它决定了儿童能否成为成功的阅读者、能否享受阅读、能否使用所需的阅读和书写技能以成为称职及有效的学习者。儿童获得读写能力的成功程度取决于提供给他们的经验类型与儿童是否将自己视为一个有能力的学生。

20世纪90年代末到21世纪初，人们关注阅读开端教学的最有效方法。正如第八章所介绍的，全美阅读研究小组于1997年开展了一项关于如何最好地教儿童阅读的有效科学研究。小组成员回顾了自1966年以来完成的研究，小组发表了报告，这份报告直接影响了全美所有小学的阅读教学。虽然基于文学作品的教学和全语言教学法的使用率与基于语音的阅读开端差不多，但全美阅读研究小组的研究主要集中在语音意识和语音、阅读流畅性、阅读理解、教师教育和计算机技术上（National Reading Panel，2000）。

全美阅读研究小组发现，要让儿童成为良好的阅读者，阅读开端教学应包括以下内容。

· 口头语言语音意识技巧，或讲口语时的发音能力。

· 语音技能，或理解字母和发音之间的关系。

· 伴随精准度、速度和表达的流畅阅读能力。

· 运用阅读理解策略提高认识、欣赏阅读内容的能力。

全美阅读研究小组没有涉及的是文学对教学的驱动作用、图书利用的重要性、文学与概念学习的联系及一些全语言干预策略的有效性。全美阅读研究小组也没有提到激励对儿童阅读兴趣的重要作用（Pressley，2001；Williams et al.，2008）。

促进语言发展的活动

记忆游戏

这种记忆游戏常见于蒙台梭利教室中。教师会收集一些与新概念有关的物品或图片，将这些东西放在托盘里，让儿童研究它们。之后把物品盖上，请儿童说出它们的名称，并多次重复这个练习。可以使用的物品包括蔬菜、衣物、立体形状和家具。

想象角色

教师让儿童用橡皮泥、蜡笔和纸或回收的废旧材料创作想象角色。他们需要描述小组内其他成员的作品，如它们长什么样、它们生活在哪里。

这是什么？

这个活动能够促进发散思维和语言表达能力的发展。教师发现那些儿童感兴趣但不熟悉的事物，咖啡磨具或地毯掸子等老式家用器具是这类物品的代表。儿童被要求研究一个物品，并描述出它的特点，如它是如何制造出来的、它是由什么材料制成的以及它的特点是什么。在儿童用尽一切词汇描述特点后，他们需要确定这个物品的用途。教师不要求他们正确指出这个物品的用途，而可以发明一种它的用途。在体验结束时，教师可以告诉儿童这个物品的实际用途与功能。

解释食谱

简单的食谱能为语言表达提供丰富的机会。在儿童参与烹饪项目后，他们能够口头描述烹饪的过程及食材的变化，这类活动的例子包括制作黄油、花生酱和爆米花。儿童不仅可以解释当爆米花弹出或花生被放进搅拌器时发生了什么，而且能够描述准备过程的步骤及所需的设备和配料。

为故事排序

当按顺序复述或使用法兰绒板上的图片讲述一个众所周知的故事时，如讲《三只小猪》或一篇童谣时，儿童会使用口头理解和语言表达能力。法兰绒板上的图片为重新讲述故事提供了支持。年龄大一点儿的儿童能够创编他们自己的故事，或重述一个曾经读到的故事。他们喜欢制作故事的卡通画，也许还会增加对话，然后与其他儿童分享他们的故事。

对幼儿园和小学教师提出的问题是：如何为幼儿提供一个高质量的阅读开端项目？教师必须解决的问题是：如何确定适宜儿童发展的最佳实践？为实现《不让一名儿童掉队法案》、全美阅读研究小组和均衡阅读计划的共同期望，教师应如何建构课程才能最大限度确保幼儿园和小学低年级学生在读写能力方面实现积极过渡？个别州已经设计了符合这些标准的早期阅读项目，这些项目包含了大量早期阅读的最佳实践。

5～8岁儿童语言艺术课程

那么，学校要如何开发出高质量、均衡的幼儿园及小学语言艺术课程？语言艺术课程应如何包含听、说、读、写的所有要素？得克萨斯州基于全美阅读研究小组的研究与《不让一名儿童掉队法案》，提出了目前对于阅读开端课程的期望。《阅读开端教学指南》（Texas Education Agency，2002）也被称为"红皮书"，它讨论了阅读开端教学的12个基本要素。这12个要素如下所述。

要素1：儿童有扩展他们使用和欣赏口头语言的机会。

儿童对于书面语言的理解很大程度上取决于他们使用和理解语言的有效性。语言经验是良好阅读课程的重要组成部分，儿童从口头语言中学习了大量关于世界、关于他们自己及关于彼此的内容。幼儿园和小学一年级的语言教学应关注听、说和理解的以下内容。

· 各种主题的讨论。

· 帮助儿童理解世界、室内和室外的活动。

· 有趣的歌曲、儿歌和诗歌。

· 发展概念及扩大词汇量的课程。

· 融合说、听，特别是遵照指令的游戏和其他活动。

要素 2：儿童有扩展他们使用和欣赏书面语言的机会。

儿童对书面语言的欣赏及对其目的和功能的理解对于他们学习阅读的动机来说是重要的。儿童必须意识到书面语言一直在他们身边，在标识、广告牌、标签、书籍、杂志和报纸上的书面语言有不同的使用目的。阅读和写作教学侧重于以下书面语言使用和欣赏方面的内容。

· 帮助儿童理解印刷文字所代表的口头语言活动。

· 突出印刷文字的意义、用途的活动，及教室中的标识、标签、笔记、海报、日历和说明书等印刷品。

· 教授书面惯例的活动，如书写的方向性。

· 让儿童尝试操作一本书的活动——找到页面的顶部和底部，辨别封面和封底。

· 帮助儿童认识个别单词的识词课程，如单词的样子、长度和边界。

· 让儿童尝试可预见的故事和模式语言的故事的活动。

要素 3：儿童有听好故事和每天大声朗读信息化书籍的机会。

定期听和讨论书籍可以为儿童展示阅读的益处和乐趣。故事阅读为儿童介绍了新单词、新句子、新地点和新想法，他们听到的不同类型的词汇、句子、地点和文本结构也会出现在他们的课本中，是期望他们能阅读和理解的。每天为儿童大声朗读，让他们讨论书籍和故事，这能够支持并扩展他们的口头语言发展，且有助于儿童将口头语言与书面语言联系起来。

要素 4：儿童有理解、操作、建构口语模块的机会。

儿童将单个单词视为一连串声音（音素）的能力对于他们学习阅读字母语言来说十分重要。基于这样的理解，儿童明白学习的句子是由成组的单词组成的，而单词又是由一连串声音构成的。事实上，研究证明了儿童的语言意识——将口语中的单词分为不同的独立音节——是预测阅读学习成功的最有效因素之一。提高儿童理解、操作、建构口语模块的能力的课程包括以下方面。

· 教儿童辨认押韵词及创造他们自己的词韵的语言游戏。

· 帮助儿童理解口头语句是由独立单词构成的，而单词又可以被分为独立音节的活动。

· 让儿童分辨或划分单词的音节、混合音节、删除音节或用新的音节替换被删除音节的听觉活动。

要素 5：儿童有学习和操作书面语言模块的机会。

儿童同样需要成为建构书面语言模块的专家。关于字母（字形）的知识能够让儿童成功学习阅读，这些知识包括字母的使用方式、用途和功能。课程中帮助儿童学习建构书面语言模块的内容有以下几点。

· 儿童学习字母名称及快速准确识别字母的字母知识活动。

· 儿童学习书写他们正在学习、分辨的字母的各种活动。

· 儿童运用他们关于声音和字母的知识来组词或留信息的书写活动。

要素 6：儿童有学习口语中的声音和书面语言中的字母二者间关系的机会。

提高儿童对口语中声音的意识与对书面语言中字母的熟悉程度，能够帮助他们为理解书面单词中的字母代表的是口语中的哪个声音做好准备。有效的教学按照一种允许儿童同化和顺应他们所学内容的顺序，为儿童提供明确且系统的"声音—字母"关系教学。课程从以下方面帮助儿童理解字母的原则并学习声音和字母间最常见的关系。

· 使儿童知道书面词汇由不同文字模式组合而成的字母意识活动。

· 系统组织并按需练习的"声音—字母"关系课程。

· 儿童操纵字母以改变单词和拼写模式的活动。

要素 7：儿童有学习拼读策略的机会。

有效的拼读策略能够使阅读者快速、自动地将书面单词的字母或拼写模式转换为语音，这样他们就能识别单词并快速明白它们的含义。儿童必须学会快速且不费力地识别单词，这样他们才能关注所阅读内容的意义。

教学时，教师应以合理的顺序引入"不规则"单词，并将这些单词放在项目的阅读材料中使用。但教师必须认识到所有单词都必须为常用词，即那些儿童能够快速、准确、毫不费力地识别出来的单词。有效的拼读策略教学是明确且系统的，包括以下内容。

· 包括儿童正在学习的"字母—声音"关系的单词拼读和识别练习。

· 涉及词群和押韵模式的练习活动。

· 涉及混合声音成分和组合长单词的各个部分的练习活动。

· 儿童改变开始、中间或结尾的字母或相邻单词，从而改变他们拼读和拼写的单词的"文字游戏"。

· 对练习活动和故事中"不规则"单词语音的介绍。

要素 8：儿童有写作及将写作内容与拼写、阅读相结合的机会。

· 与儿童阅读和写作相关的活动。

· 校对活动。

· 对"正确拼写是值得骄傲的"这一态度的强调。

· 帮助儿童以系统的方式学习拼写规则的课程。

· 围绕儿童词汇量、促进阅读和充实写作目的的活动。

要素 9：儿童有练习准确、流畅地阅读拼读故事的机会。

拼读故事中的单词强调儿童正在学习的"声音—字母"关系。那些可预测的、有图案的书籍为儿童提供了引人入胜的语言和书面文字经验，但它们可能不会基于儿童正在学习的"声音—字母"关系。拼读故事为儿童提供了练习他们所学字母和声音的机会。当儿童学习流畅、准确且自动化地阅读单词、句子和故事时，他们就不再需要努力地识别单词，并能更加自由地关注所读内容的含义。

大多数儿童能从以直接拼读教学为主、以简单文字拼读故事为辅的教学中获益，但对一些儿童来说这种系统的方法并不合适。拼读故事需要适合儿童的阅读水平，阅读初学者应可以流畅阅读，即快速、准确、毫不费力地进行阅读。许多儿童还能得益于额外的练习，包括重复阅读熟悉的文本。

要素 10：儿童有阅读和理解各式书籍及其他文本的机会。

当儿童学会有效的拼读策略，开始成为流畅的阅读者时，他们阅读书籍及其他文本的过程受到的词汇量和语句结构的限制就会更少。他们学习使用单词的顺序（语法）和内容来解释词汇及其含义。很快，他们成为热情、独立的各种文字材料的阅读者，文字材料包括书籍、杂志、报纸、计算机屏幕等。为儿童提供大量书籍（包括叙事书籍和信息化书籍）是最重要的，课堂和校园图书馆必须为儿童提供各种阅读材料，一些阅读起来较为容易，而另一些则因为难度和复杂程度的增加而更具挑战性。儿童需要获得许多书籍，而且他们应能将书籍带回家和家庭成员一同阅读。为确保广泛阅读，教师需要做到以下几点。

· 儿童有自主选择的日常阅读时间。

· 儿童能够在教室及学校图书馆接触到自己想要阅读的书籍。

· 儿童能将书籍带回家独立阅读或与家庭成员共同阅读。

要素 11：儿童有通过广泛阅读和直接词汇教学来发展和理解新词汇的机会。

相较于每日都使用的口头语言，书面语言对儿童的词汇知识提出了更高的要求。事实上，儿童学习的许多词汇是别人读给他们或他们自己读到的。

很明显，儿童通过阅读而学习到的新单词数量取决于他们的阅读量，而儿童间阅读量的差别很大。因此，教师为儿童大声朗读并鼓励他们进行大量的自主独立阅读是非常重要的。此外，在阅读教学中，教师应鼓励儿童注意新单词的含义。促进词汇习得的活动包括以下方面。

· 广泛阅读各种类型的内容，叙事性和信息化并重。

· 提供有明确信息的教学，包括单词的含义及其在儿童阅读的故事中的用法。

· 让儿童分析语境，从而找出所阅读文章中不熟悉词汇的含义。

· 讨论一天中出现的新单词，例如在教师大声朗读的书中出现的单词，在内容领域学习中出现的单词，以及教材中出现的单词。

· 鼓励儿童在自己的写作中使用他们正在学习的单词，并记录有趣的、相关的词汇活动。

要素 12：儿童有学习和运用理解策略以反思和思考他们所读内容的机会。

书面语言不只是将语言写下来，还提供了新词汇、新模式、新想法和新思考方式。理解能力取决于快速及自动化识别熟悉单词的能力，包括流畅阅读及弄明白新单词的能力，但仅有这个能力还不够。

理解能力还取决于对单词意义的理解、从成组单词中发展出有意义想法的能力（短语、从句和句子）、进行推论的能力、文本的要求（概念和关键词密度）和阅读者已有的知识。与朋友和同学对好书进行讨论是连接这些内容的一个途径。

这些讨论有助于欣赏和反思书面语言的新方面及广阔、美妙的书面语言世界。儿童在阅读中获得的最大益处和享受是他们必须接受的理解策略教学建构了他们关于世界和语言的知识。理解策略教学包括以下方面。

· 帮助儿童学习预先选择、预测内容，并在他们已有的经验和将要阅读的内容间建立联结。

· 在儿童无法理解时提供可选择的教学（如重新阅读、寻求专家帮助及查询单词）。

· 提供帮助儿童比较不同故事的人物、时间和事件的指导。

· 鼓励讨论正在阅读的内容以及如何串联想法（如得出结论与进行预测）。

· 通过阅读更加困难的内容帮助儿童获得更广泛的阅读经验。

环境的作用

在第八章中，我们描述了为读写萌发服务的学前班教室环境，包括培养听、说、写、读的区域布置。在幼儿园和小学低年级中，类似的布置同样是适宜的。在一个拥有各类藏书的大型语言艺术区，包括儿童写的书在内的所有书籍的摆放与展示都应为儿童的舒适阅读服务。听录音书的区域、舒适阅读的区域、安静的阅读和思考空间都可以营造一个宽松的氛围，而写作与书面语教学区则包含了书写用的材料——马克笔、蜡笔、各种艺术用品（如粉笔、水彩）和可供选择的书写用纸，打字机、计算机和装订材料为写作和阅读提供了更多机会。

房间中还应有项目区、活动区、计划与教学区。项目区可以为不断改变的与主题工作相关的项目提供所需的材料，装订材料同样可以在此处而非图书区提供。活动区是一个安静的区域，在这里儿童可以进行个人的工作；一张学习桌可供若干儿童使用，他们可以在此完成工作或进行阅读，也可以用硬纸板将学习桌转化为小隔间。计划与教学区是一个更大的区域，在这里全班儿童可以聚集到一起进行计划和反馈，小组教学同样可以在此区域进行。

教师的角色

幼儿园和小学低年级的教师在语言艺术课程中扮演着多重角色。教师的首要责任是提供基本阅读技能的直接和准确教学，同时他们还应是学习的引导者和促进者。此外，随着对追踪儿童优势以及对指导或引导儿童的语言艺术技能的需求的增长，教师作为儿童学习评价者和评估者的角色更加受到重视。

教师的任务之一是为儿童提供必需的支持。根据维果茨基关于在成人或同伴协助下儿童的发展的观点，教师要先确定儿童的最近发展区，而后为其提供帮助，以最大限度地促进其发展。教师应密切关注儿童在读写方面的兴趣与发展，提供阅读和写作方面的步骤指导，这些指导稍超出儿童现有的模仿能力范围；或者教师指导幼儿自己发起活动（Tharp & Gallimore，1988）。例如，有的儿童在书写故事时使用自创文字，教师可能会从中挑选一些接近正确拼写的单词，并提供正确的书写范例。同样，如果一名儿童一直选择容易阅读的书籍，那么教师会向他建议一本稍微困难些的书，然后为他朗读，进而让他自己阅读。

技术的作用

随着越来越多的学校在教室中配备了计算机，教育者开始对如何将计算机技术应用于语言艺术课程产生了兴趣。最初开发的许多针对学前班和小学低年级的软件是以阅读准备和发展阅读技能为目的的，在阅读练习册盛行时，练习活动同样强化了此类技能。

计算机可以成为开始读写的一个有用工具。能用键盘写作的年幼儿童可以使用简单的文字处理程序，随着写作过程逐渐熟练，他们可以使用包括拼写检查在内的编辑功能。对这些新写作者来说，计算机的优势之一是能更加便捷地纠正错误或进行改变，从而使挫折最小化。

当前，计算机的功能包括作为识字的新方法或"电子"读写（Labbo，Reinking & McKenna，1999）。教师和儿童可以使用计算机进行多媒体创作和社会戏剧游戏，还可以一同扩展他们的计算机与读写技能，通过制作电子幻灯片来开展他们自己的家长教师会谈（Young & Behounek，2006）。教师要避免被软件吸引而陷入其中，他们应基于软件对班级内课程的实用性来决定是否购买。此外，计算机技术不能取代教室中的高质量读写课程（Teale & Yokota，2000），计算机的使用也不能取代提高儿童手写技能的机会。

获得读写技能的阶段

在童年后期，读写能力的过渡是逐渐的、个人化的。如果教师了解这一成就的本质，那么他就能计划发展适宜性材料和经验，以促进每名儿童的发展。下面我们将讨论获得读写技能的三个阶段，每个阶段对各种教学和技能发展都有一定的影响，为培养读写能力补充自然经验。

多数幼儿从阅读和书写中获得读写能力的年龄是5～8岁。5岁时，他们基本掌握家庭语言；在5～8岁，他们掌握了读写的主要步骤。读写能力可以被描述为发生在三个部分重叠的阶段中：为读写能力打下基础，学习书面形式与理解书面语言，成为独立阅读者。

阶段一：为读写能力打下基础。

第一阶段是为读写能力打下基础。儿童的读写能力从婴儿期就开始发展，并在整个学前阶段持续发展。儿童通过活动获得说话、写作和阅读过程的信息，在这些活动中，他们可以通过前读写阶段的书写和阅读尝试表达自己。借助口头语言与读写萌发的学习机会，每名儿童以自己的速度掌握许多读写能力。5岁时，随着儿童进入幼儿园，他们以自己的速度发展到能读能写，此时便从第一阶段逐渐过渡到第二阶段，即学习书面形式与理解书面语言。

阶段二：学习书面形式与理解书面语言。

在第二阶段，儿童掌握了书面语言的组成部分并成为一名英语阅读者和写作者。虽然真正掌握阅读和书写的过程是终生的任务，但理解与使用书面语言是此阶段的主要任务。

为了掌握能力，儿童必须了解书面语言的特点，即语音元素、语法和标点符号。达到这个目标的主要步骤已经在基础阶段完成，儿童在基础阶段发展了一种将字母拼成单词以表达想法的意识，他们还意识到该如何使用标点以让他人明白自己表达的内容。在第二阶段，儿童继续学习书面语言及其用法。语言经验故事在第一阶段用于发展书面语言的意识，在第二阶段则用于练习书面语言的要素。可以通过第二阶段的语言经验故事来学习与书面语言有关的以下技能：匹配大小写字母，匹配单词，匹配句子，在教师对个别单词进行书写时练习识别单词，练习通过发音、结构和内容线索定位并辨认字母，识别不同类型的标点符号，重新阅读故事并与好友进行分享，用例句中的语法模式造句。

查普曼确定了课堂中其他能够促进第二阶段读写能力的读写经验，包括以下几点：为儿童提供合作撰写新闻的"新闻时间"，使用放大的文本或图表分享阅读经验，儿童选择独自阅读与写作的"阅读与写作时间"，个别儿童分享他们自己作品的"作者圈"（Chapman，1996）。

幼儿在小学低年级时获得的具体阅读技能可以被分为认识常用词、理解音标、词语辨析、上下文线索四类（Fields & Spangler，2000）。虽然语言经验故事是促进技能练习的工具之一，但儿童自己的阅读与写作过程还包含其他内容。教师可以通过系统化教学补充这些自然经验，以使儿童获得书面语言能力。表11-1列出了基本的初级阅读技能。

虽然儿童参与的提供书面语言元素的练习活动有助于他们阅读能力的提高，但真正转入阅读还需要更多阅读体验。在基础阶段，儿童进行的大图书阅读和其他共同阅读活动使他们开始梳理阅读过程的各个部分。他们认识到英语是从左向右读的，在阅读喜欢的故事时可以自己跟随文本并翻页。他们除了能够独自阅读熟悉的书本外，还能在小组中口述故事（Neuman & Bredekamp，2000）。

表 11-1　初级阅读技能

技能类别	能力
认识常用词	立即识别出单词
理解音标	学习字母及其代表的声音
词语辨析	学习单词的各部分，包括：复合词；词形变化——所有格、复数、词尾；词根、前缀、后缀
上下文线索	根据单词在句中的位置理解信息

在第二阶段，儿童继续发展他们的能力以理解如何阅读书面语言，直到他们能够独立进行阅读。向真正阅读的过渡由第一阶段开始，包括重复阅读大图书与分享书籍（Neuman & Bredekamp，2000），之后该过程伴随协助阅读继续发展。霍斯金森阐述了协助阅读的三个步骤：在阅读之后，让儿童重复一个短语或句子；请儿童填写一个在故事中反复出现的单词；让儿童掌控更多阅读步骤，成人在儿童辨认单词出现困难时给予帮助（Hoskisson，1975）。在每一步中，儿童越来越多地掌控阅读过程，到最后教师只需要在必要的时候提供帮助。

儿童能较为熟练地阅读后，就能通过更多正式活动来有针对性地巩固具体要素或技能。作为儿童自身阅读与写作的努力的补充，练习册和计算机中的练习程序应被谨慎使用。同样，教师指导教学是基于学习者的需求进行选择的，而不应不管儿童是否需要，都将其作为常规课程纳入课程表中（Fields & Spangler，2000）。

莫罗介绍了一种语言艺术模块，它使用独立的区域活动以完成优质读写课程中的部分内容。例如在一个语言艺术模块的一段时间里，儿童可能会进行同伴阅读、写作活动、单词活动或听力中心活动；在另一段时间里，教师可能会参与小组教学，教授儿童他们需要的技能。

用书写来交流数学

一年级教师使用让儿童写日记的方式帮助儿童意识到数学与他们生活的相关性。教师首先与儿童进行头脑风暴，思考他们在校外可以如何使用数学。教师要求儿童注意一段时间内他们在校外使用数学的方式，每周一上午，儿童在他们的个人日记中写下他们运用数学的故事。在日记完成后，每名儿童和全班同学分享其中的一个，教师鼓励同学发表评论或提出问题。然后教师示范如何将日记转变为一道数学应用题。全班同学一起解决问题，之后他们使用自己日记里的故事或他人分享的故事来出应用题。儿童两两一组阅读、修改自己的题目，以确定他们是否正确书写、题目是否有意义。最后，在修改过程中，他们将题目重新书写在卡片上，由全班一起解决。

阶段三：成为独立阅读者。

为掌握阅读和书写过程，儿童需要广泛的阅读体验。当他们已经在读写能力的初级阶段发展出能力时，他们开始向独立阅读和书写过渡。随着他们不断使用书面语言，他们的能力与自信也在增长。此阶段持续的阅读教学是基于个体需求进行的，集体教学量减少，而小组与个别教学量增加。

教师的促进者角色不断增强，同时对基础教学的关注减少。书籍和阅读材料可用于所有类型的阅读。儿童需要在记叙文与说明文阅读间保持平衡，教室图书馆应包含一些简单的非小说图书，有关动物、旅行、名人和自然的书（Morrow，2000；Sanacore，1991）。学校图书馆与公共图书馆中的书可作为家庭中书的补充。教师继续为儿童读书，但由于所选的书内容更多，所以只能按章节朗读。按内容领域进行阅读被广泛用于儿童研究主题单元以及为班级项目、作业和报告寻找资源的过程中。为解决问题而阅读也是经常进行的，同时，初级的研究技能也随着儿童搜索与单元活动相关的信息而得到发展。

语言艺术课程组织

那么，在早期教育后几年的读写能力发展各阶段中，教师要如何组织课堂教学呢？接下来的几个例子对一些教师如何设计他们的语言艺术课程进行了说明。每一个例子中，教师研究并分析了哪个环节能为儿童提供最好的支持，能让他们在语言艺术课程中取得基础教学、音标教学和读写萌发三者的平衡。这些案例包括没有分等级的一年级课堂、基于文学的教学、按内容领域分组以及阅读工作坊。

一个不按能力分级、水平混合的一年级课堂

三位教师建立了一个一年级的课堂模式（Cunningham，Hall & DeFee，1991）。儿童被分到三个教室中，在每个教室中的儿童能力范围相似。教师确定了四种主要的阅读方法：基本方法、发音方法、操作真实的书、写作。他们研究了这些方法，确定哪些儿童对某种特定方法有最佳反应，然后基于四种方法的优势，围绕四个部分（或称为模块）构建了他们的课程。教师告知儿童这些活动后，从四个模块出发，为他们提供教学。

在基础模块中，教师给予儿童系列的基础阅读每日教学，教学包括练习册活动、同伴阅读、全班教学与模块结束时的反馈活动。

与单词一起工作的模块涉及单词墙和组词活动。每天基础阅读课程中的五个单词会被添加到公告板的单词墙上，儿童学会阅读、拼写并按字母顺序排列单词。每天各小组都会进行多种单词活动。其中组词活动即用字母组成单词，儿童的桌上放了有限的字母，在某些情况下教师会说出这个单词，而在其他情况下儿童将使用一部分或全部字母组成单词。

写作模块以教师在一堂简短的写作课中的示范为开始，之后儿童进行他们自己的个人写作活动，教师帮助儿童修改及校对作品。在写作课的末尾，儿童用一段时间与全班一起分享他们的作品。

第四个模块是真实的书模块，包含自主选择阅读和教师大声朗读。儿童可以从各种书籍中进行选择，然后选择自己阅读或和朋友一起阅读（Hall，Prevatte & Cunningham，1995）。

这三位教师把全语言教学法和他们的阅读课程的基础材料与活动结合在一起。在语言艺术时间段，他们在教师指导及儿童发起的活动中实现了平衡。他们允许儿童以自己的速度发展读写能力，但同时

他们会确保儿童以一种系统的方式使用初级阅读和写作技能（Cunningham et al.，1991）。

基于文学的教学

菲尔茨和斯潘格勒描述了一个二年级语言艺术课堂，它是建立在许多好书的基础上的。教师为满足个体兴趣并进行科学或社会研究的小组课题而开展了该课程。教师帮助个别儿童选择书籍来支持他们想要学习的或做的。教师希望儿童能够掌控自己的学习，相信儿童可以通过研究他们感兴趣的内容来学习、练习阅读与写作。教师专注于每名儿童的进步，并以回应式教学指导儿童发展阅读与写作技能。

尽管阅读与写作是贯穿一整天的活动，教师也为小组或个别儿童准备了技能指导，利用基础材料或自己设计的活动与儿童互动。关于儿童的需求和进步的报告被保存在个人档案袋中，这个档案袋包含每天完成的作品。教师使用档案袋为个别儿童做计划，并确定他们的教学需求。

通过班级项目和科学与社会学科的专题研究，教师为这个班级的儿童提供阅读与写作经验。在教师、图书管理员和儿童寻找关于正在研究主题的资料时，班级图书馆成为阅读材料的来源之一。当教师再次发现在主题活动中出现了阅读与写作问题时，他们计划使用系统化教学满足儿童的需求。

按内容领域分组

在一个三年级班级中，内容领域教学和合作学习小组替代了按照能力分组及传统的阅读教学（Pardo & Raphael，1991）。教师对培养能够扩展自身阅读与学习能力的独立学习者很感兴趣。阅读与写作活动被用于研究主题，儿童选择他们要研究的主题，列出关于主题的一般概念，然后使用他们现有的阅读与写作技能分享有关主题的信息。

在介绍学习策略与主题概念或在探究一个主题之前交代背景知识时，教师会带领全班进行讨论。教师在遇到有难度的文本时，会使用集体教学或设计丰富的活动。

合作学习小组活动为儿童提供了练习、使用新的学习策略及进行主题活动的机会。各小组汇集资料，并就他们的发现撰写报告。针对正在研究的主题或在大主题下各小组研究的小主题，儿童发现并解决问题。

使用个人任务的目的是设定与研究主题相关的个人目标及目的，并运用和练习阅读与写作策略。儿童在对话日记上记录他们的想法与思考，回答教师提出的重点问题，分享个人想法，并参与其他个人活动。

由于儿童计划想要研究的主题，所以教师在这个三年级班级中主要扮演引导者与指导者的角色。教师帮助儿童将他们想要从内容领域主题中获得的信息绘制成地图或网络图。教师介绍并示范儿童需要掌握的策略，展示通过集体或小组合作收集信息。教师还可以与个别儿童进行更广泛的合作，以促进他们作为独立阅读者和写作者的技能的发展。

阅读工作坊

在另一个三年级班级中，阅读工作坊的教师使用了一个更直接的方式来进行阅读教学（Reutzel & Cooter，1991），他们希望在为儿童提供有意义的活动与确保教学时间有建设性且管理得当这二者间实现平衡。教师使用了一个70分钟阅读工作坊的方法来组织课堂，通过工作坊形成了将阅读与写作、表达、倾听相结合的课堂环境，儿童选择书籍和定期表达阅读与写作策略是工作坊活动的重点。

阅读工作坊由分享时间（5～10分钟）、迷你课（5～10分钟）、班级表现活动（5分钟）和自选阅读与回应（35～45分钟）几部分组成。分享时间是教师进行导入的时间，分享文学中的新发现。迷你课在分享时间后且时长很短，教师设计集体教学以展示阅读策略，其内容基于对儿童需求的观察或学区的阅读课程学习目标。班级表现活动用于让教师看到各个儿童的进步，教师可以评估儿童工作的有效性，并在有需要时做出调整。

阅读工作坊的大部分时间被用于自选阅读与回应。在这个时段中，整个班级都持续进行安静阅读，一些儿童会与教师就文学内容进行小组讨论，而其他一些儿童可能会参与个别阅读讨论。如果儿童没有与教师在小组讨论中碰面，那么他们会带着自己选择的阅读材料参与个人的阅读与写作活动。许多不同类型的项目由教师事先计划好，再由儿童在他们的阅读与写作活动中进行安排并实施。在自选阅读与回应时段的结尾，作为阅读工作坊最后的活动，全班会集合到一起，用几分钟时间分享他们的工作。

上述模式仅呈现了在小学低年级课堂中，服务于获得读写技能阶段二、阶段三的几个代表性方法。这些模式既有全语言教学占主导地位的，也有结合基础和全语言教学法的。在后面的内容中，我们将介绍适合初学的、独立的阅读者的活动实例，其中的许多实例可以被用于之前提到的某种或所有模式中。

促进阅读的经验

阅读伙伴

阅读伙伴由两名儿童或一名儿童与一名成人组成，以使儿童获得阅读经验。两名伙伴每天或定期见面、一同阅读，他们轮流读同一本书或同时读不同的书。也可以让小学高年级儿童与学前儿童或小学低年级儿童组成小组，形成跨年龄段的阅读伙伴。年长的伙伴听年幼的伙伴读书，并为其朗读他们所选的书。同样，儿童也能进行写作活动。年幼的伙伴可以向年长的伙伴讲一个故事并由年长的伙伴写下来，或在年长的伙伴的帮助下写出一个故事。同龄的阅读伙伴则可以合作进行写作活动。

跟读磁带

将熟悉的书录成磁带，儿童播放磁带，并随磁带跟读。该活动可以重复多次，直到儿童掌握这个故事。可以录一些基础的阅读故事，也可以通过购买获得跟读磁带。

持续默读

为所有儿童提供一个自行阅读的时间。不管个体阅读水平如何，所有儿童都参与其中。通常阅读的书由儿童自己选择，并推荐跟随以下指导。

- 全班一起开始阅读。
- 每名儿童选择一本书。
- 每名儿童都必须安静地阅读。

・教师安静地阅读。

・使用定时器。

・没有任何形式的报告或记录。

诗类图画书

诗类图画书在教室中的使用方式与图画故事书相似。教师介绍并反复阅读过几次诗类图画书后，则可以将它们作为跟读材料。诗可以伴随着由小棍或鼓敲打出的节奏来吟诵，也可以通过其他方式加以解读。儿童可以根据诗歌的形式仿写诗歌，或创作自己的诗歌。

创造无意义词汇

为儿童提供可选择的元音与辅音，请儿童创造无意义的词，并让其创造出一个与这个无意义的词匹配的动物或物体。

替代词

选择一个儿童熟悉的单词，如"走"，请儿童找出这个单词的替代词，如跑、跳、踮脚走和爬。将"走"用在句子中，之后用替代词进行替换，并让儿童读这个句子。

文字游戏

使用一个密码规则，用数字替换一段信息中的字母，给儿童密码规则，并让他们破译这段信息。另一个游戏是使用回文，即顺序和倒序拼写不发生变化的单词（如 wow），看儿童可以想到多少回文。

阅读并分享信息

儿童可以一同阅读并分享信息。建议可以进行以下活动（Fields & Spangler，2000，p.256）。

・儿童可以阅读午餐菜单、每日公告和新闻标题。

・儿童可以通过阅读书籍来确认答案。

・让儿童合上课本，听一名儿童（良好的阅读者）大声朗读。

・儿童可以阅读参考书或普通图书中的段落。

促进写作的经验

写日记

儿童每天在日记本上写作，日记可以成为语言艺术项目中的一部分，或被用在学校生活中的其他方面。儿童记录下自己的想法、感受、对活动的反应等，教师阅读日记并给予儿童回应。教师不会纠正儿童的写作结构，他们感兴趣的是儿童对自己想法的表达。

故事启动者

儿童有许多写下他们自己的故事并进行说明的机会。当他们没有思路或被难住时，就可以使用故事启动者。一种故事启动者是一个句子，这个句子可以作为故事的第一句，如"声音越来越近"。另一种故事启动者是一些图片，请儿童选择一幅图片并写一个关于它的故事。

信息

对信息进行回应可以引发有趣的写作尝试。教师可以给每名儿童一条神秘的信息，并请儿童回复信息。另一种信息是与课程相关的，教师可以给儿童留下信息，让儿童回答一个已经提过的问题。例如，一小瓶豆子被放在数学区中，儿童得到的信息是估计豆子的数量，并在信息条下方写下他们的姓名和估计的数量；第二天，儿童回复请他们估计豆子数量的信息，写下他们的姓名和估计的豆子数量。

清单

可以请儿童列出各种类型的清单，例如列一个最不喜欢或最喜欢的食物的清单、一个他们阅读过的书籍的清单、列出所有他们记得的家庭成员的名字。

写作工作坊

已经成为独立写作者的小学低年级儿童可以通过写作工作坊提高他们的写作水平。这个工作坊包含着一系列儿童需要学习的步骤：开始、改进和评估他们的写作。儿童每次被要求写一篇作文时都会经历这个过程，不断编辑和改进作文，直到教师和儿童都对写作质量感到满意。表11-2列出了写作过程的各个步骤（Fields & Spangler，2000，p.213）。

表 11-2 写作过程的各个步骤

写作前	参与体验 讨论经历 头脑风暴 考虑读者、形式和目的 画出网络图
快速书写	在纸上写下笔记和想法 准备"草稿"或初稿
分享、回应和修改 （这个阶段可能会不止一次地重复）	阅读并与他人分享初稿 接受反馈 使用反馈修改或重写
校订	校对及修正终稿细节
发表	准备最后的副本 与他人分享
评价	评估过程与作品的有效性

满足有特殊需要儿童的不同学习需要

尽管教师努力为幼儿园和小学低年级儿童提供高质量的语言艺术项目，一些儿童依然会在学习阅读的过程中遇到困难。因此，尽快发现这些儿童并解决其问题是很重要的。

儿童在三年级前的阅读成就对之后的成就来说至关重要。如果教师可以在三年级前识别出低成就的儿童并帮助他们达到平均水平，那么相较于在之后的几年进行补习，儿童会更可能保持在年级平均水平上（Adams，1990；Carter，1984；Clay，1979）。同时，《成为阅读大国》（National Academy of Education，1985）和《预防幼儿阅读困难》（Snow，Burns & Griffin，1998）也指出了早期学习对后期学习的重要性，阅读能力决定了中等教育时的成就水平。

对于在开始阅读时遇到困难的年幼儿童来说，通过早期干预来克服阅读困难是成功帮助他们的关键。那些在读写能力方面不能取得进步的儿童经历着无法处理书面文学的挫折。他们无法快速识别单词，因此阅读理解能力相对落后（Adams，1990；Gaskins，Gaskins & Gaskins，1991；Hill & Hale，1991；Snow et al.，1998）。早期干预项目的重点在于使用强化教学，以帮助这些儿童尽快成功。

"恢复阅读能力"项目是一个为 6 岁的低成就儿童设计的早期干预项目。在 12～20 周的时间里，儿童每天接受 30 分钟一对一强化教学。该项目的目的是帮助儿童掌握良好阅读者拥有的策略。教学包括使用自然语言和可预测文本的阅读活动，而写作活动是基于儿童的经验或作为文本阅读的延伸进行的（Hill & Hale，1991）。阅读表现最不好的儿童被选定参与这个项目，完成项目后，当他们能够在教室中与其他儿童一样表现轻松时，就会让另一些儿童接替他们参与该项目。"恢复阅读能力"项目不是用来替代常规的课堂阅读教学，而是作为儿童语言艺术活动的补充。

玛丽·克雷，"恢复阅读能力"项目的设计者，把该项目描述为第二次学习机会。她将这个项目的成功归于 3 个要素：个别化教学、加速进步和每天进行的强化教学。个别化教学使教师能够针对儿童的个人优势和劣势计划具体活动以解决问题；加速进步使儿童的阅读技能和能力能以比常规课堂小组教学更快的速度发展；每天进行的强化教学使教师能密切观察儿童的反应并及时回应儿童（Clay，1993）。

"基准词汇识别"项目是识别在加工书面文字信息方面有困难的儿童的另一种方法（Gaskins et al.，1991）。该项目起源于一所为阅读困难儿童提供服务的基准学校，致力于帮助缺乏阅读技能的儿童发展文字识别技能。对阅读初学者使用的一个策略是使他们沉浸在一个兼容全语言教学策略的语言环境中。另外该项目给予学生指导，使他们能够有效地使用视觉词汇、音系意识和单词分析来理解单词。在为低于二年级的阅读困难者设计的项目之初，词汇识别活动不是按能力进行分组的，而是使用不同水平的一年级模式。

上述只是为解决早期阅读问题而设计的干预项目中的两个，它们结合了全语言教学法，以儿童为中心，并伴随具体阅读技能的强化工作，能够帮助儿童处理书面语言。它们被用在儿童遭遇更多失败之前，并快速产生效果。这两种方法都是成功的，它们让儿童在初学阅读时期扭转了低成就表现。

"让每个人都成功"项目是约翰·霍普金斯大学研究中心针对高风险儿童教育设计的一个早期干预项目（Slavin，1996）。同"恢复阅读能力"项目一样，它使用一对一的辅导模式；不同的是，该项目在儿童 5 岁时就开始进行了。除阅读外，该项目还关注感知技能。该项目的目的是通过一年级前的强化干预来防止儿童落后，采用合作学习、平衡的阅读计划和强有力的家长参与。"让每个人都成功"项目由"第一章"基金资助，有时特殊教育资金也会进行补充，其目的是防止小学低年级具有潜在障碍的儿童发展为需参加特殊教育项目的儿童。

虽然"让每个人都成功"项目已被多项研究证实是有效的阅读项目（Slavin & Cheung，2003），但其他的阅读开端项目，如"阅读先行"项目，仍遭遇了困难。"阅读先行"项目作为《不让一名儿童掉队法案》的一部分受到资助，直到2007年，该项目仍因开发者与联邦决策者在资助学校项目上的利益冲突而被调整。此外，无法明确证明该项目是否成功。2008年年初，立法者考虑如何进一步削减项目资金（Manzo，2008）。

整合课程

跨课程进行整合学习的方法有很多，本书中讨论最多的模式是综合主题单元，开发研究主题也可以整合课程以外的内容。

鼓励写作萌发的一种方式是把艺术与文学整合起来。奥尔尚斯基描述了一种用于一年级儿童的艺术项目，这个项目叫"在写作过程中制作图像"，将撰写想象故事与艺术材料表达结合（Olshansky，1995）。最开始时，教师请儿童创建一个由手绘的纹理纸张组成的个人作品集。儿童采用多种艺术材料，进行绘画、做拼贴画，并用其他策略创作纹理纸张。下一步是鼓励儿童从纸上寻找能引发富有想象力的故事的图像，对视觉图像的辨认帮助儿童在他们的故事中使用丰富多彩的语言。关于该项目的一项研究发现，与其他没有艺术成分的故事相比，这些年幼的作者撰写并解释的故事包含了更全面的想法表达。

整合课程可以结合阅读、科学和小说（Fleener & Bucher，2003—2004）。一本虚构的故事书可以被用于开启一项科学研究，如《这是蚂蚁的生命》（Parker，1999）可成为研究蚂蚁的资源之一。思维导图是建立文本与科学概念之间联系的策略之一（如图11-1），在儿童阅读故事时填写思维导图中的各个部分以建立研究。

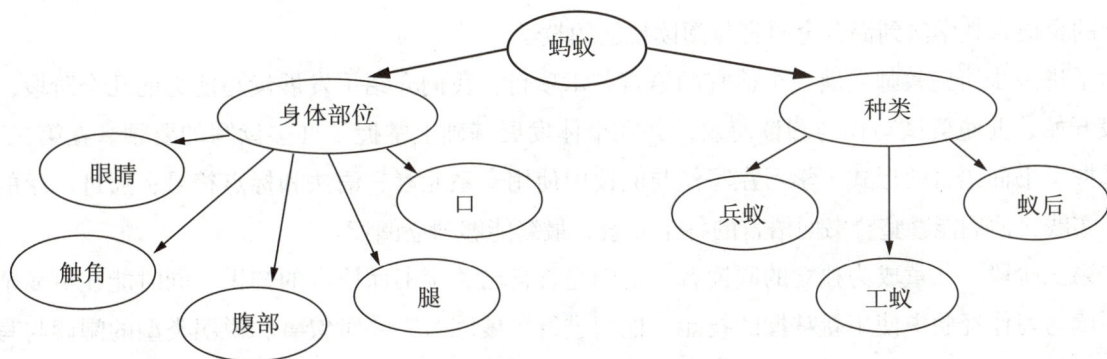

图11-1 《这是蚂蚁的生命》思维导图

班级报纸同样可以用于整合课程。一位一年级教师围绕创办班级报纸的想法构建了她的课程。担任周报记者的班级成员运用了读写萌发技能。把每周的报纸放在一起时，可以看到科学和社会研究的主题是紧密相关的；随着儿童运用数学、艺术创作及发展的社交技能进行"新闻报道"，所有类别的课程就结合在一起了（Sahn & Reichel，2008）。

小　结

本章主要介绍了适合5～8岁儿童的语言艺术课程。在这一年龄段，儿童正处于学习与发展的一个过渡期，为其服务的课程同样也处在过渡期。在学前期的后期，儿童的认知发展由前运算阶段向具体运算阶段过渡，其就读的机构也由学前班向小学过渡。语言艺术课程也要服务于这一过渡阶段的儿童发展，当到了8岁并入读三年级时，绝大多数儿童的读写能力得到了很好的发展。数学和科学课程同样被精心设计，以促进儿童的读写萌发和认知能力发展。

在这一时期，除了读写能力的获得是一项重大成就，儿童同样会继续增强与改善他们说话的能力。口头语言发展对持续发展的语言基础来说是非常重要的，儿童从口语中获得和使用概念，并将它们应用于书面语言。因此，幼儿园和小学低年级的课程包括对口头语言发展的强调。

教师需要格外注意有特殊语言需求的儿童的语言发展。不论是讲方言还是讲另一种语言，他们都需要丰富的机会在他们的口语词汇中增加标准英语词汇。这些儿童需要与那些熟练的英语使用者进行交流，在社交和教学环境中他们从一天的倾听与表达机会中获益。小组讨论、项目研究、教师主导课程和活动区的工作都为不同语言背景的儿童提供了基于共同兴趣的表达机会。

儿童读写萌发的过程持续进行。依据家庭环境类型与幼儿园经验，一些儿童的进展会快于其他人。学前班中使用的读写萌发或全语言活动可以在幼儿园中继续发挥作用。随着儿童接近获得解读书本中书面语言的能力的阶段，教师必须确定自然拼读及阅读开端技能在阅读课程中的作用。阅读开端的本质与阅读技巧和全语言教学法的冲突导致了许多学区的深层冲突。

虽然没有明确的解决观点分歧的方式，但教师需要了解产生分歧的原因，这样他们可以就如何设计优质的阅读课程做出明智的决定。为达到这个目的，我们描述了几种小学低年级的语言艺术课程，从完全的全语言教学法到混合全语言与阅读技能的教学。

为了进一步协助教师发展一个适宜的语言艺术项目，我们介绍了发展读写能力的几个阶段，从基础阶段开始，儿童尝试写作与阅读萌发，并在个体发展基础上掌握了许多读写的要领。在第二阶段，他们掌握了书面语言的形式，学习在写作与阅读中使用音系元素、语法和标点符号；通过广泛的阅读与写作实践，他们能够整合书面语言的各个元素，最终能够独立阅读。

在第三阶段，儿童成为独立的阅读者。他们完善自己关于书面语言的知识，同时能在更复杂和更长的阅读与写作经验中使用新掌握的技能。他们进行扩展练习，并对叙事和说明类型的阅读与写作感兴趣。

思考题

1.在哪些方面5～8岁儿童被认为是过渡阶段的学习者?

2. 在儿童开始向读写能力过渡时，为什么继续发展口头语言非常重要？

3. 面对第一语言不是英语的英语学习者，教师如何应对他们的需求？

4. 如何通过课堂经验和教学加强与扩展口语？

5. 为什么幼儿园和小学低年级教师在组织语言艺术项目时面临困境？

6. 在确定如何最好地教儿童时，教师要解决什么问题？

7. 哪些方法能够处理阅读教学中全语言学习与语音学习的争论？

8. 你会如何运用本章提到的模式组织幼儿园和小学低年级的语言艺术项目？

9. 阅读初学者从幼儿园到小学三年级会经历阅读能力的哪些阶段？这些阶段有什么意义？

10. 教师如何在语言艺术项目中实现系统化教学和儿童发起经验的平衡？

11. 为什么早期干预对在学习阅读时遇到困难的儿童来说很重要？

第十二章

幼小衔接课程：5～8岁儿童的数学与科学课程

本章目标

阅读完本章，你将能够：

- 描述数学领域的发展趋势和重要议题；
- 描述如何设计和组织数学教育项目；
- 解释儿童是如何学习科学的；
- 描述科学领域的发展趋势和重要议题；
- 解释如何设计和组织科学教育项目；
- 描述环境和教师在组织科学教育项目过程中扮演的角色；
- 理解数学和科学在主题课程中如何被应用。

数学课程

在第八章我们讨论了学前儿童的认知发展，并以前运算阶段儿童是如何学习的相关理论为基础，从儿童发展的视角解释了学前儿童数学和科学领域的相关概念。本章将深入探讨有助于促进 5 ～ 8 岁儿童发展的数学和科学课程的内容领域。

5～8 岁儿童的思维从前运算阶段发展到具体运算阶段。儿童的思维由受感知觉支配发展成逻辑思维，这使得他们运用心理图式进行心理操作，而这种操作在以前须借助于具体物体才能实现。尽管儿童需要借助具体实物去理解新的概念，但他们不再依靠操作具体物体。心理图式也常用于分类、排序、计数和其他心理功能的执行。在数学领域，具体运算阶段心理能力的代表是守恒和思维可逆性，这种守恒和可逆的运算使儿童能够运用心理图式解决数学问题（Copley，2000）。

5 ～ 8 岁儿童的数学课程反映了从前运算阶段到具体运算阶段思维的连续性。5 岁儿童的课程是学前班课程的延续，是数学课程连续体中越来越复杂的一部分。在组织课程内容时，该阶段采用了与学前班课程相同的方法。此外，重复出现的与之前所获概念有关的经验是必要的，这样儿童才能内化并应用数学原理。如果以年级水平的观点看数学课程，数学概念在被应用于更为复杂的情形之前会在每个水平上被复习和练习。虽然数学是一个连续体，但也有层级和顺序——复杂概念建立在先验概念和能力的基础上，正如简单的加法跟随对数的理解、较为复杂的多位数加法跟随简单的加法（National Council of Teachers of Mathematics，2000）。

数学领域的发展趋势和重要议题

近几十年来，数学专家的担忧在于数学课程聚焦于基本技能，而这些技能并不能使儿童为 21 世纪的工作生活做好准备。具体来讲，他们认为随着计算器和电脑的到来，太多地强调计算训练已经过时，他们的立场是未来工作者应能够解决非常规问题（Steen，1990）。

1989 年，美国数学教师委员会发布了《学校数学课程和评价标准》，建议在数学课程与教学方面做出巨大改变。这一标准明确了数学教学应纳入实际动手的经验、计算器和电脑、操作材料及合作学习小组。数学课程应强调将数学主题、问题解决与数学交流联系起来（Willis，1992）。2000 年，美国数学教师委员会发行了《学校数学原理与标准》，目的是在 21 世纪进一步完善数学课程和教学。该原理与标准反映了对学习者的多样性、科技日益增加的重要性以及在日常生活和工作场合中使用数学的需求的新重视。美国数学教师委员会表示，在变化的世界中，未来的数学需要包含以下几点（National Council of Teachers of Mathematics，2000，p.3）。

· 生活数学。了解数学可使人感到满意和有力量。日常生活越来越离不开数学和技术的支撑，例如购物的决定、选择保险或健康计划及投票，这些都需要数量分析的头脑。

· 数学作为文化遗产的一部分。数学是人类最伟大的文化和智力成就之一，公民应对这种成就进行欣赏和理解，包括在审美和娱乐方面。

· 职场数学。正如对智慧公民的数学水平要求急剧提高，职场对数学思维和问题解决水平的要求也迅速提升，从医疗健康到平面设计领域都是如此。

·科技界的数学。尽管所有职业都需要数学知识作为基础，但有一些职业是数学密集型的。很多儿童要在教育道路上求索，为他们作为数学家、统计学家、工程师和科学家的一生工作做准备。

数学教育工作者的工作主要围绕与数学和数学知识相关的4个主题而展开，分别为：数学是一门不断发展的动态学科，儿童积极构建数学知识，通过感知数学概念之内或之外的关系来理解数学，知识可以通过社会互动来培养（Campbell，1999，p.107）。

和语言发展一样，数学知识的习得在生命中很早就开始了，并在学前阶段、初等教育、中等教育和高等教育中持续进行。学前阶段的儿童通过探究他们的环境和在日常生活中遇到的数学概念来学习数学。儿童进入幼儿园和小学时有着不同的数学理解能力，教师需要认识到儿童之间的差异，且需要计划经验，为数学概念的进一步习得扩展个人基础，这些概念将在不同的时间以不同的速度被习得。为了获得成功，儿童必须有充足的时间和机会去构建、测试并反映他们不断增长的对数学的理解（National Council of Teachers of Mathematics，2000）。

那么教师应该给幼儿和小学生设计什么样的均衡数学课程呢？课程应包括的主题有数感、量的构建（包括数的运算、几何学、测量、数据分析或统计）及解决问题的能力，儿童应能将数学概念和技能应用于发现并解决实际问题和情境（Campbell，1999；National Council of Teachers of Mathematics，2000）。

在后面的内容中，我们提出了一个针对5～8岁儿童的、包含美国数学教师委员会倡导的原则和标准的数学教育课程。我们将详述一个适宜5～8岁儿童的数学教育课程，并描述环境和教师如何支持课程和教学。紧接着，我们将根据美国数学教师委员会倡导的原则和标准描述数学教育课程的组织，包括课程的各组成部分。最后，我们会列举美国数学教师委员会所提出的一些有代表性的新方向的实例（National Council of Teachers of Mathematics，2000）。

设计数学课程

数学教育课程的目标

有学者提出："数学教育课程为促进儿童习得和运用数学概念与技能而设计。教师通过设计解决有意义的问题的活动使儿童学习数学概念。数学技能和问题解决是教学的重点，这些也通过自发性游戏、项目和日常生活得到培养。各种数学操作材料和游戏被用来帮助开发和应用数学概念，非竞争性的、口头的'数学难题'和数字游戏在练习中进行。数学活动被整合进其他相关项目活动中，如那些被整合进科学与社会课程的数学活动。"（Bredekamp & Copple，1997，p.173）

为5～8岁儿童设计的发展适宜性数学课程引自《早期教育项目中的发展适宜性实践》。该项目以儿童为中心，且与真实的问题解决活动相联系。儿童是积极的参与者，构建数学图式基于把具象思维并入抽象思维的经验。数学知识通过经验和在环境中操作物体来重建，之后是反思的过程，最后实现逻辑思维（Kamii，1982，2000）。

高质量数学教育课程的关键是设计有助于促进学前儿童思维由前运算阶段向具体运算阶段过渡的学习经验。幼儿园和小学目前的困境在于儿童在有相应认知能力前就被迫进行抽象活动，他们在能够使用心理图式前就被要求进行数学运算。在小学教室里常常可见到儿童在解决书面加法问题时依靠手指，这些儿童依旧需要具体的指示物来解决加法问题，因为他们没有用心理过程将加法的概念内化。儿童应被允许用具体的实物按自己的步调发展，之后在他们准备好时再进行纸笔练习（Charlesworth & Lind，1990）。

数学教育课程的目标以儿童认知发展和数学领域的基本知识为基础。其中，数学领域的基本知识是美国数学教师委员会所建议的全部数学知识的一部分。幼儿园和小学数学课程的目标在于为达成21世纪社会中成人生活的更广阔目标而应具备的各项能力，具体包括10条标准：数和运算、代数、几何学、测量法、数据分析和概率、问题解决、推理与证明、交流、连接、表征。

适用于幼儿园至小学三年级儿童的标准为前5条，更多有关幼儿园到小学三年级的标准和期望的信息将会在本章后面的内容中进行阐述。

环境和教师的角色

教室环境应被组织为便于儿童通过多种亲自操作的体验来探讨数学的环境，环境安排必须有利于个人、小组和整个班级的活动。为语言艺术活动设计的区域也适用于数学教育。一个重要的要求是要有提供数学活动和材料的工作和游戏区。数学领域有时与科学领域结合，包含对数学概念的探究和对所需材料的练习。

数学中心的组织应便于儿童参与不同类型的活动。计数对象、建构材料、组合立方体及其他多功能材料可供儿童持续使用，其他材料被放置在中心，用于特定的研究单元或主题项目。例如在测量重量的研究期间，用于称重和比较的天平和物体可以被放置在一个中心；在学习测量时间的单元中，可将与时间相关的书和不同类型的计时器具（发条钟、数字时钟、沙漏和定时器等）放置在一个中心，与特定的研究问题相匹配。

幼儿园教师可能会发现，对数学中心的使用易于与数学课程结合起来。但对小学教师来说，如果所在学校采用的基本课程模式关注的是系统教学和手册练习，而且他们对数学中心的用处并不熟悉，那么他们可能不得不系统地计划如何将具体的真实生活活动用于概念的学习。使用数学中心材料的动手活动应得到发展，以确保经验促进儿童新概念的构建。

教师在实现高质量数学教育课程、发展数学经验方面扮演着关键的角色。有两个基本因素指导教师发展学习经验：儿童的发展特点、对美国数学教师委员会提出的新标准的涵盖。

如何选择适宜的计数书

学前儿童要学习简单的计数书。正如美国数学教师委员会所提及的，有一些高质量的计数书可帮助儿童用更有意义的方式计数。教师可通过以下10个问题来选择适宜的计数书。

- 这本书中是否有超过 10 的数？
- 这本书是否给予儿童保存数字的机会？
- 这本书是否说明了多组不同的对象？
- 这本书是否包括跳跃计数的经验？
- 这本书是否在其他文化或语言中探究了数与量？
- 这本书中是否有超过 10 的位值或分组？
- 这本书中的计数策略问题能否用图来表示？
- 比较性的语言，例如更多或更少，和其他非数字语言是否可在插图中使用？
- 儿童是否有机会发展层次关系？
- 这本书是否恰当地使用零？

麦克唐纳强调计数书应不限于计数，特别是超越 1～10 的计数书。虽然没有一本书能包含所有问题，但教师可利用上述问题来给儿童选择更多关于数的理解的书（McDonald，2007）。

在为由前运算阶段向具体运算阶段过渡的儿童设计数学课程时，第六章所介绍的儿童由具体到抽象、由简单到复杂的思维发展变化能够为数学教学提供非常有价值的信息。教师应遵循儿童认知发展的规律设计有针对性的数学课程，以支持和促进其发展。

什么时候应使用系统的教学？什么时候非正式的、整合的、来自真实生活的、有生活意义的活动最恰当？对此教师要做出决定。一些计划好的课程和教学会关注课程的范围和顺序，教师计划介绍的概念建立在儿童已习得的概念的基础上，并为今后的学习打下基础。系统化的教师直接指导的教学给儿童提供亲自实践的经验，且概念要遵循一个连续的计划，以使数学知识更有意义、更有逻辑。

在小学，教师在系统化教学范围内要考虑如何在抽象练习之前进行具体练习。例如，当学习位值时，学生可以先探究代表个位数和十位数的不同颜色的木块，然后使用有表现位值的图的书，之后再做关于位值的纸笔练习。

非正式的实践的体验鼓励儿童在解决实际问题时使用数学概念。例如，一年级的孩子使用加法机或计算器做数学题，题目是计算在杂货店一共买了多少东西，这其实就是学习数学在实际生活中的应用。同时他们在当今世界将科技应用于数学问题的解决中。

整合的主题单元也为将数学概念应用于达到目的提供机会。幼儿园幼儿在烹饪单元中遵照一个简单的食谱使用测量技能。在一个田野游戏单元，小学二年级的儿童使用秒表测量跑一段距离需要的时间，然后用图记录时间。

在下一部分，我们将描述幼儿园和小学数学的组成部分，然后为促进数学概念发展的活动提出建议。在不分年级的学校，或在只有某一年级或年龄孩子的独立教室中，教师在给儿童组织系统的非正式教学时可以运用这些内容。

技术在数学教育项目中扮演的角色

计算器和电脑是儿童世界的一部分，是学习数学的特定资源。应当在学前阶段给儿童介绍这些科技资源，且这些资源应被整合到 5 ～ 8 岁儿童的数学课程中。

在 5 岁时，儿童应通过自由游戏和探究知道计算器的重要性。学者们建议 5 岁儿童可参与以下活动（Dutton & Dutton，1991）。

· 学习让计算器显示数字 1 ～ 9，并在每次输入后清除显示器。

· 给数字加 1，如 5 加 1 得到 6。

· 在之前的数上减去一个数字。

· 开始学习输入两位数——先输入 10，再输入 20，而后输入 30。

之后，儿童应该可以通过他们学习到的所有概念和技能来拓展计算器的使用。一旦儿童学会一个操作，他们就会使用计算器以提高计算速度和准确性。教育者也必须与儿童一起学习适当地使用计算器。计算器是一个可提高数学能力的工具，然而这并不意味着它可以取代儿童理解和使用数学的过程。

电脑在数学课程中也有重要的作用，因为每个年幼儿童都需要在 3 ～ 4 岁成为电脑初学者。教数学的电脑软件以很快的速度发展着。除由企业开发的产品外，美国教育部也通过国家扩散网络帮助学校学习创新程序（Dutton & Dutton，1991）。

西摩·派珀特引领着儿童在数学和语言读写能力上的电脑使用（Papert，1980），他认为儿童可以成为程序员且学会通过电脑进行交流。运用在瑞士日内瓦派珀特中心关于遗传认识论的研究背景，派珀特发展了 LOGO 电脑语言，使儿童能与电脑进行交流。LOGO 语言中的"海龟"使儿童能为电脑输入操作命令。

美国科学基金会在《21 世纪美国教育》（*Education American for the 21st Century*）中提倡电脑的使用，声称儿童应学会用电脑学习知识，包括关于电脑的知识。美国数学教师委员会提出的学校数学原则与标准的主题之一就是科技，它建议道："科技在数学的教与学中是必要的，它影响着数学的教并促进儿童的学习。"（National Council of Teachers of Mathematics，2000）

克莱门茨检验了年幼儿童使用电脑的效果（Clements，1985）。他发现，尽管电脑可以促进学习，但它并不是万能药，它和其他有价值的学习策略与材料有同样的益处。克莱门茨提出了儿童使用电脑学习数学和解决问题时的两大关键点，他提议儿童在使用电脑练习之前应先理解概念，且教师在调节儿童与电脑的互动中必须扮演积极的角色。

另一种观点认为应为幼儿选择适宜于其发展的软件。格兰和谢德发现许多可用的软件不能反映出教与学的发展性方法，教师应在幼儿使用电脑时认真反思和评价软件（Haugland & Shade，1988）。

计算器和电脑是未来数学教学的一部分，教师需要获得使用这些资源的能力。此外，他们需要就有效地将这些工具纳入为儿童设计的数学教育项目进行训练。

组织数学教育项目

幼儿园和小学的数学教育项目包括之前介绍的美国数学教师委员会 10 条标准中的前 5 条。这些标准是通过目标和预期的形式描述的，涵盖从幼儿园到小学三年级的使用目标和预期，标准和目标如表

12-1 所示。人们应注意到，这里所说的目标是按从简单到复杂而不是按年级划分的。在一些领域中预期目标是连续的，即必须先理解或实现上一个目标，才能开始开展下一个目标的工作。在另一些领域中，学习目标可以同期达成。表 12-1 所描述的数学教育项目与其说是对某一年龄或某一年级数学教学顺序的规定，不如说是一个关于数学教学的层级性指南，儿童通过以能力和兴趣为基础的课程取得进步。此外，在不分年级或多水平学校组织模式中，儿童可以通过合作学习小组或配对与不同年龄、不同水平的同伴一起学习相同的内容。教师需要理解课程的范围和顺序的本质，以便于规划系统的和非正式的整合课程，这些课程要包含使学生达到美国数学教师委员会制定的标准的内容和经验。

表 12-1 美国数学教师委员会制定的从幼儿园到小学三年级的数学教育原则与标准

	幼儿园到小学三年级的指导项目应使所有儿童实现的目标领域	幼儿园到小学三年级学生的学习期望，即幼儿园到小学三年级的所有儿童应实现的具体目标
数量和操作标准	理解数字、数字代表法、数字之间的关系、数字系统	·理解运用计数，辨认一组对象有"多少"。 ·用多种模型形成对位值和十进制的初步理解。 ·发展对相对位置、数字的大小、基数和序数及它们的关系的理解。 ·发展数感，灵活地表示和使用数字，包括数的组成和分解。 ·连接数字与数字所代表的数量，使用多种物理模型表示。 ·理解和表示经常使用的分数，如 1/4、1/3 和 1/2。
	理解运算的意义及它们之间的相互联系	·理解数字加法和减法的不同意义及两个运算之间的关系。 ·理解数字加法和减法的结果。 ·理解使用乘法和除法的情况，如把对象分为相等的几份和平等分享。
	轻松计算并做出合理估计	·发展和使用全数字计算的策略，关注加法和减法。 ·发展和使用加法和减法的基本数字组合的熟练性。 ·使用多种方法和工具计算，包括实物、心算、估算、纸笔和计算器。
	理解模式、关系和功能	·按物体大小、数量和其他特性进行排序、分类和整理。 ·认识、描述并扩展模式，如声音和形状序列、简单的数值模式，并从一种表示转换到另一种表示。 ·分析如何产生重复和增长的模式。
	用代数符号表示和分析数学情境与结构	·诠释运算的一般原则和特性运算，如交换性、使用具体的数字。 ·使用具体的、形象化的和生动的表示方式来发展对新的或传统符号的理解。
	使用数学模型表示和理解数量关系	·模型包括全数字的加法和减法，使用实物、图片或符号。
	分析各种语境的变化	·描述质性的变化，如一名儿童长高了；描述数量的变化，如一名儿童长高了两英寸。
几何标准	分析二维和三维几何形状的特点和特性，理解几何关系的数学概念	·对二维或和三维几何形状进行辨认、命名、构建、绘画、比较并排序。 ·描述二维和三维形状的属性和部分。 ·探究和预测将二维和三维图形拼在一起或分开的结果。
	用解析几何与其他表征体系进行具体定位和描述空间关系	·用相对位置的概念描述、命名和解释空间的相对位置。 ·用方向和距离的概念描述、命名和解释导航空间的方向和距离。 ·用简单的关系（如"靠近"）和坐标系统（如地图）找到并命名位置。
	运用转换和对称分析数学情境	·认识和运用滑动、翻转和转换。 ·认识和创造对称形状。

续表

幼儿园到小学三年级的指导项目 应使所有儿童实现的目标领域	幼儿园到小学三年级学生的学习期望，即 幼儿园到小学三年级的所有儿童应实现的具体目标
运用目测、空间逻辑和几何模型解决问题	·用空间记忆和空间视觉形成几何形状的心理图式。 ·从不同视角认识和表示形状。 ·将几何学的观点与数和测量关联起来。 ·在特定的位置和环境下认识几何形状与结构。
测量标准 理解对象、单元、系统的可测量性及测量的过程	·认识长度、体积、重量、区域及时间的属性。 ·根据特性进行比较和排序。 ·理解如何用非标准和标准的单位进行测量。 ·根据要测量的对象选择合适的单位和工具。
运用恰当的技巧、工具和公式进行测量	·用大小相同的多个单位进行测量，如多个大小相同的纸夹。 ·重复使用一个单位以测量更大的单位，如用米尺测量一个房间的长度。 ·用工具测量。 ·为测量活动提出一般参考物，以进行比较和估计。
数据分析和概率标准 构想出可以用数据解决的问题，通过收集、组织、展示相关的数据来回答	·提出问题并收集有关问题自身或背景的数据。 ·根据对象的属性分类，组织关于对象的数据。 ·用具体的物体、图画和图表表示数据。
选择和使用恰当的统计方法分析数据	·描述数据的某一部分及作为一个整体的数据，确定数据展现了什么。
基于数据发展、评估推理与预测	·论述与学生经验相关的事件，讨论是"可能的"还是"不可能的"。
理解和运用概率的基本概念	

一个关于收集和报告数学数据的项目

两名大学教授和一名小学三年级教师合作开展了一个旨在帮助三年级学生学习如何提出数学问题、收集数据以及报告调查结果的项目。参与该项目的学生要学习如何提出适宜的数学问题、如何收集数据以及如何用图表报告调查结果。在了解到学生对教师设计的问题没有兴趣后，教师和学生进行了头脑风暴，讨论在学校或周围社区中有哪些他们想了解的问题。在多次讨论并列出了关于问题的观点后，全班决定致力于解决这个问题：分别有多少学生在午餐时选择了脂肪含量为2%的、巧克力味的、全脂的和脱脂的牛奶？全班学生自主分组，并用不同的方法收集数据。其中一组在学生们排队拿午餐时计算了每种牛奶被取走的数量，而另一组到每个教室让拿了每种牛奶的学生分别举手，从而计算每种牛奶被取走的数量。

对学生来说，一个重要的挑战是分析和报告数据。面对众多的数字，学生必须学会如何利用10的倍数和20的倍数去记录他们的发现。有些学生用计算器完成计算并绘图。教师发现，学生在教师的帮助而非指导下能够主动实施并完成他们的调查（Hutchison，Ellsworth & Yovich，2000）。

设计数学课程

在为幼儿和小学生设计一门课程时，教师要考虑所设计教育活动的类型：教师主导课程、中心活动、小组合作学习活动、全班调研活动、由一对或一小组学习者选择的游戏活动。下面的活动是一些小且有代表性的例子，这些活动来自不同难度课程的组成部分。因为一些活动可同时适用于较为复杂和较为简单的情境，教师不能根据年级或年龄水平来确定是否使用它们。

促进数学的经验

计数游戏

数学部分：数字与计算

为儿童介绍一个使用旋转指针和编过号的卡片的游戏，讨论如何将计数用于玩这个游戏并确定胜者。可以征集不同的主题，这对计数游戏来说是必要的。由几对儿童或合作小组提出一个关于游戏的主意，设计游戏并玩几次。之后将游戏压缩，纳入数学中心。

所需材料：大张纸或标签纸、记号笔、旋转指针、卡片

多米诺骨牌

数学部分：全数字运算

教儿童玩一个简单版的多米诺骨牌，让他们画出多米诺骨牌并轮流尝试匹配数字模式。当他们能够匹配时，让他们用计数对象的组合做出更大的集合。

所需材料：多米诺骨牌、计数对象

数字宾果卡

数学部分：数字与计算

制作一张含有16个数字的宾果卡，数字范围为1～20或更大。使用一套印有圆点的卡片，圆点的数量所代表的数字包括宾果卡上的数字。把学生组成小组，轮流抽取一张圆点卡片。学生需要确定卡片上的圆点所对应的数字，并确定这个数字在不在宾果卡上。最先连出一条横线或竖线的即为胜者。

所需材料：数字宾果卡、印有圆点的卡片

容器乘法

数学部分：全数字运算

收集一组容器，如浆果篮子或果汁罐，以及几组计数对象，如棒、蜡笔、立方体或其他物体。选择5个罐子，要求一名儿童在每个罐子中放相同数量的物体，给儿童演示怎样将每个罐子中的物体数量加起来以得到总数，或用乘法得到总数。例如，如果4个罐子被放入了物体，每个罐子里有3个物体，儿童可以通过3加3加3加3得到12，或者通过4乘3得到12。用不同的组合重复活动，让儿童每次都用加法和乘法计算。活动可以简单或复杂，这取决于儿童的能力和经验。

所需材料：容器如浆果篮子或果汁罐、计数对象

沙桶

数学部分：测量

儿童将不同量的沙放入沙桶或其他容器中，用量杯测量每个容器中有多少杯沙。让儿童将测量的精确度精确到半杯，然后让儿童把测量结果制成图。

所需材料：沙桶或其他容器、量杯、铅笔、纸、沙

形状对称

数学部分：形状、对称

给儿童一组二维形状的剪纸，或让他们描出一些常见的形状，如三角形、正方形、圆形、长方形、椭圆形等。让儿童对半折叠，折成相等的两半。给对称下定义，并让儿童解释他们的图形是怎样对称的。作为后续活动，可让儿童思考环境中对称的东西（如蝴蝶、人体、书）。

所需材料：二维形状纸、剪刀

形状分数

数学部分：形状、随机数字

使用与"形状对称"活动相同的形状。让儿童确定形状是怎样被划分为两个相等的部分或被分为两半的，介绍分数 1/2；再让儿童将形状划分成 4 部分，介绍分数 1/4。让儿童向教师展示 1/2 的形状和 1/4 的形状。

所需材料：形状纸、剪刀

接纳儿童学习的差异

数学中的适宜性课程和教学已受到了特别关注，特别是涵盖从具体到抽象的学习经验的习得，这对发展迟缓或有认知缺陷的儿童来说是特别重要的。发展迟缓的儿童没有从前运算思维过渡到具体运算思维，教师需要评估儿童的发展水平，并以发展为基础设计课程经验，而不是以年级或年龄为基础。

在儿童还没有形成对某一概念的理解时就让其去应用这一概念，儿童会感到困难，不论有没有学习能力缺陷都会感到这种困难。儿童可能被教导如何进行数学运算而没有习得基本概念，结果当儿童需要在日常生活中使用概念时，并不会使用问题结果策略。例如，一名儿童可能已经学习了简单的除法并完成了一些练习，然而当被问到用 3 美元可购买多少个长面包时，儿童并不会用除法得到答案。

有学习困难的儿童可能会在处理和表达数学信息方面有困难。幼儿可能在口头表达数学理解时有困难，因为他们缺乏描述数学知识的词汇。第一语言不是英语的儿童及其他英语表达能力有限的儿童在被要求用口语做出反应时可能会遭受挫折，他们需要有运用非语言表达的机会，用指示或操作物体的方式来表现其使用概念的能力。

儿童可能会缺乏一些运动技能，使他们无法完成运用数学知识和技能的纸笔练习。他们可能精细动作发育迟缓，或者在转变方向上有困难。教师需要确定是否由于写作表达上的困难致使儿童在恰当反应上存在困难，而不应直接下结论，认为儿童不能理解所学的数学知识。

一些幼儿存在接受上的问题，即他们不能理解一个概念的口头论述，或在理解书面信息上有困难。

儿童可能对辨别书面的图底关系感到困难，这导致他们在处理和解释视觉信息上存在困难。

随着时间的推移，许多在数学学习中经历接受和表达困难的儿童能克服自己的问题，他们有短暂的迟缓，但在正常发展后迟缓会消除；而对于有些幼儿来说困难是持久的。教师需要为儿童对学习差异保持敏感，并发现促进儿童习得数学概念和表达理解能力的替代途径。

一年级数学学习小组

组织一年级小规模数学学习小组可使课堂接纳儿童数学技能上的发展差异。学习小组的目的是给儿童提供建构知识的经验，而非使用教师灌输的知识；还有一个目的是通过鼓励儿童按自身水平学习来培养其对数学的积极态度。

小规模学习小组的形成便于儿童学习特别的技能和概念。在一个班级中，几个学习小组学习不同的技能。重要的是，儿童能在受到挑战的同时成功完成任务。学习小组基于数学课程的理念，让儿童自己解决整个学年中的问题（Sloane，2007）。

科学课程

5～8岁儿童的科学课程也建立在儿童已有的经验基础上。不像数学内容具有顺序性，科学在自然中是全面的，儿童不断遇到关于工作的信息，并不断增加他们自己的图式且存储知识。在这几年，儿童天生的兴趣和好奇心使他们成为科学现象的狂热探索者。

儿童如何学习科学

科学课程是以儿童中心和儿童启蒙为主导的，因为知识是通过第一手调查和实验获得的。前运算思维、具体运算思维及对科学的理解应通过各年龄段的动手学习获得，每一阶段儿童思维的性质都会影响科学项目的计划。

5～6岁的前运算阶段儿童在认知局限内了解科学。因为无法在头脑中推论概念，他们必须采取行动来了解概念的重要性。即使有具体行动，他们的看法依旧限制了他们的理解。例如，即使一个前运算阶段儿童可以将某一容器中的液体倒入另一个形状不同的容器，但他受到外观变化的影响，不明白液体的数量保持不变。这个阶段的儿童也受自我中心思维的影响，他们专注于自己对事件的看法，而且每次只能处理一个方面的情况。

5～6岁儿童不能预见行动的结果或后果，这一点限制了他们预测未发生的事情的能力，让他们掌握"如果……你觉得可能会发生什么"这个问题是非常困难的。同时，这个局限性使他们很难把原因和影响联系起来，或理解一系列事件的模式。前运算阶段儿童的科学课程应是由儿童的亲身体验和探索构成的。

当儿童从前运算阶段向具体运算阶段过渡时，他们可以用思想代替或补充具体行动来理解科学。他们可以掌握整个过程及其每个部分或步骤，能够懂得一个以上的变量或特点是如何影响结果的，开始理解他人关于某一事物或事件的视角和观点。因为向具体运算思维的过渡是渐进的，最先能够通过理性思维能力思考的是熟悉的概念和信息；问题或情况越复杂，儿童运用理性思维解决问题的能力越弱，就越需要信息的物理操作。

小学低年级儿童的科学课程也融入了语言和社会技能发展。他们可以用数字和文字表达自己对科学调查的看法，通过轮流、合作、预测、讨论他们的发现来拓展其与同伴一起开展的工作。

在第八章我们提到，学前儿童的认知限制可能会阻碍他们充分发展和探究科学概念。没有教师的促进或帮助，他们不能解决认知冲突。小学低年级的儿童逐渐脱离这些认知限制，但他们在学习科学概念时仍然需要指导和帮助。科学项目应包含前面讨论的高质量早期教育课程的要素，具体包括以下内容。

· 儿童通过积极参与科学现象学习科学概念，包括探究、调查、反思和表现。

· 儿童在社会环境中学习科学概念，在学习中心、合作小组、配对活动中和其他儿童一起观察与学习。儿童交流思想，参与科学项目，讨论他们的发现。

· 儿童和教师合作学习科学概念，教师指导和促进科学经验，引导儿童在理解和解决问题方面达到更高的层次。

科学领域的发展趋势和重要议题

对美国学校科学课程低质量问题的担忧已经被讨论了很多年，对低质量科学指导的批判包括小学科学课程，许多科学教育报告将 20 世纪 80 年代使用的课程描述为过时的。艾伦·布罗姆利，前总统乔治·布什的科学顾问，宣称"在许多情况下，过去 10 年的大学前的教育一直在欺骗着年青一代"（Bromly，1989）。

布罗姆利的观点得到了 1986 年美国教育进步评估项目关于学校科学建设的研究的支持（Mullis & Jenkins，1988）。不仅美国儿童的表现比其他国家的儿童差，而且女生落后于男生，非洲裔和拉丁裔儿童的表现比其他同龄人差。

小学阶段科学指导的低质量问题更早被发现。杜谢尔的报告指出小学阶段的科学指导是不充足、低效率的（Dueschl，1983）；霍夫发现小学教师将科学指导不良归因于不充足的科学背景、不充足的时间和空间以及不充足的设备（Hove,1970);20 世纪 80 年代末的研究者认为这种情况并没有多大改变。

1987 年，美国科学教师协会制定了标准，针对学前 3 年的儿童科学项目、课程、教学及教师提出要求。

1995 年，《国家科学教育标准》（National Science Teachers Association，1995）公布，以改善所有儿童的科学教育为目标。标准内容包括以下方面：科学调查、物理科学、生命科学、地球和空间科学、科学和技术、个人和社会层面的科学、历史科学、统一概念和过程。

美国科学基金会努力改革美国中小学的科学教育。2061 项目建议开展 4 个共同的主题——材料、能源、信息和系统，这 4 个主题自幼儿园起介绍给儿童，并延续到学校阶段的学习（Tilgner，1990）。这个项目和其他完善科学课程的努力都试图使其达到由美国科学教师协会提出的示范科学项目的标准。2001 年，2061 项目和美国科学教师协会出版了 2061 项目的更新内容——《科学素养地图集》（National Science Teachers Association，2001），这本地图集描述了 2061 项目的学习目标之间的联系。

科学教育改革的一个重点是动手活动的运用。探究式、动手式课程是年幼儿童学习的有效途径（Sivertsen，1993）。关于动手活动有不同的依据和解释，一个将改革的理论在实践中落实的项目将科学教学定义为动手指导，这个项目的 9 个科学教育者对探究式、动手式课程的定义如下。

  ·课程关注儿童对科学概念和过程的理解而非事实记忆。

  ·儿童学习用科学的过程性技能来动手"做"科学。

  ·指导是以经验为基础的，儿童经常做动手的活动和探究（Penta，Mitchell & Franklin，1993，cited by Vesiland & Jones，1996，p.378）。

制订科学课程计划

科学课程的目标

5～8 岁儿童科学课程的主要目标是帮助儿童理解他们所生活的世界。为达成这一目标，应先完成 3 个子目标：儿童理解科学的思想或概念，掌握科学研究的技能，形成确定的对科学的态度。一些促进科学概念获得的经验包括以下方面（Rakow & Bell，1998，pp.165–166）。

  ·儿童应被鼓励通过合作学习来辨别和解决相关问题，而不是被动、独自获得任意信息。

  ·儿童可随时获得各种设备和资料，从而使他们与后院、社区和居民区的自然世界互动。

  ·使用探究式学习来进行的科学教学将调查置于科学课程的中心，儿童通过他们自己的调查认识自然与社会。

儿童认识世界的方式涉及科学研究过程性技能的运用，包括观察、比较、分类、测量、交流、实验、联系、推理或应用。在第八章，我们介绍了学前经验中的科学过程。在本章，我们将探讨 5～8 岁儿童科学课程的设计过程。

科学过程的整合

幼儿科学课程的设计涵盖了整个科学研究过程。不论儿童是对某单一经验还是对某更广泛的主题所包含的系列经验进行探究，一些或所有科学研究性技能都可能被应用，表 12-2 展示了幼儿园和小学一年级的过程性技能。

科学活动的一个例子是观察植物的自然漫步，儿童要用的两个科学过程性技能是观察和交流。在漫步时，儿童用观察技能来探究周围环境中的大量植物；返回教室后，他们可以通过谈论、画出或写下他们的发现来交流对于观察的看法。

表 12-2　儿童科学学习的过程性技能

过程性技能	技能内容
观察	运用各种感官（看、听、摸、尝、闻）来认识环境的特点。
比较	针对相同点和不同点，测量、计算、定量或检查对象和事件。
分类	根据属性进行分组和排序，如尺寸、形状、颜色、用途。
测量	通过观察直接做出定量描述，或用计量单位间接描述。
交流	用口头或书面的形式（如图片、地图、表格或期刊）来命名、记录、分享观察和发现，使别人可以理解学到的知识。

　　一个观察种子的较长的计划可能包括更多的过程性技能。儿童可以给种子和植物分类，观察它们生长的过程。他们可以预测哪类种子将长成最大的植物，测量植物的生长指标；将植物获得的水分和光作为变量，观察它们对植物的影响。教师和儿童应有意识地计划使用科学的过程性技能，并积极思考过程的组成部分，因为它们是被纳入科学课程的经验。

环境的作用

　　一个高质量的科学课程要求有较大的存储空间，教室的科学中心需要给小组和个人充分的空间，使他们能够开展调查和其他科学活动。这个中心需要放置材料的大空间，桌面、公告板和存储柜都要被用来放置展示品、正在进行的课题的物品及科学课程中持续使用的东西，如宠物、陆地动物饲养所、水族馆、虫笼。

　　轮换使用科学材料对教师和儿童来说是一个经常性的任务。设备被带到教室后用于探究，当主题单元的工作完成后，不再需要的材料和设备就被放回存储室，再换上新的学习主题所需的材料。

　　因为各种活动有可能同时进行，对不同类型的活动进行规划和管理是非常必要的。展示区应与工作区分开，储存设施应放在相应活动的可获取范围内。

　　科学中心需要制订一个管理计划，动手活动应要求儿童了解使用科学设备和材料的安全知识。应当使学生清楚地理解开展调查的步骤及在中心学习时的适当行为，并让学生观察这些正确做法。应对计划的活动进行审查，以确定它们是否可以由学生独立进行或在成人指导、监管下进行。

　　除中心里可用的存储空间外，教师还需要额外的存储空间。如果教师足够幸运地有一个储存室，材料和设备应被组织好并存放在有明确标记的容器内。一个学校的资源区可能位于许多地方，当存储空间不在学校时，教师则需经常搬运所需物品。

　　教师也需要对课堂科学活动所需材料的获得进行安排。大部分永久性设备由学校提供，作为课堂教学资源的一部分；材料可以是从家里找到的和从教室回收的旧物；家长往往可以帮忙找到免费和低成本的材料，如果在科学活动开始前教师寄给家长所需物品的信息单，家长就可以帮教师收集并提供所需物品。

　　不可忽视的是，户外环境也是科学经验的一种自然资源。许多调查可以很容易地转移到户外，那里有空间走动。当然，有些活动只能在户外进行。商业资源往往以人工的形式呈现科学活动，而学生通过到户外和亲身体验可以更好地学习。例如，相比于儿童观察几天或几周直到观察到所有类型的云，观察图片上不同形式的云只是一个不太合格的替代品。

教师的角色

在实施科学课程时，教师作为一个引导者、回应者和促进者积极参与。当儿童进行观察、调查和实验时，教师会随着儿童的活动进行观察和提问。作为观察者，教师确定儿童何时需要额外的资源、何时会受益于详细的提问。教师的主要职责是观察和记录儿童的思维发展。教师可以组织科学指导，采用"游戏—汇报—重演"策略来完成教学（Wassermann，2000）。

在策略的第一步（游戏）中，教师设计经验，儿童在合作学习小组中学习概念。小组成员是调查工作中活跃的参与者，教师的作用是观察而不是直接参与。

在策略的第二步（汇报）中，教师帮助儿童反思他们的调查活动，更好地了解他们的思考与探究。在汇报阶段，教师提供脚手架信息来帮助儿童，使他们的活动和结果有意义。教师可以使用提问策略，帮助儿童处理他们的思想差异，并形成新的见解和理解。教师可能会问以下问题（Wassermann，2000，p.30）。

· 你做了什么观察？

· 你是怎么知道的？

· 你是怎么想出来的？

· 你是怎么使它发挥作用的？

"游戏—汇报—重演"策略的最后一步是重演。在接下来的几天里，儿童可以进行重复的调查，他们可能使用新材料。重演可以为实践提供概念，所得到的结果可能是相同的，也可能走向一个新方向。

教师也需要参与科学活动。有时候儿童追求自己的兴趣，有时候合作小组的努力会增加学习的机会。在全班活动或教师指导的活动之前，教师会安排演示或通过其他方式让儿童准备好。教师需要知道哪些过程性技能会促进儿童从活动中获取知识，并以此引导他们在遵循的步骤中使用这些技能。如果需要建立规则，教师在活动开始之前需要确定儿童理解了这些规则的使用。

科学课程的组织

科学课程的组成部分

科学世界为组织科学课程提供了无限的可能性。在生物和物理两大领域，教师和儿童可选择许多有趣的主题形式。科学主题应从儿童最感兴趣的内容中选出。生物科学与物理科学需要保持平衡，因为儿童往往对生物话题更感兴趣（Seefeldt & Barbour，1998）。

《国家科学教育标准》中的内容标准为科学课程的组成部分提供了一个适合幼儿园和小学一年级儿童的框架（Rakow & Bell，1998，pp.166–167），如图 12-1 所示。

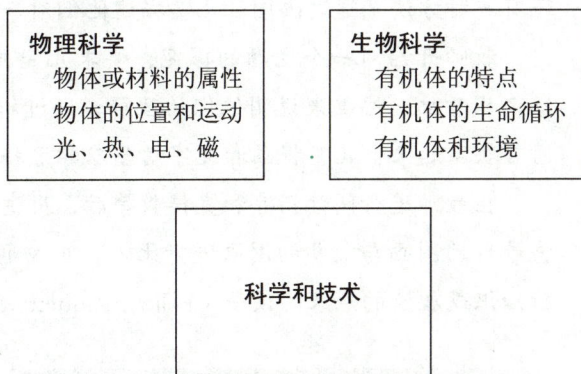

物理科学
物体或材料的属性
物体的位置和运动
光、热、电、磁

生物科学
有机体的特点
有机体的生命循环
有机体和环境

科学和技术

图 12-1　幼儿园和小学一年级科学课程组成部分

显然，选题和组织科学计划有各种可能性，科学课程的建构应使儿童在教师的陪伴下通过动手操作的儿童主导的经验成为活跃的学习者。同样重要的是由气候和地理特征而产生的学习本地区或区域性科学的机会，儿童会对与他们住的地方直接相关的科学经验感兴趣。林德伯格总结的最终目标是：儿童在找寻他们想知道的问题的答案时体验科学过程，在过程中发现科学是自己所做的事情（Lindberg，1990）。

设计科学课程

科学课程仅被描述成内容领域，也就是说，活动的重点是教授科学概念。来自其他内容领域的多种形式的活动可能也在科学课程的经验范围内，但最主要的还是学习科学。

一个重要的可替代方式是设计专题课程，专题课程中，所有内容领域对探究来说同等重要，知识来自专题中的经验，科学概念是在单元主题的大范围内学习的。专题课程的主要目标是通过综合的专题化的经验获得所有内容领域中的成长，通过这些课程，儿童开始了解学习中的连接性并认识世界的整体性。

接下来提出的两部分课程活动反映了两种方式。第一部分为适用于 5～8 岁任何年龄个体的活动，我们将描述一系列有趣的科学主题活动。第二部分将展示科学与其他内容领域综合在一起的方式，我们将列举建立在科学主题或专题基础上的科学单元的例子。

用画图来理解科学课程

理解有关科学的文字信息，即被称为说明文的科学文本，对小学低年级的儿童来说是非常重要的，尤其是三年级的儿童。当儿童还不能独立学习这类知识时，教师可以给他们朗读这类材料。还有一种方法是通过画图让儿童描述他们对一个科学主题的理解。

教师开启对一个主题的探究，要求儿童画出他们理解了什么。以雨林为例，在探究开始时，每名儿童画一幅画来说明他们的理解。通过解释画作及对学生间讨论的促进，画图和书面与口头语言联系起来，儿童将画和文字结合以学习科学。

在教师进行阅读指导和直接教导后，儿童根据他们对主题的探究，再次画出他们理解的图画，将最后的图画与最初的图画进行比较。儿童通过学习前和学习后的比较，回顾通过学习所获得的新知识或厘清的原来的误解（Fello，Paquette & Jalongo，2006–2007）。

促进儿童科学学习的经验

苹果干

科学主题：植物

科学过程运用：观察、预测、交流、推断

儿童用削皮机将苹果削皮、去核、切片，把苹果片穿起来，放在明媚的阳光下，观察它们在一段时间内干燥的过程。在儿童品尝干燥的苹果片时，让他们切一个新鲜的苹果，比较它们的颜色、质地和味道。

所需材料：苹果、削皮机、刀、绳子

比较种子

科学主题：植物

科学过程运用：预测、分类、推断

收集各种水果，如苹果、梨、桃子、樱桃、甜瓜和草莓。切开水果，让儿童找到并描述种子。让他们比较种子的数量和特征，以及它们在水果中的位置。

所需材料：各种水果、刀、纸盘或纸巾

植物收集

科学主题：植物

科学过程运用：收集数据、分类、交流

带儿童散步，让他们收集种子。给每名儿童一个购物袋，让儿童尽可能多地收集不同的种子，儿童在小组中比较他们收集的种子的相似性和差异。把所有的种子放在一起，让儿童把同一种植物的种子组成一组，每人挑选一组种子来描述。作为活动的延伸，儿童可以数种子的数量并绘制图表。

所需材料：购物袋、大纸张、制图用的记号笔

昆虫模型

科学主题：动物（昆虫）

科学过程运用：观察、识别、交流

鼓励儿童做模型展示收集的昆虫。让儿童观察昆虫笼或小罐子里的昆虫，为他们提供放大镜来检查昆虫的身体部位。鼓励儿童用面团和废料制作昆虫模型，完成后，儿童可以解释他们的模型，或就昆虫和他们的模型写些东西。

所需材料：面团、废料、昆虫、纸、文具

树皮拓片

科学主题：植物

科学过程运用：观察、交流

在讨论过树、树的各部分（特别是树皮）的特点后，带儿童去观察不同的树皮。给每名儿童一张纸、

一支大的初学者蜡笔。让儿童选择一种树，将纸附在树皮上，教儿童使用蜡笔做拓片。儿童可以比较完成的拓片，讨论对树的比较。

所需材料：大纸张、蜡笔

观察影子

科学主题：光和影

科学过程运用：观察、实验、推断

儿童对影子感兴趣，他们可以追踪太阳和地球的运动，描述影子被影响的方式。在晴朗的日子里，把儿童带到户外，让他们比较影子的大小和方向，探索不同的物体和它们不同的影子。

所需材料：无

制造影子

科学主题：光和影

科学过程运用：观察、实验、推断

儿童可以在室内实验阴影。向白色墙壁或新闻纸上投射强光，鼓励儿童试着用他们的身体"做"影子。鼓励他们把纸贴到一根冰棒棍上或手指上来做木偶。告诉儿童如何通过改变光和墙的相对位置来改变他们所能制造的阴影类型。

所需材料：光、白色墙壁、剪刀、胶带、冰棒棍

介绍磁铁

科学主题：磁铁

科学过程运用：观察、实验、推断

给每名儿童一个磁铁，把金属和非金属的小物体放在桌子上，让儿童实验哪些物体会被磁铁吸引。让儿童把物体分成两堆——被磁铁吸引的和不被磁铁吸引的，鼓励儿童推测为什么物体会被磁铁吸引。

所需材料：磁铁、教室里的小物体

整合有助于促进儿童科学学习的各类经验

上述的科学活动作为单独的活动或一系列活动的一部分，对儿童探究更广泛的概念来说都是有意义的。当经验与其他内容领域相关时，科学会更有意义。此外，科学可以是跨学科课程的一个起点，将科学作为整合课程的核心是极好的，因为儿童喜欢科学。儿童亲身参与并进行动手活动，在科学过程中使用的思维技巧可以在所有学科领域中使用。表12-3展示了梅克林和开普勒所提出的科学过程性技能的跨学科应用（Mechling & Kepler, 1991）。

一个关于九月收获月的学习单元演示了科学主题是如何成为综合课程单元的焦点的。儿童在一个月内观察了一个月相周期，他们每天晚上观察并绘制月亮来记录月相。儿童通过在窗子上贴纸来追踪月亮，比较月亮在不同高度上的大小。为了加深对月球的意义的理解，在社会研究方面，儿童可以学习把月亮的相位和天气变化联系起来的历史知识；在艺术方面，他们可以在月光下进行夜间艺术项目；

在数学方面，他们可以探究月球与地球不同的引力是如何影响物体重量的。这些只是用来使月亮研究更有趣和更有益的许多活动的一部分。

表 12-3　跨学科的科学研究过程技巧

科学	阅读	数学	社会科学
分类	比较特点	分类，排序	比较思想
收集数据	做笔记	收集数据	收集数据
解释数据	组织事实，识别起因与影响	分析	解释数据
交流结果	合理安排信息	绘制图表，构建表格	制作地图
预测	预测	预测	预测

整合课程

在一个整合课程的例子中，识字知识与动手科学结合起来，这个例子即水教育训练科学项目（Moore-Hart, Liggitt & Dorsey, 2004），它集中于教授科学探究技能，如沟通、预测、观察、分类和写作。日记被用来记录观测和数据，他们也使用日记的条目就正在学习的内容进行反思并提问。该项目的创始人指出，这些写作经验可以促进更高层次的思维并增进对科学信息的理解。

项目试图整合故事、文学、生物学、化学、地球科学、物理和写作。教师调整科学家的技术来进行水研究，学习周期分为五步，包括参与、探究、解释、阐述和评价。一个关于科学家研究水资源和保护淡水资源的故事启动了学习周期的第一步，儿童通过剩下的四个步骤来学习更多关于水环境的知识。图 12-2 说明了五步学习周期是怎样被用来进行这项专题研究的。

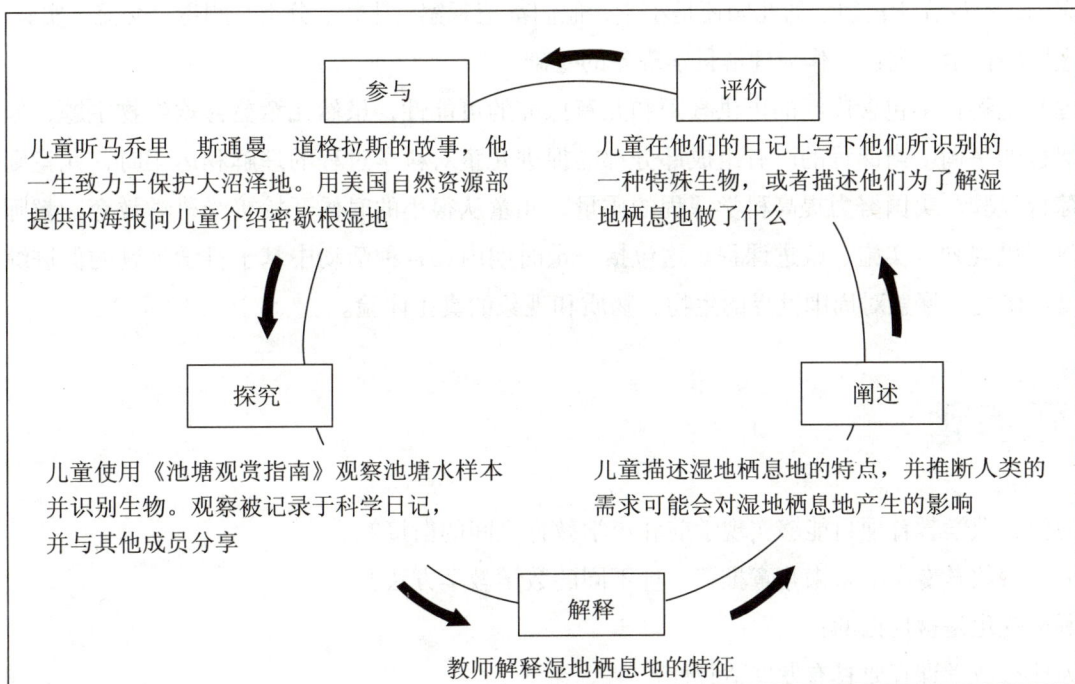

参与：儿童听马乔里　斯通曼　道格拉斯的故事，他一生致力于保护大沼泽地。用美国自然资源部提供的海报向儿童介绍密歇根湿地

评价：儿童在他们的日记上写下他们所识别的一种特殊生物，或者描述他们为了解湿地栖息地做了什么

探究：儿童使用《池塘观赏指南》观察池塘水样本并识别生物。观察被记录于科学日记，并与其他成员分享

阐述：儿童描述湿地栖息地的特点，并推断人类的需求可能会对湿地栖息地产生的影响

解释：教师解释湿地栖息地的特征

图 12-2　五步学习周期

　　一个研究飓风的课程采用了以儿童为中心的方法来整合课程（Diffily，2003）。第三章介绍了项目教学法的运用，由儿童来对他们将要学习什么、怎样实施计划及如何记录所学知识做出决定（Katz & Chard，2000）。当一年级儿童开始担心飓风可能袭击他们的社区、摧毁他们的房屋时项目启动。在探究关于飓风的书籍后，教师和儿童讨论探究这个话题的可能性。经过多次讨论，儿童投票决定制作一段关于飓风的视频，以帮助幼儿园的儿童理解它。全班进行了广泛的研究，并与遭遇过飓风的人进行交流。儿童收集报纸，并写下通过自己的写作技能他们可以学习什么。准备了大量脚本后，儿童将视频制作出来。除了学习飓风，内容技能也被嵌入该课程。更重要的是，儿童知道了他们可以通过共同计划和工作在多个信息来源中定位信息。

小　结

　　数学课程使儿童上升到更复杂的层次，随着具体运算能力的获得，儿童可运用更高层次的认知。当儿童学习新的数学概念时，从具体到抽象和从简单到复杂的顺序尤为重要。因为数学是自然顺序，教师需要了解概念如何建立在儿童先前的数学经验的基础上。儿童学习新的技能时，教师应广泛使用具体的材料，制造很多机会，使儿童在现实生活中应用数学技巧并解决问题。与语言艺术课程一样，数学指向的是在情境中的应用，而不是一套孤立的技能。此外，使儿童利用信息技术工具和电脑应用程序是学前教育通向更高层次教育课程的一部分。

　　科学课程是更全面的。在许多情况下，儿童需要不断遇到相同的科学概念来充分理解科学过程的含义和应用，不论在学前班、幼儿园还是小学，他们都把观察、比较、分类、测量、交流、实验、联系、推理或应用的科学研究过程作为理解科学现象的基础。

　　物理和生物科学包含广泛的可供教师和儿童探究的可能性，虽然儿童更喜欢生物主题，但他们需要两种课程的平衡。当课程的所有组成部分都能促进儿童对科学过程的理解和运用时，儿童则受益于科学的综合经验。美国努力提高科学课程的质量，儿童从很小的时候开始接受科学教育，教师越来越重视在教室里规划、实施、改进课程。这包括一定时期内在各种活动中基于科学主题的促进综合经验的单元设计研究，涵盖对周围世界的生物、物质和现象的真正体验。

思考题

1. 为什么数学教育项目能够实现学前和小学教育之间的衔接？
2. 为什么数学专家给未来儿童推荐一种不同的数学教学方法？
3. 哪种变化是被提倡的？
4. 为什么数学课程要具有发展适宜性？

5. 为什么综合和真实的经历对数学尤其重要？

6. 儿童应怎样学习数学活动中的电脑和计算器技术？

7. 为什么教师要谨慎选择和使用电脑软件？

8. 数学课程是如何分层、排序的？

9. 有学习障碍的儿童在试图理解和运用数学时可能会遇到什么困难？教师应怎样帮助这些儿童？

10. 为什么前运算阶段和具体运算阶段的儿童需要直接、亲身体验的科学经验？

11. 小学生可以进行的体验科学概念调查的活动有哪些？

12. 新科学项目如何区别于传统科学项目？

13. 为什么使用主题单元是科学单元发展的有意义的方法？

第十三章

幼小衔接课程：5～8岁儿童的社会研究与体育课程

本章目标

阅读完本章，你将能够：

· 理解社会性学习在幼儿园和小学低年级的重要性；

· 描述教师培养社会性发展的活动；

· 描述幼儿园和小学低年级的社会性课程；

· 诠释社会性课程的构成；

· 诠释如何设计社会性课程；

· 描述如何设计综合的、主题性的社会性课程；

· 阐释5～8岁儿童的身体如何持续发展；

· 探讨如何就身体健康发展制订计划；

· 阐释班级教师和体育教师在健康发展的课程设计中所扮演的角色；

· 描述有助于儿童身体发展的整合课程。

社会研究课程

在学前教育阶段，社会性发展是设计社会科学课程的基础。在 5 ～ 8 岁，社会性发展或社会科学通常被贴上社会研究的标签，但其主要构成部分或主题与学前班幼儿使用的类别是相似的。在幼儿园和小学低年级，社会性发展仍然被认为是非常重要的内容，除了扩展社会化技能，儿童在童年晚期形成对待他们自己和他人的态度和价值观。社会性课程包括提升儿童的社会性技能和增进儿童对世界和人类的理解。

5 ～ 8 岁儿童的社会性发展

第九章提到学前儿童自我中心性逐渐消失，并发展理解他人的思维与理解不同行为的能力。对于入学的儿童来说，这种能力能使其社会认知逐渐成熟起来，包括社会角色扮演、换位思考和预见他人的感受与想法。社会认知的发展使儿童更好地理解他人和自己，对发起友谊感兴趣。儿童也能够理解他人的不同处境，即使他们不能理解这些不同的根源或原因（Brewer，2004；Feldman，2001）。

刚入学的儿童进入埃里克森所认为的"勤奋—自卑"阶段，在进入青春期前，他们将得到充分的发展。他们越来越擅长阅读、书写和数学，如果在学业上获得成功，他们就会把自己看作是有能力的学习者。同样，如果他们成功地使用了社交技能，则能够感到自己被同伴喜欢。儿童如果没有克服适应学校的障碍或学习结果不能令人满意，那么将会产生自卑感或低自尊。

如果一名儿童在社会性和情感上做好了入学准备，那么他应拥有但不限于以下特点：他是自信的、友善的，已经或者将能与同伴发展良好的关系，能够专注于并坚持具有挑战性的任务，能够有效地处理挫折、愤怒和喜悦，能够听从指令和集中注意力（Child Mental Health Foundations and Agencies Network，2000，p.vii）。

不幸的是，并不是所有儿童都能实现社交和学业上的成功。很多因素会影响儿童入学第一年的积极社会化。育儿方法和价值体系的差异可能使一些儿童难以适应中产阶级立场的传统学校结构，儿童的成长背景有家庭结构、经济状况和民族文化的差异，这些可能使儿童难以在学校环境中感到舒适（Garcia，2003；Onchwari，Begum & Onchwari，2008）。被忽视、虐待的儿童和有特殊需要儿童在努力实现成功与被其他儿童接受方面面对着特殊挑战（Meddin & Rosen，1986；White & Phair，1986）。尽管这些因素也会影响学前儿童的社会化，但在小学期间其影响更加显著。当儿童进入小学低年级时，他们会更加关注需要遵守的班级和学校规则及期望的行为，也会更加关注自己是否作为班级社交团体的一部分而被同伴接受。

在进入幼儿园时没有获得完备的社会性和情感能力的儿童，在学龄阶段也会频繁地体会到挫败感。从童年到成年，他们将持续地遇到行为、学习、情感和社会问题（Child Mental Health Foundations and Agencies Network，2000；Mindes，2005）。留级可能会导致行为问题，在低年级时学业成绩差的儿童也可能处于反社会行为的风险中（Huffman，Mehlinger & Kerivan，2000）。

同伴的拒绝可能对小学低年级儿童产生重大影响。考虑到维果茨基强调的学习的社会成分，被同龄人拒绝的儿童在社会化学习中可能处于劣势，他们在参加自发的团体学习活动时也可能被拒绝。

　　学校是推进儿童社会化的主要力量，而且教师在让所有儿童成为班集体中成功的一员方面扮演着重要的角色（Child Mental Health Foundations and Agencies Network，2000）。在幼儿园和小学课堂中，教师可以运用各种方法来最大限度地促进儿童的积极社会化。教师在课堂上必须评估儿童的友谊和社交模式（Matthews，1996），合作和分享行为能够通过教师的榜样树立和指导来获得。教师能利用辅导、直接教学和强化来培养适当的社会行为。频繁的团体经验，包括合作学习小组活动，能够帮助儿童理解共同工作和相互支持（Feeney & Moravcik，2005；Kamii，1986；Manning，1998）。

　　5～8岁是儿童道德发展最重要的年龄阶段。尽管儿童在此之前可在道德推理中做出客观的判断，但他们现在变得更加主观。也就是说，他们在对他人做出道德判断时会考虑对方的意图。学习理解他人的意图是一个持续到成年的艰难过程（Kamii，1986）。

　　道德推理的发展与社会行为之间似乎存在着一种关系。对一年级儿童的研究发现，那些具有较强道德推理能力的儿童在社交方面也更成功。有良好社交技能的儿童能够更好地判断其他儿童的意图并能够考虑他们的需要（Dodge，Murphy & Buchsbaum，1984），更擅长道德推理的儿童具有更成功的社会交往，其他儿童更频繁地寻找或接近他们。

　　伴随道德发展的是态度和价值观的形成。态度和价值观是习得的，儿童与在家庭和社区中接触到的人互动，在互动中体验态度和价值观（Seefeldt，2004）。儿童价值观的形成始于儿童早期，受到家庭、学校同伴、学校的成人和其他校外群体的影响。年幼的儿童在日常生活中从家庭和周围社区习得价值观和习惯，他们也通过学校社区的日常经验学习学校文化价值。因此，在形成态度和价值观方面，父母和教师扮演着非常重要的角色，尤其在成人教导儿童使其形成社会生活的价值观和态度时。我们希望促进这样的观点：所有人在尊严和尊重方面是平等的，享有平等权利。

　　在美国社会中，不可能每个人都得到公平对待，儿童会在非常年幼时就持有偏见（Trawick-Smith，2005）。儿童早在2岁时就会受到刻板印象、偏见和歧视的影响（Derman-Sparks，1992）。在美国，偏见是一个很严重的问题，尤其是针对少数族群的偏见。教师的工作应朝着建立平等对待每一名儿童的环境而努力，他们要了解儿童的多样性，包括不同的性别、能力、语言、所处的阶层和文化。这个过程的第一步是教师要针对不同背景的儿童形成自己的认识，并思考它是如何影响儿童的生活和学习的（Trawick-Smith，2005）。文化的差异包括对性别角色、秩序、声音的大小及团队合作而非个体竞争的认识。关于消除偏见，由于教师对差异的理解有了发展，他们能够更好地就平等、公平对儿童进行示范和教育，期待儿童用这种态度去对待他人（Seefeldt，2004；West，1992）。

促进社会性持续发展的活动

　　幼儿园和小学课堂中的社会性发展是通过日常生活、游戏、学习和工作来促进的。社会性和道德的发展以及态度和价值观的形成都出现在由教师建构的社会生活和学习的环境与实践中。社会性发展的主要目标是扩展儿童的社会化技能，并通过加入学校共同体学会欣赏自己和他人。教师通过示范适当的态度和行为并组织课堂实践和活动，使儿童在民主的环境中实践社会角色的获取和合作，以帮助儿童达到这些目标。

　　教师的初始任务是营造一个培养合作和相互尊重的课堂氛围。在所有儿童参加分享式学习时，教师有意识地努力营造一个无竞争的氛围，教师的定位和领导方式从教师导向的教学转移为促进同伴互动的中介（Feldman，2001）。

由教师营造的理想教室氛围可促进儿童自尊与尊重他人能力的发展，儿童在这个获得价值观和行为的过程中学习如何成为一名合格的公民。通过参加集体生活、与其他人进行沟通、合作解决问题，儿童可以体验社会并获得学业成就（Holmes，1991）。儿童的归属感和自我价值感是在教师扮演参与者角色的共同学习过程中发展而来的（Johnson & Johnson，1994）。

教师可利用几种策略来建构非竞争性的分享式学习环境，这些策略包含课堂讨论、合作学习小组和民主决策。

课堂讨论

课堂讨论是教师帮助儿童学习权利和责任、培养对自己和他人的尊重的一种途径。当讨论进行到中间时，儿童可以表达他们逐渐意识到的美国人的相同之处与差异，以及在他们的课堂中儿童表现出来的相同和不同之处。儿童可以分享自己的家庭生活方式和传统，并拓宽其对个人及团体差异的理解与欣赏。

合作学习小组

合作学习小组促进了分享式学习和小组互动。儿童在包含各种各样的发展水平、能力、背景和性别的小组中学习，而非单独行动。要想在小组中成功地发挥作用，儿童必须学习和运用人际关系技巧。教师计划、组织能够利用小组凝聚力和积极互动的活动，通过成功参与小组的努力，低成就感的儿童感受到他们在小组中的积极贡献，而更有能力的儿童可以尝试领导角色（Lyman & Foyle，1990）。儿童在观察、模仿和与同龄人讨论想法时相互学习（Atkinson & Green，1990；Mindes，2005）。

民主决策

民主意识是通过群体生活和学习中的民主决策获得的。在整个学年中，儿童和教师一起设定学习的目标、班级的规则和出现在课堂中的社会性问题，选择他们将学习什么和如何学习。特别是在规划项目或主题单元时，进行一个单元的学习是一个集思广益、共同规划和实施活动的过程，以实现学习目标和民主实践。个人和小组的计划工作包括分配不同的职责，监控各部分活动的进展情况，并汇报最终结果（Lenhoff & Huber，2000；West，2007）。

社交问题可以在民主决策活动中解决。教师可以领导小组讨论，目的是提出解决问题的建议。课堂会议技巧可以用于确保每名儿童都有说话的机会，让儿童在指导下观察和理解别人的观点，解决问题的方法就是得出的结论（Glasser，1969）。

学习成为合格公民和社会化技能是学校总课程的一部分，也是社会研究课程的一部分。在下面的章节中，我们将思考如何组织和构建从幼儿园到小学三年级的社会研究，以及综合学习在社会科学课程中的重要作用。

幼儿园和小学的社会研究课程

学前社会科学课程被分为历史、地理、经济学、社会学和人类学这几类，这些科目也构成了小学和中学社会研究的框架。本书前面的内容解释道，在学前阶段这些领域的研究应适应儿童在前运算阶段的经验和能力。本章将以同样的类别来讨论社会研究。幼儿和小学生的学习经验应反映他们日益增长的能力，从更广泛和更复杂的角度理解概念。此外，社会研究课程的设计应从一个综合的系统入手，反映出幼儿用以了解自己及其世界中的他人的最有意义的方式。

社会研究课程来自不同的儿童个体，儿童的种族和文化背景以及他们所处的较大社区和地区的构成是研究课题和内容的基础。例如，在亚利桑那州上课的儿童所接触的混合文化与阿拉斯加州和威斯康星州不同。某一文化和种族群体内部也会因儿童居住地的不同而存在多样性。佛罗里达州南部的西班牙文化受到古巴和南美的影响，而加利福尼亚州的西班牙文化则有更多的墨西哥特征和传统。在制定社会研究目标时，教师必须牢牢记住，学习经验会受到每个地区儿童群体的独特性的影响。

社会研究尤其适合整合课程。明德斯将这种方法追溯到杜威和布鲁纳的研究（Mindes，2005）。杜威关于项目和主题的研究以及布鲁纳对基于探究的教学的研究都体现于今天的主题或主题社会研究课程。

如今的课程是基于1994年美国社会研究委员会制定的社会研究目标的，下一节将会讨论这个问题。美国社会研究委员会规定：社会研究的主要目的是帮助年轻人培养对公共利益做出明智和理性决策的能力，使他们成为在相互依存的世界中、在文化多样和民主的社会中的公民（National Council for the Social Studies，1994）。

社会研究的目标

在1994年，美国社会研究委员会发表了《卓越的期望：社会研究课程标准》（National Council for the Social Studies，1994）。尽管美国社会研究委员会并不是唯一设定社会研究课程标准的组织，但它是倡导公立学校进行社会学研究的专业组织（Jantz & Seefeldt，1999）。

美国社会研究委员会的标准关注发展成为良好公民，也反映了建构主义和学习的综合性，解释了社会研究的目的，具体如下（National Council for the Social Studies，1994）。

·社会研究计划的主要目的是促进公民的能力，即儿童承担美国公民义务所需的知识、技能和态度（如托马斯·杰斐逊所说）。

·K-12（学前至高中教育）社会研究计划将知识、技能和态度纳入学科内部并实现跨学科。

·儿童社会研究课程帮助儿童构建知识库，从学科中汲取态度，并将社会研究作为观察现实生活的专门方式。

·社会研究项目反映了知识不断变化的性质，促进解决对人类具有重要意义的问题的全新和高度综合的办法产生。

美国社会研究委员会进一步提议，小学阶段的儿童应通过跨学科的高度综合经验来进行学习，这些经验可围绕主题进行构建。在学科领域，历史、地理、政治科学和社会学被描述为基于学科的知识类别。

社会研究标准分为以下 10 个主题：文化，时间、连续性和变化，人、地方和环境，个体发展与认同，个人、团体和机构，权力、权威和治理，生产、分配和消费，科学、技术与社会，全球连接，公民理想和实践。

标准中列出的学科适合幼儿园和小学课程，下面在描述社会研究的目标时，将讨论历史、地理、经济学、社会学和人类学。

历史

幼儿园和小学阶段的儿童开始发展与历史相关的概念，通过变化和时间这两个概念，可帮助儿童理解过去的概念。儿童首先通过理解日常生活中的变化来理解时间的流逝，他们可以通过测量时间的实验来了解历史是对过去发生的事情的研究。然后，随着时间的推移，对变化的感觉可引起儿童对历史意义的理解。儿童可以从理解自己的变化发展到辨认出、意识到家庭和邻里的变化。通过代际交往，他们学习了生活的连续性，以及不同年龄的人代表的时间流逝（Seefeldt，2004）。假日标志着一年中的时间的流逝，以及人们在今天可观察到、在过去也可观察到的庆祝活动。

地理

学习地理帮助儿童理解地球是人类的家园，地理帮助他们找到在地球上可以找到的地方和事物。随着儿童向具体运算思维发展，他们开始区分生物和非生物，开始理解非生物不能自己移动，但可以通过外部力量移动（Piaget，1965）。

一些 5 ～ 8 岁儿童可以理解的概念包括：地球上的陆地和水面、作为太阳系一部分的地球、地球上的季节和气候变化、空间方向。通过了解位置和空间方向，儿童可以使用简单的地图。他们可以通过使用积木和箱子之类的东西来学习如何表示地点和位置。例如，幼儿园的儿童喜欢用单元积木来搭出房子的轮廓，为小型车辆绘制道路也为体验绘制地图的经验提供了可能。

地理概念可首先应用于当地社区，然后应用于学校周围的地区。附近的陆地和水面、当地气候的特点、社区相对于学校的位置的地图，这些可引出绘制距离学校和社区更远的、有更多变化的地区的特点地图。

学习如何制作地图

一个正在学习地图制作课程的二年级班级在地图单元中开发了 3 个地理概念：表现与象征，透视，比例。这 3 个概念支持着地图的目的和使用。教师使用由具体到抽象的经验和象征来帮助儿童理解单元中的概念。儿童在课堂上构建小组模型，然后画出地图。儿童在画面中呈现的内容包含了不同观点的融合。之后儿童被要求画一张他们卧室的平面图。

在下一阶段的绘图中，儿童建立了他们的社区意识。社区地图被放大为 90 厘米宽、120 厘米长的尺寸。儿童可以在地图上使用牛奶箱来建造他们的房子。儿童意识到公共汽车路线的逻辑与家庭的位置，以及他们与其他儿童的距离的远近。他们选择了另一名儿童的家，绘制了两家之间的地图，并记录这个发现。

在最抽象的层次上，儿童讨论他们如何能画出一天事件的顺序。这个班首先讨论了他们在课堂上的日程安排，并制作了一张经历图表来画出一天中的活动。然后每名儿童设计并绘制了他们自己的一日"地图"。

一些儿童在理解比例尺的概念时有一定困难，不能保持他们画的物体的比例。在他们的画中，最重要的物体大于其他物体（Lenhoff & Huber, 2000）。

经济学

学前儿童可以理解购买和销售商品与服务所涉及的内容。他们在生活中体验过购物，体验过用钱、银行支票和购物卡购买日用品和衣物。幼儿园和小学的儿童可以了解劳动和产品生产之间的关系及社区的经济特点。他们可以理解他们需要通过工作来赚钱、供求的概念、过度生产和稀缺的意义以及储蓄的观点等（Seefeldt，2004）。开展包括对杂货店、货场、银行、药店、建筑工地和商场进行实地考察的学习活动可以促进对这些概念的理解。

儿童可以探索消费者角色意味着什么，他们可以了解消费者如何通过广告购买商品，以及生产商品和提供服务之间的差异。

社会学和人类学

年幼的儿童需要了解人以及人如何组成团体和社区。学前儿童可以理解家庭是基本的社会单位，小学阶段的儿童则可以了解本地以外的社区。儿童还可以了解其他国家的人是如何生活的，意识到要了解在附近社区及世界其他地方的人们的生活方式的异同。儿童从前运算思维过渡到具体运算思维，可以开始使用推理来理解战争的根源以及种族和民族差异的影响。儿童需要讨论国际议题，以使他们形成对非美国人的看法，讨论国际议题将有助于获取国际概念。这些学习必须从幼儿开始，以使他们对美国和其他国家的人们的多样性形成积极的态度，并避免可能影响他们观点的偏见（Moyer，1970）。

当前的问题

社会研究中的信息是不断变化的。我们生活在一个瞬息万变的世界中，并且由于电视上呈现了各种时事的视觉信息，儿童可以对附近或遥远国家的变化情况和状况有所了解。例如，小学生可以接触到一些新成立的国家的信息，这些国家可能是由苏联解体产生的，或者是那些致力于重获独立地位的。当前的问题，如生态和环境保护，正在被各种媒体和当地社区团体及组织宣传，这也是幼儿意识的一部分。

小学生能够学习关于他们自己社区的话题，这些话题可能与世界其他地区的话题有关。他们可以逐渐意识到为什么经济问题可以影响各国使用其环境的方式；通过展示不同人群在自己社区中相互矛盾的需求的实例，教师可以指导儿童逐渐理解其他国家间的冲突。例如，对垃圾场位置的争议或对在社区中积累垃圾的数量问题的认识，可以成为理解世界上存在的各种类型污染的基础，对这些污染的处理在不同国家由于不同的情况存在着差异。

幼儿可以理解爱国主义的原则。他们可以理解为什么在美国旗帜被用作一个州或国家的标志，为什么美国儿童背诵《效忠誓言》，为什么国家有国歌。到小学阶段，儿童可以意识到国家在经历变化，政府的变化可导致人们生活和工作方式的变化。

设计社会研究课程

那么，5～8 岁儿童的教师如何规划和实施社会学课程呢？为了与本书的重点一致，对社会研究课程的描述将基于学前和小学之间的发展连续性。社会科学的主题将被拓展，将更深入地探究之前讨论过的社会研究元素。

这些主题的开发会考虑儿童的认知能力。在此部分我们会考虑到儿童书面语言的发展、向具体运算思维的过渡以及作为所有课程开发基础的学习原则，通过让儿童积极参与学习和规划来重建知识是课程组织的基础。

一个一年级的关于问题解决的单元设计实例结合了科学和社会研究（West，2007）。这个实例是研究火山口，其目的是帮助儿童批判性地思考并进行有目的的问题解决。除解决问题外，这个单元还有助于建立一个学习共同体。

对火山口的调查遵循一个科学的过程（见表 12-3）能够让儿童成为教师的小助手，去解决问题。下文展示了为达到课程目标而纳入课堂会议和小组调查的一个课程计划，这个计划也展示了课程标准的运用。

火山口调查课程计划——一年级

主题

火山口（语言艺术、数学、科学、社会研究）。

主要思想

儿童使用科学方法探索和描述火山口。

标准和目标

1. 解释问题的含义并回应问题。

2. 通过直接比较或使用非标准单位比较物体的重量。

3. 做出预测并计划简单的调查以了解世界。

4. 描述物理环境如何影响人们的生活方式。

材料

火山口图片，一些岩石和各种大小的球，塑料或金属的两升容器且一半装有沙子，一把尺子和非标准测量工具。

动机

教师展示火山口湖的图片和没有湖的火山口的图片，学生推测湖的起源和没有湖的火山的起源。教师说："让我们用科学的方法来了解更多关于火山口的信息。"教师展示材料，并大声问儿童材料如何被用于学习。

教学活动

1. 班级会议（进行预测）

（1）教师

· 写下目的和儿童提出的关于火山口的问题。

· 写下假设并邀请儿童猜测问题答案。

· 展示实验材料，并阐明其使用的安全规则。

（2）小组

· 教师鼓励小组用材料做实验来证明他们的假设。

· 儿童写下他们做了什么，或绘制图画来展示发生了什么。

· 教师观察和提出发人深省的问题，例如以下问题。

你对火山口了解些什么？

你还想了解些什么？

如果你把一块大石头（或一块小石头、一块较重的石头）扔到沙子里，会发生什么？

如果你从这里扔下石头，你认为会发生什么？

发生了什么？你怎么知道的？你还能做什么？

为什么发生了这件事？它是怎么发生的？

2. 班级会议（分析）

在小组完成实验并报告他们的发现后，儿童之间展开讨论，教师提问，例如以下问题。

各小组的报告有哪些相同和不同之处？

今天采用的科学方法中的哪些帮助你学到最多的知识？为什么？是如何帮助的？

你现在有什么新问题？你怎么找到它们的答案？

我们如何与另一个班级或我们的家人分享这些信息？

我们社区的人是否受到过火山伤害？为什么没有呢？

评价

教师使用下面的类目和问题测量每名儿童的进步，表中所示的水平等级表示儿童完成所述目标的程度。例如，如果儿童能正确地解释他们的所有问题并给出答复，则教师可以标记为一级水平；如果儿童正确地解释大多数问题并给出答复，则标记为二级水平；如果儿童正确地解释了几个问题并给出答复，则为三级水平。教师可以实施包含更多水平等级的评价以满足个体需求。教师对"多数"和"少数"的专业评价是主观的，不过遵循伦理的教师会用同一方法测量每名儿童的进步，承认人类的偏见并尽力克服它。

儿童的目标	一级水平	二级水平	三级水平
解释问题的意义并回应			
通过使用直接比较法或非标准单位比较物体的重量			
做出预测并计划简单的调查以了解世界			
描述物理环境如何影响人们的生活方式			

社会研究整合课程

如前所述，社会研究可自然地适用于幼儿园和小学的主题单元。因为儿童生活在愈发全球化的环境中，许多社会研究课题可以包括国际和文化特征。这些主题可整合学科领域，让儿童参与社会行动，帮助他们了解自己的社区，更好地了解自己和他人。

跨文化的电子邮件

阿拉斯加州和新泽西州的儿童可了解彼此，如彼此的环境和彼此的社区。他们交流了有关天气的信息、他们的文化习俗以及如何适应在他们的环境中的生活，他们交换了各自的课程内容和问题。这些交流都是通过电子邮件来进行的（Salmon & Akaran，2005）。

关于玩具的全球研究

关于玩具和游戏的研究可以帮助儿童理解玩具在世界上各种文化中普遍存在。儿童可以通过关于玩具和它们在儿童生活中扮演的角色的单元研究了解人们之间的异同。可以围绕不同类型的玩具组织玩具主题单元，如小象巴巴和匹诺曹玩具提供了来自其他国家的儿童文学的信息。来自大众文化的玩具，如来自美国的米老鼠和芭比娃娃以及来自英国的小熊苏蒂，受到了许多国家儿童的欢迎。

一些玩具更为经典，它们反映了一个国家的历史遗产。俄罗斯套娃、中国风筝和龙木偶是来自世界各地的传统玩具，可以通过代表一个国家的传统或习俗的玩具来对文化进行比较。新娘和新郎娃娃、玩具车、微型住宅和农场或中世纪城堡模型这些展现某种情境的玩具可以被用于比较当前和过去的生活方式。

教师通过发展经验将学习整合到课程中。儿童可以通过各种媒介制作木偶，探究与玩具有关的儿童文学，并使木偶代表其他文化。从国际角度研究玩具可以发展成扩展项目，并作为撰写故事和报告以及讨论社会问题的来源（Swiniarski，1991）。

社区

小学阶段的儿童可以通过研究不同国家的社区来介绍不同的文化。儿童可以使用图书馆的书籍、互联网搜索和其他资源来研究文化特质，如饮食、着装、住房、教育和家庭结构。一个国家的地理特点，如植被、野生动物、天气、温度、降雨量和自然资源，可以与一个国家的环境特点相匹配。可以通过探讨一个国家的地理特点对其文化特质的影响来探究两者之间的关系，反过来，也可以探讨一个地区的居民如何影响该地区的自然环境。

社区研究包含书面报告、带有社区特点的拼贴画以及有关这个国家地理特点比较的图表（如天气、温度、降雨量），这些材料是为了在数学和科学层面提供真实可靠的经验。请儿童画关于不同城市社区的壁画是为了让儿童在视觉层面上描述他们领悟了什么。

全球领导者的传记

儿童可以通过与文学作品结合来了解社会学习的内容，他们可以为正在学习的社会研究话题或独立主题单元中出现的领导者写传记。他们可以将探险家作为一个话题进行研究，写哥伦布、马可·波罗、刘易斯和克拉克的事迹；可以描述英雄的生活，如乔治·华盛顿、纳尔逊·曼德拉和疯马。通过对这些古代或近现代领导者进行文字描述，儿童在发展自己的阅读和写作技巧的同时，也了解了历史和政治科学方面的内容。

儿童文学和社会研究

儿童文学可以培养社会科学概念，尤其是形成对多种文化的理解和欣赏。儿童可以研究文化的一般概念，如语言、政府、经济体系、家庭和教育。儿童文学可以帮助儿童了解文化共同的形式，不论他们处于何种文化中。那些帮助儿童进行文化理解的读本可以运用于涉及家庭关系、日常生活和文化惯例的学习主题中，如婚礼、葬礼、毕业典礼。儿童也可以通过系统的主题单元每次学习一种文化，然后比较各种文化的差异（Barnes，1991）。

通过文学了解时间

关于时间的教学始于幼儿园，随着儿童渐渐长大，他们获得许多有关时间的生活经验，这种教学也逐渐复杂。对时间的理解的一个要素是儿童可以理解过去和现在的事件是相互关联的。对时间的理解也是儿童社会和文化背景的一部分。如果家庭和学校环境拥有关于时间的丰富的经验资源，那么就会促进儿童关于时间概念的更加深入的思考（Harms & Lettow，2007）。

高质量的文学作品可以促进时间概念的发展，文学作品要与美国社会研究委员会的标准相匹配。儿童过去的经历可以使过去和现在产生联系。在关于"飞行"的话题中，飞机的历史可以在《飞翔者》（Drummond，2003）中找到，这本书讲述了在"小鹰"号航空母舰上的第一次飞行尝试；而《我兄弟的飞行机器》（Yolen，2003）这本书则更加关注莱特兄弟。儿童可以通过这些故事理解飞行是怎样的。

民间故事扩大了人们对时间和文化的理解。有关过去儿童经历的书籍、美国原住民的故事及萨勒姆的女巫的故事，都是采用民间传说来描述历史时期和文化的例子（Harms & Lettow，2007）。

节日庆祝

年幼儿童的教师考虑社会研究时，通常会思考的一个话题就是节日庆祝。尽管现在有大量关于研究和体验节日庆祝的想法，但现有的许多庆祝活动已变得老套、缺乏新意。如果教师、儿童基于儿童的兴趣和背景去安排主题活动，那么有关节日的课程主题会更加新鲜和新颖。

一个与文化相关的节日庆祝

　　太平洋橡树儿童学校决定庆祝亡灵节而不是万圣节，因为家庭、学校职工和附近的城市居民都庆祝亡灵节。对节日的庆祝是为了纪念祖先并邀请他们的灵魂回到家庭重聚，节日更关注的是关于那些不再跟自己生活在一起的家人的回忆。

　　学校为 6～9 岁儿童设计了一个主题单元。教师和儿童使用书、多种多样的作品和艺术材料建造一个祭坛，并用蜡烛和食物装饰它；一个维护员积极地提供道具、花朵和食物，使这个区域可用于节日庆祝。

　　一个获得新观点的方式是教师与家长、儿童在一年的开始时开一次头脑风暴会议。他们可以聚焦于吸引他们的主题和观点，并且形成一些理解与本地社区、周围社区和世界上其他地区文化有关的节日的方法。

解决社区需求

　　当儿童进行社区研究时，他们会关注环境是如何影响社区生活的。为了更好地理解社区特点，儿童会考察并比较两个社区，确定生活在其中一个社区的优势和劣势分别是什么。当儿童进行一项关于社会生活质量的深度研究时，可以寻找改善他们社区的方式，也可以设计一个有利于实现理想社区的行动计划。课堂讨论、小组研究、阅读和写作都是为完成他们所有的研究目标而采用的方式。

　　某个大城市的学生研究了这个城市的两个区域，比较这两个区域的小学生放学后可以做什么。他们发现其中一个区域的资源是很丰富的，而在另外一个区域就没有那么多的资源。之后他们带着自己的发现与后一个区域的两个教堂进行交涉，其中一个教堂不仅对学生的发现很感兴趣，而且与附近的小学在课后活动上进行配合，不管活动是在教堂进行的还是在学校进行的。学生从该城市不同区域儿童的生活质量的角度研究了他们的社区，当发现其中一个区域缺少为儿童准备的活动资源，他们就设计了一个项目，参与到改善社区的社会行动中。

了解立法进程

　　宾夕法尼亚州的小学生参与了一项社会行动，即将萤火虫作为宾夕法尼亚州的州昆虫的行动（Maxim，2003）。当儿童了解到宾夕法尼亚州没有州昆虫后，他们开展研究来探讨几种昆虫的优点。在就萤火虫进行表决后，儿童体验了参与立法的政治过程。他们写信给州立法委员和州长，以获得对他们的提案的支持。儿童参加了讨论将萤火虫作为州昆虫的委员会会议。法案通过后，他们再次前往首府观看州长签署法案使之生效。

　　在这个项目中，儿童进行了公民活动，他们使用阅读和写作技能研究昆虫，写信给立法部门。项目最重要的一个部分是儿童采取了直接的行动，并参与了立法进程。

清扫街道

　　在罗马尼亚的图尔恰市，一年级的儿童注意到在他们学校附近的步行街道上的垃圾。他们进行了课堂头脑风暴来解决这个问题。儿童给图尔恰市的市长写了封信，询问如何解决这个问题。这个市长立马采取了行动，去教室参观，并且和儿童一起讨论这个问题。市长承诺垃圾清理的工作会进行得更为频繁，而儿童也保证将糖纸丢进垃圾箱，并且成立一个垃圾巡逻队（David & Grob，2005）。

了解有特殊需要儿童

　　帮助幼儿理解和接受教室中的多样性应扩展到接受那些正经历非典型发展的儿童。存在各种发育差异的儿童都聚集在融合教室，在教师的指导下，对盲、聋或有其他身体残疾的儿童的积极态度可以从学前班开始培养，儿童更难理解智力发育迟缓或有各种类型发展异常的儿童。幼儿园和小学阶段的儿童可以在差异意识和接受差异方面取得进展，并可以更好地回应和帮助其他儿童。由于他们在融合教室中的经验不断增加，教师支持环境并进行教导，所有儿童对残疾本质的理解也得到了扩展（Diamond & Stacey，2008）。

　　一个帮助小学生了解有特殊需要儿童和他们自己的差异和相似之处的项目启动了（Wallace & Knotts，2004），这个项目是性格教育发展项目，其目的是让小学生了解残疾并学习与有特殊需要儿童合作的技巧。项目的发展运用了大声朗读、共同阅读、指导阅读、独立阅读、指导性写作、独立写作和口头演示等读写素养技巧。小学生先学习残疾的概念和不同残疾的特点，教师通过儿童文学来帮助小学生理解更年幼的儿童，从而使他们准备好与学前儿童一起学习。小学生体验了有残疾会是什么样的，例如在眼镜上涂抹凡士林，以使儿童能够理解视觉障碍儿童。学习小组还可以选择一本故事书，并找到将故事以不同形式呈现给更年幼儿童的方式，小组创造的呈现方式可能有戏剧、诗歌和歌曲。

　　年纪较小的儿童对年纪较大的儿童反应非常积极，当他们在学校走廊上碰到时，年纪较小的儿童会向他们的"老伙伴"挥手。

体育课程

　　尽管在学前阶段游戏需求被给予了极大关注，但在小学阶段却不是这样。相较于公立学校，儿童保育中心和私立学校更可能投入时间进行非结构化游戏。5～8岁的儿童需要促进运动发展的活动，然而学校和家庭并不总能提供其所需的身体活动。

5 ～ 8 岁儿童的身体发展

关于学前期运动能力的发展，具体而言即感知运动的发展，前面的内容已描述过，并将技能分为小肌肉动作技能和大肌肉动作技能。我们讨论的学前儿童游戏主要为体育游戏，并在其与社会性和认知发展的关系方面进行了讨论。在纳入社会戏剧游戏、认知游戏和创造性表达游戏体验的背景下，室内和室外的学前游戏环境为小肌肉动作技能和大肌肉动作技能的发展做好准备。

大肌肉动作和小肌肉动作技能、身体意识、空间意识、平衡和综合运动，这些在学前期就被提及的能力在小学初期继续发展。5 ～ 8 岁儿童的身高增速减慢，身体发展主要发生在躯干和四肢，可能会出现儿童肥胖，这在此年龄段的儿童中较为普遍且有增长趋势（Berk，2001；Epstein，Wing & Valosi，1985；Wortham，2008e）。

这个年龄段的运动发展是改善小肌肉动作技能和大肌肉动作技能的过程，儿童快速提升技能，并能胜任体育游戏。加拉修描述了在发育阶段和年龄段方面的运动发育和运动技能获得，他表示幼儿园和小学阶段的儿童从基础运动阶段进入专门运动阶段，他们正从基础运动的成熟阶段向专门运动过渡（Gallahue，1993）。

小学阶段的儿童喜欢展示正在获得的技能。休斯给出了一个男孩的例子：他恳求他的父母买滑板，并从每天获得的新滑板技巧中得到满足感（Hughes，1991）。儿童对体操、舞蹈课和有组织的运动感兴趣。小肌肉动作技能的改善使得一些爱好成为可能，例如组装模型、缝纫、制作工艺品及参加需要灵巧性的其他活动；许多儿童擅长写作，并能够写小作文。然而，并不是所有儿童都能使这种精细动作发展成熟，学校对手写的期望可能高于他们的小肌肉动作发育水平。

运动发展与社会认知发展密切相关。随着儿童从前运算思维发展到具体运算思维，他们新兴的认知与社会性和情感需求影响他们的游戏兴趣。在小学阶段，儿童更加注重同学的认可，被团体接纳是非常重要的。认知能力使儿童有可能参与规则游戏，增加参与团体活动的机会，享受有组织的运动，这些需要团体努力和竞争。

规则游戏可以包含大肌肉和小肌肉动作技能。美国文化中的典型游戏，如棒球、足球、捉迷藏和跳房子，可以用来发展大肌肉动作技能；弹子游戏、跳棋和抓子游戏需要小肌肉动作技能；棋类游戏专门促进智力技能。5 ～ 8 岁的儿童享受参加身体和头脑并用的体育活动和游戏。

应促进什么样的体育活动以及在幼儿园和小学阶段应给身体发展多大的重视，这两个问题包含许多议论点且没有达成共识。最常见的问题包括以下几个：小学体育应重视什么？体育课程是否要涉及结构化或非结构化的游戏周期？在小学低年级阶段，组织好的体育活动有什么作用？

在小学低年级参加组织好的体育活动是规划小学体育发展中的一个议题。在之前的几十年，非结构化的游戏时间是儿童学校生活的一部分，儿童有时间来到户外，选择自己的游戏活动。虽然在这些时间里儿童有可能组织自己的小组游戏，但活动由成人监督且不受成人指导。在今天的学校，大多数户外活动仅限于成人指导的体育课程，成人选择和指导活动，儿童必须参加。此外，许多年幼儿童在放学后也参加有组织的体育运动，放学后和周末的非结构化游戏时间对于许多儿童来说已经减少。因此，一些儿童自主发起的非结构化游戏的优点就无法体现了。由儿童发起和开展的游戏除了能促进身体发展之外，还能够促进社会交往和心理方面的发展。儿童创造游戏和规则，并在参与游戏的社交群体中学会领导技能、交际方法和妥协。成人主导的活动失去了这些可能性，儿童被放到成人控制的世界，并且学龄儿童无法获得自发游戏能带来的益处（Pellegrini & Bjorkland，1996）。

过分强调有组织的运动会给身体健康带来消极后果。过度参加有组织的运动的儿童可能会有倦怠情绪（Rotella，Hanson & Coop，1991）。此外他们还可能受到运动损伤（Taft，1991），参加有组织运动的幼儿可能会因过度锻炼而受伤，例如肌腱炎和应激性骨折；塔夫脱说，儿童很少在自由运动中遭受这种伤害，因为儿童在疲劳或感到疼痛时就会停止游戏，然而在有组织的运动中，成人可能鼓励儿童在不适合其发育的水平上进行训练、锻炼和竞争（Taft，1991）；另外，当父母鼓励儿童参加不止一个有组织的运动时，受伤或过度使用肌肉和肌腱的可能性大大增加。但在运动的过程中也有游戏的元素，运动让儿童可以和朋友在一起并且和他们游戏（Hilliard，1998）。

体育课程计划的制订

在绝大多数早期教育机构中，教师担负着设计所有领域早期教育课程的重任。这种教学组织在幼儿园和小学发生根本性变化，专业教师承担各自专业的教学责任。从幼儿园开始，儿童可能拥有音乐教师、体育教师、计算机中心技师和艺术教师。如果学校只能聘请有限的专业教师，那么体育教师是最可能被聘用的专业教师，因而人们普遍认为体育是课程的一个独立主题。体育教师将体育课程计划为具有运动发育和身体健康目标的结构化课程，除了与课堂学习有关的小肌肉动作，课堂教师不再负责其他方面的身体发展。没有人负责儿童身体的整体发展，没有人在运动、健身和娱乐机会之间找寻平衡以促进社会性、认知、表达和身体的发展，这种情况是可能发生的。

此外，引起人们强烈关注的是，小学阶段儿童的身体发展成长常常被忽略。2001年的《不让一名儿童掉队法案》减少了用于体育教育的时间，并且安排了更多时间进行学术教学。有证据表明，儿童的身体健康状况在过去几十年呈下降趋势。虽然一些问题是由观看电视时间过长和饮食不良导致的，但公立学校对体育教育重视程度的下降也是一个主要因素。根据1999—2000年国家健康和营养调查结果，约有15%的6～11岁儿童超重；在1976—1980年和1999—2000年，6～11岁儿童超重的发生率从预计的7%增加到15%。儿童肥胖可导致健康问题，许多肥胖儿童有高胆固醇和高血压的症状，还有一些患有骨科疾病，哮喘和肝脏疾病的发病率也呈升高趋势（Torgan，2002）。

人们致力于鼓励儿童吃健康食品并更加积极地进行身体锻炼，这种做法不仅促使学校为儿童提供更好的食物选择、将体育活动纳入课程，而且促使父母和公园的工作人员帮助儿童形成健康和积极的生活方式（Torgan，2002）。

加拉修认为，不应对儿童的运动和感知发展不管不顾（Gallahue，1993）。他建议儿童应循序渐进地在发展运动技能方面取得进步；如果儿童不能发展和完善这些技能，那么儿童在今后的体育和娱乐活动中会遭遇挫败感和失败感；儿童一旦形成不好的运动习惯，长大之后就很难再进行纠正。

近年来，各州都对儿童存在的严重健康问题采取了措施。2004年，一项对国家减少肥胖的措施的评估表明，有23个州并没有战胜肥胖（Ace & Stanton，2005）。学校正迎接挑战，要求课堂教师在减少肥胖方面发挥更积极的作用。美国运动和体育教育协会在2004年提出的体育活动指导方针和标准进一步完善了改善身体发展的举措（见第九章）。北卡罗来纳州将美国运动和体育教育协会的体育标准与北卡罗来纳州的能力目标相匹配，表 13-1 显示了二者间的对应。美国运动和体育教育协会标准中的运动发展目标与加拉修的研究一致。北卡罗来纳州和其他州重新强调身体健康，课堂教师和体育教师有相同的责任来增强儿童的身体素质并减少肥胖（Berslin，Morton & Rudisill，2008）。

表 13-1   美国运动和体育教育协会关于体育教育的标准与北卡罗来纳州的能力目标

标准序号	标准内容	具体目标
标准一（北卡罗来纳州能力目标6）	学习者可以完成多种动作形式并熟练掌握其中的一些，以获得终生身体活动的能力。	目标1：用身体的不同部位进行非运动动作。 目标2：在动作模式中进行多种多样的初学者动作和组合技能活动。 目标3：发展安全地参加游戏和运动所需的动作控制力。 目标4：展示滚动动作。
标准二（北卡罗来纳州能力目标7）	展示对运动概念、原理、策略和手段的理解，并运用于学习和进行身体活动。	目标1：识别基本的运动模式。 目标2：形成初步的运动词汇。 目标3：将年龄适宜的概念运用于动作的进行。
标准三（北卡罗来纳州能力目标8）	学习者呈现健康积极的生活方式。	目标1：在参与身体活动中识别喜欢和不喜欢之间的联系。 目标2：开始识别增加身体活动的机会（如走楼梯）。
标准四（北卡罗来纳州能力目标9）	学习者展现出已获得合格的健康素质，并对有利于运动表现的因素十分熟悉。	目标1：识别调整身体活动的生理信号。 目标2：知道身体上两个可以监测心率的合适位置。 目标3：在短时间内维持适度的充满活力的身体活动。 目标4：通过热身活动展示对灵活性的理解，做体操以增强肌肉群的灵活性。
标准五和六（北卡罗来纳州能力目标10）	展示负责任的个人和社会行为，在尊重自己和他人的同时评估身体活动对健康、娱乐、挑战、自我反应和社会活动的价值。	目标1：知道1～2个参加身体活动是重要的和愉悦的的原因。 目标2：知道1～2种增强健康的身体活动方式。 目标3：表现出对自己、他人和知识的尊重。

设计体育课程

教师的角色

课堂教师可以设计和开发适合正在向小学过渡的儿童的身体活动。随着儿童不断发展身体机能方面的能力且对规则游戏的兴趣发生质变，教师应规划室内和室外的环境，以适应儿童身体、认知的发展和兴趣范围。许多学前儿童的活动仍适合5～8岁的儿童，但随着年龄的增长，儿童需要更多具有挑战性的材料和器械，新的可能性应被添加到游戏机会中。

专注于游戏规则的新能力催生了对棋盘游戏和卡牌游戏的需求，教师可以从有简单规则的简易游戏入手，这些游戏的规则很容易理解与操作。教师可以在学前儿童的工具中增加一些需要更好的身体协调能力的木工工具。手工材料可以用于锻炼小肌肉动作能力，如制作皮革制品、刺绣、珠饰品、画以及给黏土片上釉，这些活动也能发展创造力、增加成就感。儿童喜爱更复杂的、需要更高认知能力的操作材料，更具挑战性的艺术活动和绘画材料也很受儿童喜爱。

大肌肉动作能力也可以通过游戏规则的逐渐深入来获得发展。尽管儿童可能对棒球运动更感兴趣，但其他游戏也能促进初级集体游戏和肌肉运动能力的发展。门球、绳球、排球和篮球通常可以采用，羽毛球对于初学者来说是另一种可选择的运动（Eliason & Jenkins，1999）。大器械游戏可以在户外游戏时间进行。

体育教师的角色

体育教师可以遵循美国运动和体育教育协会的体育教育标准，以锻炼和健康为目的来发展他们的课程。年幼儿童需要日常体育运动来进行锻炼，从而增强身体素质。除了关注体育运动目标，也建议教师在为年幼儿童选择身体健康锻炼及活动时采用那些儿童更可能将其坚持到成年的。散步、有氧舞蹈、柔软体操、游泳、骑车和慢跑都是可能的选择，儿童会享受这些运动并在生活中坚持下来。

体育课程也应告诉儿童关于健康的知识。儿童需要了解他们为什么要参加体育活动和锻炼，以及他们怎样获得健康的生活方式。教师应鼓励儿童把形成健康的生活方式作为目标，应遵守下列指导原则（Greene & Adeyanju，1991，p.442）。

·强调有氧训练和整个身体健康的重要性，促进对健康生理学概念的理解。

·教导儿童对他们的身体健康负责，向他们说明适宜的身体锻炼对刺激正常的身体发展和成长的重要性。

·提供相关经验，帮助儿童理解维持身体健康的必要性。

·具体的激励方案能促进儿童形成对身体健康的积极态度。

·与儿童讨论短暂的和长期的身体锻炼的影响。

·提供有关跑步效率和在锻炼时放稳自己的步调的知识。

·让儿童自测关于健康素质和整体身体素质的知识。

美国运动和体育教育协会的标准是为体育教师设计的，但也适用于其他教师。所有教师都能够促进儿童健康生活方式的形成并强调身体健康的必要性，体育教师和其他教师可以在计划和提供活动方面合作，以发展大肌肉和小肌肉动作能力及身体健康。

体育整合课程

能否在幼儿园和小学阶段设计以体育发展和教育为中心的整合课程？许多课程资源的设计都没有将运动发展作为一个内容领域放到课程发展中。身体运动有时仅被看作活动，或和音乐组合起来。将体育教育视为与课堂教学分开的教育组成部分也减少了教师将体育发展和教育作为整合课程设计重点的兴趣。但这里仍有很好的关于怎样设计和实施整合课程的例子。

南瓜中心小学的教师使用了北卡罗来纳州的能力目标来为他们的儿童设计整合课程，这个目标符合美国运动和体育教育协会的体育教育标准（Berslin，Morton & Rudisill，2008）。他们学习了新的体育课程标准，并研究如何设计适合儿童年龄的体育活动。他们整理了非运动技能和运动技能，并为他们的附属幼儿园班级确定了技能熟练程度的范围。教师开发了适宜智力发展的游戏，使用道具鼓励儿童参与体育活动。此外，他们还引入了来自其他文化的体育活动。下文显示了一个体育活动课程计划的案例，其他主题领域在计划中也有注明。

南瓜中心小学附属幼儿园体育活动——课程计划

本周技能

跑。

即时活动

绕圈跑步（必须有一个"飞行阶段"，即两只脚都离开地面；更高级的奔跑包括移动两侧手臂且膝盖弯曲到 90 度，即抬起小腿时脚后跟靠近臀部）。

相关的课堂活动

儿童在他们的日志上写出为什么跑步是充满乐趣的（语言艺术），并绘制他们跑步时的图画（创造艺术）。在围圈讨论时间，儿童谈论他们认为跑步很有趣的原因，并进行班级投票，看看有多少儿童喜欢跑步、有多少儿童不喜欢跑步（社会学习）。每个班级成员坚持写日志来记录他们完成的圈数，并估计该班级一天内可以实现的绕圈跑步的圈数（数学）。在计算机上创建一个图表，来显示每天跑步的圈数（科学）。使用"海龟"（塑料平衡圆顶）这一器材来理解私人空间及边界，指导时间应花在强调安全和器材使用规则上（和体育教师确认安全和器材使用规则，用口头提示和命令来保持儿童行动上的一致）。

活动

使"海龟"在草坪区域散开，要求儿童找到一只"海龟"并站在它旁边。"海龟"应是分散的，以便让儿童自由移动。在一星期中，随着儿童管理他们自己私人空间能力的发展，移动"海龟"使它们靠得更近。"海龟"活动可以包含以下 12 种。

- 学习和记住海龟的颜色、位置以及与班级其他儿童间的位置关系。
- 在海龟周围步行（快、慢、高、低），在海龟周围倒退着走。
- 先两只脚站在海龟上保持平衡，再一只脚保持平衡，之后手放在身体两侧保持平衡，最后双手悬空保持平衡。记录能保持多长时间的平衡。
- 围绕着海龟跑（快、慢、高、低）。
- 在海龟周围飞跃（快、慢、高、低），从海龟一边飞跃到另一边。飞跃即一只脚起跳然后另一只脚落地，并且必须要有一段双脚离地的时间。
- 在海龟周围跳跃（快、慢、高、低），从海龟的一边跳跃到另一边。跳跃即双脚起跳并双脚落地，有一段双脚同时离地的时间。指导建议：尽量跳得高。
- 围绕海龟单脚跳，即一只脚起跳并用同一只脚落地，有一段双脚离地的时间。指导建议：将脚弯曲到膝盖后面。
- 围绕海龟飞驰。
- 围绕海龟滑行。
- 站在海龟上摇晃小布袋，在低处摇晃及在高处摇晃。
- 在海龟上保持平衡并跟随音乐移动丝带，把小布袋放在肩上、头上、肘部、腕部并保持平衡。

> ·教师示范：应演示奔跑及对跑步的热爱。
>
> 在围圈社交讨论中，讨论当有人违反游戏规则时他们的感觉如何。
>
> 最后是缓慢呼吸和放松活动，例如儿童停止任何多余的摆动，闭上眼睛，缓慢地深呼吸，缓慢地伸展颈部、背部、手臂、腿；教师描述可以令心情平静和舒缓的图像，也可以放使人放松的音乐。教学机会包括讨论精神和身体的放松为什么这么重要。

　　许多其他主题也能够将体育教育与课程的其他组成部分联系起来。在对棒球历史的研究中儿童可以探究棒球规则、设备和制服的变化，可以了解早期的棒球场以及棒球比赛中的食物是如何走红的。儿童可以参观当地的校队或职业队伍的训练，以了解身体健康在未来参加体育运动中的作用。教师可以把有关所学知识的书放进班级图书馆，并且可以让儿童创作描绘棒球游戏的壁画。传记也可以写成关于体育英雄的。

　　另一个可能的单元则基于跳绳和跳绳歌谣。儿童可能会向其他儿童或社区的其他成员寻求可用于跳绳的不同歌谣，他们还可以在图书馆工作人员的帮助下研究印刷资源。他们可以研究不同类型的跳绳，以及用单根绳子或一对绳子跳绳。他们可以就完成跳跃的数量、最完美的跳跃等进行比赛。儿童可以写信给另一个班级，邀请他们来参加和学习新的跳绳歌谣。

　　家长和其他教师共同进行的头脑风暴能够产生大量整合体育课和其他内容领域的有趣话题。一旦一个有趣话题被计划和执行，其他有趣话题也会随之而来。体育教师是规划综合单元的宝贵资源，图书管理员在查找信息和寻找关于著名运动员的书籍、关于儿童运动的故事以及与体育教育主题相关的其他书籍方面可提供很大的帮助。

　　课程计划包含支持单元主题的体育发展活动示例，以描述课程网的各个单元和活动中需要儿童使用小肌肉或大肌肉动作技能的活动。另外，将健康、安全和营养活动融合进课程也引起了注意。通过在整合课程中纳入体育教育，提醒儿童重视体育锻炼和健康的重要性。

小　结

　　从学前班过渡到幼儿园和小学的儿童处于早期教育的后几年，为他们设计的课程反映了发展连续性的重要性。课程不仅要确保其提供的经验是适宜发展的，而且要使活动适宜不断变化的发展。

　　5～8岁的儿童继续学习社交技能，他们更加注意同龄人对自我的感知和接受。他们的道德发展源于态度和价值观的不断发展，除了获得自己的价值观，他们也逐渐意识到他人的价值观和态度。教师有责任引导幼儿，防止歧视和对不同种族和经济群体产生刻板印象。平等和公正的目标是让所有儿童能够在一个促进合作、相互尊重、自尊并包含良好公民实践的积极班级环境中成长。

　　社会研究课程也能帮助儿童理解自己和他人的目标。社会研究中的历史、地理、经济学、社会学和人类学等内容被整合在课程内容体系中，例如从传统到非传统的庆祝节日方式成为整合课程的方法。

随着儿童从学前班过渡到幼儿园和小学，体育发展和体育教育的课程也发生了变化。一个不同之处是儿童在小学对于游戏和体育活动的需要可能不会获得它应具有的优先地位，另一个不同之处在于小学的体育教师通常具有设计促进身体发展课程的责任。

有一些关于体育教育和低年级儿童身体发展的议题。一个关注点是美国儿童较差的健康水平，并建议在公立学校花更多时间，更加努力地帮助儿童开展健康活动且养成健康的生活习惯。另一个关注点为体育活动是否应局限于正式体育课程，因为儿童在幼儿园和小学低年级可受益于非结构化的户外游戏，他们需要教师和学校为其提供比正式体育课程更多的户外游戏机会。父母和教师也需要注意，对低年级儿童过度强调有组织的体育活动并追求更多校外结构化游戏活动是存在潜在问题的。

身体发展和体育教育课程应能够回应儿童身体和认知能力的变化。规则游戏应能够提供小肌肉动作和大肌肉动作技能发展的机会。尽管主要由体育课为孩子提供参与规则游戏的机会，在教室里上课的教师也能帮助实现平衡的身体发展课程，并为小组活动提供设备和材料。

整合课程非常适合体育教育。虽然教师可能不太熟悉进行体育教育的过程，但许多主题可以从其他内容领域得到支持性经验。

🔍 思考题

1. 为什么低年级的社会研究课程不同于幼儿园课程？它们有何相似之处？

2. 为什么埃里克森的"勤奋—自卑"阶段在小学生身上如此显著？

3. 教师在儿童道德发展过程中起什么作用？

4. 如何预防儿童形成偏见？

5. 为什么班级讨论对发展民主价值观与实践是有效的？

6. 5～8岁的儿童是怎样学习历史的？

7. 年幼儿童能制作地图吗？制作的地图是什么类型的？

8. 为什么儿童要成为理性的消费者？

9. 为什么儿童需要知道国家目前的变化？

10. 哪些是当前儿童能够解决的社会研究问题（从本章中举例说明）？

11. 为什么社会研究课程需要包括全球视角的话题？

12. 为什么儿童的读写能力对计划整合的社会研究课程特别有帮助？

13. 为什么公立学校在户外游戏上比其他服务于5～8岁儿童的教育机构花更少时间？

14. 运动发展对小学低年级的课程发展意味着什么？

15. 面对幼儿园和小学低年级儿童，如何使游戏的规则和身体发展联系起来？

16. 为什么体育教育项目关注身体健康和锻炼？

17. 为什么公立小学受到关于忽视儿童身体发展的指责？

18. 为什么幼儿和小学生需要独立于体育教育的自由游戏？

19. 教师在促进身体发展方面扮演怎样的角色？

20. 为什么体育教育项目应强调长期的健康和适应？

第十四章

在现实中教学[①]

---

① 不同于前十三章，本章是对实践的描述，原版书在此章中未设计学习目标、思考题和小结板块（译者注）。

在本书中，我们努力帮助早期教育教师和准教师了解高质量的早期教育。我们讨论了当今早期教育课程与教学实践中一些值得关注的议题、存在的问题及未来发展的可能性。本书的目的之一在于描述教师应如何设计适宜于儿童早期发展的课程和学习经验。

由于在教育实习过程中观察到的课程和教学实践与在课堂上所学的并不一致，在校师范生常因此感到困惑和挫败。尽管各大学一直致力于丰富教育实践活动的类型并增加教育实践活动的学时，学生仍然希望所有早期教育机构的教育现场都能够反映他们在大学课堂中所学的观念和理论。

由于早期教育机构多种多样，同一社区、不同社区及美国不同地区的早期教育模式各不相同，因而早期教育教师的工作环境也存在很大差异。教师如何在自己任教的早期教育机构设计与实施课程和教学，取决于他们自身独特的专业背景和学习经验，以及他们将个性化的教学风格与班级特殊的工作环境相匹配的方式。有求职需求的教师想要了解社区有哪些合适的职位可供选择，已入职的教师则想要了解所任教的早期教育机构所秉持的教育哲学和所采用的教学模式。对于早期教育机构来说，选择或自行设计符合需求的适宜教育模式是它们最关心的。很多教师表示自己根本没有机会去选择适宜儿童的教育模式，他们不得不执行机构管理层的决策。如果实际情况确实如此，且机构所选择的教育模式是不适宜的，那么教师就会设法改进工作环境，或者跳槽去其他机构以寻求更好的职位。另外，教师可能会选择加入某个教师专业团体组织，与业界同人共同探讨如何重构所在机构的早期教育模式和课程，使之更有效地满足儿童的发展需要。而且，很多州的早期教育机构多年来一直在为儿童提供适宜其发展的高质量早期教育，任教于这些早期教育机构的教师因有机会向同事学习而在专业成长方面获益。

接下来，我们将介绍 10 位早期教育工作者。他们的故事有助于解释当今早期教育机构面临的机遇与挑战。希望读者能够评估下面提到的每一个早期教育机构在设计、改进和践行适宜儿童发展的高质量课程方面具有多大的潜能。

贝丝

贝丝在一个城郊学区的小学一年级工作了 6 年。她正在攻读早期教育专业的硕士学位，自认为对早期教育领域的热点议题和实践状况都非常了解。尽管她所任教的学区因教育思想和模式的先进性而在当地颇具盛名，但贝丝仍然经常在工作中感到挫败。他们学校来了一位新校长，这位校长非常在意自己作为学校领导者是否成功，非常担心本校学生的考试成绩以及这些成绩能够在多大程度上反映学校管理的有效性。她希望教师能够把工作重点放在可以帮助学生获得优异考试成绩的技能训练导向的教与学上。贝丝的职业挫败感多来自这位新校长，因为学区鼓励她参加的专业发展组织倡导的是以儿童为中心的整合课程。贝丝清楚学区提倡的是发展适宜性课程，然而她所在的学校却不鼓励这么做。尽管如此，她仍然坚持将自己的宝贵时间与精力用于坚定不移地为一年级学生提供适宜其发展的高质量教育。贝丝不知道应如何继续开展课程设计工作，因为她不清楚这所学校未来的发展方向是什么，也不了解应在多大程度上把近期培训所得应用到自己的教学中。学校今年有两个一年级教师职位空缺，贝丝将会参加对应聘者的面试。贝丝不知道当这些未来的同事来访时，她应和他们分享哪些关于这所学校的信息。

蕾妮

蕾妮任教的幼儿园与贝丝任教的学校在同一学区。她曾在一所中西部大学下属的儿童发展实验学校工作，由于西南部的人口数量每年都在稳步增长，因而有更多教师招聘需求，于是她来到这个学区工作。她在这个学区供职的第一所学校是以学生的学业成绩为导向的，而且相比于她之前任教的儿童发展实验学校，这所学校在各方面规定死板、要求过高，蕾妮刚刚入职就产生了强烈的挫败感。年初学区新开办了一所学校，蕾妮成为其下设幼儿园的一名教师。这所学校的校长有早期教育专业背景，而且学校也已申请开发教育创新项目并成功获得了财政资助。蕾妮非常高兴能够在班上尝试各种新的教学方法，她确信自己和同事正在创造性地为幼儿提供一种激动人心的教育。然而，有时她也会对所开展的教育工作出现片刻的犹疑，因为学校对所有学生学习结果的评价采用的是标准化成就测验。她和同事担心，如果幼儿的测验成绩下降，他们就会被要求回到传统的更强调学业成就的教学方法。尽管如此，蕾妮仍常常因为能够从事所喜欢的教师工作而感到欣慰。下一年幼儿园将会聘用一位新教师，蕾妮希望这位新同事对以儿童发展为基础的早期教育非常熟悉，能够与她及其他同事一起分享新的教育观点和教学策略。

约兰德

约兰德从教已 20 多年，她的教师生涯的绝大部分都是在一个农村小学区与拉丁裔幼儿一起度过的。约兰德是西班牙人，她认为自己能够帮助这些 4 岁的学前班孩子。尽管学区财力有限且学生大多来自贫困的农场工人家庭，约兰德的学校仍然被州教育委员会确定为示范学校。多年以来，这所学校一直作为社区的家庭资源中心为广大家长提供服务。学生家庭被视为学校教育的重要组成部分，定期有家长志愿者到班里协助教师开展教育教学工作。在设计课程时，约兰德和同事对班上儿童的家庭背景、学习水平及所在社区的人口状况都进行了充分考虑。他们希望广大家长和社区的企业能够在为儿童提供学习经验方面予以帮助，以共同促进儿童开阔视野、增长知识。此外，学前班还经常组织到邻近地区的步行实地考察活动。约兰德主要采用主题课程模式来帮助儿童开展社会研究，同时坚信结构化教学和直接教学等方法也是有效的，她会利用市场上的商业化课程资源和学习中心来拓展儿童的学习经验。约兰德希望新教师能够理解社区里每一名适龄儿童的文化背景，并为持续推进服务于这一特定儿童群体的早期教育工作做好准备。

苏珊

苏珊在一家私立早期保育中心工作，该中心同时提供学前班服务和儿童保育服务。该中心自称是一家儿童活动中心，它坐落在一个从事专业性工作的家长聚集的社区，新开业不久，装备精良。它的游戏空间非常漂亮，每一间活动室都配备了电脑和丰富的软件资源。苏珊获得了音乐专业学位，但没有教师资格证，她所接受的职后培训主要是由当地一家专科学校提供的工作坊式培训。苏珊非常喜欢在班上开展美术活动，除了利用中心提供的相关活动材料，她自己也购置了一些。此外，她还根据中心提供的目录买了一些课程资源和教育观念方面的书籍。目前，她开始了解如何围绕某个主题来设计课程，并尝试把从书中看到的某些想法付诸实践。同时，她也在考虑是否联系附近的一所大学去深造，以获取教师资格证。但她喜欢自由地在这家保育中心按照自己的想法开展工作，虽然工资待遇比公立学校教师要低得多，可苏珊很喜欢教班额比较小的班级，同一社区的公立学校班额则要大得多。她还对开放自己的班级非常有兴趣，计划更深入地为儿童设计表达性艺术活动。令苏珊懊恼的是，中心的教师流动太频繁了，离职率实在太高，以至于教师根本来不及更有效地满足幼儿发展和保育工作的需要。

罗洛和南茜

罗洛经营着自己的早期教育中心。他住在东海岸的一个小城市，和妻子南茜育有两个孩子，都已经上小学了。他们一家喜欢追求生活方式上的新潮流，教导孩子具有社会责任感。罗洛开办的21世纪学校招收2～5岁的儿童，他的学校为中上收入水平的家庭提供早期教育服务。学校设置的学前班项目提供半日制服务，儿童保育则未被纳入服务范围。罗洛是心理学专业出身，南茜则是英语专业硕士，而且他们都在当地一所大学参加了早期教育专业的培训班。他们开办这所学校的初衷是让自己的孩子有学上。该中心早期教育的特色在于为儿童提供丰富的表达性经验、博物馆和其他文化场所的参观活动以及其他学前班未能提供的各种学习活动。课程内容涉及生态意识、动物权益保护、天然食品和美术。他们喜欢聘用认同中心所秉持的教育哲学、有人文学科背景的教师，这可能与他们所在的州规定私立学校和教会学校不必聘用有资格证的教师的政策有关。他们亲自培训本校教师，并且每年都会召开向家长介绍新教师的见面会。由于生源超出了招生名额，罗洛和南茜正考虑开办第二个中心，或者拓展中心目前提供的服务。

格拉迪斯

格拉迪斯是一名非洲裔美国人，在俄勒冈州的一所公立学校任教。该学校招收各种文化背景的学生，提供的服务既包括针对母语非英语的4岁儿童的早期教育，也包括幼儿园到小学三年级的教育。学校坐落在一个低收入家庭聚集的住宅开发区，几乎所有类型的家庭都在这一区域求职，所以这个学校的学生代表了12种不同的文化背景。语言教育是该校课程中最重要的部分，课程设计通常聚焦于本校学生所代表的不同文化。格拉迪斯教二年级，她的学生绝大多数有一定的英语基础，但每年仍有个别学生在英语口语表达方面表现欠佳，或不了解标准英语的使用方式。格拉迪斯和同事一起制订了大量的团队课程计划，此外，为了让课程能够更加符合儿童的语言和认知发展水平，格拉迪斯和同事在安排和组织一日生活时会灵活地将儿童安排到最适宜他们发展的教育活动中。课程设计通常由不少于两个年级的教师组成的团队共同完成，然而对于儿童来说，由三个年级的教师共同参与完成的课程设计常常更有效。下一学年将会有一批新教师入职，格拉迪斯和同事希望新教师能够尽快适应他们多年来潜心设计的教学风格。他们也听到了关于现任校长即将调到一所规模更大的学校工作的传言，他们非常担心新校长不理解、不支持他们的课程和教学计划。

赫克托

由于所在的空军基地裁员，赫克托从空军退役了。他和很多退役战友一起接受了一个选择性教师资格证书计划的职前培训，该培训旨在快速培养一批合格教师，对入校实习前需修读的课程学时的要求相对少得多。对于取得选择性教师资格证书，赫克托心中有很多疑问。第一，这个培训价格不菲；第二，这个培训并不能帮助他获得大学的学分；第三，他不确定自己在完成了4门培训课程的学习后是否能做好从事教学工作的准备。要获得第一份教师工作并不容易，而且要顺利通过实习期也是有难度的。赫克托所居住的城区有很多学区，很多学区都不会考虑聘用通过选择性教师资格证书计划获取教师资格的求职者，其他因培训质量堪忧、在家长工作和教书育人方面存在很多问题而声誉不佳的教师资格证书培训项目也不在考虑范围内。此外，绝大多数聘用选择性教师资格证书获得者的学区都是高犯罪率地区。赫克托参加的培训提供的是包括幼儿园教师资格在内的小学教师资格证书培训。他就职于一所贫困生比例高达98%的学校，在该校4岁儿童的班级任教。入职第一周，某天休息时间结束后他班上的一名儿童不见了，后来一位在高年级任教的体育老师发现这个孩子正独自在操场上哭，班上其他孩子都已经离开了。在入职的第一年里，他渐渐对幼儿有所了解，知道了如何管理一个班级、如何维持纪律，并且最终发现自己对早期教育也有了一定的理解。他班上的孩子都是讲西班牙语的，他们都因为能有一位男教师而感到特别开心。赫克托发现自己是能够教导幼儿的，而且乐在其中。第一年工作结束时，赫克托获得了小学教师资格。在经过深思熟虑后，他决定申请调去中年级任教。他做幼儿园教师时的同事对他的这一决定感到失望，他们认为自己在过去一年里对赫克托的专业成长提供了很多帮助，原本期待着下一学年还能继续与他共事。

洛雷塔

洛雷塔是一所市中心小学的校长，她的学校涵盖了幼儿园到小学五年级的教育，此外学校还设立了为3～5岁有特殊需要儿童提供早期保育服务的项目，这些儿童同时也参与正常教室开展的各项学习活动。最近，学区要求各学校采用以学业成绩为导向的课程与教学模式。洛雷塔是一个全国性早期教育学术组织的成员，也是本地区早期教育工作的主管。由于洛雷塔的积极努力以及教育行政部门发布的关于当前早期教育教室所开展的不适宜的教育实践的通报，学区决定在洛雷塔的学校设立一个儿童保育和早期教育示范性项目，拟通过混龄教育的方式来改善小学低年级长期存在的学业失败学生数量居高不下的状况。尽管洛雷塔的学校的所有教师都表示愿意接受开展这一新项目的培训，洛雷塔却有她自己的一些考虑。首先，她认为有一些教师并不愿意离开设备齐全的教室且已习惯了传统的教学模式。因此她正在考虑建议一部分教师调去本学区的另一所学校工作，空余出来的职位则由新教师或教学模式更为灵活的经验型教师来填补。其次，她自己没有时间和精力参与新项目的教师培训与课程开发过程。学校工作常常让她分身乏术，而且这学期她还要启动一个阅读创新项目。目前她正在寻找志愿者来担任阅读项目的助教，并且承担定期到有兴趣参与该项目的地方性组织走访的工作。洛雷塔有时候觉得自己努力开展的工作已经超出了她和教师能够掌控的范围。最后，她觉得自己愧对学生和家长，未能为他们提供最佳的早期教育。如今她和教师盼望着学区能够为新的示范性项目提供财政支持，以购置项目开办所需的各种材料。

洛伊萨

洛伊萨从事教师职业已有5年，她已婚并育有3个子女，其中两个孩子正在上高中，另一个孩子正在上初中。20年前，洛伊萨就已完成了小学教师资格证书培训，但她并没有立即从事教职，直到她的孩子们都很好地适应了学校生活。洛伊萨教的是一年级。州教育委员会最近重新修订了幼儿园和小学低年级的教育目标，这些新目标聚焦于儿童发展而非技能训练。洛伊萨对新目标的贯彻落实表示担忧。她相信自己是一名有能力的教师，也确信自己能够为一年级儿童提供有质量的人生开端。洛伊萨在运用学校购置的教科书和活动材料方面驾轻就熟，她充分利用这些课程资源来确保班上儿童在学期中能够获得必需的各种技能。然而，现在学区通过制定儿童发展目标来推行发展适宜性课程，这要求她自行设计课程。她已经研究过了这些新目标，发现它们表述得比较笼统和宽泛。前段时间，洛伊萨已同意参加相关会议，会上将对这些新目标进行解读，同时还将讨论如何根据这些新目标来为发展速度不同的儿童设计课程的问题。洛伊萨对这些在课程与教学方面即将发生的变化持怀疑态度，而且非常担心这些变化会造成教学准备工作量的增加。她也想对这一教育目标改革保持开放的心态，但年轻同事讨论的那些新名词让她感到困惑不已，如替代性评价、读写萌发、成果导向的学习。她感觉自己要花费很长时间去了解和掌握如何根据新目标去设计和实施一年级课程，她并不想重新追求什么教育新潮流，更何况新潮流很可能再次发生变化。

从事早期教育教学工作多年的教师可能会发现，自己每天都在和本书所描绘的这些早期教育工作者们一起共事；现实中的教学可能与本书所描绘的教学一模一样，也可能在教学模式上有所差别。不论早期教育教师处于什么样的教育环境，他们都有机会在自己的班级里设计并实施高质量的早期教育，成为自己坚信的最适宜本班幼儿发展的早期教育模式的倡导者和践行者。作为早期教育领域的专家，他们会想跟上这一领域新发展的步伐。为此，他们会想加入关注儿童早期教育话题和专业信息传播的两个学术组织。不论是国际早期教育协会还是全美幼教协会都非常欢迎新会员的加入，并且都出版了优秀的刊物和教育资料。

今日之新教师将成为明日之教育领袖。要改进和提高美国早期教育的质量，还需付出大量努力。随着社会、儿童和教育资源的不断发展变化，21世纪的早期教育工作者也需要对早期教育课程与教学模式做出调整。早期教育工作者对年幼儿童的生活与学习有重要的影响作用。值得期待的是，在未来早期教育课程发展的道路上，机遇与挑战并存。

参考文献

本书参考文献，请扫描二维码获取。